小学数学实践与素养养成

林秀丽◎著

WUHAN UNIVERSITY PRESS
武汉大学出版社

图书在版编目(CIP)数据

小学数学实践与素养养成 / 林秀丽著 . -- 武汉 : 武汉大学出版社, 2025.7. -- ISBN 978-7-307-25153-3

Ⅰ. G623.502

中国国家版本馆 CIP 数据核字第 2025W4B208 号

责任编辑:吴　比　　责任校对:汪欣怡　　版式设计:马　佳

出版发行: **武汉大学出版社**　(430072　武昌　珞珈山)

(电子邮箱: cbs22@whu.edu.cn　网址: www.wdp.com.cn)

印刷:武汉邮科印务有限公司

开本:720×1000　1/16　印张:18.5　字数:361 千字　插页:1

版次:2025 年 7 月第 1 版　2025 年 7 月第 1 次印刷

ISBN 978-7-307-25153-3　定价:79.00 元

前　言

联结·探索·生长

本书系福建省教育科学"十四五"规划2023年度课题"基于设计思维的小学数学学科实践综合应用研究"(FJJKZX23-401)的阶段研究成果之一。

数学，作为一门源于生活又服务于生活的学科，不仅是人类认识世界的重要工具，更是培养学生逻辑思维、创新意识与问题解决能力的核心载体。在基础教育阶段，小学数学教育承担着启蒙学生数学思维、奠定终身学习基础的关键使命。然而，传统的数学教学往往囿于抽象符号的机械训练与应试目标的短期追求，忽视了数学与真实生活的联结，导致学生虽能解题却难悟其理，虽知公式却难通其用。如何让数学回归其本质——一种理解世界、解决问题的思维方式与实践能力？如何通过真实的情境与开放的探索，促进学生数学素养的养成？这既是新时代数学教学改革的核心课题，也是本书试图探讨的方向。

随着《义务教育数学课程标准(2022年版)》(以下简称《新课标》)的颁布，"核心素养"的养成被置于小学数学教育的中心地位。数学眼光、数学思维与数学语言的三维度目标，呼唤小学数学教学从"知识传递"向"素养养成"转型。这一转型不仅需要小学数学教师在教学理论层面的突破，更需要小学数学教师在教学实践中重构课堂——将数学问题置于生活场景、跨学科主题或社会议题中，让小学生在观察、操作、推理与合作中体验数学的真正价值；在解决复杂情境问题的过程中，逐步形成数学抽象、逻辑推理、模型意识等关键能力；在反思与表达中获得用数学语言交流的能力，并促进批判性思维的初步发展。

小学数学课程的开设，不是为了应对各种考试，而是为了培养学生的基本数学素养，使学生掌握基本数学技能，能用数学认识、描述、解释万千世界。实践是认识世界的基本方式，通过对实践对象的不断把握、归纳、提炼，并抽象成一般规律，形成理论。理论往往显得抽象、深奥，难以理解，也难以记忆，而实践则具体、实在，易于把控，还具有能动性。小学生认识世界特别需要亲身体验。数学学习是学生认识世界的重要方式，学生需要通过实际操作来学习。学生可在摆弄学具中发现图形的奥秘，在测量物品时感知数量关系，在生活场景里提炼数学规律。学生拼七巧板、分月饼、测教学楼高度……这些丰富的实践活动，让抽象的数学问题变成了看得见摸得着的鲜活体验。正是这种动手又动脑的实践过程，让数学课堂真正成为学生思维成长的沃土。

从广义上来说，与理论课堂相比，小学生的数学实践的占比要多得多，因为小学生更需要通过实践来学习数学。但是，数学综合实践，往往是一个主题或项目，让不少教师感到无从入手。其实，数学综合实践通常不需要什么高深的数学工具，可教师又感觉自己具备的数学知识远远不够。总之，教师在进行数学综合实践活动时，往往感到手脚被束缚。因此，对如何有效开展日常样态的数学实践以及综合样态的数学实践的探讨就显得非常必要。

本书聚焦小学数学实践，通过案例分析与策略提炼，探索如何通过情境化、项目化、游戏化的学习路径，激发小学生的数学潜能，让数学素养在真实的学习历程中自然生长与逐步养成。这些探索得到的结论不一定最优，但这些都是师生在实践过程中的真实所遇和所思，可为进一步研究小学数学实践教学提供参考。

本书的撰写基于理论与实践的双重积淀。一方面，结合国内外小学数学实践研究的前沿与中国本土小学数学教学实践的特点，构建“实践境遇”与“素养养成”的关联框架。另一方面，汇集一线教师的课堂改革经验，从教学设计、活动组织到评价反馈，呈现可迁移、可操作的实践范式。希望本书能为小学数学教育工作者提供新的实践教学的视角与工具，助力小学生在数学实践中更好地养成“新课标”素养，为他们未来的发展奠定坚实的基础。

目 录

第一章　小学数学实践的时代背景与核心挑战

当下，小学数学教育正站在历史性的十字路口——人工智能在围棋棋盘上击败人类，量子计算重构密码学的底层逻辑，大数据成为社会治理的新货币……与此同时，小学数学课堂却还在“刷题提速”与“素养落地”中徘徊，还可能不同程度地被撕扯。这场静默的危机，既源于全球化与数字化的双重浪潮对传统教育范式的冲击，也折射出我们对“数学教育本质”的深层追问：究竟是培养“解题劳动力”，还是孕育“用数学理解世界、参与未来”的思考者？细细思索这些挑战的根源，应当是数学教育尚未完成从强调记忆与模仿的“农工文明”到需要批判与创造的“数字文明”的范式升级。现实中，6岁儿童能熟练使用移动支付，却不知“钱从何来”。学生精于算，却钝于思；擅长考，却短于用。我们不禁要思考：这是为什么？这些问题虽然没有简单的答案，但正视矛盾的存在，也许就可以为小学数学教育提供新动力。本章试图阐释，在标准化与个性化、传统与创新、普通与卓越的张力中，小学数学实践可能走出一条“既接轨未来，又扎根文化”的第三条道路。接下来，我们将共同寻找破解困局的密码。

现代小学数学教育，作为人类文明传承基石的组成部分，其教育使命已从传统的“知识传递”转向“素养养成”，从“解题能力”升至“思维赋能”。在这一背景下，小学数学教育既承载着为儿童奠定终身学习基础的重任，也面临着如何回应时代需求、摆脱现实困境的双重挑战。从宏观视角看，数字技术的普及重构了人类认知世界的方式。人工智能、大数据等技术的渗透，要求小学数学教育超越“计算熟练度”的单一目标，转而培养数据意识、算法思维和跨界问题解决能力。与此同时，在全球化与本土化交织的语境中，小学数学教育需在文化传承与创新之间寻求平衡，既要让学生理解数学作为“通用语言”的普适性，也要引导其通过数学视角理解本土社会问题。《新课标》的颁布，更以“会用数学的眼光观察现实世界、会用数学的思维思考现实世界、会用数学的语言表达现实世界”为核心，明确了小学数学教育从“学科教学”迈向“育人实践”的转型方向。

然而，理念的革新往往伴随着现实的阵痛。传统的知识观和教育观已经不适应现代社会的要求。诚如一些教育哲学专家对当前的课程论和教学论提出的中肯的批评。

由于仅仅关注具体知识的选择和传递而缺乏对知识性质和知识价值等问题的思考，在课程论上主要关注的是“具体教什么知识”，教学论上则主要关注的是“怎样教知识”，使得课程论和教学论以及它们所指导下的实践均缺乏对知识问题的深度思考。不仅如此，还应该注意的是由于对知识的诸多重要的问题缺乏思考，造成了研究者对哲学尤其是知识论深层次的发展成果的漠视，使得课程论与教学论的许多重要的关于知识的判断仍然来源于过去。①

当前小学数学教育正面临三重深层次结构性矛盾。其一，素养导向与评价体系的结构性断裂。《新课标》倡导的数学核心素养目标，与传统评价体系中根深蒂固的“分数依赖”形成张力，导致数学教学实践中素养培育常被简化为知识点的情境化包装，评价惯性倒逼课堂回归机械训练。其二，课程实施的专业性瓶颈。尽管情境化、项目化学习已成共识，但教师普遍缺乏将生活情境转化为数学问题的认知脚手架设计能力，部分课堂陷入“伪情境”与“去数学化”(如过度追求跨学科而稀释数学本质)的双重困境。其三，智能教育资源的配置失衡。城乡、校际在数字工具(如虚拟实验室)供给、教师智能教育素养、家庭文化资本等方面形成的复合差距，正从学习机会、认知方式、素养发展三个维度加剧教育公平的复杂性。这些矛盾深刻揭示了小学数学教育既需要突破“知识传递”的传统范式，更要从评价模式、教师专业发展、技术伦理等方向突围。

第一节　核心素养框架下的小学数学实践定位

在全球化与数字化的双重浪潮下，教育的目标已从传统的“知识传递”转向“素养培育”。数学作为人类理性思维与问题解决的核心载体，其教学实践亟须突破“解题训练”的窠臼，转而关注学生如何在真实情境中发展数学思维、形成关键能力、涵养科学精神。《新课标》“三会”核心素养的提出为小学数学实践指明了方向。这要求小学数学教学超越知识，走向“生活中的问题解决”，让数学知识在真实情境中“活”起来。然而，当前数学实践教学仍面临三重压力。一是知识固化与素养落地的矛盾。教师惯于聚焦知识点的掌握，却忽视了数学思想方法的迁移。二是学科边界与跨学科融合的割裂。数学实践常被窄化为“学科内活动”，难以与科学、艺术、工程等领域有机联动。三是技术工具与教育本质的失衡。数字化手段的滥用可能削弱学生的深度思考，沦为“为技术而技术”的形式化表演。本节将以核心素养框架为锚点，重新定位小学数学实践的角色。

---

① 季苹．教什么知识[M]．北京：教育科学出版社，2009：13.

一、核心素养框架

“核心素养”已成为基础教育发展的核心命题。它超越了传统的知识本位与技能导向，指向个体在面对复杂现实问题时所需的综合品格与关键能力。数学素养作为核心素养的重要组成部分，不仅是学科能力的凝练，更是连接数学学习与终身发展的桥梁。“核心素养”内涵的深化与价值的重构，标志着小学数学教育从“工具理性”向“育人本质”的回归。

《新课标》明确提出的“三会”素养框架将小学生数学素养从单一的解题能力拓展至“观察—思考—表达”的完整认知链。数学眼光，强调从现实情境中抽象数学问题的能力。例如，数学实践让学生有机会从购物账单中感知数量关系，从自然现象中识别几何模式，赋予学生以数学视角发现世界本质的敏锐度。数学思维，重在逻辑推理、批判性思考与创新解决真实情境中的问题策略的形成。例如，学生通过在实践中得到的丰富实例，进行归纳与演绎，从而分析规律；通过模型意识的发展，尝试建构模型来简化复杂问题。数学语言，涵盖文字、符号、图表与逻辑表达的精确性，使学生能够清晰传递数学思想，并在跨学科对话中展现数学的通用性。这一素养框架的提出，不仅呼应了经济合作与发展组织（Organization for Economic Co-operation and Development，OECD）“关键能力”中“互动使用工具”的诉求，更与国际学生评估项目（Programme for International Student Assessment，PISA）数学素养“个体在多样化情境中提出、解决和解释数学问题的能力”的定义不谋而合。它打破了传统教学中“小学数学=计算+公式”的刻板认知，将小学数学重新定位为一种理解世界的思维方式和参与社会实践的工具。

对小学生个体成长而言，数学素养是自身认知发展的催化剂。通过数学抽象，学生能够剥离具体表象，把握事物本质规律。通过逻辑推理，学生可发展系统性思维与理性决策能力。数学模型则能激发学生创造性解决问题的意识。例如，低年级学生通过“分类与整理”活动可发展数据意识；高年级学生通过“校园绿化方案设计”来实践比例与测量，这些过程均在潜移默化中塑造着学生独立思考与持续学习的品质。对社会进步而言，在数字化与智能化的时代背景下，数学素养已成为公民参与社会生活的必备能力。从理解统计数据背后的公共政策，到识别算法推荐中的潜在偏见，数学素养赋予个体批判性参与现代社会实践的“数字公民”身份。与此同时，数学作为科技创新与工程设计的底层逻辑，其素养的全面普及直接关乎国家竞争力的提升。

在核心素养框架中，小学数学不再局限于学科知识的传授，而是与科学精神、实践创新、学会学习等素养深度交织。例如，在“设计校园节水方案”项目中，学生需融合数学测量、科学实验与道德判断，这正是跨领域协同发展。小学数学教育的目标，由此从“培养数学家”转向“培育具备数学智慧的普通人”。他们未必精通高深知识，但能灵活运用数学思维应对生活挑战，以理性态度参与社会事务。

然而，小学生数学素养的“落地”仍面临传统教育惯性的桎梏。若小学数学教学仍以刷题训练为主导，小学数学评价仍以标准答案为中心，则“三会”目标易沦为纸面宣言。因此，如何以素养为导向重构小学数学教学目标、内容与评价体系，成为小学数学实践的首要挑战。唯有将数学素养的抽象定义转化为可操作的教学实践，才能真正实现从“教知识”到“育全人”的跨越。如何破解这一矛盾，将在后续章节中通过理论反思与实践案例的融合，逐步给出答案。

数学素养是个体在真实情境中理解、分析、解释和运用数学的能力。这一概念的提出，标志着小学数学教育从“学科本位”向“生活本位”的范式转型，其定义与框架可从国际比较与本土实践的双重视角展开解析。PISA 将数学素养定义为“个体能在多样化情境中识别、理解数学的作用，做出有根据的数学判断，并运用数学解决实际问题的能力”，其核心在于数学与现实世界的互动，强调数学的“工具性”与“社会参与性”。OECD 进一步指出，数学素养是“在数字化社会中有效参与所需的认知与情感能力”，涵盖数据分析、逻辑推理、风险判断等维度，凸显数学对公民决策的支撑作用。在中国语境下，基于《新课标》，数学素养被具象化为“三会”目标。这一框架既吸收国际经验，又植根于中国教育传统，强调数学的“观察—思考—表达”一体化过程，将抽象思维与生活实践紧密结合。例如，学生在“设计班级春游预算”任务中，需从生活需求(观察)抽象出数学问题(如费用分摊)，通过运算与推理(思考)形成方案，并以图表或报告(表达)呈现结果，完整体现“三会”素养的实践逻辑。

小学数学素养的构成可提炼为数学知识与技能、数学思维与方法、数学态度与价值观以及情境迁移与创新意识这四大相互关联的要素。

(一)数学知识与技能

1. 基本知识

数学知识与技能指的是基础性算术、几何、统计等知识体系，以及运算、测量、推理等基本能力。这是素养养成的“土壤”，但与传统教学不同，素养导向的知识学习强调结构化理解与条件化应用。例如，学生不仅需掌握“分数运算”规则，更要理解分数在分配资源、比较概率等情境中的意义。

> 我们通常所说的“基础知识”是由一个一个的知识点构成的，重视的是知识与知识之间的客观关系，而“基本”是一个有意义的、有生命的单元，更强调对于学生的意义……能够激发学生兴趣的知识更具有基本性；能够形成学生能力的知识更具有基本性；能够增进学生理解的知识更具有基本性……基本知

识是有结构的。①

季苹认为这些结构就像细胞一样是有机体的基本单位，是“活”的知识。这些基本知识不仅仅是一个个知识点的事实与概念本身，更重要的是这些知识的性质、方法、结构、思想、价值、应用等更能够体现知识的本质。关于如何学习的知识、如何自学的知识、如何创新和解决问题的知识，同样是更重要的知识。随着时代的快速发展，知识量必然越来越多，人们已经无法全部学习和记忆，势必有所取舍，必须学会学习、学会自学。季苹提到的这些关于“如何学习”“如何自学”“如何创新与解决问题”的知识，属于元认知能力和高阶思维技能，是支撑知识获取与应用的底层能力，也是现代教育中强调的“核心素养”。

我们通过学习知识让人类文明得以传承和发展。在知识爆炸的时代，信息如潮水般奔涌，“学什么”与“如何学”变得比“学多少”更重要。学习的本质正在从“记忆知识”转向“驾驭知识”，核心是构建一套适应变化的认知操作系统。真正的高手不是百科全书，而是能快速定位关键问题、调用适配工具、整合跨界资源的“认知策展人”。我们站在一座永不停歇的图书馆前，书架上每一秒都有新书填充进来，而人的生命与精力却始终有限。面对这样的现实，焦虑地试图记住每一片浪花注定徒劳，真正的智慧在于学会如何驾驭这片海洋——不是成为知识的容器，而是成为驾驭知识的舵手。

数学“基本知识”比传统的“基础知识”更能增进学生的理解力。不管是教师的教还是学生的学，知识的筛选都成为首要课题。小学数学教师需要像园丁修剪枝叶般，用目标与价值观作为剪刀，剪去无关的枝蔓。知识的选择从来不是非黑即白，而是要在“高价值”与“高频使用”的象限中找到平衡点。经典原理如同星辰永恒闪烁，而快速迭代的技术工具则如流星划过，前者值得深挖地基，后者只需掌握当下够用的部分。这种选择不是妥协，而是一种清醒的认知策略——将有限的认知资源投入能撬动更大价值的支点。

在这个信息汪洋的时代，教师教会学生构建知识网络的能力变得至关重要。学生对知识的真正理解不在于记忆公式的内容本身，而在于学会看清知识背后的脉络。比如，学习分数运算时学生发现分数运算与音乐节奏有种通感，当学生试图用模型解开现实问题的谜题时，这样的数学学习便超越了机械重复，成为发展创造力的源泉。在这个实践过程中，数学中的工具是学生认知的延伸而不再是冰冷的辅助工具。例如，教师教会学生做“好”的数字笔记，采用双向链接让思维可视化，引导学生把记忆外包给“外脑”，让学生的心智专注于更本质的数学思考。

小学生数学深度学习的真谛在于让知识穿过大脑，留下能力的刻痕。关于“深

① 季苹．教什么知识[M]．北京：教育科学出版社，2009：13.

度学习”的科学见解，以认知科学与认知心理学、发展心理学的研究成果为基础，在学习科学的研究领域中得到了验证。学习科学的研究领域立足于“知识是社会建构的”这一种社会建构主义的观点。所谓“拥有知识”可以说就是提升了预测新近的乃至遥远的未来的精准度，使自己得以更好地行动。因此，所谓“知识”基本上唯有凭借学生自身才能建构，而且这种知识唯有学生同既有知识相链接才能构成。这就表明，即便是在同样一个班级、学习同样的内容，每一个学生的知识建构方式也是不同的。

人在降生的瞬间，就能凭借人类长期进化过程中积淀下来的本能，能动地进行诸如数学概念与区分物体之类的学习，这就是学习者从事“学习”的“力”。小学生是天生的学习者，通过渐次地发挥思考力、判断力、表达力，同样可以建构有助于未来可能起作用的知识。在这里，数学学习不是单纯的经验的积累与信息的复制，而是以经过梳理的概念化的方式习得可供未来利用的知识与技能。同时，通过习得特定领域的概念，使得特定领域的学习变得容易。这是因为，在展开学习之际，学生自身已经熟悉的知识甚至是熟悉的物件更容易形成链接。从根本上说，人类是一个以集体行为作为基本生活方式的物种。因此，个体素质与能力的发挥依存于以人际社会环境的脉络而展开。就是说，以依存于社会文化的方式，即在怎样的社会文化中期许什么，期待拥有怎样的学习过程与成果之类的方式，接受社会动机的影响，规约着学习内容与学习的方法。

在小学数学教学中，教师尝试用朴实语言解释知识的过程，本质上是一场对自身认知结构的深度检验。当教师试图用儿童语言重构数学概念时，需将抽象符号系统拆解为可感知的认知组件。例如，解释“分数除法为何要颠倒相乘”时，教师若仅复述规则，表明其仍停留在程序性知识层面；而如果能借助“分月饼”具象模型展开推导，则证明其建立了分数作为“数”与“运算”的双重认知图式。教师需在简单表述中隐现知识联结。例如，讲解“平行线永不相交”时，仅用铁轨举例是单一表征；若能引导学生观察教室门窗棱角、对比球面几何差异（如地球经线在极点相交），则反映教师的空间观念认知网络已连接非欧几何启蒙节点。教师需暴露专家思维的隐性过程。例如，讲解“鸡兔同笼”问题时，教师说“先假设全是鸡，再修正差值”，这比直接讲授方程法更能展现问题解决的策略选择过程。当教师能游刃有余地用儿童语言揭示数学本质时，证明其已超越“知识占有者”阶段，进化为“认知转化艺术家”。这需要持续进行认知解构与重构的刻意练习。正如数学家阿蒂亚所言：“如果你不能向街上的行人解释清楚你的研究，说明你还没有真正理解它。”

在这个联结无处不在的时代，小学数学教育同样需要认识到学生早已突破单打独斗的藩篱这一事实。学生可能在家里通过线上学习获得不同视角的碰撞，协作平台上集体智慧的沉淀让小学数学知识库像活体生物般持续进化。当网络上的数学爱好者们用开源代码模拟疫情传播模型，当学生通过互教活动发现教才是最好的学，个体认知的边界在群体共振中被不断拓展。这种协作不是简单的知识叠加，而是一种催生新思维的化学反应。

在小学数学教育中，心智模式的革新比方法论的迭代更具深远意义。当学生将“我不会”转化为“我还在进化”，便完成了从固定型思维向成长型思维的认知转变。构建终身学习体系，本质是培育一个生生不息的认知生态系统：其根系是批判性思维、信息检索等元能力构成的稳固内核，枝干则是跨学科知识迁移形成的动态延展。知识的价值不取决于存储量，而在于流动效率的优化。这要求教师重构教学逻辑：区分存储型知识(如机械记忆分数比较口诀)与内化型能力(如通过折纸实验理解单位分数重构原理)，并以目标导向、问题驱动、可迁移性为标准进行知识筛选。师生需共同升级心智模式，从焦虑囤积转向从容迭代，接受知识必然代谢的规律，聚焦“理解推导逻辑”而非“记忆结论细节”。例如，在“周长与面积”教学中，弱化公式背诵，强化通过“用1米绳子围最大菜地”等真实问题发展数学模型意识。

在小学生学习方法论的重构中，倡导以“学习日志”为载体记录认知轨迹，坚持“能量管理优先于时间管理”原则——通过生物节律监测锁定高精力窗口期(如晨间黄金三小时)，集中攻克抽象概念与复杂问题。这种模式下形成的“可进化知识系统”，以批判性思维、信息检索能力及新工具快速学习能力为底层支柱，实现从碎片化存储到结构化生长的转变。知识如同水流，容器的形态与容量比单纯的知识积累更为关键。面对信息洪流，需建立“价值观筛网”(如辨别信息真伪的数学思维)与“目标导向漏斗”(如围绕核心问题构建知识树)的双层过滤机制，进而打造“弹性认知框架”——模块化知识单元与跨领域迁移双向突破。一是模块化知识单元。例如，“三角形内角和”可拆解为具身操作的撕角拼接、工具应用的量角器验证、符号抽象的公式推导等三类可重组元件，学生可自由组合探究四边形内角和规律。二是跨领域迁移。例如，“古今测量探秘”活动串联现代单位、古建筑丈量与步测规划，激活数学的文化生命力。小学数学教育的终极目标在于培育学生“持续进化内力”，这体现为元学习能力与高阶迁移能力的协同共生。在小学数学中，元学习能力表现为对认知过程的主动监控。例如，通过“解题思维录音”回放分析策略选择盲点，或利用“数学日志”追踪分数概念的理解迭代轨迹。高阶迁移能力则展现在跨情境的知识重构中。这种双重能力的交融，使得知识系统如同具备代谢功能的生命体。例如，在“圆面积公式”学习中，学生既能通过圆片剪拼实验(具身认知)理解公式来源，又能自主将推导逻辑迁移至扇形面积计算(适应性突变)，最终形成可随问题情境自主扩展的“活体知识网络”。

2. 素养能力

素养能力是知识、技能与价值观深度融合的复合认知体系，其本质是将静态知识转化为动态问题解决的行动智慧。与传统能力追求“正确率”不同，它更关注在复杂情境中灵活调用、重组与创造知识的能力，例如学生用统计思维优化班级值日安排而非仅完成课本上的填表练习。素养能力的核心维度体现在如下三个方面。

1）核心维度一：情境化问题解决能力

素养能力强调从“解题”到“解决实际问题”的跨越。在数学教育中，学生表现为主动识别生活场景中的数学要素（如分析奶茶店“第二杯半价”的定价策略），设计多步骤解决方案（计算成本收益、评估顾客满意度），而非机械套用公式计算预设题目。

2）核心维度二：批判性思维与创新迁移

素养能力要求突破标准答案思维，发展策略弹性。例如，在“校园停车位分配”项目中，学生需批判性审视传统均分法的局限（忽视师生需求差异），尝试引入优先级系数或动态预约模型，将分数运算升华为资源优化工具。

3）核心维度三：跨领域协同与伦理判断

注重知识的社会化应用与价值考量。如设计“零花钱管理方案”时，需融合数学运算（预算分配）、经济学原理（储蓄与消费平衡）、伦理学思辨（资助困难同学的公平机制）等，使数学能力成为推动社会向善的力量。

在AI时代，素养能力的核心竞争力在于：提出问题的洞察力（如发现数据背后的隐藏规律）、重构系统的创造力（如将几何思维迁移至产品设计）、价值抉择的审辨力（如算法应用中的隐私保护权衡）。这要求教育从“知识传授”转向“思维生态培育”，让数学不仅是计算工具，更成为理解世界、改造世界的思维母语。

传统数学能力与数学素养能力可以从核心目标等五个维度进行对比，如表1-1所示。

表1-1 **传统数学能力与数学素养能力的对比**

维度	传统数学能力	数学素养能力
核心目标	准确执行算法	解决真实问题
情境特征	封闭、结构化	开放、非结构化
思维层次	记忆与模仿	批判与创新
评价重点	结果正确性	过程合理性、策略多样性
情感参与	被动接受	主动探究与反思

（二）数学思维与方法

小学数学思维方法，通常是指教师从更高的视角出发，强调数学思维的普遍性和逻辑性，同时结合小学生的认知特点，提供易于理解和应用的方法。在核心素养视域下，数学思维与方法的革新正经历从“解题术”到“思维道”的范式跃迁。传统教学往往将数学简化为公式记忆与技巧训练，而素养导向的数学思维更强调三重本质属性：结构化思维（如从离散的分数运算中发现数系扩展的逻辑脉络）、建模思维（如将“校园噪声治理”转化为统计优化问题）、批判性思维（如质疑算法推荐中的数学偏见）。这种转型要求方法论的同步进化——从“教师示范—学生模仿”的机械传递，转向“情境触发—自主探究—迁移创新”的生成式学习。当数学教育不再止步于“求得正确答案”，而是致力于培育“用数学理解世界、参与变革、预见未来”的思维基因，学生方能真正获得应对技术革命与文明挑战的元能力。

1. 数学思维

核心素养导向下的数学思维，是以现实问题为锚点、以逻辑推理为骨架、以创新迁移为动能的复合认知体系。这一思维模式突破传统“解题训练”的局限，转向在真实情境中培养结构化思维、建模能力与批判意识，使学生从“知识消费者”进化为“问题解决者”与“创新探索者”。

1）抽象建模思维：从现象到本质的跃迁

抽象建模思维强调从具体现象中提炼数学结构的能力。例如，学生观察校园植物生长规律时，能将高度变化转化为折线图，并抽象为一次函数模型 $y=kx+b$，进而预测未来生长趋势。这种思维是学生掌握“数学化”现实世界的核心方法。

2）批判性推理思维：突破权威的审辨意识

批判性推理思维要求对数学结论保持理性质疑。如在探究“圆的面积公式”时，教师可引导学生对比“无限分割”的理想化推导（将圆转化为长方形）与实际测量结果之间的误差，追问“为什么纸片剪拼总会存在间隙”，从而理解数学模型的近似性与适用边界，培养科学严谨性。

3）系统关联思维：知识网络的动态编织

系统关联思维注重跨领域知识联结。学生可将“比例思维”应用于科学课的溶液配制实验，精确计算溶质与溶剂的配比；或将“对称思想”迁移至艺术课的版式设计，用轴对称、中心对称原理优化视觉平衡。这种思维打破学科壁垒，使数学成为理解多元世界的通用语言。

这三大思维并非孤立存在，而是交织作用于复杂问题解决中。这种整合过程，正是核心素养从理论概念转化为实践能力的根本路径。

2. 数学方法

核心素养视角下的数学方法革新体现在以下五个方面。

1）情境化任务设计法

以“真实问题链”重构数学学习场景，替代传统碎片化练习。例如，低年级通过“班级义卖定价策略”任务，在计算成本、利润中理解加减法的现实意义；高年级借助“社区垃圾分类效率优化”项目，整合数据收集、统计分析与建模，培养系统化问题解决能力。这种方法将数学从“书本公式”转化为“生活工具”，引导学生用数学眼光主动发现并定义现实问题。

2)认知脚手架建构法

设计阶梯式认知工具，跨越具象与抽象的鸿沟。从磁性分数块拼接(实物操作层)、方格纸绘制立体展开图(半抽象过渡层)，到建立校园节水方程模型(符号抽象层)，逐步帮助学生克服“具象依赖”与“符号恐惧”。例如，用磁性分数块探究等值分数关系，再迁移至解决“月饼公平分配”问题，实现思维的自然进阶。

3)跨学科协同探究法

打破学科壁垒，开发融合型任务。数学与艺术结合，用黄金分割分析剪纸图案美学；与科学联动，通过植物生长曲线拟合理解函数意义；与工程碰撞，设计“纸桥承重挑战赛”优化几何结构。此类任务培育跨界整合能力——如用统计思维分析古诗中的季节意象分布，将数学工具升华为文化解读的“钥匙”。

4)错误资源转化法

将典型错误转化为认知提升的契机。针对“分数加法分子分母直接相加”的误解，设计“月饼分配对比实验”，用视觉化操作揭示单位统一的必要性；利用“周长面积混淆”案例，组织“最优围栏方案”辩论，在观点交锋中深化对概念本质的理解。这种方法让错误从“学习污点”转变为“思维生长点”。

5)文化回应性实践法

激活本土智慧，增强学习意义感。乡村课堂用“竹编纹样”探究几何对称性，将传统工艺转化为立体几何教具；城市学校结合《营造法式》中的比例关系，解析古建筑斗拱的数学密码。这种根植于文化的教学，让学生在丈量祖辈智慧的过程中，既掌握知识，又培育文化传承的使命感。

素养导向的数学方法共同指向核心素养的本质——让数学教育从“解题训练”升维为“思维锻造”。通过真实情境、认知阶梯、跨界融合、错误转化、文化浸润五维联动，培育学生“能用数学”解决复杂问题、“善用数学”创新解决方案、“爱用数学”探索未知领域的终身能力，最终塑造具有数学思维基因的未来公民。

核心素养视角下的数学教育，本质上是将数学从“解题工具”升维为“思维母语”的过程。它要求教育者重构教学范式：在真实问题中孕育抽象思维，在跨界融合中激活创新基因，在技术应用中守护人文温度。当学生能自觉运用数学眼光审视世界、用数学思维参与变革时，数学教育便完成了从“知识传递”到“素养生成”的历史性跨越。

(三)数学态度与价值观

小学生的数学态度与价值观是数学核心素养的重要组成部分，体现了学生对数学学科的情感认同、学习动机以及对数学本质与价值的理解。根据《新课标》及教育实践，可从以下维度展开分析。

1. 数学态度的核心内容

(1)对数学的兴趣与好奇心。学生乐于参与数学活动，主动探索数学问题，对生活中的数学现象(如对称图形、数字规律)产生观察与思考的兴趣。

(2)学习数学的自信心。学生敢于表达自己的数学想法，不畏惧犯错，在解决问题的过程中体验成就感，形成“我能学好数学”的信念。

(3)理性探索与批判性思维。学生养成用数学眼光观察世界的习惯(如用数据说话、用逻辑推理)，敢于质疑不合理的结论，并通过证据验证猜想。

(4)严谨认真的学习态度。学生注重数学表达的准确性(如规范使用数学符号、术语)，养成检查验算、反思修正的习惯。

2. 数学价值观的核心内容

(1)数学的工具性价值。学生认识到数学是解决实际问题的工具(如计算购物费用、设计出行路线)，理解数学在科技、工程、经济等领域的广泛应用。

(2)数学的思维性价值。学生体会数学思维的独特性(如抽象、推理、建模)，认同数学对发展自身的逻辑能力、分析能力的作用。

(3)数学的文化与美学价值。学生感受数学的文化内涵(如数学史、数学家精神)，欣赏数学的简洁美、对称美、规律美(如斐波那契数列、几何图形)。

(4)数学的协作与分享意识。学生在小组合作中学会倾听他人观点，共同解决问题，愿意分享自己的解题策略，体验集体智慧的力量。

(四)情境迁移与创新意识

情境迁移是指学生将数学知识、方法或思维模式从已知情境迁移到陌生情境的能力，体现应用意识与模型意识。情境迁移强调知识的灵活运用。创新意识是指学生在数学活动中表现出的提出新问题、探索新方法、创造新方案的思维倾向，体现思维的批判性与开放性。

情境迁移是创新意识的基础。知识迁移到新情境时需打破惯性思维，催生新思路。创新意识推动情境迁移深化。创新性解法可扩展迁移的边界，形成更高阶的能力循环。情境迁移与创新意识共同指向从“解题”到“解决问题”、从“模仿”到“创造”的跨越。

1. 情境迁移与创新意识的融合

在小学数学教学中，情境迁移与创新意识的融合可通过创设开放性情境，实现多维度的认知激活与思维拓展。教师可依托真实问题驱动策略，设计具有综合性与挑战性的数学任务，促使学生在复杂情境中整合跨领域知识。例如，针对低年级学生认知特点，可构建“班级生日日历设计”项目，有机融合时间认知、数据统计与排列组合等知识模块。对于高年级学生，则可设置“校园低碳行动规划”主题任务，引导学生经历数据采集、图表可视化分析及比例计算等系统性探究过程。此类真实情境的介入，不仅强化了学生对数学知识的工具性价值认知，更为学生搭建了从具象操作到抽象建模的思维阶梯。

同时，教师引入争议性话题作为认知冲突的触发点，能够有效激发批判性思维与创新性表达。例如，围绕“平均数评选最佳小组的公平性辨析”展开的多角度论证，既需要学生运用统计量特征的知识迁移，又需结合社会公平的价值判断进行创新性解决方案的建构。这种类似学术争议的创设，打破了传统数学问题单一解法的思维定式，促使学习场域从封闭的算法训练转向开放的意义协商，在实践中提供认知冲突与意义重构的双重动力，引发创新意识。

2. 结构化引导迁移，搭建创新支架

在小学数学教学中，结构化引导迁移的实践需通过认知图式的系统化建构与跨领域联结来实现。教师可通过概念图工具对知识网络进行拓扑重构。例如，将分数的本质属性与除法运算的分配意义、比例关系的表征逻辑进行显性化联结，帮助学生形成模块化知识结构，从而突破碎片化知识存储的局限。问题链设计则遵循渐进式认知负荷理论，通过阶梯式任务序列推动迁移层级的深化。例如，以面积概念为锚点，设置“规则图形公式推导—自然物体估算策略探究—非常规测量工具创新设计”的进阶链，使学生在持续的问题解决中完成从算法应用到工具创新的思维迭代。

跨学科整合作为迁移创新的重要载体，可通过学科边际的消解来激活学生的复合认知能力。例如，几何图形与文化衫图案设计的艺术化融合，将数学对称性原理转化为视觉美学表达。而校园操场的昆虫种类统计与分布图制作，则需整合生物分类学与数据可视化技能，使数学模型意识在真实生态情境中实现跨域迁移。此类设计通过知识的结构化重组与情境的多元嵌套，构建了支持创新意识发展的实践与认知支架。

3. 鼓励非常规解法，培育创新意识

培育创新意识的实践需突破传统解题范式的束缚，通过多元解题策略的探索与经典问题的认知重构，激活学生的发散性思维与批判性反思能力。教师可借助“一题多解”策略，引导学生对同一数学问题展开多维度表征与解法对比。例如，在“鸡兔同笼”问题的探究中，教师鼓励学生采用直观画图法（具象化数量关系）、系统性列表法（穷举可能性）、代数假设法（抽象数学模型）等差异化路径同时展开。学生通过对不同方法运算效率与思维严谨性的比较分析，深化对数学思想的认知。这种多元表征的交互验证，不仅拓展了问题解决的认知弹性，更促使学生超越算法模仿，形成对数学方法的元认知审辨能力。

此外，对经典问题的开放性改造是重构问题空间、激发创新意识的有效路径。例如，将“长方形面积计算”的封闭式问题转化为“用 24 根小棒围建最大面积”的探究性任务，通过参数约束的动态调整(如允许小棒折断)，引发学生对周长固定条件下的面积极值问题的深度思考，进而触及变量关系与函数思想的启蒙。此类问题重构打破了标准答案的思维桎梏，将传统的静态解题过程转化为具有不确定性的探索实验，激发学生在假设验证与方案迭代中发展数学模型意识与问题解决的创新意识等素养。

4. 建立容错机制，保护创新萌芽

教学中，构建容错机制是保护学生创新意识的关键策略，其核心在于重构学生对错误认知的价值属性，将学习过程中的偏差转化为认知发展的生长点。教师通过延迟评价策略，暂时悬置对答案正确性的直接评判，转而采用苏格拉底式追问(如“能否解释你是如何得出 1/2+1/3=2/5 的”)，引导学生外显思维路径。这种教学行为实质上是将评价焦点从结果正确性转向思维过程可视化，使学生的前概念结构与认知冲突得以充分暴露，进而通过自我辩驳或同伴互鉴实现概念重构。

错误资源化的教学设计，通过典型认知偏差的深度解构(如饮料浓度计算中“溶质与溶液比例混淆”案例)，将错误转化为具身化学习素材。教师可组织对比实验，让学生分别按错误路径与正确路径演算，通过结果差异的显著性引发认知失衡，继而驱动学生自主追溯错误根源，在此过程中形成对数学概念本质的批判性理解。这种容错机制本质上构建了安全的认知试错空间，使学生在无惧批判的环境中突破思维定式，其创新尝试的勇气与问题解决的韧性在此过程中得到双重滋养。

总之，情境迁移与创新意识的培养，需以真实问题为土壤、结构化思维为根系、开放性实践为枝叶。教师通过“低门槛、高挑战”的任务设计，让学生在迁移中创新，在创新中深化迁移，最终形成面对未来复杂问题的“数学应变力”。

(五)数学素养的动态性与发展性

1. 数学素养的核心要素之间的关系

数学素养的核心要素包括“知识技能”“思维方法”“态度价值观”和“情境迁移”。它们之间通过“支撑”“渗透”“导向”等动态联系相互作用。数学素养并非静态的知识储备，而是伴随认知发展螺旋上升的“生长体”。在小学数学中，数学素养的核心要素同样相互作用，但具体表现和联系会更具针对性。小学阶段尤其需关注低年级的具象化奠基，通过实物操作(如分糖果感知分数)、游戏化任务(如跳格子学习数轴)建立数学与生活的直观联结。同时，关注高年级的抽象化过渡，逐步引导学生从具体情境中抽象数学模型，培养符号化表达与逻辑化推理的习惯。

“知识技能”“思维方法”“态度价值观”和“情境迁移”等数学素养的核心要素之间的关系如图 1-1 所示。知识技能是思维方法的基础。例如，学习加减法时，学生需要掌握基本的计算规则，才能进一步运用逻辑推理解决实际问题。思维方法渗透在知识技能的学习中。例如，在学习“因数与倍数”时，学生需要通过分类、归纳等思维方法理解概念，而非单纯记忆。思维方法影响并引导学生态度价值观的形成。例如，通过解决数学问题，学生逐渐培养出严谨、耐心和追求真理的态度。态度价值观渗透在思维方法的运用中。例如，学生对数学的兴趣和好奇心会促使他们更主动地尝试不同的解题方法，如画图、列表或逆向思考。态度价值观导向情境迁移的方向。如果学生认为数学与生活密切相关，他们会更愿意将数学知识应用到实际情境中。例如，计算购物费用或设计简单的几何图形。积极的态度价值观支撑情境迁移的能力。例如，面对复杂的实际问题时，学生如果具备坚持不懈的态度，会更愿意尝试将数学知识迁移到新情境中。

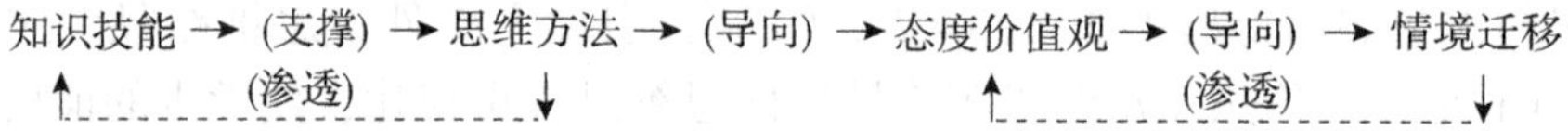

图 1-1　数学素养核心要素关系图

情境迁移渗透在知识技能的深化过程中。例如，通过解决“分蛋糕”的实际问题，学生能更深刻地理解分数的意义。情境迁移支撑知识技能的拓展。例如，在解决“设计花园”的问题时，学生可能需要学习新的几何知识(如面积计算)，从而扩展知识技能。思维方法支撑情境迁移的实现。例如，学生在探究“合理安排时间”问题时，需要运用逻辑推理和分类思维，将数学知识迁移到实际生活中。情境迁移导向思维方法的优化。例如，在解决“最省钱”的购物问题时，学生可能会发展出更高效的比较和优化思维。知识技能的学习过程渗透态度价值观的培养。例如，通过解决数学问题，学生可能培养出细心、耐心和自信的态度。知识技能支撑态度价值观的形成。例如，当学生熟练掌握乘法口诀后，他们会更自信，从而形成更加积极的学习态度。

在小学数学实践中，四要素的关系更加具体化和生活化。知识技能是基础，思维方法是桥梁，态度价值观是动力，情境迁移是目标。通过这种动态交互，学生不仅能够掌握数学知识，还能培养数学思维、形成积极态度，并将数学应用于实际生活中，全面提升数学素养。

2. 小学数学素养的动态性与发展性

小学数学素养的动态性与发展性是指学生在数学学习过程中，其数学素养并非一成不变，而是随着学习经验的积累、认知能力的发展以及外部环境的变化而不断演变和提升。

1)动态性

动态性强调小学数学素养是一个不断变化和调整的过程，而非静态的结果，具体表现为三个方面。一是认知能力的动态发展。学生的数学素养会随着认知能力的发展而变化。例如，低年级学生主要通过具体形象思维理解数学概念(如用实物进行加减法运算)，而高年级学生逐渐发展出抽象思维能力(如理解分数、代数等抽象概念)。随着认知能力的提升，学生逐步从简单的计算过渡到具有初步的逻辑推理和问题解决能力。二是学习情境的动态适应。数学素养的表现会因情境不同而有所变化。例如，学生在课堂练习中可能熟练掌握某一知识，但在实际生活问题中应用时却遇到困难。教师要通过多样化的学习情境(如游戏、实践活动、跨学科融合)，帮助学生逐步将数学知识迁移到不同场景中，提升其数学素养的动态适应性。三是学习过程的动态调整。学生在学习过程中会不断调整自己的学习策略和方法。例如，从依赖教师的讲解逐渐过渡到自主学习，从机械记忆转向理解性学习。教师需要根据学生的动态表现及时调整教学策略，提供个性化的支持。

2)发展性

发展性强调小学数学素养是一个逐步积累和深化的过程，具有阶段性和连续性，具体表现为三个方面。一是阶段性发展。小学数学素养的发展具有明显的阶段性特征。例如，低年级以数感、运算能力和简单几何等直观认知为主，重点培养基础技能。中年级逐步引入分数、小数、图形变换等概念，注重逻辑思维和问题解决能力的培养。高年级进一步发展抽象思维，学习代数、统计等知识，强调综合应用能力和创新思维。数学教学在每个阶段的目标和能力要求不同，但前后阶段相互衔接，形成完整的学生素养发展链条。二是连续性积累。数学素养的发展是一个连续积累的过程。例如，数感的培养从认识数字开始，逐步扩展到加减乘除运算，再到分数、小数和百分数的理解。前一阶段的学习为后一阶段奠定基础，学生的数学素养在持续学习中不断深化和拓展。三是个体差异性发展。不同学生的数学素养发展速度和路径可能存在差异。例如，有的学生可能在几何学习上表现出色，而在代数学习上进展较慢。教师需要关注学生的个体差异，提供差异化教学，帮助每个学生在自己的发展轨道上不断进步。

数学素养的动态性是数学素养发展的基础，小学生在不同情境中的动态表现反映了其数学素养的当前状态，为后续发展提供依据。发展性是动态性的目标，小学生通过不断调整和优化学习过程，数学素养得以持续发展，最终形成扎实的数学能力和素养。

3. 促进动态发展的策略

促进小学数学素养动态发展的策略主要有五个方面。一是创设多样化的学习情境。教师通过生活化、游戏化、跨学科的学习活动，帮助学生在不同情境中应用数学知识，提升其数学素养的动态适应性。二是注重过程性评价。教师关注学生在学习过程中的表现，而不仅仅是结果。通过形成性评价，及时发现学生的进步和问题，提供针对性指导。三是鼓励自主探究与合作学习。教师引导学生通过探究、讨论和合作解决问题，培养其独立思考和创新思维能力。四是提供个性化支持。教师根据学生的个体差异，设计分层教学或个性化学习任务，帮助每个学生在自己的发展轨道上不断进步。五是家校社协同。通过家校社合作，为学生提供丰富的数学学习资源和实践机会，促进学生数学素养的全面发展。

总之，小学数学素养的动态性与发展性体现在学生在数学学习中的成长过程中。教师通过关注学生的认知发展、学习情境的多样性以及个体差异，可以帮助学生在动态调整中实现数学素养的持续发展。

(六)数学素养的本质

数学素养"源于知识、高于知识、根植情境、服务生活"这一本质，深刻揭示了数学素养的内涵及其在学生学习和生活中的重要意义。

1. 数学素养源于知识

数学素养的形成离不开扎实的数学知识基础。数学知识是数学素养的起点和根基，具体表现为以下三个方面。

其一是知识的积累。数学素养的构建需要学生掌握基本的数学概念、原理和技能，如数感、运算能力、几何直观、数据分析等。这些知识是学生理解数学、应用数学的基础，没有知识的积累，数学素养就无从谈起。在小学数学中，知识的积累主要体现在以下几个方面。一是数感。数感是学生对数的直观理解和灵活运用能力。例如，理解数的意义，知道"3"可以表示 3 个苹果、3 个人或 3 个小时。理解数的大小关系，能够比较数的大小(如 5 比 3 大，1/2 比 1/4 大)。理解数的运算规律，掌握加减乘除的基本规则(如加法交换律、乘法分配律)。二是运算能力。运算能力是数学素养的基础。例如，加减法，小学生需要熟练掌握 20 以内的加减法，并能解决简单的实际问题(如"小明有 5 个苹果，吃了 2 个，还剩几个")。乘除法，小学生需要理解乘法的本质(重复加法)和除法的意义(平均分配)，并能解决实际问题(如"每包糖有 6 颗，3 包糖共有多少颗")。三是几何直观。几何直观是学生对图形和空间关系的理解能力。例如，认识基本图形(如长方形、正方形、三角形、圆形等)，并能描述它们的特征(如长方形的对边相等、四个角都是直角)。理解图形的变换(如平移、旋转、对称等)，并能用这些知识解决简单问题(如设计对称图案)。四是数据分析。数据分析是学生对数据的收集、整理和分析能力。例如，数据收集，能够用调查表或问卷收集数据(如"班级同学最喜欢的颜色")；数据整理，能够用条形图或表格整理数据；数据分析，能够从数据中发现规律(如"喜欢红色的人数最多")。

其二是知识的系统化。小学数学知识不是孤立的，而是相互联系的。例如，加减法是乘除法的基础，整数运算是分数和小数运算的基础。知识的系统化是数学素养形成的重要基础，具体表现为以下三个方面。一是知识的内在联系。小学数学知识是一个有机整体，各部分知识相互关联。例如，加减法与乘除法，学生需要先掌握加减法，才能理解乘法的本质(重复加法)和除法的意义(平均分配)。整数与分数、小数，学生在学习分数和小数时，需要借助整数的运算规则(如进位、借位)来理解分数的加减和小数的乘除。二是知识的层次性。小学数学知识的学习是一个循序渐进的过程。例如，从具体到抽象体现为学生先通过实物(如苹果、积木)理解数的概念，再逐步过渡到抽象的数字运算。从简单到复杂，学生先学习简单的加减法，再学习复杂的乘除法；先学习整数的运算，再学习分数和小数的运算。三是知识的整合。通过系统化的学习，学生能够将零散的知识点整合成完整的知识网络。例如，数与运算，学生将加减法、乘除法、分数、小数等知识整合成一个完整的运算体系。空间与图形，学生将基本图形、图形的性质、图形的变换等知识整合成一个完整的几何体系。

其三是知识的基础性作用。数学知识是数学素养的起点和根基，没有知识的积累，数学素养就无从谈起。例如，如果学生没有建立良好的数感，就无法理解数的意义和运算规律，更无法解决实际问题。如果学生没有掌握基本的运算能力，就无法解决复杂的数学问题，更无法将数学知识应用于实际生活。如果学生没有建立几何直观，就无法理解图形的性质和变换，更无法解决与空间相关的问题。如果学生没有掌握数据分析的基本方法，就无法从数据中发现规律，更无法用数据解决实际问题，等等。

总之，“源于知识”是数学素养形成的起点和根基。在小学数学中，教师应注重学生知识的积累与系统化，帮助学生掌握基本的数学概念、原理和技能，并引导学生理解知识的内在联系和层次性。只有掌握扎实的基础知识，学生才能进一步发展数学思维、形成数学态度，并将数学知识应用于实际生活，最终形成全面的数学素养。

2. 数学素养高于知识

数学素养不仅是知识的简单积累，而且是对知识的深层次理解和灵活运用。它超越了知识的表层，体现在以下三个方面。

其一是理解与迁移。数学素养强调对知识的深刻理解，而不仅仅是记忆和模仿。首先，数学素养要求学生能够理解知识背后的原理。学生不仅要掌握“是什么”，还要理解“为什么”和“怎么用”。例如，在学习“平面图形的面积”时，学生不仅要记住公式(如长方形的面积=长×宽)，还要理解公式的推导过程(如通过割补法等来推导平行四边形、三角形、梯形等图形的面积公式)。在学习“认识分数”时，学生不仅要掌握分数的加减法规则，还要理解分数的本质(如“部分与整体”的关系)及其在实际生活中的应用(如分蛋糕、分配任务)。数学素养强调对数学思想的理解。例如，学生能够将数与形结合起来，通过图形理解数的运算规律(如用长方形模型理解乘法分配律)。学生能够将复杂问题转化为简单问题(如将分数加减法转化为整数加减法)。其次，数学素养要求学生能够将所学知识迁移到新的情境中，解决陌生的问题。例如，学生将几何知识迁移到“建筑设计”中，能够用几何知识设计简单的建筑模型(如计算房间面积、设计对称图案)。学生将统计知识迁移到"地图阅读"中，用统计知识分析地图中的数据(如人口密度、交通流量)。学生能够将数学知识迁移到其他学科中。例如，将数学知识迁移到科学实验中，用数学知识记录和分析实验数据(如测量物体的长度、计算实验结果的平均值)。学生能够将数学知识迁移到艺术创作中，用数学知识设计艺术作品(如用几何图形创作对称图案)。

其二是思维与能力。数学素养注重培养学生的数学思维能力。例如，归纳、简单推理、抽象、空间观念、问题解决等。这些能力使学生能够从数学的角度观察世界、分析问题，并提出创造性的解决方案。学生能够从具体事例中归纳出一般规律。例如，加法交换律是数学中的一个基本运算定律。它表明在加法运算中，两个数相加，交换加数的位置，和不变。用字母表示为 $a+b=b+a$。例如，$3+5=5+3=8$。这个定律看似简单，却在数学计算和代数运算中有着广泛的应用，它为简便运算提供了依据，有助于发展学生的思维能力。例如，进一步拓展，$21+34=(20+1)+(30+4)=(20+4)+(30+1)=24+31$，即相同数位上的数可以交换。那么，进一步，若要解决 3□6+□2□=704，就可以转化为□□□+326=704，用□□□=704−326=378。

其三是态度与价值观。数学素养还包括对数学的态度和价值观，如对数学的兴趣、信心、严谨性和探索精神。这些非智力因素对学生的数学学习和终身发展具有重要影响。首先是学生对数学的兴趣，这是数学素养的重要组成部分，经常被教师忽略。例如，通过有趣的数学活动(如数学游戏、数学竞赛)激发学生对数学的兴趣。通过生活中的数学问题(如购物计算、时间安排)让学生体会到数学的实用性。其次是学生对学习数学的信心，这是数学素养的重要保障。例如，教师通过鼓励和肯定来增强学生对学习数学的信心(如"你做得很好，继续努力!")。教师通过逐步提高难度让学生体验到成功的喜悦(如从简单问题到复杂问题)。最后是严谨性与探索精神。学生对数学的严谨性是数学素养的重要体现。例如，在学习"简易方程"时，学生能够严格按照步骤解方程。学生对数学的探索精神是数学素养的重要动力。例如，在学习"认识分数"时，学生能够通过探索发现分数的规律，如"分数的分子和分母同时乘以相同的数(不为0)，分数的大小不变"。在学习"几何图形"时，学生能够通过探索发现图形的一些性质，如"正方形的对角线相等且互相垂直"。

总之，"高于知识"是数学素养的核心体现。它要求学生在掌握知识的基础上，进一步深化对知识的理解，培养数学思维能力，并形成积极的数学态度和价值观。在小学数学教学中，教师应注重引导学生理解知识的本质，培养学生知识迁移的能力，并通过实际问题的解决，帮助学生将数学知识转化为解决问题的能力。只有这样，学生才能真正形成数学素养，为未来的学习和生活奠定坚实基础。

3. 数学素养根植情境

数学素养的形成和发展离不开具体的情境。情境是数学素养生长的土壤，它为学生提供了理解、应用和评价数学知识的真实背景。根植情境体现在以下方面。

其一是情境化学习。情境化学习是指将数学知识置于具体的情境中，帮助学生在真实或模拟的环境中理解和掌握知识。情境化学习能够增强学习的趣味性和实用性，使抽象的数学知识变得具体化、生活化。一是生活情境。学生能够将数学知识与他们的日常生活联系起来。例如，在加减法的学习中，教师通过"购物找零"的情境，帮助学生理解加减法的实际意义。在认识分数的学习中，教师通过"分蛋糕"的情境帮助学生理解分数的意义。二是游戏情境。教师通过游戏活动激发学生的学习兴趣。例如，在几何图形的学习中，教师通过"拼图游戏"帮助学生认识图形的特征(如用不同形状的拼图拼出一个完整的图案)。在认识时间的学习中，教师通过"时间竞赛"帮助学生建立时间的量感，掌握时间的计算(如在规定时间内完成某项任务)。三是问题情境。教师通过设计问题情境来引导学生思考和探索。例如，在面积的学习中，教师通过"设计花园"的问题情境，帮助学生理解面积的计算方法(如"如何用最少的材料围出一个最大的花园")。在统计的学习中，教师通过"班级调查"的问题情境，帮助学生理解数据的收集和整理(如"调查班级同学最喜欢的颜色，并用条形图表示结果")。情境化学习在学生素养形成中具有重要意义。首先是增强理解能力，情境化学习能够帮助学生将抽象的数学知识与具体的情境联系起来，从而更好地理解知识的本质。其次是提高学习兴趣，情境化学习能够增强学习的趣味性，激发学生的学习兴趣和探索欲望。最后是培养应用意识，情境化学习能够让学生体会到数学的实用性，培养他们将数学知识应用于实际生活的意识。

其二是情境化应用。情境化应用是指学生在具体的情境中运用数学知识解决实际问题。情境化应用能够帮助学生理解数学的广泛应用性，并培养他们的数学应用能力，具体体现为三个方面。一是生活情境中的应用。学生在日常生活中能够运用数学知识解决问题。例如，小学生去购物时要计算价钱，懂得运用加减法计算总价和找零(如"买 3 个苹果，每个 2 元，一共需要多少钱")。在日常关于时间安排方面，小学生在安排日程时运用时间计算(如"从家到学校需要 20 分钟，如果 8 点上课，最晚几点出门")。二是科学情境中的应用。学生在科学实验中能够运用数学知识记录和分析数据。例如，关于测量实验，学生在科学实验中运用长度、面积、体积等知识测量物体的尺寸(如"测量水的体积")。关于数据分析，学生在科学实验中运用统计知识分析实验数据(如"记录植物的生长高度，并用折线图表示变化趋势")。三是社会情境中的应用。学生在社会活动中运用数学知识解决实际问题。例如，在地图阅读活动中，学生在阅读地图时能够运用几何知识理解方向和距离(如"从家到公园的路线")。在预算规划方面，学生在规划活动时能够运用四则运算计算预算(如“组织一次班级活动，计算总费用”)。

其三是情境化评价。情境化评价是指基于真实或模拟的情境，评估学生的数学应用能力和问题解决能力。情境化评价能够更全面地反映学生的数学素养水平，具体有三种评价方式。一是项目式学习评价。教师通过项目式学习来评估学生的数学应用能力。例如，学生通过设计花园的项目，展示他们对面积、几何图形等知识的理解和应用能力。学生通过制作统计报告的项目，展示他们对数据收集、整理和分析的能力。二是实践活动评价。教师通过实践活动来评估学生的数学应用能力。例如，学生通过购物模拟活动，展示他们对加减法、货币计算等知识的应用能力。学生通过时间管理活动，展示他们对时间计算和安排的能力。三是情境化测试。教师通过情境化测试来评估学生的数学应用能力。例如，让学生设计与实际生活相关的情境题(如“小明有 10 元钱，买了一个 5 元的玩具，还剩多少钱”)。让学生设计与科学实验相关的情境题(如“测量水的体积，并计算容器的容量”)。情境化评价能够更全面地反映学生的数学素养水平，包括知识掌握、应用能力和问题解决能力，促进学生深度学习，帮助他们将数学知识应用于实际情境中，并为学生提供反馈和改进机会，帮助他们发现不足并加以改进。

4. 数学素养服务生活

数学素养的最终目的是服务生活，帮助学生在现实生活中更好地理解和解决问题。具体表现在以下三个方面。

其一是解决实际问题。数学素养让学生能够运用数学知识解决生活中的实际问题，体会数学的实用价值，增强学习的动力。例如，计算家庭开支，学生运用四则运算计算家庭开支(如每月的水电费、食品支出)，并分析开支的合理性。例如，规划旅行路线，学生通过时间和距离来计算并规划旅行路线。例如，理解统计数据，学生运用统计知识理解生活中的数据(如天气预报中的温度变化、班级成绩的分布)。

其二是提升生活质量。数学素养能够帮助学生在生活中做出更理性的决策。例如，优化消费方案，学生通过数据分析选择更优的消费方案(如比较不同商家的价格，选择最省钱的方案)。例如，优化家居布局，学生通过几何知识优化家居布局(如设计房间的家具摆放，最大化利用空间)。例如，合理安排时间，学生通过时间计算合理安排日程(如安排学习和娱乐的时间，确保高效完成任务)。

其三是适应未来发展。在信息化和数字化的时代，数学素养是适应未来社会发展的关键能力。数学素养为学生未来的职业发展和终身学习提供了重要支持。例如，学生初步了解人工智能、大数据分析等技术背后的数学原理和概率统计在数据分析中的应用。学生适应数字化生活中的数学需求，了解电子支付、数据分析工具的使用。

总之，数学素养“源于知识、高于知识、根植情境、服务生活”这一本质，揭示了数学素养的全面性和实践性。教师在理解时应强调数学素养以知识为基础，但超越了知识的表层，注重理解、思维和态度；数学素养在具体情境中形成和发展，并通过解决实际问题服务生活。以上，通过对数学素养基本概念的厘清，可明确其“源于知识、高于知识、根植情境、服务生活”的本质。这一认知是理解数学教育时代转型的逻辑起点，也为后续探讨核心挑战与实践策略提供了理论锚点。

二、数学素养的具体表现

数学素养的培育并非抽象的理论宣言，而是通过具体的学习行为、思维活动与实践成果得以彰显。其内涵的“落地”需扎根于课堂教学的真实场景，体现为学生对数学工具的理解深度、思维方式的转变以及问题解决能力的提升。本小节从“数学眼光—数学思维—数学语言”的三维框架出发，结合学段特征与教学实例，剖析数学素养在小学阶段的具体表现。

（一）数学眼光

数学的研究源于对现实世界的抽象，通过“数学眼光”抽象得到数学的研究对象。基于“数学眼光”抽象出来的结构，通过符号运算、形式推理、模型构建等数学方法，理解和表达现实世界中事物的本质、关系和规律。正是因为有了基于“数学眼光”对现实世界的数学抽象，才形成了数学的第一个基本特征——数学的一般性。下面从数学眼光的真实情境与数学化两个方面阐述。

1. 真实情境

真实情境来源于现实世界，现实世界中真实存在的事物能够帮助学生观察、思考，加深学生对事物的认识。真实的教学情境是一种有利于育人目标实现、有典型示范意义、科学合理反映事物本质的内涵、有丰富意境和情感体验的情境。它能够抓住现实世界中事物的主要特征，帮助学生更好地理解现实世界。除了基于现实世界的直接呈现和模拟，真实情境还包括想象情境和推理情境等。“沙盘推演”对可能发生的事情进行思维想象，也是一种情境，某种程度上是基于真实事件进行的，理论上可以作为真实情境进行利用。真实情境可以突破现实世界的局限，拓展对现实世界的认知，为现实世界的发展提供创新思路。但是，长期以来，以教师讲授为主的单向传授模式，导致真实情境教育被低估，停留于形式化。受传统课堂模式制约，人们普遍存在认知误区，将情境教学等同于低效实践，质疑数学抽象后的情境回归的必要性，在课程实施方面出现偏差，教材情境设计常遭教学简化处理，存在“形备而神不至”的现象。

在小学数学教育中，强调真实情境支撑的必要性，源于三个方面，即学生认知发展阶段的特性、数学概念的建构规律以及学习心理需求的综合作用。

其一是认知发展阶段的特性。首先，借助真实情境学习是小学生认知发展阶段的内在需求。根据皮亚杰认知发展理论，7~12 岁小学生处于具体运算阶段，其思维表现出具体运算阶段的特征，体现为思维的具象依赖性，需借助实物操作理解抽象概念(如用计数器理解数位)。小学生的思维发展需要依赖动作来实现内化过程(如通过分糖果来学习分数)。小学生的思维还表现出可逆性的局限性，即小学生的逆向思维需情境支撑。例如，借助“原有 5 本书，借出 3 本”的情境来更好地理解减法。从神经发育的生物学基础角度来说，小学生的前额叶尚未成熟。根据 NIH 脑发育研究，小学生负责抽象思维的脑区发育度仅达到成人的 70%，他们的镜像神经元活跃，动作观察与模仿学习效率是抽象讲解的 3 倍(神经教育学实验数据)。小学生的多感官通道具有优势，视觉+触觉协同输入可使记忆保持率提升至 90%(美国 NTL 学习金字塔)。

其二是数学概念的建构规律。借助真实情境学习是小学生数学概念建构的必经路径，小学生的概念形成呈现出阶梯模型。小学生数学概念建构遵循“具身认知→表象过渡→符号抽象”的阶梯模型，真实情境在此过程中发挥着不可替代的认知脚手架作用。真实情境支撑学生认知锚点建构，帮助学生将抽象概念(如分数 1/2)锚定在“切蛋糕”“分月饼”等真实经验中，避免符号空转。神经科学证实，多感官情境刺激可使海马体记忆编码效率明显提升。真实情境支撑学生思维阶梯搭建，帮助学生实现认知跃迁，从实物操作(摆小棒)到半抽象图示(画点子图)再到符号运算(列竖式)。例如，乘法建构，学生先摆 3 排纽扣(每排 4 颗)，再画阵列图，最后写出 3×4=12。真实情境支撑学生进行认知冲突化解。学生通过真实矛盾促进概念重构。例如，用“1 米长的绳子剪掉 30 厘米”的情境，破解“1-0.3=0.7”的认知障碍，“相同体积不同形状容器”的量水实验，建立形变体积不变的体积守恒概念。

其三是学习心理需求。小学生在脱离真实情境的学习中面临的认知风险，本质上是符号知识与实际经验的割裂所导致的后果，体现在三个方面。一是虚假理解，也就是说小学生建立的只是符号世界的空中楼阁。当学生仅通过背诵公式(如“被减数-减数=差”)进行学习时，他们的认知停留在符号操作层面。以“原有 5 本书，借出后剩 3 本”为例，学生机械套用公式可能得出“5-3=2”的答案，却无法逆向思考“借出的是 2 本”这一现实逻辑，这种现象源于儿童认知发展规律。皮亚杰的“具体运算阶段”理论指出，7~11 岁儿童需要通过实物操作构建逻辑思维。当减法问题脱离“物品减少”的具体情境，数字符号就变成了无意义的字符，学生看似完成计算，实则未完成对真正的数量关系的理解。二是迁移失效，即小学生从课本里掌握的公式和迁移运用到实践中去解决问题之间存在不可逾越的认知鸿沟。我们以长方形面积计算的教学案例来揭示这一深层问题：学生掌握公式(长×宽)后，面对教室铺瓷砖任务时，往往忽略实际因素(瓷砖切割损耗、门窗区域扣除等)。这印证了教育心理学家布兰斯福德提出的“惰性知识”现象——知识被储存在与使用情境无关的孤立单元中。真实问题解决需要三种迁移能力：①识别现实情境中的数学模型；②调整公式适配具体条件；③整合测量、估算等综合技能。脱离情境的训练导致学生形成“解题套路依赖”，遇到真实复杂场景时，认知系统难以激活相关知识。三是兴趣衰减，教学中仅仅进行抽象训练会带来学生对数学学科学习的情感反噬，学生会反感数学学习，学生学习积极性降低。在教学过程中，若仅仅进行抽象训练，会使学生觉得数学学习枯燥乏味。因为抽象训练往往缺乏生动性和趣味性，无法激发学生的好奇心和探索欲。现代心理学研究表明，学生的学习并非“纯认识”的过程，学习本身包含认识和情感两个方面。当学生在学习中缺乏积极的情感体验，如兴奋、激动等，他们的学习劲头就会不足，对数学学科的兴趣会逐渐减退。例如，教师若一味加大知识信息量，只注重认知过程而忽略情感过程，学生可能会觉得学习数学是一种负担，从而降低学习的积极性。学习效果自然不佳，由于学生不善于用理智来支配情感，却常常以情感支配理智，当他们对数学学科缺乏兴趣或情绪低落时，学习效果就会变差。

现实教学中，不是所有真实情境都适合直接搬进课堂。真实情境若脱离学生认知水平，会变成“伪情境”。比如，菜市场讲价虽然真实，但涉及货币计算、人际策略等复杂因素，可能超出二年级学生的抽象能力。又比如，让城市的孩子用插秧情境学比例，再真实也难引起共鸣。教师在教学中可能遇到过类似困境：精心设计的“真实”案例，学生反而跟不上。小学数学教学设计既要强调真实情境，又要确保情境与学生思维特征高度适配。这两者并非割裂，而是相辅相成、缺一不可的关键原则。小学生思维特征与教学情境适配的案例，如表 1-2 所示。

表 1-2 **小学生三阶思维特征与教学情境适配案例**

认知层级	思维特征	典型表现	情境支撑形式	教学案例
实物操作	依赖实物操作与身体感知	数棒摆弄、积木组合	实体教具	用纽扣分组理解乘法，分水果理解“平均分”，用积木感知立体图形
图形表征	通过图像转化具体经验	线段图、饼状图	视觉化工具	画图解决“植树问题”“鸡兔同笼”问题，饼状图分析班级同学爱好
符号抽象	实现数学形式化表达	数字运算、公式应用	情境迁移	超市价格标签学习小数计算

情境认知理论指出，知识是工具，需通过使用场景获得意义，强调知识的情境性和工具性，其教学实践的核心在于通过真实场景促进知识的建构与内化。要化解因脱离真实情境引发的认知冲突，关键在于将抽象知识与具身体验相融合。教师可以从以下几个方面入手，通过真实情境激活学生的学习动力系统。一是发挥具身认知的效能优势。让学生通过动作记忆，发挥学习效应，即教师要清楚的是两个悬殊的数据，即动手操作的情境学习使知识留存率提升至75%，而单纯听讲的知识留存率仅占5%。二是重视真实情境的情感联结。将数学概念嵌入比较曲折、较为有趣又具认知冲突的故事场景中，可使学生学习注意力持续时间有效延长。三是发挥生活经验的“脚手架”作用。例如，通过学生熟悉的早餐分配情境来学习分数，通过班级值日表来理解周期规律，通过操场排队来体验空间方位概念。四是利用游戏化学习机制促进学生学习。例如，一年级学生通过“跳房子”游戏来强化数序认知，通过“商店角色扮演”“欢乐购物街”来掌握人民币计算，通过“拼图计时赛”来培养几何直觉。

案例一

六年级“长方体和正方体的体积”涉及的守恒概念
——破除“眼见为实”的思维陷阱

一、情境设计

准备三个透明容器：细长圆柱杯、宽口碗、标准量杯。

学生分组操作：将500mL水分次倒入不同容器，标记水位并讨论“水量是否变化”。

二、认知突围

(1)矛盾制造：当水倒入宽口碗时，多数学生会喊“水变少了!”(水位明显下降)，但量杯测量结果推翻直觉。

(2)动作内化：通过反复倾倒动作，学生发现“容器形状改变不影响水量”，水的体积不会随着容器的形状改变而改变，感悟守恒本质。

(3)符号连接：教师引入“体积”概念时，同步展示公式：长方体的体积=底面积×高度($V=Sh$)，用数学语言解释水位变化原理。

教学中教师设计该实验，可以解决皮亚杰守恒实验的核心矛盾——7岁以下儿童普遍缺乏守恒观念。学生在活动中通过从动作思维到具象观察再到符号抽象的三阶递进，跨越了之前学习中的认知成见——“外形变化即本质改变”这一前运算思维阶段。

案例二

二年级“米、厘米、分米”单位换算
——打通“进制关系”的具身认知

一、情境设计

组织“人体标尺”竞赛

任务1：用20厘米的学生尺测量黑板长度，记录为“8.5个20厘米”。

任务2：改用米尺测量，直接得出1米7分米。

讨论：为什么用大单位更高效？1米=100厘米如何证明？

二、认知突围

(1)痛点感知：学生在任务1中亲身经历“小单位测量烦琐”，自发产生对进制的需求。

(2)进制可视化：将10把10厘米塑料尺拼成1米长条，触摸观察“10×10=100”的空间结构。

(3)现实联结：分析服装尺寸表等生活案例，理解单位统一的价值。

传统教学中“1米=100厘米”是强制记忆的冰冷规则，而学生通过真实情境的动作损耗对比和空间重组操作，理解进制本质是“测量效率与精度的平衡”，避免出现“1米5分米=150毫米”的典型错误。

案例三

二年级“认识轴对称图形”的几何对称
——从“纸上画线”到“空间重构”

一、情境设计

折纸任务：

基础层：对折彩纸剪出心形，展开观察对称轴。

挑战层：折叠三次后剪窗花，预测展开后的对称轴数量。

创造层：设计“对称怪兽”，要求至少两条相交对称轴。

二、认知突围

(1)错误暴露：学生常误以为“对折线就是对称轴”，通过剪坏不对称图形(如单侧剪缺角)引发反思。

(2)动态建模：用镜子验证对称轴，理解“反射变换”的数学本质。

(3)高阶迁移：观察蝴蝶、建筑等现实对称体，分析对称轴数量与功能的关系(如飞机双对称轴提升平衡性)。

折纸活动暗含具身认知理论——通过手指折叠的肌肉记忆、剪刀轨迹的空间感知，学生将抽象的“对称轴”概念转化为可触摸的折痕和可预测的图形变换规律。

面对传统教学中的痛点，根据认知升级理论，教师可以设计解决方案，如表1-3所示。

表1-3 **认知科学导向的小学数学教学问题破解框架**

——基于脑机制的教学策略重构与情境化实践路径(教师工具版)

传统教学痛点	教学痛点解析	情境化策略	认知科学原理与机制	案例示例	实施工具	预期效果
知识悬浮为符号孤岛	数学概念脱离真实场景，学生难以建立意义联结	锚定现实问题情境(10分钟生活圈任务)	激活默认模式网络(DMN)，关联场景记忆与知识表征	测量家庭每日用水量→计算月度水费→设计节水方案(量感→应用意识)	生活场景雷达图、家庭任务盒	知识留存率提升30%，应用迁移意愿增强
被动接受抽象规则	学生机械记忆公式，缺乏深度理解与主动建构	制造认知冲突—解决循环(矛盾任务驱动)	触发前额叶皮层(PFC)问题解决回路	冲突任务：“1/2 + 1/3 = 2/5?”→通过折纸验证错误→自主发现通分必要性	认知冲突任务卡、实物操作包	概念理解深度提升，课堂提问频率增加40%
迁移能力缺失	学生无法跨情境应用知识，局限于例题模仿	设计渐进式复杂任务链(低阶→高阶→跨学科)	促进神经网络跨情境联结(如顶叶-颞叶协同)	任务链：测量教室面积(规则图形)→估算花坛面积(不规则图形)→设计校园3D模型(工程整合)	复杂度梯度量表、AR建模工具	复杂问题解决成功率提升25%

应用场景举例。教研会议，对照表格诊断校本课程痛点(如“迁移能力弱”)，匹配“渐进任务链”策略；课堂设计，选取“家庭节水”案例，使用“生活场景雷达图”设计单元教学；家校协同，通过“家庭任务盒”布置用水量统计，家长扫码查看认知科学原理与实施要点。

表1-3将认知科学理论转化为教师可操作的“问题—策略—工具—效果”全链条解决方案，推动数学教学从“经验驱动”转向“脑科学证据驱动”，为素养“落地”提供系统性支持。

当学生抱怨“数学没用”时，实质是大脑未检测到知识的生存价值。通过情境教学重建“知识—身体—环境”的交互闭环，相当于为认知系统安装“现实编译器”，让知识转化为可执行的生存技能。这种学习不仅是知识的获得，更是思维基因的重组。

总之，小学生的情境支撑需求，本质上是其认知系统与数学抽象性之间的适应性桥梁。这种支撑不仅符合神经发育规律，更是数学概念建构的认知脚手架、学习动力的情感触发器。优质的情境设计应遵循“真实可感→渐进抽象→多维联结”的原则，使数学实践成为从生活经验到形式符号的自然生长过程。当前《新课标》倡导的“数学眼光”培养，在小学阶段尤其需要通过情境化实现“用数学理解生活”与“从生活中发现数学”的双向互动，为后续抽象思维发展奠定坚实基础。真实情境不是教学点缀，而是小学生跨越“具体—抽象”认知鸿沟的必经桥梁。这种阶梯式建构过程，既符合神经发育规律，又契合数学概念的发生逻辑（从现实原型到数学模型）。只有通过情境化的认知阶梯，小学生才能实现从“动手做数学”到“用数学思考”的质变。

2. 数学化

数学眼光是学生将现实世界“数学化”的起点，表现为主动发现数学元素、提炼数学关系并形成数学问题的能力。“数学化”是指将实际问题转化为数学问题的过程。数学眼光作为认知起点是因为学生必须先有能力注意到现实中的数学元素，才能进行后续的抽象和建模。例如，看到一场篮球比赛，数学眼光可能让学生注意到得分、时间、投篮命中率等数据，进而形成关于统计或概率的问题。“主动发现”涉及学生的观察力和好奇心，“提炼关系”则需要学生具备一定的分析能力和思维能力，“形成问题”则是学生综合应用的能力。例如，在超市购物时，学生注意到商品价格和数量的关系，提炼出单价、总价的比例问题，然后形成如何计算折扣的数学问题。

数学眼光作为学生将现实世界“数学化”的起点，其重要性体现在以下三个层面，它们共同构成从现实感知到数学建模的认知链条。其一，观察视角的范式转换。数学眼光首要体现在学生能够主动跳出对现实世界现象的表层、整体性感知，转而运用数学特有的视角和范畴去审视。包括聚焦数量与关系、识别空间形式与结构、发现模式与规律以及抽象与忽略。其二，概念与属性的结构化抽象。在范式转换的基础上，数学眼光引导学生对观察到的数学要素进行概念化、符号化和结构化，这是形成数学思维的桥梁。包括概念化识别、属性提取与关联、符号化表达以及结构化组织。其三，模型与工具的可迁移建构。数学眼光的最终落脚点和价值体现在能够基于抽象出的数学结构和关系，主动构建或调用数学工具（模型）去解释、预测或解决现实问题，并实现迁移。包括模型意识萌芽、工具化运用、解释与预测以及迁移应用。

数学眼光促使学生突破日常经验的表层观察，建立结构化认知框架。当面对现实场景(如交通流量、建筑结构)时，具备数学眼光的学生会自主启动以下素养。一是模式识别系统，从无序现象中捕捉周期性、对称性或统计规律(如树叶排列的斐波那契数列)。二是量化思维模式，将定性描述转化为可测量的参数体系(如用斜率描述山坡陡峭程度)。三是维度解构能力，将三维空间问题降维处理。数学眼光这种能力的获得，本质上是发展一种认知世界的元语言——使学生在现象观察与形式系统之间建立双向映射，这正是数学作为基础学科的深层价值。

现实中，小学生观察世界的方式通常比较简单，一般是基于实践的感性思维和经验性推测，做出的大多是常识性的简单判断。而科学家们为什么在观察世界的时候高于一般人呢？因为科学家观察世界的方式更为系统和深入。科学家通常采用两类观察世界的方式。第一类科学家(如物理学家、生物学家)用显微镜、望远镜等工具直接观察真实世界。比如，研究新冠病毒时，他们会在显微镜下观察病毒结构，通过实验验证药物效果。这类科学必须能被真实观察到或被实验验证。第二类科学家(如数学家)研究的是“$1+1=2$”这样的数字关系，或是三角形、圆形这些理想化的图形。这些概念在现实中并不存在——我们永远画不出一个绝对完美的圆，但正是这些抽象概念帮我们看透了世界的规律。数学家不需要等设备升级，仅凭抽象推演就能预见未来。这就是“数学眼光”的独特价值：它不直接观察树叶，却能看透整片森林的脉络；不依赖实验器材，用思维就能构建世界的底层逻辑。这种透过现象看本质的能力，正是数学教育要培养的核心素养——教会孩子们用抽象思维解读现实世界。

弗赖登塔尔提出的“现实数学教育”理论，强调数学教育应紧密联系学生的生活现实，通过“数学化”过程培养学生的数学眼光，使其能够从现实情境中主动发现、抽象并构建数学知识。这一理论的核心在于，数学并非孤立的知识体系，而是根植于人类常识和实践的思维工具，学生需要在真实情境中经历“再创造”的过程，将个人经验转化为数学认知。在弗赖登塔尔看来，每个学生都有独特的“数学现实”，即基于生活经验和已有认知形成的数学理解基础。例如，学生在搭配衣服时积累的排列组合经验，或在购物中对价格计算的直观感知，都是他们数学现实的体现。教学应以此为起点，引导学生从具体问题(如计算服装搭配的可能组合)出发，通过动手操作、图形表征等方式逐步抽象出数学模型(如乘法原理)，最终实现从具象经验到符号化表达的跃迁。这一过程不仅需要教师创设贴近生活的数学情境(如交通流量分析、地图测绘)，更要求学生主动参与观察、质疑与推理。例如，通过统计班级身高数据发现规律，或用概率思维验证游戏规则的公平性，从而将现实问题转化为数学问题。“数学化”作为该理论的核心，包含双重维度。一是横向数学化，即从现实世界提炼数学元素并建立关系。例如，将山坡陡峭程度转化为斜率计算。二是纵向数学化，即在数学系统内部进行更高层次的抽象。例如，从具体搭配问题归纳出排列组合的通用公式。这一过程强调学生的自主性，教师需引导他们像数学家一样思考，通过反思已有操作（如从无序搭配到有序排列的优化）、建立跨领域关联（如生态增长与复利计算的同构性），最终形成结构化、可迁移的数学思维。弗赖登塔尔特别指出，真正的数学学习不是被动接受，而是通过"再创造"重现知识生成的过程，这种动态建构既深化了对数学本质的理解，也培养了学生将现实世界与形式系统双向映射的元认知能力。因此，培养数学眼光的关键在于让学生在真实情境中经历完整的数学化链条——从现象观察、关系提炼到模型建构，使其逐渐形成用数学语言解读世界的认知范式。

在小学阶段，跨领域关联的核心价值在于让数学可见、可触、可思。主要体现在将数学与儿童熟悉的自然、艺术、生活场景相联结。一是具象化抽象概念。例如，用操场上的影子长度变化来理解比例关系，替代纯数字计算。二是激活多元智能。例如，将对称图形学习与剪纸艺术相结合，同步发展空间思维与美学感知。三是培养问题意识。例如，在"班级图书角管理"中融合统计、分类与规则设计，启发系统化思维。小学数学的跨领域关联，本质是用儿童的眼睛重构数学世界——让对称性存在于蝴蝶翅膀与剪纸纹样之间，让统计思维萌芽于零食偏好调查与图书借阅记录之中。

跨领域关联不是知识的简单叠加，而是通过"做中学""玩中悟"，将数学思维悄然植入儿童认知基因，为其终身学习铺就一条充满惊奇与发现的素养之路。例如，教学中可以借鉴生态增长与复利计算的同构性，通过具象化建模与过程化体验建立跨领域关联。生态增长与复利计算这两种看似无关的现象，本质上却共享指数增长模型的数学结构——以恒定速率持续累进的增长模式。教师可通过以下三种路径展开教学。一是生活原型激活认知。以学生熟悉的自然现象与生活经验为切入点，构建具身认知基础。例如，引入与学生息息相关的生态情境，让学生观察植物生长（如竹子日增高3%）、细菌繁殖（1变2、2变4的分裂）等自然现象，记录每日数量变化。同时引入经济情境，模拟"压岁钱存储计划"，假设每年利息10%，计算多年后总金额。教师接着引导学生通过对比发现数学规律。例如，引导学生用表格或折线统计图对比两种增长轨迹，直观感知"增长量随总量扩大而加速"的共性规律。二是操作建模揭示本质。学生通过实物操作，将抽象增长具象化，破解指数增长的核心逻辑。教师可以组织学生开展折纸实验，用纸张对折模拟细胞分裂（每次厚度翻倍），记录折叠5次、10次后的理论厚度。教师还可以组织学生通过角色扮演经历国王与阿凡提关于"棋盘麦粒"的惊险故事，体验阿凡提给国王提出的要求中，麦粒数（1粒、2粒、4粒……第64格需要的粒数是2的63次方），让学生用计算器验证这个总数远超全球产量。这样有利于学生的思维从"加法思维"（等差增长）转向"乘法思维"（等比增长），实现思维跃迁。三是迁移应用深化理解。教师设计跨学科任务，促进数学模型的情境迁移。比如预测游戏，给定某池塘藻类每日覆盖面积增加50%，计算第7天覆盖比例，渗透百分数运算。比如决策分析，比较“每天获得100元”与“每天获得前日金额1%”两种奖励方案。比如批判性思维，寻找生活中其他指数现象(如谣言传播、病毒扩散)，绘制“数学之眼发现卡”。

在跨领域关联教学中，教师应注意以下三点。一是具象支撑，避免直接呈现公式，应通过实物操作、故事情境等方式帮助学生建立直观经验。二是呈现认知阶梯，遵循“现象观察→操作感知→符号表达→迁移应用”的渐进路径，不可操之过急。三是价值观渗透，通过“细菌爆缸”“债务危机”等极端案例，自然地引发学生对“合理增长”的辩证思考。这样，教学不仅让学生理解数学模型的普适性，更培育了用统一数学结构联结自然、经济、社会现象的跨学科思维。这正是弗赖登塔尔“数学化”思想的生动实践——让儿童在现实经验的土壤中，自然生长出形式化的数学认知。

以下是跨领域关联的教学片段及教学评析。

师：(展示竹子生长视频)同学们，这片竹林每天长高3%，如果现在竹子1米高，一周后会变成多高呢？

生A：每天加3厘米？那7天就是1米21厘米！

生B：不对！第二天应该是在新高度上再加3%，会越加越多！

师：B同学发现了关键！这和你们的压岁钱储蓄很相似。(投影两个表格)左边是竹子每天高度，右边是100元每年10%利息，观察有什么共同点。

生C：(操作计算器)哇！到第5年钱变161元了，和竹子一样越长越快！

生D：它们的增长量都在“吃利息”，像滚雪球！

师：太棒了！让我们用纸片模拟这个过程。(分发A4纸)假设每折一次厚度翻倍，猜猜折5次有多厚？

生E：(边折边喊)第一次2张，第二次4张……第五次才32张，不到一本词典的厚度！

生F：老师骗人！您之前说折30次就能到月球！

师：(笑)这就是指数增长的魔力！试试算10次？(教室响起此起彼伏的“1 024”)

生G：那细菌分裂也是这样的吗？1变2，2变4……

师：问得好！如果早上教室里有个细菌，每小时分裂一次……(故意停顿)

生 H：（跳起来）中午 12 点就 4 096 个！我们要被细菌淹没啦！

生 I：所以要及时倒垃圾！数学还能教我们讲卫生?!

师：正是！这种增长模型既能描述竹林生长，也能计算利息。谁能用数学公式表达这个规律？

生 J：是不是"原数×(1+增长率)的次数次方"？像竹子高度＝1×(1+0.03)^7！

师：完美！现在小组讨论：森林火灾蔓延和短视频点赞量暴涨，哪个更适合用这个模型？为什么？

生 K：火灾蔓延更适合！因为火势越大烧得越快，就像竹子越高长得越快！

生 L：但点赞可能突然增多，不像稳定增长率……

师：精彩！数学模型需要根据实际情况调整，这正是数学既精确又灵活的美妙之处！

教学中，教师以指数增长模型为教学主线，充分体现数学与生活的深度联结。教师通过多元认知策略构建沉浸式学习场域，在概念建模与价值引领之间实现有机平衡，展现数学应有的思维张力与育人温度。具体表现在以下四个方面。一是认知冲突设计，激活高阶思维。教师精心选取"竹子生长速率与银行存款复利""纸张折叠预期与实测差异"两组对比素材，通过具象数据冲击打破学生固有认知平衡。这种"矛盾激趣法"有效触发认知失衡，使指数增长的抽象特性转化为可视化的思维交锋，为后续概念建构铺设必要的认知台阶，符合建构主义学习理论的核心要义。二是具身认知实践，突破抽象壁垒。教师突破传统讲授模式，创新性引入折纸实验环节，将数学符号具象化为可触摸的物理厚度变化。学生在反复对折纸张的触觉反馈中，亲历指数爆炸的震撼效果。这种多通道感知的具身学习方式，使抽象概念获得实体化锚点，显著降低学生关于数学模型的认知负荷，彰显"做中学"的教学智慧。三是德育渗透艺术，实现学科育人。在细菌繁殖模型的解析中，教师不着痕迹地将卫生习惯养成教育融入数学建模全过程。这种基于真实情境的议题渗透策略，既保持数学思维的严谨性，又达成价值观引导的育人目标，体现数学学科"智育为基，德育无形"的教学境界，符合《新课标》对跨学科主题学习的要求。四是模型思辨培养，发展批判思维。通过森林火灾与短视频传播的对比研讨，引导学生辩证思考数学模型的应用边界。这种刻意设计的认知冲突，打破学生对数学公式的机械应用惯性，培养其"建模—验模—调模"的科学思维习惯，有效提升了学生用数学眼光观察现实世界的思辨能力。本节课的教学，在概念建构层采用“冲突—具象—抽象”的认知进阶路径，通过数学化帮助学生从具体经验过渡到形式化数学，在社会价值层构建“数学建模—现实反思—行为养成”的育人闭环，既落实了数学核心素养的培养要求，又展现了跨学科主题学习的创新可能。

下面是跨领域关联的项目式学习——“设计自动浇花系统”案例。教师和学生一起设计自动浇水系统，用数学守护班级绿植。教学中需要准备的材料有绿萝盆栽、纸质湿度指示卡(涂碘酒遇湿变蓝)、温度计、日历本、彩色贴纸。教学实施过程中，首先，学生每日观察并用温度计记录早、中、晚温度，画出温度折线图，再用湿度指示卡检测并拍照记录颜色变化，制作“蓝→浅蓝→白”的湿度时间轴。接着，如何用数学的眼光发现隐藏规律呢？教师可以继续设计充满童趣的实践方案，引导学生通过乐高积木的色彩与结构，将抽象的数学关系转化为可触摸的立体模型，方案如下。

【材料准备】

蓝色积木：每块代表 10mL 浇水量(如 2×4 基础块)
绿色积木：每块代表 1 天的保湿时间(如 1×2 薄片)
红色标尺板：在乐高底板标注日期(横向拼插数字标签)
植物卡片：手绘向日葵/多肉等不同需水植物

【实验数据收集】

第一周
周一：给绿萝浇 30mL 水→保湿 2 天
周三：浇 50mL 水→保湿 3 天
周五：浇 70mL 水→保湿 4.5 天
用贴纸日历记录干湿变化，制作“💧→🌿→🌵”表情符号日志。

【乐高建模三部曲】

1. 立体柱状图搭建
在标尺板“星期一”位置：
➔ 叠 3 块蓝积木(30mL)
➔ 顶部加 2 块绿积木(保湿 2 天)→形成蓝绿相间立柱

在“星期三”位置：
➔ 5 块蓝+3 块绿→像彩色灯塔
对比不同日期的“水柱高度”与“绿叶层数”
2. 比例关系探索
用 2 块蓝+1 块绿拼成组合模块(20mL≈1 天)
发现规律：
每 10mL 水≈0.5 天保湿(通过积木比例直观呈现)
70mL 的绿积木比 50mL 多 1.5 层→浇越多水，保湿天数增长变慢
3. 预测游戏
出示仙人掌卡片(须浇 20mL)
学生用积木推理：
➔ 2 块蓝积木→预测顶部应有 1 块绿积木
➔ 实际验证：浇水后保湿 1.2 天→添加半块绿色薄片，修正模型

【数学概念启蒙】

1. 乘法关系：
总浇水量=单块蓝积木代表量×层数
2. 非比例变化：
发现 70mL(7 蓝)的绿积木不是 30mL(3 蓝)的 2.3 倍，而是 2.25 倍
3. 数据可视化：
立体柱状图比平面图表更易理解趋势关系
4. 误差处理：
用半块积木表示 0.5 天，学习近似值概念

通过这种游戏化建模，学生会自然理解：浇水不是越多越好，就像搭积木太高会倒塌，植物喝水也需要“黄金比例”。当他们在绿植角实践模型时，数学眼光已悄然转化为守护生命的智慧。通过这种将抽象数学具象为可触摸、可游戏化的探索过程，小学生会惊喜地发现：数学不是枯燥的公式，而是让生活变聪明的神奇工具！

数学眼光具体表现为三个方面。其一是情境感知的敏锐性，即学生对生活现象的数学解码能力。学生能够从复杂的生活现象中识别出数学线索。例如，低年级小朋友走进教室，观察教室桌椅排列，不仅能描述“整齐”的直观感受，而且看到的

不是普通桌椅，而是巧克力盒子般的方阵——横着数有 5 排，竖着数有 6 列，看到5×6的巧克力结构，感知隐含的行列矩阵结构，这种空间秩序的发现过程实质是对二维坐标系的朴素认知。高年级学生看妈妈手机里的水电费账单，研究家庭电费、燃气费账单时就像在看登山路线图：7 月电费突然蹿到“半山腰”，为什么呢？原来是空调全天候开动；而 9 月燃气费形成“缓坡”，原来是开学后做饭次数减少了。学生会主动关注季节性温度变化与用电量的波动关系，这种从生活数据中捕捉变量关联的敏感性，正是统计思维的萌芽状态。这种敏锐性超越了简单的观察，发展为用数学滤镜重构现实的能力——当学生开始用“周平均用水量”“峰谷电价比”等量化视角解读日常现象时，标志着数学认知范式的初步形成。其二是问题转化的结构化。将混沌的现实需求提炼为数学问题。当老师布置“给班级春游订餐”任务时，普通学生想的是饮食生活语言。例如，“订比萨还是汉堡？可乐要买几瓶？”而具有数学眼光的学生在头脑里就会自动翻译，例如，把“预算 600 元”翻译成“单价×数量≤600”等。以策划校园义卖活动为例，当面对“如何定价”的原始需求时，具备数学眼光的学生会像小侦探一样戴着数学眼镜观察问题，把“如何定价盈利”这个大谜题拆解成有趣的数学冒险任务：先界定固定成本(材料费，例如，制作星星书签需要“永远不变的金币”——彩纸 10 元、亮片 5 元，总共 15 元)与可变成本(人工耗时，例如，制作 1 个书签需要 3 分钟。如果做 30 个，就要用掉 90 分钟的课余时间)，再通过市场调研(例如，采访 20 名同学：“你愿意用多少颗玻璃珠交换书签？”统计发现 3 颗玻璃珠的定价最受欢迎)，建立需求模型(一个书签如果定价为 3 颗玻璃珠，卖出 30 个书签就可以收获 90 颗玻璃珠。按照班级约定的“1 颗玻璃珠=0. 5 元”换算成 45 元阳光金币)，最终将模糊的“合理定价”转化为求解各种可能问题的数学任务。学生进一步想到，如果只卖出 20 个怎么办？算一算，20×3=60 颗(30 元)，利润 15 元，至少能保本！如果采用“买 5 送 1”的营销方案，虽然能快速清货，但不能保证每组利润，需要调整方案。通过这样的探索，学生不仅学会了定价，更掌握了用数学思维破解现实难题的钥匙——从具象物品到抽象数字，从模糊感觉到精确计算，这正是数学眼光在真实情境中的萌芽。就像把模糊的语音指令转化成精准的编程代码。其三是跨学科联结的自觉性。例如，美术课设计对称纹样时，学生会自觉运用轴对称变换规律，用平移、旋转生成复杂图案。例如，科学课上观察蚕宝宝。普通学生：“哇！蚕在吐丝！”而具有数学眼光的学生想到的是每天用直尺测量蚕的身长，探究蚕宝宝的生长曲线，计算食量(桑叶面积)与排泄量(粪球数量)的比例等。再如，三年级测量校园建筑项目活动时，学生测量篮球场时，把不规则边界拆解成长方形+半圆形组合；测算大王椰的高度，用影子长度和量角器组合；绘制花坛地图时，自动把弯曲小径抽象成折线段。这个过程让学生把实体校园转化成数字模型，用数学工具解决三维空间谜题，培养“给现实世界写数学说明书”的能力。

在小学数学课程中，以下内容模块特别适合培养学生将现实世界“数学化”的数学眼光，其核心在于引导学生从具体现象中发现数学结构、建立数学模型并解决实际问题。分领域活动设计与数学眼光发展路径如表 1-4 所示。

表 1-4　　小学数学分领域活动设计与数学眼光发展路径

领域	年级	内容模块	数学眼光培养点	活动示例
数与代数	一年级	分类与整理	1. 模式识别(按颜色/形状/大小分类) 2. 量化思维(用统计表记录各类数量) 3. 抽象符号化(用□、△、○代替实物)	1. 整理书包文具，设计“最优收纳方案” 2. 统计校园落叶种类，制作分类树状图
图形与几何	四年级	运算律	1. 关系网络构建(发现加法交换律与乘法分配律的内在联系) 2. 跨域关联(用字母公式表示现实规律，如计算快递箱叠加承重)	1. 设计“最省材料”的礼物包装方案(结合表面积计算) 2. 分析超市优惠券组合使用策略(多方案对比优化)
	四年级	对称与密铺	1. 维度解构(将立体建筑转化为平面对称图案) 2. 逆向质疑(验证“所有正多边形都能密铺”的猜想)	1. 观察地砖铺设，发现密铺的数学条件 2. 用七巧板设计无间隙拼图，探索边角关系
		测量与数量关系	1. 维度转换(用一维绳长测量二维区域) 2. 矛盾认知(周长相等时面积不一定相等)	1. 为班级植物角设计“最大种植区域”围栏 2. 对比不同形状花坛的性价比(材料用量 vs 种植面积)
	五年级	位置与方向	1. 空间坐标化。例如，用行、列描述教室座位布局 2. 约束条件识别(设计最短路径的校园逃生路线)	1. 绘制“校园藏宝图”，用方向与距离描述位置 2. 模拟快递机器人送货路径规划
	六年级	比例与建模	1. 比例思维(通过质量/体积比值判断材料特性) 2. 理想化建模(忽略空气浮力构建简易天平)	1. 检测不同品牌纸巾的“性价比密度”(张数/克重/价格) 2. 制作简易浮力秤，验证简化版阿基米德原理

续表

领域	年级	内容模块	数学眼光培养点	活动示例
统计与概率	三年级	条形统计图	1. 数据抽象（将天气现象转化为降水量数据） 2. 模式发现（分析气温变化的周期性规律）	1. 统计班级午餐浪费量，提出“光盘行动”优化方案 2. 追踪一个月 PM2.5 数据，绘制健康出行指南
	五年级	可能性	1. 量化不确定性（用分数表示抽奖活动的中奖概率） 2. 逆向验证（用实验数据质疑“公平游戏”的宣称）	1. 设计校园义卖抽奖转盘，验证公平性 2. 模拟“盲盒”抽取策略，优化奖品分配
综合与实践	一年级	时间与钟表	1. 周期规律认知（发现时针、分针的运动关系） 2. 生活数学化（将作息时间转化为时间轴）	1. 制作“数字化作息表”（用饼图分配各时段占比） 2. 计算动画片时长与广告插播时长的占比
	四年级	优化问题	1. 约束条件处理（烙饼问题时间平衡） 2. 跨域迁移（将田忌赛马策略应用于学科时间分配）	1. 规划春运物品装箱方案（体积与承重双约束） 2. 设计“20 元超市采购”的营养均衡午餐

在教学设计中，为了帮助学生更好地具有“数学化”的素养，教师需要以学生的真实生活场景为锚点，让学生直观感受数学与现实的紧密关联。例如，将操场跑道的弯道设计或午餐配餐的营养搭配转化为数学问题。随着学生认知发展，教学需构建阶梯式成长路径。低年级阶段重点引导学生将具体现象转化为数学符号。例如，用爱心符号统计班级同学最喜爱的水果，培养初步的抽象思维。进入高年级后，则须推进到关系网络的梳理与数学模型的建构。例如，通过分析零花钱的使用规律建立简易方程，实现从具象到形式化的思维迭代。在此过程中，工具的使用成为关键支撑——通过方格纸具象化几何图形的空间关系、用量角器破解方向与角度的奥秘，甚至借助 Scratch 编程模拟植物生长的斐波那契规律，这些工具架起了抽象概念与现实感知的桥梁。教学设计的闭环还需融入持续反思的基因，引导学生经历“假设—验证—修正”的完整探究循环。当设计的储物柜分层方案因忽略高度限制而失败时，不是简单纠正错误，而是鼓励学生用“长方体体积计算未考虑层高约束”等数学语言诊断问题。这种迭代过程不仅深化了知识理解，更培育了学生用数学思维重构现实世界的元认知能力。四个维度环环相扣，从生活情境出发，借助认知阶梯逐级攀升，通过工具赋能突破思维边界，最终在反思迭代中完成数学眼光的

淬炼。

（二）数学思维

当人们观察同一片自然风光时，不同人的视角往往截然不同：诗人看到的是层林尽染的秋意，商人盘算着开发旅游项目的商机，而数学家的眼中却浮现出山峦的几何轮廓与溪流的数量变化。这种差异揭示着数学思维的本质——它只剥离事物的数量属性与空间形式，刻意忽略颜色、气味、用途等其他特质。数学的发展主要依赖的是逻辑推理，通过逻辑推理得到数学的结论，也就是数学命题。所谓推理就是从一个或几个已有的命题得出新命题的思维过程，其中的命题是指可以判断正确或者错误的陈述句；所谓逻辑推理，就是从这些前提或者事实出发，依据一定的规则得到或者验证命题的思维过程。正是因为有了逻辑推理，才形成了数学的第二个基本特征——数学的严谨性。

数学眼光、数学思维与数学语言如同“三会”的三个切面，共同折射出理性之光。而数学思维蕴含最耀眼的锋芒——推理。数学推理成为理性世界的鉴定师。当其他学科的思维可能停留在直觉判断或经验总结时，数学思维要求每个结论都环环相扣。这种严密的思维体操，使得“三会”塑造的不仅是解题能力，更是一种“理性洁癖”，追求每个结论都有迹可循，每个判断都经得起推敲。就像围棋高手在落子前预判十步，数学思维培养的正是这种预见未来的逻辑推演力。从孩子进入小学开始，教师就要进行数学思维的启蒙。一年级数学课堂里常见的分类练习就暗藏着数学思维的玄机。教师将画着2个苹果、3个橘子、2个梨的卡片铺在课桌上，孩子们的反应往往出人意料。当多数人按数量将2个苹果与2个梨归为一类时，总会有孩子执着地把所有苹果卡片拢在一起：“因为它们都是红红的、圆圆的！”此刻正是数学启蒙的关键契机。聪明的教师不会否定这种充满童趣的分类，而是引导孩子发现，数学世界里，苹果和梨相同的是它们背后的数字“2”。就像在菜市场买菜时我们关心价格，但数学家只在意账单上的总金额——这正是数学抽象的力量，它把鲜活的生活场景提炼成纯粹的数量关系。

教学中，经常听见老师们说，这么简单的问题学生怎么会想不通。确实，这种思维训练需要春风化雨般的耐心。即便没有孩子提出“错误”分类，教师也应主动设问：“如果按水果种类分会发生什么？按颜色分呢？”通过对比不同分类标准，孩子们逐渐领悟：数学不是要消灭其他视角，而是专门打造一副“数量透视镜”。就像分苹果时，数学不关心苹果的酸甜，只计算总量如何公平分配；测量教室面积时，地砖的花纹样式被自动过滤，只剩下长宽数据在公式里跳舞。当教学推进到“几何”分类时，这种思维特质更加凸显。面对五颜六色的塑料模块，孩子们可能会本能地按红色三角形、蓝色正方形来归类。这时需要点燃他们的“数学视觉”，暂时关闭对色彩的感知，让所有三角形跨越颜色的藩篱聚集成群，让四边形突破材质的差异列队而立。这不仅是形状的识别游戏，更是在训练大脑进行认知抽离。这种刻意忽略，恰恰彰显着数学思维的深邃。它要求我们从纷繁复杂的现象中萃取纯粹的数量与空间要素。当孩子终于能自觉地区分"苹果作为水果"与"苹果作为计数单位"时，他们就握住了打开数学之门的钥匙。这把钥匙不用于开启现实，却能帮我们构建理解现实的框架，数学的抽象视角让我们看清世界隐藏的理性。以下内容是笔者的教学札记节选。

当六岁的孩子第一次端坐在小学课堂里，数学课本里的数字和图形，往往让他们觉得"数学王国"好奇怪。对的，数学王国是一个完全不一样的世界，这里通行着独特的语言：加减乘除，数量关系；这里有特殊的活动法则：苹果与橘子可以因为相同的数量结成盟友，三角形的红色积木必须与蓝色三角形归为同类。一、二年级的学生就像初到异国的旅人，他们经常手足无措，非常需要适应新的数学世界的风俗。在数学课堂上，孩子们首先要学会用新的与以往截然不同的方式——数学的思维，重新认识世界。

但是，学生实现这种认知迁徙真的并非易事。在踏入校门之前，学生早已在生活实践中积累了自己的"日常数学"，知道用三块饼干交换两颗糖果是吃亏，懂得把最后一块蛋糕切成均等份才公平。但这些经验就像散落的珍珠，虽然珍贵却未成体系，有时候还会出来干扰捣乱。我们在数学中所关注的仅仅是对象的数量属性与空间形式，而完全不考虑其他方面。面对刚入学的一年级学生，我们可通过"分类问题"的教学帮助学生很好地掌握各个基本的自然数。教学中，我向学生展示各种各样的图片，摆在一起的2个苹果、3个苹果、2个橘子、3个橘子、2个梨、3个梨，等等，当我要求学生把这些图片进行分类时，总会有学生固执地将图片按水果种类而非数量归类——我知道，这不是错误，而是两种思维体系的初次交锋。就像维果茨基笔下的"自发性思维"与"科学思维"，前者扎根于生活沃土，后者则需要通过系统教学抽枝展叶。

聪明的教师懂得在这片思维的交界地带搭建桥梁。我不会粗暴否定孩子"把所有苹果放一起"的分类方式，而是引导学生发现：在数学王国里，红苹果和青苹果都是符号"1"，多汁的橘子和酸涩的柠檬都能化身数字"3"……我明确地告诉学生：我们在数学中所关注的仅仅是事物的数量方面，而不考虑其他方面。我告诉学生，生活中有多种不同的方法，但数学中的"分苹果"并不关注苹果的大小等。教学中，我们作为教师不应过分强调不同分类方法的对与错，而应告诉学生，不同的场合与情境往往有不同的做法，学习中需要很好地了解与适应。数学这种抽象不是对现实的背叛，而是提炼本质的魔法。

教学中，我们还要帮助学生从单纯地以数量方面来认识数学世界扩展到以空间形式的角度认识数学世界。在教学"平面图形的分类"时，面对各种各样的模块(如红色的正五边形，绿色的梯形，黄色的三角形，蓝色的平行四边形，橙色的正方形……)时，我进一步清楚地告诉学生：尽管存在多种不同的分类方式，如按照颜色、材料进行分类等，但数学王国中所关注的仅仅是它们的形状，我们要将所有三角形的模块归成一类、所有四边形的模块归成另一类……就像用望远镜观察星空，当我们暂时忽略星辰的颜色与明暗，才能更清晰地看见星座的几何构图。

孩子们逐渐明白，数学思维如同特制的滤光镜——过滤掉物体的味道、材质、用途，只留下纯粹的数量与形状。事实上，能对事物和现象质的方面和量性特征与空间形式做出清楚区分，并将二者分割开来加以观察、研究，这本身就很了不起，这是学生已经具备一定认识能力的表现。这直接关系到数学思维的重要特征，即认识活动的抽象性。

真正有效的数学启蒙，是将学生的生活经验视为珍贵的种子，在学校教育的苗圃中培育成知识体系。当学习“除法”的概念时，我会让孩子先回忆分月饼的公平分配，再将这种直觉升华为除法表达式；教学“轴对称图形的初步认识”时，孩子们从折叠彩纸的体验过渡到对称图形的认知。学生的数学学习，就像搭建积木城堡，既需要色彩斑斓的积木块(生活经验)，也离不开隐藏的拼插结构(数学逻辑)，二者结合才能筑起稳固的思维大厦。

在这趟思维蜕变的旅程中，低年级的教师扮演着数学文化向导的角色。作为启蒙老师的我们应耐心地带学生适应数学王国的行为规范。这种规范化过程，犹如教小水手辨识星辰方位——起初觉得北斗七星不过是夜空的银勺，但当他学会将星图转化为航向坐标，就真正掌握了穿越知识海洋的罗盘。而教师，正是那个在现实海岸与数学深海间摆渡的领航人，既珍惜孩子们从生活中带来的贝壳，又指引他们采集珊瑚，构筑理性的岛屿。

数学思维是数学素养的核心引擎，其具体体现为逻辑性、批判性与创造性的统一。其一，逻辑推理的严谨性。低年级通过“分类与比较”(如按形状、颜色整理积木)建立归纳推理的基础；高年级通过“猜想与证明”(如探究三角形内角和)发展演绎推理能力。其二，模型构建的灵活性。学生能够针对不同情境选择或创建数学模型。例如，用“条形统计图”分析班级同学喜爱的运动项目；用“方程模型”解决“鸡兔同笼”问题中的未知数关系。其三，策略创新的开放性。鼓励一题多解与非常规思路。例如，计算“24点游戏”时，学生不仅运用四则运算，还可能结合括号调整运算顺序，甚至创造性地引入分数或指数。

从“知识传递”到“素养生成”的课堂实践表征与教学行为重构(教师行动指南)如表1-5所示。

表 1-5 **传统教学与素养导向教学的范式对比表**

——从“知识传递”到“素养生成”的课堂实践表征与教学行为重构(教师行动指南)

传统教学思维表现	素养导向思维表现	核心差异解析
机械套用公式解题	根据问题特征选择适配策略	知识固化 vs 策略迁移：从“记忆公式”转向“情境化策略工具箱”的思维升级
追求唯一正确答案	接受多元解法并评估优劣	封闭性 vs 开放性：从“对错二元判定”转向“多元方案优化”的认知包容性提升
依赖教师示范	自主设计解决路径并验证	被动接受 vs 主动建构：从“模仿—复制”到“假设—验证”的科学探究能力升级

表 1-5 的教育价值体现在以下方面。

其一，教学诊断工具。教师可对照表格自评课堂行为(如是否过度强调“唯一答案”)，识别传统思维惯性；通过案例解析(如“多元解法评估”)，理解素养导向教学的具体落地路径。表 1-5 的内容同时为素养培育提供导航。

其二，策略迁移。教师引导学生建立“问题特征—策略匹配”意识(如几何题优先画图辅助)；体现开放性设计，教师可以布置“一题多解”任务(如用方程、比例、线段图解同一实际问题)，培养批判性思维；自主探究方面，用“猜想—验证”任务链(如“不规则图形面积估算→工具选择→误差分析”)替代步骤示范。

其三，教师专业发展框架。知识观转型，从“知识作为终点”转向“知识作为素养养成的载体”；角色重构，从“讲授者”变为“认知脚手架搭建者”与“思维过程观察者”。

表 1-5 的价值在于揭示教学思维转型不是方法的简单叠加，而是从“知识本位”到“学生本位”的价值观重构。课堂证据锚点，可以通过对比项(如“机械套用 vs 策略选择”)提供可观测的行为指标，帮助教师摆脱经验依赖，走向科学实践。教师可根据表 1-5 制订“素养教学自查清单”，逐步迭代课堂设计，让数学教育真正成为“思维的体操”而非“公式的流水线”。

应用场景示例如表 1-6 所示。

表 1-6 **应 用 场 景**

场景	传统思维风险	素养导向策略
分数解决问题教学	强调“公式套用”(如“单位 1”固定解法)	提供真实问题(如“分月饼”)，鼓励画图、实物操作、语言表述多元策略，对比方案优劣

续表

场景	传统思维风险	素养导向策略
数学实践活动设计	提供标准化操作手册，要求统一成果	设定主题(如“设计校园节水方案”)，学生自主规划测量、计算、建模步骤，教师仅提供工具与风险提示

推理在数学思维活动中最能反映数学独特的思维价值。一般意义上思维活动涉及的归纳、比较、猜想、分析、综合等，在作为“三会”的数学思维中，都应在推理的框架之下，以有条理并言之有据的方式开展。数学推理总是在纷繁复杂的线索中寻找必然的逻辑链条。它的独特魅力在于，每一个结论都必须严丝合缝地嵌入前提的框架中。当学生说“如果三角形三个角相等，那么它是等边三角形”时，这不仅是几何世界的规则，更展现数学推理的典型范式——用“如果 P，那么 Q”的思维模式，将散落的知识点浇筑成知识体系。推理的方法决定推理的类型。如果推理采用归纳法，就称为归纳推理；如果采用演绎法，就称为演绎推理；如果借助图形直观，就称为直观推理或空间推理；如果运用的是数据，就称为统计推理(或统计推断)。推理在类型上是比较开放的，这种思维模具的形态(类型)千变万化，却始终遵循着相同的铸造法则。归纳推理如同拾级而上的台阶，从特殊案例中提炼普遍规律；演绎推理从已知公理推导出全新结论；当面对抽象难题时，直观推理可以让空间图形在思维中旋转展开；统计推理用数据砝码称量概率真相。这些推理方式看似形态迥异，实则都遵循着共同的底层逻辑——每个推论都扎根于可靠的前提，每步跨越都有清晰的思维足迹。

(三)数学语言

数学语言是思维外化的载体，它使得数学回归外部世界，构建了数学与现实世界的桥梁。在现代社会，几乎所有的学科在科学化的过程中都要使用数学的语言，除了数学符号的表达，主要是通过建立数学模型来刻画研究对象的性质、关系和规律。正是因为有了数学语言即数学建模，才形成了数学的第三个基本特征——数学应用的广泛性。《新课标》对模型意识的定义指出，“模型意识主要是指对数学模型普适性的初步感悟。知道数学模型可以用来解决一类问题，是数学应用的基本途径；能够认识到现实生活中大量的问题都与数学有关，有意识地用数学的概念与方法予以解释。模型意识有助于开展跨学科主题学习，增强对数学的应用意识，是形成模型观念的经验基础”。把数学语言作为核心素养是时代发展的要求。在大数据时代，数据分析变得越来越重要，逐渐形成了一种新的数学语言，所以小学数学也把数据意识作为核心素养的一个要素提出来。

20 世纪中期，数学教育追求的是标准、速度与批量生产。那个年代，小学生在算盘珠子的噼啪声中背诵乘法口诀，在油印试卷上演练四则运算，数学语言蜷缩在课本的铅字里。人工智能时代，数学语言已如空气般渗透进人们的每个生活细节。清晨查看天气 App 时，“70%降水概率”是概率论；午间浏览温度波动图，起伏的曲线讲述着统计学；傍晚用导航回家，北斗将整个城市的经纬度编织。数学语言是现代生存的必修语言。今天的区块链、机器学习、量子计算，仍在用数学语言书写着未来文明的源代码。

在小学数学教育领域，数学语言应该从纸面的习题演变为思维的转换器。教学中，教师引导学生用饼图分析班级零花钱去向，用坐标系描述操场跑道轨迹，帮助学生解题，同时更是在搭建现实与抽象的桥梁。数学语言让学生看穿超市折扣的迷雾，理解气候报告的深意，在数据洪流中锚定理性的方舟。数学语言是学生作为新时代数字公民的生存护照。教师要引导学生学习数学语言，将冰冷的数据转化为温暖的智慧，让每个学生都能手持数学的罗盘，在信息的海洋中破浪前行。

数学语言和自然语言一样，都具有载体、工具和桥梁这三个功能。数学语言有文字语言、图形语言和符号语言三种形式，而且三者之间可以互相转化。不过数学语言有自己独特的表现形式，即数学语言是一种世界性的通用语言，数学的图形语言和符号语言是世界统一的，不像自然语言，可能除了文字和发音不一样之外，图形语言和符号语言也会有所区别。数学语言如同世界公民的通用护照，它的数字、符号与字母组合超越地域文化的边界。

1. 文字语言

在小学数学认知建构过程中，文字语言作为数学符号系统与日常经验的中介载体，承担着独特的认知转换功能。小学数学文字语言具有以下三重特征。

其一是语义的精确性与模糊性辩证统一。相较于自然语言的丰富歧义性，数学文字语言要求“平均分”等术语具有操作化定义(如将 12 个苹果均分给 4 人)。但受限于儿童认知水平，教材常采用渐进精确化策略：一年级用“每只小兔分得同样多的胡萝卜”建立前概念，三年级则明确“除数、被除数、商”的数学命名。这种动态平衡体现了维果茨基“最近发展区”理论在语言编码中的应用。

其二是句法的逻辑嵌套与年龄适配。数学命题的复合陈述(如“两个加数交换位置，和不变”)需要儿童突破日常语言的线性叙事结构。认知神经科学研究表明，7~10 岁儿童处理条件句(“如果……那么……”)时前额叶皮层激活模式呈现显著发展性变化。这就可以解释为何二年级教材多用并列句式(“小明有 5 颗糖，小红有 3 颗”)，而四年级才逐步引入假设句式(“若每小时行 60 千米……”)。

其三是语用的情境锚定与抽象剥离。数学文字语言通过双重指涉实现认知过渡：既保持与具象情境的语义联结(如“操场跑道周长”)，又蕴含形式化抽象可能，如周长公式 $C=2(a+b)$。这种双重性符合“表征系统理论”——从动作表征经形象表征向符号表征发展这一必经路径。课堂教学中的语言转换策略(如将“分月饼”转化为分数符号）实质上是促进认知表征层级的跃迁。

数学文字语言教学不应停留于表面理解，而须培养元语言意识——引导儿童解构问题中的量词限定（“恰好”“至少”）、逻辑连接词（“并且”“或者”）等关键要素。教师可以在学生学习数学语言的初期提供语言模板（“已知……求……”），中期开展语言转换练习（将“小华比小明多 5 个弹珠”改写为代数式），后期进行语言批判性分析（辨析“增加到”与“增加了”的语义差异）。这种渐进训练有助于儿童建构数学文字语言的元认知监控机制，为其形式化思维发展奠定基础。

在小学数学里，文字语言是数学观察、思维与表达的纽带。在小学数学中，学生思想的形成、表达与交流借助语言材料实现。除了口头语言外，文字语言更经常性地将抽象的数学种子播撒在学生的生活土壤中。当教师指着黑板上的“5+3=8”时，若只是机械地重复算式，那些数字不过是飘在空中的符号；但若用“小明的风筝线轴上原有 5 米长的线，又接了 3 米，现在能飞多高?”这样的文字语言，让数学概念从纸面跃入学生的想象世界。

低年级的数学中，“把 12 块饼干分给 4 个小朋友”与“12 除以 4 等于 3”，前者是具有生活气息的实际问题，后者是冷冰冰的符号公式。教师引导学生进行饼干分配时，在“每人先拿 1 块”的实物操作中，让学生深入理解“平均分”的概念。当学生突然喊出“原来除法就是公平分配!”这便是文字语言搭建起的认知桥梁。

数学文字语言的精妙在于它既能具象也能抽丝剥茧。面对“时钟的时针从 2 走到 5”的题目，教师用“时光旅行者”的比喻引导：“这三个数字驿站之间，藏着几个秘密小站?”顷刻间，钟面刻度的抽象距离，变成了探险地图上的必经站点。这种语言转换不单是教学技巧，更是思维导航仪，帮助孩子在具体与抽象间自如穿梭。解决问题时，文字语言化身为思维解码器。例如，学习分数时，教师抛出分月饼问题：“如果爸爸吃了 1/4，妈妈吃了 1/3，剩下的够不够你和妹妹平分?”学生激烈讨论着虚拟月饼的切割方式：“应该先切 12 块，这样爸爸拿 3 块，妈妈拿 4 块……”抽象的分数比较变成了数学语言的表达。文字语言在数学课堂的最高境界，是培养“数学翻译家”。当学生能把“长方形的周长=(长+宽)×2”用自己的话解释为“给相框镶边需要的总长度”或是将“速度×时间=路程”描述成“小汽车跑马拉松的秘诀”，他们就掌握了双向转换的思维密钥。通过数学的文字语言，学生既能将生活问题转化为数学表达式，又能把抽象知识还原为生动场景，让数学文字语言成为理解世界的钥匙。

2. 图形语言

图形语言是数学语言的重要组成部分。自人类祖先认识几何图形并传承相关认知以来，几何图形和图案就融入人类生活中，成为生产、生活、科学、艺术和社会不可或缺的部分。在小学数学中，图形语言主要指与几何图形相关的一种表达形式，用于描述和解决数学问题。在小学数学教学中，图形语言作为视觉—空间表征系统，其认知功能与教学价值已形成系统的理论框架。

数学图形语言是由几何图形、图表、示意图等构成的非语言符号系统，具有三重本质特征。

一是双重编码性。依据双重编码理论，图形语言通过视觉通道与语言通道协同工作，形成对数学概念的双重表征。例如，梯形面积的公式推导过程中，学生既需处理文字命题（“两个完全相同的梯形可拼成一个平行四边形”），又需操作图形转换（剪切—旋转—拼接），这种双重表征显著提升工作记忆效能。

二是空间结构化。几何思维层次模型指出，图形语言的发展遵循从视觉识别（识别三角形）到分析属性（发现内角和定理）的层级跃迁。小学低年级学生在数学学习中进行的图形操作（如七巧板拼图）实质是在建构拓扑的等价概念，为后期的学习度量几何奠基。图形语言通过降低学生的认知负荷来促进概念理解。例如，在“认识分数”教学中，教师借助圆形分割图比用抽象的符号更容易吸引学生的注意力，使“平均分”的概念具象化。

三是跨模态转换。下面就此进行说明。

首先，图形语言与符号语言存在双向转换机制。研究表明，小学数学学习中能够顺利进行问题解决的学生，能够自动地将文字呈现的问题（“甲乙两车同时出发，相向而行”）转换为矢量示意图。在小学数学五年级“观察物体”或“长方体和正方体的认识”教学中，学生通过操作几何体展开图，心理旋转能力得到发展。心理旋转能力是空间认知能力的核心组成部分，指个体在头脑中想象并旋转二维或三维物体，以判断其与其他物体匹配关系的能力。在日常生活中，我们常常需要具备心理旋转能力以更好地解决问题。例如，在陌生环境中快速建立心理地图并规划路线；在组装家具时根据说明书想象零件旋转方向；运动员需要预判球体运动轨迹（如乒乓球旋转方向），等等。在儿童期玩积木、拼图等空间玩具的小学生，成年后心理旋转能力显著增强。教师可以通过有效的训练方法提升心理旋转能力。例如，教师提供积木、乐高、拼图等空间玩具让学生玩，鼓励学生参与折纸任务、航模制作手工活动，采用三维几何动画辅助教学等。在跨学科方面，组织学生进行“动作—空间”结合训练，如太极拳、舞蹈等需身体与空间协调的活动。

其次，图形语言训练与空间能力存在关联机制。图形语言训练显著促进小学生的空间可视化与空间定向能力。图形语言训练是指通过视觉符号系统（如几何图形、地图、流程图、思维导图等）帮助儿童理解和表达抽象关系的教育方法。具体形式包括以下几种。第一种是几何图形操作，即通过拼接、旋转、对称绘制等活动来理解空间结构。第二种是地图阅读与绘制，即学习用符号系统表达空间布局与方位关系。第三种是动态视觉建模，即用流程图或三维建模软件模拟物体运动轨迹。图形语言训练通过重塑儿童的认知框架，使其在解决空间问题时优先调用高效的整体策略。这种能力不仅有助于提升特定任务表现，更塑造了科学问题解决中的“直觉式洞察”——这正是人类智能区别于机械计算的核心优势。未来，教育需在工具理性与空间智能间寻求平衡，培养既能精密计算又擅长整体谋划的新一代思考者。

小学数学教学中，教师借助图形语言发展学生素养应注意遵循以下原则。

一是渐进抽象原则。图形语言教学应遵循从动作性到形象性再到符号性表征的序列。例如，周长概念的建构需经历三个阶段：用绳子绕实物测量（动作）、在方格纸上描摹图形（形象）、最终抽象为公式 $C=2(a+b)$（符号）。

二是多元表征联结原则。教学中，教师要整合图形语言与其他表征形式的“认知包”设计。例如，分数教学中同步呈现圆形分割图（图形）、1/4（符号）、“四等份中的一份”（文字），三种表征产生共振效应。

三是错误概念显性化原则。教师利用图形语言的可视性特征暴露前概念偏差。当儿童错误认为“周长越大面积必定越大”时，教师呈现狭长的长方形与接近正方形的长方形对比图，可引发认知冲突，促进概念转变。

基于 SOLO 分类理论，图形语言能力分为五个层级。第一个层级是前结构水平，即学生仅能识别基本图形（如区分三角形与四边形）。第二个层级是单一结构水平，即学生能用标准图形表征简单数量关系（如用柱状图比较两组数据）。第三个层级是多元结构水平，即学生会组合运用多种图形解决常规问题（如利用线段图分析相遇问题）。第四个层级是关联水平，即学生会自主创建图形模型解决非常规问题（如设计比例尺绘制校园平面图）。第五个层级是拓展抽象水平，即学生能批判性分析图形表征的局限性（如指出饼图在数据对比中的视觉误导风险）。

以下是笔者的教学笔记节选。

> 一年级新生，总爱把三角形积木当成屋顶，将圆柱体卷筒纸芯视作城堡塔楼。这不是简单的玩具游戏，而是图形语言最初的萌芽——孩子们正通过立体图形的堆叠，感受棱角与曲面的质感差异。孩子们用七巧板拼出小狗、帆船的时候，偶然间，他们发现两个三角形能合成正方形，眼中闪烁着喜悦的光芒。中年级学生的数线游戏中，学生在数字线上蹦跳，加减法变成了前进后退的探险旅程。进入高年级，面对“鸡兔同笼”的古老难题，学生会在草稿纸上画出简笔画：圆脑袋加两条腿的是鸡，长耳朵配四条腿的是兔，将抽象的数量关系可视化，原本纠缠不清的头足总数，在图形翻译下变得清晰可触。
>
> 当教学五年级的“长方体与正方体”的立体图形展开图，学生把长方体展开成“十字形”的平面图，将圆柱体侧面展开发现那是个长方形时，学生都会非常惊讶，这种从三维到二维的视角转换，刺激着学生的空间想象力，“侧面积=底面周长×高”就是折叠在生活中的几何真相。学生通过对图形的观察、操作和想象，能够逐渐建立起空间概念，通过观察模型或图形，想象其在空间中的形态和结构。

看来，数学图形语言果然能帮助学生将抽象的数学概念和问题以直观的图形形式呈现出来，把抽象的数学概念形象化，让学生更好地理解和分析问题，更好地认识现实世界。

在小学数学教学中，图形语言中包含的“表格语言”值得一提。它是一种以结构化表格为载体的数学表达与思维工具。它通过行、列的逻辑排列，将抽象概念、数据关系和运算过程可视化，尤其适合培养小学生的系统性思维与模式识别能力。数学表格语言的核心特征有三个方面。一是结构化抽象，将分散信息压缩为行、列交错的二维框架。例如，乘法表、正比例的输入输出表。二是关系显性化，通过单元格位置直接呈现变量间关系(如等差数列相邻项的差值恒定)。三是操作引导性，表格空白单元格设计(如未知数填充)驱动问题解决步骤。

在小学数学中，表格语言大体有以下四种应用场景。

一是算术运算的规律探索。例如，表 1-7 是乘法表的变形。教学中教师可以出示任务，如删去部分数字，让学生通过行列关系补全(如“6×3＝?”，需横向查找 6 行、3 列交点)。这样可以强化学生乘法分配律直观感知，例如 6×5＝6×(2+3)＝6×2+6×3。

表 1-7　**乘法表变形表**

×	2	3	5
4	8	12	20
6	12	18	30

二是代数思维的早期渗透。例如，表 1-8 是关于未知数的推理表。教学中教师可以出示任务，让学生根据“$y=2x+2$”规律填充缺失值，渗透函数映射关系。

表 1-8　**未知数推理表**

输入(x)	1	3	?	7
输出(y)	4	8	12	?

三是几何属性的归纳整理。例如，表 1-9 是多边形的特征表。教学中教师可以出示任务，让学生通过填写缺失值来发现公式：内角和＝180°×(n−2)。还可以进一步深化，让学生用表格反推“若内角和为 720°，边数 n＝?”

表 1-9　　　　多边形特征表

图形	边数	内角和	对角线数量
三角形	3	180°	0
四边形	4	360°	2
五边形	5	?	?

四是统计与概率的直观建模。例如，表 1-10 是数据分布表。教学中，教师可以出示任务，让学生将表格转化为柱状图，计算众数所在区间。

表 1-10　　　　数据分布表

身高区间(cm)	120~130	130~140	140~150
人数	5	8	7

小学数学中，表格语言的教学策略如下。一是进行从“填充”到“创造”的阶梯训练。在初级阶段，教师可以提供完整表格，学生提取信息(如“第三行第二列的值是多少”)。到中级阶段，教师可以挖空关键单元格，要求基于规律补全(如等差数列、等比数列)。到高级阶段，教师可以让学生自主设计表格解决实际问题，例如，“设计购物清单表，比较三家超市价格”。二是通过对比增强认知弹性。可以将表格与算式对比，同一问题用两种方式呈现(如“鸡兔同笼”问题：表格枚举法与方程解法)；将解决问题的文字转化为表格摘要(如“小明每天存 5 元，小红每两天存 8 元→制作存款进度表”)；将表格与图形对比，将正比例表与坐标系图像对照，渗透离散与连续的数学表达差异。三是跨学科整合。如用表格记录科学实验数据(如植物生长高度与光照时间)，拟合线性关系。数学的表格语言如同“思维的脚手架”，既避免了纯符号的抽象压迫感，又规避了技术工具的黑箱效应。它让数学在结构严谨与操作自由之间找到平衡点，正是培养弹性认知架构的理想载体。

例如，在教学“数与形”时，教师在教学中设计的“创造学习单”环节，教学片段如下。

师：通过观察图形和对应算式，你发现了什么？

生 1：我发现从 1 开始的连续 7 个奇数之和与边长是 7 的大正方形所包含的边长为 1 的小正方形数恰好相等。

生 2：这次相等很可能是巧合，是特例，我们从没见过这样的数形关系。

生 3：假设这就是规律，我很希望能验证这个猜想。但是，感觉特别难以入手去研究，因为我不知道从数形的哪方面进行思考。

生 4：如果能像以前一样学习，通过学习单探究规律就容易多了。

师：先自己思考如何将学习单“变”出来。同学们设计学习单之前想一想：可以分别去研究这样的数与形蕴含的特点，将大问题分解成一些简单的基本问题，然后采集相应的数据。

生 1：我想把“从 1 开始的连续奇数数列”中的简单问题列出来。比如它的“加数个数”“相邻的两项之差”“首项和末项的差”各是多少。

生 2：我想列出“这样的正方形”有哪些简单问题。比如它的“边长”“周长”“面积”各是多少。

师：同学们提出了不少的基本问题，咱们可以先解决这些问题得到相应的数据，这些数据之间是否存在某些联系？可以研究一下。

生 1：我得到了一堆数据，要怎样继续探究它们之间是否有联系？

生 2：我们在信息课上学过 Scratch 编程。我打算编制程序，我的想法是可以分别把数列和图形的数据输入计算机，接着启用数据核对，计算机能快捷地将数据相等的项目凸显出来。这样，我们就不用一个一个地观察、枚举。计算机程序能够保证关联的结果不会错漏。

在思考过程中，学生大胆猜想，不断提出问题加以尝试，从中逐步明确探究的方向，通过编制小程序，实现简单的数据配对，使得数学猜想探究中各种变量的验证更加简捷，最终筛选确定有效探究项目，形成学习单如表 1-11 所示。

表 1-11　　**学　习　单**

数形关系	数	数列	1	1+3	1+3+5	……
数形关系	数	加数个数				
数形关系	数	和				
数形关系	形	正方形图				
数形关系	形	边长数				
数形关系	形	面积数				

这样"变"出来的学习单成为探究活动的有力拐杖，学生很容易就发现了规律：从1开始的连续奇数数列的个数=正方形边长数；从1开始的连续奇数之和=正方形边长数的平方。在这个活动中，学生基于问题尝试设计学习单。在这个活动的核心环节中，学生经历深度思考问题的过程。学生学会寻找问题然后直面问题，真正经历"问题困惑—问题分解—问题遴选—问题猜想—问题验证"这一系列完整的思考过程，在这个过程中观察、比较、推理、验证，思维过程完整而富有逻辑。这样的思考过程，培养了学生的分析问题能力、有序思维能力以及思维的物化能力、简单的逻辑思维能力，激发了学生解决复杂问题的信心，培养了学生的创新意识，提升了创新能力。

3. 符号语言

在小学数学领域中，数学符号语言丰富多样。数学的符号语言包括三类。一是元素符号，用于表示数学中的各种对象。例如，数字、变量、集合中的元素等。数字"1、2、3"等是基本的数值元素符号，用字母"a、b、c"表示变量，可以代表任意数，集合中常用"x、y"等表示元素。元素符号是构成数学表达的基础，是描述数学对象的基本单位。二是运算符号，表示对元素进行的操作。小学数学中常见的"+、-、×、÷"分别表示加、减、乘、除运算，这些符号规定了特定的运算形式和操作范围。例如，"+"规定了求和运算，运算符号使得数学能够进行各种计算和推理。三是关系符号，用于表示元素之间的关系。例如，"="表示相等关系，">"和"<"分别表示大于和小于关系，"≥"和"≤"分别表示大于等于和小于等于关系等。关系符号帮助学生描述数学对象之间的逻辑联系，是培养小学生推理意识与模型意识的重要组成部分。在小学数学中，希腊字母和拉丁字母出现得比较少(表示圆周率的希腊字母π是个例外)；绝大多数的数学运算符号还没有出现，但已经出现的都是最常用的，甚至会和学生终生相伴的符号。然而，教师要清楚，不是数字、字母、符号串就是有意义的数学符号语言。只有作为沟通真实世界与数学世界的桥梁，理解数学世界的工具和解决数学问题的载体的数字、字母、符号串，即具有桥梁、工具和载体作用的数字、字母、符号串，才是有意义的数学语言。有意义的数学语言，就是在每一个数字、字母、符号串的背后，能讲出一个与"桥梁、工具、载体"有关的真实或抽象的"故事"。例如，$x-3=8$，就讲了一个已知的8和未知的x之间的抽象故事，这个故事用等式表达，所以是有意义的数学语言。

教学过程同时成为一个开发数学语言的过程。不管是直接的还是间接的表达，都是有意义的数学语言的来源。而且，在开放的培育素养的学习环境中，间接的表达方式可能呈现出学生为寻找恰当的符号或表达方式的徜徉与探索，使数学更为丰富多彩。虽然小学生的学习最终必须进入共同的数学语言系统，但开放的环境仍是培养核心素养的沃土。数学语言就在一次次这样的"表达"活动中成长壮大，并逐渐成为一种素养，嵌入学生的人格，对他们未来的学业、职业和生活产生影响。

在数学教育研究领域，数学语言作为核心素养的培育路径始终存在“传授预设”与“生成建构”的范式之争。基于社会文化理论视角，有学者提出数学语言的真正意义生成于问题解决过程中的符号化实践，其实质是学生通过数学眼光筛选信息、运用数学思维建立关系，最终以数学语言外化认知的整合性过程。以“教室面积问题”为典型范例，数学语言的建构呈现三阶段动态特征：首先，学生需运用数学眼光对现实情境进行概念剥离，将“$40m^2$ 教室”去语境化为数字 40 与变量符号 a、b 的抽象组合。学生进而通过数学思维建立变量间关系网络，将面积守恒定律转化为代数方程 $40=a\times b$。学生最终在数学语言的约束下寻求解集，并通过现实回指验证解的合理性。整个过程说明了数学语言既是思维工具也是思维产物。

数学语言的养成存在直接表达与间接建构两种模态。当学生已掌握完备符号系统时，其语言表达呈现线性发展特征。例如，直接运用面积公式建立方程。而在符号系统尚未完备阶段（如初次接触代数概念），学生通过类比、隐喻等认知策略创造临时符号（如用“□×△=40”表示长宽关系）。这种间接建构过程实质是皮亚杰所指的顺应性认知重组。值得注意的是，开放性问题情境能有效激活发散性思维，促使学习者尝试多元表征方式，从而深化对标准数学语言系统性的理解——这为“核心素养导向的教学应创设适度不确定性的认知环境”提供了依据。

综上所述，数学语言与数学眼光、数学思维构成动态发展的“认知三元组”。例如，在解决“校园绿地规划”问题时，学生首先运用数学眼光识别出面积、形状等量化特征，继而通过数学思维比较不同方案的周长，最终以数学语言整合数据建立优化模型。三种认知既存在独立性又保持高频振荡耦合，印证了数学核心素养的不可分割性。因此，数学语言的素养化路径本质上是认知主体在问题解决中持续进行符号化实践的社会文化过程。教师应摒弃单纯的符号传授，转而设计能引发认知失衡的劣构问题，引导学生在“数学化”现实情境的过程中，经历符号创造、系统化与精致化三个阶段，最终实现从个人算术到规范数学的认知迭代。这种生成性学习模式不仅能促进数学语言的深度内化，更能培养学生应对复杂情境的数学建模能力，为其终身发展奠定认知基础。

以下是笔者的教学札记节选。

> 两个学生在解决教室面积时的不同路径：A 生机械套用公式得到“长 10 米宽 4 米”，B 生却质疑“为什么不能是圆形教室？”这时教师既要保护 B 生质疑的火种，又要教会他将现实约束（普通教室多为矩形）转化为数学条件。当他们在黑板上画出半径 3.57 米的圆时，虽不符合实际却完美满足面积公式，这种思维的舞蹈正是数学语言最迷人的地方——它既能脚踏实地解决现实问题，又能天马行空探索理论边疆。
>
> 数学课堂应成为数学语言创造的工坊。当学生为解释“为什么井盖是圆

形”而画出不同形状的井盖旋转轨迹时，他们不仅在运用几何语言，更在发明属于自己的表达方式。一个学生用橡皮泥捏出各种截面形状，另一个学生用树枝在沙地上描绘运动轨迹，这些稚嫩的尝试都可能催生新的数学方言。就像远古人类用结绳记事演变为文字系统，每个数学概念的诞生都始于这种原始的表达冲动。教师此时不应是知识的搬运工，而是语言考古学家，帮助学生在思维的土壤中挖掘出规范化的数学符号。

三、小学数学核心素养的特征

小学数学核心素养体系的建构需植根于儿童认知发展规律，通过典型教学情境展现其多维特征。

其一是阶段性。阶段性指数学核心素养在小学、中学、大学、工作的几个阶段，其内涵和水平是不同的，即使在小学阶段，也是不同的。例如，一年级学生通过触摸积木区分立体图形（视觉识别阶段），三年级用钉子板探究周长与面积关系（分析属性阶段），六年级则能用比例原理测量旗杆高度（抽象推理阶段）。这与学生的年龄和认知特点有关，与生活阅历和不同阶段的目标任务有关。数学素养的具象化需适应儿童认知发展规律，体现螺旋上升的阶段性，如表 1-12 所示。

表 1-12　三学段数学抽象思维发展的实践样态解析

学段	数学眼光	数学思维	数学语言
第一学段	从实物操作中感知数学存在（如分苹果理解分数）	以具象操作为主的归纳推理（如积木分类找规律）	用口头语言描述简单数学关系（如“多 3 个”）
第二学段	从生活场景抽象数学模型（如购物计算总价）	初步的逻辑推理与模型应用（如行程问题画线段图）	用图表呈现数据，符号表达等式（如 $3x=12$）
第三学段	跨学科整合数学视角（如科学实验中的变量控制）	复杂问题的策略创新与验证（如设计最优校园参观路线）	撰写数据报告，批判性评价数据结论

其二是发展性。发展性是指学生的数学核心素养的内涵和水平是随着时间动态变化发展的。即使在小学阶段，也是动态变化发展的。即数学核心素养是把数学思想从原来主要着眼于数学内部、辅之着眼于现实世界，逐步扩展和提升到聚焦现实世界，上升到生活和人生的高度。同时，发展性也指数学素养并非静态的知识储备，而是伴随认知发展螺旋上升的“生长体”。小学阶段尤其需关注低年级的具象化奠基。学生要通过实物操作（如分糖果感知分数）、游戏化任务（如跳格子学习数轴）建立数学与生活的直观联结。高年级向抽象化过渡，教师要逐步引导学生从具

体情境中抽象数学模型(如从"购物优惠"初步理解函数关系)，培养符号化表达与逻辑化推理的习惯。发展性特征在素养培育中清晰可见。如二年级学生制作天气图标记录表(数据收集)，四年级学生绘制复合条形图比较班级零花钱用途(数据处理)，六年级利用平均数、中位数分析社区垃圾分类成效(数据决策)。随着学段提升，统计思维从描述性向推断性发展，最终指向现实问题的数据驱动决策，诠释核心素养的动态进化过程。

其三是整体性。整体性是指站在中国学生发展核心素养的高度考虑问题，是对"四基""四能"目标和十一个核心词的进一步提炼、聚焦和提升，既要体现数学的理性思维，又要体现数学的广泛应用性。真正把数学学习由传统的主要关注应试教育转向既会考试，又会学习、会思考、会生活、会创造(学会创造性地解决实际问题)的全面发展的人的目标。整体性在日常教学中具体体现在数学学习目标的战略转型。例如，在"社区公园规划"项目中，四年级学生需综合运用面积计算、比例尺应用、预算分配等知识，同时兼顾环保意识与美学考量。这不仅培养了测量技能，更通过方案答辩环节发展批判性思维(数学交流)与社会责任感(情感态度)，实现从解题能力到解决现实问题的素养跃迁。

其四是综合性。综合性是指数学核心素养是数学知识、数学思想、数学交流、解决问题能力、情感态度和价值观的综合体现。知识是核心素养的载体，思想决定核心素养的高度和方向，数学交流是形成核心素养的重要方式，解决现实世界实际问题的能力是核心素养的重要标志。综合性表征在学生具体学习实践过程中尤为显著。例如，分数的意义教学中，教师设计"月饼派对"情境。学生通过折纸创造1/4、3/8等分数模型(动作表征)，用数轴定位分数大小(符号表征)，辩论"1/2杯糖是否等同于半杯糖"(数学交流)，最终制定公平分配方案(解决问题)。此过程整合了分数运算知识、单位化思想、合作学习策略及数学建模能力，印证了核心素养的多元共生性。

其五是持久性。持久性是指数学核心素养在学生走向社会后，还应该具备的非常重要的数学思想和解决问题的能力，也是评价学生最终是否具有数学核心素养的标志。例如，应用数学思想解决日常生活、工作、投资理财、大数据分析等问题的意识和能力。持久性特征在成人数学素养研究中得到验证。跟踪调查显示，小学阶段经历"超市比价策略"项目学习的学生，成年后在投资理财中表现出显著的比率敏感性，能自主构建收益模型比较基金年化收益率，运用概率思维评估风险，这种将数学思想转化为生活智慧的能力，正是核心素养持久性的最佳注脚。

第二节　当前小学数学实践教学的困境

数学实践教学如同一场戴着镣铐的舞蹈——教育者深知素养培育的迫切，却在现实的枷锁中步履维艰。当“做数学”的呼声日益高涨，课堂却陷入“活动越多，思维越浅”的悖论；当技术工具赋予教学无限可能，教师反被困在“为用而用”的形式主义牢笼里。这些困境并非偶然的失误，而是教育系统深层矛盾的外显症状，是工业化教育范式与素养时代需求激烈碰撞的必然产物。当前实践教学的困局，可从四个维度透视其肌理。一是目标迷失之困，核心素养目标被简化为“动手操作”的形式表演，学生测量教室面积却不知“为何测量”；《新课标》提出的“数学眼光”“数学思维”沦为教案中的修辞装饰，未能转化为可观测的学习行为。二是情境失真之困，虚假情境割裂数学与真实世界的血脉联系；乡村课堂生搬硬套城市生活案例(如地铁换乘路线优化)，忽视田间地头本就存在的数学基因(如农事历法中的几何智慧)。三是认知断桥之困，具身操作与符号表达断裂：学生用积木拼搭分数模型熟练，却无法将经验迁移至分数运算；社会互动停留于表面合作：小组讨论沦为“轮流发言”，缺乏质疑、辩护、重构的深度思维碰撞。四是评价错位之困，用“作品美观度”“汇报流畅性”替代数学思维质量的评估；标准化测试的幽灵始终盘旋，教师不得不在实践活动中嵌入“考点彩蛋”。这些困境背后，潜藏着更深刻的系统性危机。一是教育哲学的撕裂，在“知识传递”与“素养生成”、“效率优先”与“过程价值”间摇摆不定。二是教师身份的焦虑，从“知识权威”到“学习协作者”的转型中，陷入“放手”与“控制”的两难。三是技术伦理的失序，当 AR/VR 技术让学生“看见”几何却不再“触摸”几何时，具身认知的根基正在瓦解。本节没有简单的答案，但相信正是困境的存在，为教育进化提供了动力。

小学数学教育正处于理念革新与路径探索的关键期，但传统惯性、结构矛盾与资源限制交织形成的实践困境，严重制约着核心素养的“落地”。

一、应试化惯性

应试教育，也就是以考试为中心的教育模式，老师和学生都围绕考试内容来教与学。在当前小学数学教育中，应试化惯性同样存在，导致素养目标(如思维能力、应用意识、探究兴趣等)与功利现实(追求高分、机械训练)之间产生冲突。具体体现在以下几个方面。

其一是偏重训练计算准确率，忽视算理理解。素养目标是通过计算培养数感，理解运算的算理(如“为什么先乘除后加减”)等。但现实课堂中不少教师往往通过大量重复练习来提高学生的计算速度和准确率，但学生只记住“步骤”不理解原理。某小学三年级学生能快速完成“$25\times4=100$”的题目，但被问及“为什么 25×4 等于 100”时，只会回答“老师让背的乘法表”。实际上，学生并未通过实物操作(如分小组数小棒)理解乘法是加法的简便运算。

其二是问题解决教学沦为“套路化”。素养目标是通过实际问题培养学生的分析、抽象和建模能力。现实课堂中不少教师往往只注重总结“题型模板”，让学生套用解题步骤，忽视培养学生真实情境问题的解决能力。例如，在“鸡兔同笼”问题中，教师直接教授“假设法”公式（如“总腿数÷2-头数=兔的数量”），学生机械套用。但当题目变为“停车场有汽车和三轮车共10辆，轮子总数32个，求两种车各有多少辆”时，部分学生因题目未明确“鸡兔”而无法迁移方法，缺乏自主建模能力。再如，学生能熟练背诵长方体的表面积=（长×宽+长×高+宽×高）×2，但对于实际问题却无法理解“面在哪里”。例如，校园艺术节，美术组老师正在切割长方体的手工肥皂。他们把一块手工皂按照三个方向分别切一刀。如图1-2所示，原来这块长方体肥皂的表面积是多少？

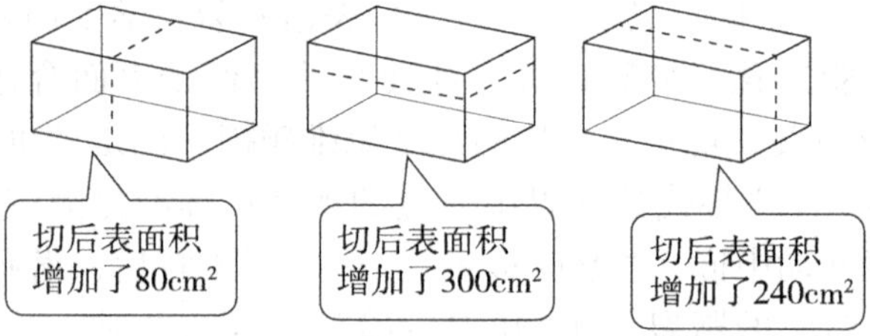

图1-2　长方体肥皂切割图

其三是忽视数学与生活的联系。素养目标是培养学生用数学解决实际问题的意识和能力。现实课堂中不少教师往往仅围绕考试题型展开，脱离真实场景。例如，有的五年级学生能熟练计算“长方形面积=长×宽”，但被要求设计家中书桌的摆放方案（需考虑房间面积、家具比例等）时，却无法将数学知识与实际需求结合，甚至还会认为“考试不考这个，不用学”。长此以往，学生解决实际问题的能力被弱化。例如（图1-3），把12个羽毛球放在一个圆筒形包装盒中，这个包装盒至少需要多少平方厘米？学生对羽毛球的包装缺少生活观察与经验，难以解决此类真实情境中的问题。

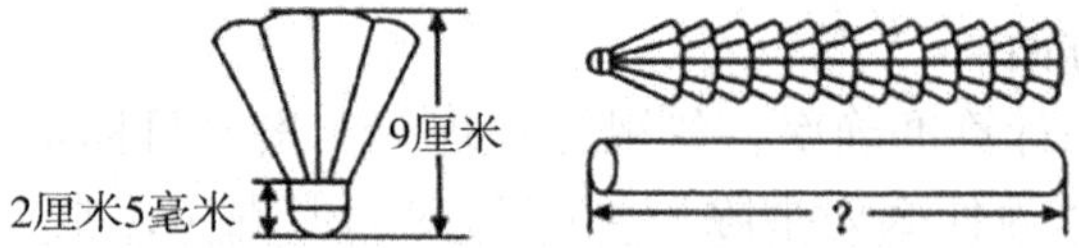

图1-3　羽毛球包装图

其四是评价体系单一化，扼杀创新思维。素养目标是鼓励学生用多样化解题思路，培养创新意识。现实课堂中不少教师往往追求考试中“标准答案唯一”，如果学生出现非常规解法可能遭遇教师的无视直接被扣分。例如，一道题要求“用两种方法计算48÷4”，学生A用竖式计算得12，学生B用分步减法（48-12×4=0）证明结果正确，但教师以“未按教材方法”为由扣分，导致学生不再尝试创新解法。

其五是过早引入竞赛难度，打击学习兴趣。素养目标是保护学生对数学的好奇心和探索欲。现实课堂中不少低年级学生被迫学习超纲的奥数题。例如，某二年级学生被家长要求学习“等差数列求和公式”（初中内容），因无法理解抽象符号，产生挫败感，甚至厌恶数学。

其六是课堂互动减少，知识灌输为主。素养目标是通过探究式学习培养学生的合作与思辨能力。现实课堂中不少教师往往将课堂时间缩短为“讲题—做题—讲题”循环。例如，教师本计划让学生分组讨论“如何用不同方法测量不规则图形的面积”，但因考试临近，改为直接讲授“分割法”公式，学生失去动手实践（如用方格纸覆盖图形）的机会。

《新课标》明确提出“三会”素养导向，然而，实践中“为考而教”的惯性依然根深蒂固。小学数学教学应试化倾向的“教、学、评”典型表征如下：

其一是教学目标的窄化。实践教学的初衷本应是培养学生的动手能力、创新思维和解决实际问题的能力，但在应试化的影响下，教学目标变得过于注重考试成绩和升学指标。某跟踪调查发现，四年级学生中将“考高分”作为数学学习首要动机的比例达78%，相较二年级上升41%。学校和教师将实践教学的重点放在如何让学生在考试中取得高分上，而忽视了学生实践能力的真正提升。知识碎片化，教材内容被拆解为孤立考点（如“分数加减法”简化为“通分—计算—验算”流程训练），割裂数学知识的整体性关联，学生将“分数”简化为“分子÷分母”的计算程序，却难以解释“为什么分数线相当于除号”。

其二是学习方式的异化。应试化的教学通常采用“填鸭式”方法，教师主导整个教学过程，学生缺乏主动参与和自主思考的机会。教师详细地讲解解决问题的步骤和注意事项，学生按照规定的程序进行操作，很少有机会提出自己的想法和疑问。这种教学方法不仅压抑了学生的积极性和创造性，也无法培养学生独立思考和解决问题的能力。机械训练主导，重复性练习挤占探究时间，学生沦为“解题机器”，创新意识受到抑制，标准化答案压制非常规思路。例如，计算25×12，教师默认竖式运算为正解，否定“25×10+25×2＝300”的分配律创新应用。在“分数优先”导向下，教师普遍采用“例题讲解—模仿练习—变式训练”的流水线教学。

其三是评价维度的单一化。应试教育的小学数学评价，首先表现为过度依赖标准化考试成绩，忽视学生的综合素养和个性化发展。这种评价模式将数学学习简化为“分数竞赛”，导致教育目标偏离核心素养导向。以笔试成绩为核心评价标准，学生的数学能力被简化为考试分数，课堂表现、实践能力、创新思维等均被边缘化。例如，小学期末评价仅由一张试卷决定数学成绩。学生日常的动手操作（如测量物体体积）、小组合作项目（如设计校园绿化方案）等均不计入总评。其次，标准化答案主导评价过程。解题方法被限定为“教材公式或教师所授步骤”，非常规思路即使正确也可能被扣分。

其四是忽视学习过程与进步幅度。评价仅关注最终结果，忽略学生在思考、试错、改进中的成长。例如，两名学生同做 10 道题，学生 A 基础薄弱，从错 8 题进步到错 3 题；学生 B 保持全对。教师仅表扬学生 B，未认可学生 A 的努力。某学生擅长解决开放性问题（如设计迷宫路径），但因计算速度慢，在限时考试中成绩垫底，被贴上“数学后进生”标签。

在小学数学教育中，应试化倾向导致的素养目标与功利现实之间的冲突，不仅体现在学生当下的学习体验中，更会对学生的长期发展产生深远影响。第一，造成数学知识与实际应用的割裂。学生能熟练完成试卷上的抽象题目，但无法将数学知识迁移到真实生活场景中，导致“纸上谈兵”的困境。例如，四年级学生在考试中能正确计算“1.5 米布料售价 45 元，求每米价格”，但陪家长买布时，面对商家“买 2 米送 0.5 米”的促销活动，却无法计算实际单价。学生能背诵“1 升 = 1000 毫升”，但在科学课上需要调配 500 毫升溶液时，因缺乏量杯操作经验，错误地认为“用矿泉水瓶估算即可”，数学沦为“试卷上的符号”，无法支持日常决策（如理财、购物比较）。学生难以将数学与科学、工程等领域的实际问题结合，限制跨学科思维发展。第二，学生丧失学习兴趣并产生短期投机心理。学生将数学学习等同于“刷题提分”，内在探索欲被外部压力取代，形成功利性学习观。例如，一名五年级学生在奥数竞赛获奖后坦言：“我讨厌数学，但妈妈说获奖能加分，我只能每天刷题。”教师布置开放式探究任务（如统计一周家庭用电量并提出节电方案），学生和家长抱怨：“考试又不考这个，不如多练两道题。”长此以往，学生的学习依赖外部激励（分数、奖励），自主学习能力弱化，一旦失去监督即停止学习。在职业选择上，学生对数学的负面印象导致未来回避理工科领域，错失潜在发展方向。学生可能形成“利益优先”的思维定式，忽视知识本身的价值，价值观扭曲（如认为“学数学不如学网红直播赚钱”）。第三，学生思维僵化，创新能力与问题解决能力减弱。在应试训练中，学生不断强化“标准答案”思维。当学生面对非常规问题时就感到束手无策，甚至产生认知恐惧。例如，“如何用一张 A4 纸测量课桌高度”的实践题，学生反复追问：“有没有公式？步骤怎么写？”长此以往，学生的创新能力受到抑制，习惯于“模仿—重复”模式，难以突破既有框架（如不敢尝试一题多解）。当学生遇到陌生问题时易产生“习得性无助”（“我肯定做不出来”），挑战困难的意志薄弱，抗挫能力下降。第四，学生心理压力加剧。学生会产生焦虑情绪与自我认同危机，对分数的过度关注而引发的学习焦虑，导致部分学生因成绩波动而产生自我否定，一些学生甚至会出现厌学行为。例如，教师要求错题订正必须用红笔抄写 3 遍，一名学生认为这是老师的惩罚，因为焦虑想直接用修正带偷偷掩盖错误答案。长此以往，学生的学习效能降低，情绪压力会阻碍大脑认知功能，形成“越焦虑越学不好”的恶性循环。学生将自我价值等同于分数，形成脆弱型高自尊（“成绩好才值得被爱”)，造成人格发展失衡。学生的心理健康风险上升，抑郁症、焦虑症发病率上升。第五，教育资源分配失衡，群体差距进一步扩大。应试导向加剧“掐尖教育”，普通学生被边缘化，教育公平性受损。现实中，家长为让孩子进入“重点班”每年花费数万元偷偷补习奥数，而经济困难家庭学生被迫放弃拓展学习。

以上这些后果并非孤立存在，而是形成“恶性循环链”：应试训练→兴趣丧失→被动学习→能力缺失→加大训练强度→进一步厌恶学习……最终，教育偏离“育人”本质，沦为分数竞争的工具。

二、资源失衡

在当今教育领域，教学资源失衡的问题对实践教学的质量和效果产生了较大的负面影响。主要表现在以下方面。其一，物质资源分配不均。有些乡村学校数学课堂仍以黑板粉笔为主，而城市学校已普及智能平板、3D 几何模型等工具。城乡数学课堂的“工具差距”成为制约乡村学校教学质量的关键问题。这种资源分配的失衡不仅体现在教具种类和数量上，更导致城乡学生在数学思维培养、学习兴趣激发、课堂参与度等方面形成显著差距。其二，数字化落差。城市学校利用虚拟实验室模拟概率实验(如抛硬币万次统计正反面频率)，有些乡村学校因网络带宽限制难以开展同类教学。这种落差不仅影响学习效率，更会加剧学生核心素养的分化。同样是“探究骰子点数分布是否公平”——城市的学生可以用虚拟实验室模拟 10 万次投掷，自动生成分布直方图，发现某点数出现概率异常，进而提出“骰子可能被动手脚”，而乡村学生探究同一问题采用手动投掷仅能完成 200 次，数据波动掩盖异常，学生误判为“正常随机波动”。

三、教师专业素养断层

乡村数学教师专业素养断层的主要表现为学科知识较弱、教师跨学科整合能力不足等。部分乡村数学教师在学科知识上薄弱，集中体现在对数学核心概念的本质理解不足，难以将抽象知识转化为学生可感知的学习内容。例如，教师仅通过“分蛋糕”的机械操作教授分数，未引导学生理解分数的“整体与部分关系”“数轴上的位置”或“运算逻辑”(如为什么分数相加需要通分)。教师无法将数学与生活、科学等场景相结合。例如，生活场景迁移困难，教学中生硬套用“地铁”“旅游”等城市化案例，与乡村学生生活经验脱节。科学实践融合缺失，无法将数学与自然科学结合(如利用统计图表分析天气变化对农作物生长的影响)，导致学生难以体会数学的工具性价值。

以上三大困境并非孤立存在，而是相互强化形成“锁定效应”。一是应试化加剧资源依赖。城市学校凭借资源优势强化应试训练(如高价采购“名校真题库”)。乡村学校因硬件不足更倾向于传统讲授，进一步拉大素养培育差距。二是单一评价固化学科壁垒。分数至上的评价导向迫使教师放弃跨学科、长周期的素养项目(如“校园节水数学建模”需两周课时),回归“安全可控”的知识点灌输。三是技术鸿沟扩大教育分层。智能教育本可弥合资源差异(如共享优质慕课),但因乡村教师技术素养不足、家庭数字设备缺失,反而加剧“数字弃民”现象。当前困境折射出数学教育转型的复杂性——它绝非简单的教学法改良,而是涉及目标定位、资源分配、评价创新的系统工程。唯有以素养为锚点,推动“教学目标—资源配置—评价机制”的协同变革,才能打破恶性循环,为小学数学教育开辟新生态。

第二章　小学数学实践的理论基础与核心概念

数学教育的目标，从来不是培养“计算熟练工”，而是孕育能够用数学思维理解世界、用数学方法改造世界的未来公民。然而，这一目标的实现不能仅凭经验与直觉，而需扎根于科学的理论土壤——只有理解儿童如何学习数学、数学实践如何作用于认知发展、核心概念如何构建学科本质，教学才能真正从“自发”走向“自觉”。当前小学数学课堂中，实践活动的“热闹表象”与“思维贫瘠”的割裂现象屡见不鲜：学生兴致勃勃地测量教室面积，却无法将操作经验升华为对面积公式的理解；小组热烈讨论“最优购票方案”，却难以提炼数学模型中的决策逻辑。究其根本，是教师对数学实践的理论根基与概念内核缺乏系统认知，导致实践沦为“为活动而活动”的形式主义。本章旨在搭建小学数学实践的理论坐标系与概念导航图。这些理论与概念绝非空中楼阁。例如，当教师设计“校园节水统计”项目时，社会文化理论解释了为何跨班级合作能激发更复杂的数学推理；具身认知理论则提醒我们，让学生实地记录水表数据的行为，远比观看图表动画更能强化“数据意识”。本章将穿透抽象术语的表层，通过典型教学片段分析等，呈现理论与实践的共生关系。理解本章内容，意味着教师能够回答以下关键问题：为什么低年级学生必须经历实物操作才能理解进位制？数学语言(如符号、图表)如何成为思维发展的“脚手架”？在技术赋能的课堂中，如何避免陷入工具替代思考的陷阱？唯有在理论与概念的锚定下，数学实践才能摆脱盲目与碎片化，成为滋养核心素养的甘泉。本章既是全书的“心智引擎”，也为后续章节中策略优化、课程设计、评价革新提供了科学依据与价值罗盘。让我们一起开启这段从“经验之谈”到“理性之光”的探索之旅吧。

第一节　小学数学实践境遇

数学教育绝非真空中的实验，而是扎根于真实世界的土壤——学生的每一次测量、每一次分类、每一次推理，都发生在特定的时空、文化与技术交织的“境遇”中。实践境遇，既是数学知识生长的培养基，也是核心素养萌发的孵化场。它不只指向物理空间的教室或教具，更涵盖社会互动、技术工具、文化传统与情感体验的复杂网络。当前小学数学实践境遇的建构却常陷入三重割裂。一是虚假的情境，超市购物、旅游路线等“生活情境”被简化为脱离真实需求的数学题，学生知道“如何算”却不知“为何算”。二是冰冷的工具，数字化平台虽能快速生成图表，却剥夺了学生“用手丈量”“用眼观察”的具身经验，技术沦为表演性展示。三是沉默的文化，传统数学智慧（如算筹、二十四节气中的数学规律）在课堂中失语，数学实践与文化根脉的联结被生生斩断。本节将重新解构小学数学的实践境遇，从三个维度揭示其本质内涵。一是社会文化的嵌入性，数学实践如何呼应社区需求（如统计社区垃圾分类数据）、承载文化符号（如窗花中的几何对称）。二是技术工具的赋能性，从算盘到编程机器人，工具如何扩展认知边界而非替代思考。三是情感互动的滋养性，安全感、好奇心与归属感如何影响数学探究的深度。理解实践境遇的多维性，是避免数学教育陷入“去情境化”与“超情境化”两极陷阱的关键。唯有让数学实践扎根于真实、丰盈、有温度的境遇，学生方能体会到数学不仅是“试卷上的分数”，更是理解世界、参与社会、传承文明的行动哲学。接下来的内容，将带领读者穿越境遇的迷雾，触摸数学教育的生命力之源。

一、小学数学实践境遇概念解析

小学数学实践境遇是指小学生在数学学习过程中所嵌入的综合性生态场域，涵盖物理空间、人际互动与资源条件等要素的动态交互。其本质是数学知识建构与素养养成的“土壤”，既为学习提供物质与认知支持，又通过情境化的活动设计塑造学生的数学经验。数学实践境遇应突破传统课堂的物理边界，将学习视为一个由物质环境、社会关系与认知活动共同构成的动态生态系统。这一场域不仅是小学数学知识生发的“容器”，更是知识建构与素养养成的“催化剂”，学生在生态场域中进行知识建构与素养养成。

（一）内涵及价值

小学数学实践境遇的本质是“支持性学习生态”，作为“生态土壤”的实践境遇，其核心特征体现在以下三个方面。一是整体性。小学数学实践境遇融合物理空间（如教室布局、数学工具）、人际网络（师生互动、同伴协作）与资源系统（教材、数字化平台），形成多维联动的学习支持网络。二是动态养成性。数学实践境遇中的要素并非静态存在，而是随学习任务、学生行为而持续演变。例如，小组合作解决“校园绿化面积计算”问题时，物理空间（测量工具分发）、人际互动（分工争议与协商）与认知活动（面积公式应用）同步交织，推动问题解决路径的动态养成。三是文化浸润性。数学实践境遇通过符号标识（如数学名人名言墙）、规则设计（如“数据求真公约”）等隐性文化要素，塑造学生的教学价值观与学科认同感。例如，在“班级超市”项目中，教室被重构为模拟购物场景（物理空间），学生分组扮演顾客、收银员与审计员(人际互动),使用自制货币与价目表(资源条件)。在这个过程中,数学计算(找零策略)、社会协商(价格争议调解)与文化规则(诚信交易)共同构成完整的实践境遇。

小学数学实践境遇的教育效能源于物理、人际与认知三要素的深度耦合,这"三重耦合"驱动知识建构。第一,物理空间作为具身认知的物质载体,是工具中介化学习。教具(如几何体模型、编程机器人)将抽象概念转化为可操作对象。例如,通过拼接立方体展开图,学生从触觉与视觉双重通道中理解表面积计算逻辑。物理空间作为具身认知的物质载体,也是空间符号化设计。教师设立墙面"问题链"(如"为什么井盖是圆的")或地面数轴地毯,将数学思维渗透到日常环境中,触发无意识探究。第二,人际互动实现社会协商的思维碰撞,是认知分布与共享。例如,在小组合作测量操场周长时,个体持有的不同策略(步测法、卷尺测量、无人机航拍估算)通过讨论整合,形成更优解决方案。人际互动既实现社会协商的思维碰撞,也是身份建构与角色赋能。教师通过设立"数学侦探""数据分析师"等角色,学生在任务中体验数学的社会价值,增强学习动机。第三,资源条件搭建认知跃迁的脚手架是差异化资源供给。例如,针对计算能力薄弱学生提供"十格阵"工具,对抽象思维强者开放"数独挑战卡",实现个性化支持。资源条件搭建认知跃迁的脚手架也是技术增强的认知扩展。教师利用动态几何软件,学生可直观观察正比例、反比例图像随参数变化的规律,突破静态纸笔运算的限制。

小学数学实践境遇重构了数学教育的底层逻辑,实现从知识传递到素养养成的范式转型,其价值体现在三个方面。首先,知识观从"储存式"到"实践性"的重构。传统小学数学课堂将知识视为独立于情境的抽象符号。例如,公式记忆。而实践境遇强调"知识即工具"。例如,学生运用比例知识设计班级座椅的人体工学改进方案,知识在与真实问题的互动中被赋予意义。其次,学习观从"个体接收"到"生态参与"的革新。学习不再是孤立的认知加工,而是"境遇参与—身份建构—文化适应"的统一过程。例如,通过参与"家庭用电审计"项目,学生既掌握对电费计算方法的认知,又形成节能倡导者身份认同的情感,同时理解数学与可持续发展的关联价值。最后,评价观从"结果检测"到"过程增值"的转向。实践境遇支持"嵌入式评价"。学生在制作"数学微纪录片"记录解决问题的历程时,其探究策略、协作质量与创新思维通过视频日志自然显现,比标准化测试更能反映学生素养发展水平。

(二)应注意的问题

小学数学教师应构建"有生命力的数学实践境遇",在设计数学实践境遇时应遵循以下三个原则。首先是真实性,即任务须根植于学生生活经验。例如,规划春游路线优化方案。其次是开放性,即允许多元解决方案并存。例如,允许代数法、几何法、估算策略共存。最后是迭代性,即根据学生反馈动态调整境遇要素。例如，增设“算法优化讨论区”。同时，教师要注意角色转型。教师要从“知识权威”变为“境遇设计师”与“协作引导者”，重点创设冲突性情境，引发学生认知冲突与深度思考。例如，“36 人乘车，大车每辆乘 8 人，小车每辆乘 5 人，如何租车最省钱?”从中可以看出，小学数学实践境遇将小学生的数学学习从“真空实验室”拉回“真实世界”，使小学数学学习充满解决问题的智慧，而不再是冰冷的符号游戏。当学生在测量、辩论、创造中亲历“数学化”世界的过程，他们获得的不仅是知识，更是一种用数学眼光观察现实、用数学思维分析问题、用数学语言表达思想的素养基因。这种基因的孕育，正是数学教育回归育人本质的终极追求。

二、小学数学实践境遇的维度

本节接下来将从教学环境、师生互动与资源支持三个维度，解析数学实践境遇的构成及其对素养养成的作用机制。

(一)教学环境

教学环境是小学数学实践境遇的显性载体，其设计直接影响学生的参与度与思维活跃性，具体表现为物理空间的数字化重构、心理氛围的民主化营造以及数字化场域的智能化拓展三个层次。

1. 物理空间的数字化重构

教学环境设计需通过物理空间的数字化重构与动态布局优化，促进学生从具象操作到抽象思维的过渡。物理空间的数字化重构具体表现为工具性支持以及空间流动性等。

工具性支持体现在将数学元素进行可视化渗透。工具性支持的核心在于将数学符号、概念转化为可触、可操作的具象形式，降低认知门槛，激发主动探究。首先，教师要对数学角进行功能化分区。低年级建立具象化操作区。例如，“数字沙盘”设计，在教室内设置沙盘区，提供石子、纽扣、计数棒等实物。学生通过“抓取—摆放—计数”动作完成加减法运算，将抽象符号(如“3+2=5”)与实物增减过程直接关联，强化数感与运算逻辑。进阶设计进一步融入故事情境(如“超市购物”)，让学生在角色扮演中应用数学。例如，用沙盘模拟货币交易，理解十进制与简单加减法。中高年级建立抽象化探索区。在几何图形探索区，提供七巧板、3D 几何模型(立方体、棱锥)、量角器与尺规工具。学生通过拼接、测量、展开立体图形等活动，理解周长、面积、体积等概念的转化关系。在数据统计墙，设置可擦写墙面或磁贴板，引导学生以小组为单位收集班级数据(如身高、运动项目偏好)，制作条形图、折线图，并分析数据趋势，发展统计思维。其次，工具的进阶性与跨学科融合。教师要分层设计，根据年级调整工具复杂度。低年级以实物为主，中年级引入测量工具(如弹簧秤、量杯)，高年级结合数字技术(如编程模块、图形计算器)。

教师要进行跨学科链接建设。例如，在“数据统计墙”中整合科学课的实验数据，或结合美术课设计对称图形，强化数学的应用价值。

空间流动性体现在从静态授受到动态交互。空间打破“排排坐”模式，采用小组圆桌、活动站等布局，支持合作探究与动态任务切换。空间流动性旨在通过布局革新，支持多样态学习方式，激发思维碰撞与协作能力。首先，小组圆桌布局帮助学生协作式问题的解决。在布局设计上，4~6人圆桌配置，配备可移动白板、任务卡与共享教具(如分数拼图、数独棋盘)。在教学应用上，可以采用任务驱动的方式，教师发布开放式问题(如“用不同方法证明长方形面积公式”)，小组通过分工操作、记录与汇报，培养批判性思维。也可以采用角色轮换的方式，设置“记录员”“操作员”“发言人”等角色，确保全员参与，同时锻炼多元能力。其次，设立活动站实现模块化任务切换。在空间规划上，将教室划分为3~4个主题站(如“测量站”“图形推理站”“生活数学站”)，每站配备特定工具与任务指南。学生可以采用以下两种动态学习流程。在任务循环方面，学生以小组为单位，在15~20分钟内完成一站任务后轮换。例如，在“测量站”中，用卷尺测量教室家具尺寸并计算比例；在“生活数学站”模拟购物计算折扣。在差异化支持方面，设置“基础站”(巩固练习)与“挑战站”(高阶思维任务)，满足不同学习节奏需求。最后，重视教师角色转变与空间管理。动线设计，将教师的站位从讲台移至小组间。教师通过观察、提问与个别指导介入学习过程。规则嵌入，通过可视化提示(如地面箭头、计时器)引导学生自主管理任务切换，培养秩序感。

物理环境对学生思维的塑造基于两大核心理论，认知发展的具身性与社会性。具身认知理论强调身体动作与物理环境在认知建构中的基础作用。例如，低年级学生通过“数字沙盘”中的抓取、摆放石子等动作，将抽象的数学符号(如加减法)与肌肉记忆、视觉反馈绑定，形成“动作—符号—意义”的认知链条。社会文化理论方面，维果茨基的“最近发展区”指出，协作与工具中介是思维进阶的关键。高年级的“动态任务站”，通过小组分工、工具共享与观点碰撞，促使学生在社会互动中突破个体认知边界。例如，合作设计统计调研方案时，成员间的质疑与补充能深化对数据真实性的理解。例如，在低年级“石子加法”实验中，对比传统课堂组与沙盘操作组发现，后者在解决应用题时，错误率明显降低。因为学生能将问题情境快速映射到具象操作经验中。在高年级“统计墙”项目活动中，学生自主设计“班级午餐浪费调查”，从数据收集、图表制作到结论推导，其逻辑严谨性显著高于教师直接讲授的对照组。

在实践路径上，物理空间的数学化重构是从符号操作到思维进阶的阶梯设计。教师对不同学段的环境重构需匹配认知发展规律，设计差异化的思维激活策略。低年级要注重动作内化——从“做数学”到“想数学”，核心目标要建立数学符号与真实世界的意义关联，避免“机械计算”，在实施上，要采用多元策略。首先是多模态感知融合。例如，在“数字沙盘”中，学生通过触觉(石子重量)、听觉(计数时的语言描述)、视觉(石子数量变化)协同感知“数的守恒性”。其次是游戏化任务链，设计“闯关式”操作任务。例如，“拯救数字精灵”——学生需根据任务卡要求(如“凑十法”)，在沙盘中组合不同颜色石子，将算法规则转化为游戏策略。最后是重视思维转化效果，学生要逐步摆脱对实物的依赖，能闭眼想象石子增减过程并完成心算。这标志着抽象思维初步形成。中、高年级要注重协作创生——从“解题”到“问题发明”，核心目标是发展学生的数学模型意识与批判性思维，引导学生发现真实问题并设计解决方案。在实施上，要采用多元策略。首先是真实问题驱动。例如，在“数据统计墙”项目中，学生需从校园生活(如“课后托管满意度”)中自主选题，设计问卷、采集数据并分析，最终向校长提出改进建议。其次是跨学科问题设计。结合科学课“植物生长实验”，将科学探究与数学工具结合，通过短期、直观、可操作的实验活动，引导小学生从具象观察过渡到数据整理与分析，初步感知变量关系与数学建模思想。

物理空间的数学化重构不仅是教学环境的表层优化，更是对传统学习范式的根本性变革，是从环境到思维的转化。它通过“环境—行为—认知”的联动机制，推动学生从被动接受者向主动建构者转变，最终实现数学思维的内化与迁移。当学生开始质疑数据的片面性(如“样本量不足”)，并尝试用多种图表交叉验证结论时，恰恰体现了学生思维的严谨性发展与创造意识的生发。

教学环境与思维发展并非单向作用，而是形成持续优化的闭环，实现“环境—思维—环境”的动态迭代的良性循环。初级循环体现为环境刺激引发探究行为(如沙盘操作)，行为经验内化为思维模式(数感与运算逻辑)。高级循环体现为进阶思维催生环境升级需求，如高年级需要更复杂的数据分析工具，教师据此调整工具与空间布局，支持更高阶任务。终极指向体现为学生最终成为环境的“共同设计者”。例如，在“校园绿化方案”项目中，学生提议增设“测量工具墙”，方便随时取用测距仪、量角器，体现环境重构的主体性参与。

教学环境的数学化重构本质上是打造一门“隐性课程”，其价值超越知识传递，直指核心素养的培育。首先是空间即资源。数学角、活动站等不再是被动的“背景”，而是动态的“认知脚手架”。例如，几何探索区的立体模型，允许学生对其拆解、重组，以便他们直观理解“表面积=各面展开面积之和”，替代公式灌输。其次是规则即思维。环境中的隐性规则(如“活动站计时器”“小组角色分工”)潜移默化培养数学思维习惯。例如，限时任务切换强化时间规划能力，角色轮换促使学生兼顾计算、推理与表达。最后是互动即学习。圆桌讨论中的观点辩论、数据墙上的图表迭代，使学习成为“社会协商过程”。例如，对统计结果的争议促使学生重新审视数据采集方法，自然渗透“实证精神”。数学化教学环境的终极价值，在于将抽象的数学符号转化为“可触摸的思维”，通过工具与空间的协同设计，教学环境成为“会说话的教师”，无声地引导学生在探索中建构数学意义，最终实现“环境激活思维，思维重塑环境”的良性循环。当学生身处其中，每一件教具、每一处布局都在无声地提问：“你发现规律了吗？”“你能证明吗？”这种环境与思维的对话，正是深度学习发生的标志。而教育的智慧，便在于让空间自己“说话”，让学生在探索中听见数学的回响。

2. 心理氛围的民主化营造

数学课堂的心理氛围是教学环境中的隐性支撑，直接影响学生的认知投入与情感体验。民主化心理氛围的核心在于打破“权威—服从”的传统关系，构建平等对话、包容试错、情感安全的学习生态，使学生敢于质疑、乐于表达、勇于创新。

首先，塑造容错文化，让学生获得情感安全。学生的错误就是学生学习成长的资源。数学学习中，错误是思维外显的窗口，是知识重构的契机。容错文化的本质是将错误视为学习进程的必然组成部分，而非失败的标志。教师态度要从“纠错者”转变为“探路引导者”，注意运用延迟评价，面对学生的错误答案时，优先追问：“你是怎么想的？”而非直接否定。例如，学生用减法解决“分糖果”问题（“12块糖分给4人，列式12−4＝8”），教师可回应：“你发现每人分到4块后还剩8块，但题目要求‘分完’，如何调整才能让余数为0？”通过引导学生自主发现矛盾，推动思维进阶。教师要注意将错误价值显性化，将典型错误转化为全班讨论素材。例如，展示错误解法“5×3＝8（混淆加法与乘法）”，发起小组辩论。“哪些情境下5+3＝8成立？哪些情境必须用5×3＝15？”通过对比，深化对加法和乘法运算意义的理解。教师要建立课堂规则，建设制度化容错机制。教师可以采用“红绿灯”发言法，鼓励任何想法，无论对错。例如，“我认为圆有无数条对称轴”（绿灯）。学生补充或质疑需基于证据。例如，“我数了课本上的圆，确实每条直径都是对称轴”（黄灯）。禁止人身攻击与嘲笑。例如，“这么简单都不会”（红灯）。班级成立“错误银行”，建立“错误案例库”，学生匿名提交错误，定期评选“最有价值错误”（如揭示普遍认知误区）。例如，收集“分数比较错误”（认为1/3>1/2），通过实物切割操作澄清概念。教师要让学生在试错中建构意义。教师可以采用假设—验证式任务形式，设计开放性任务，预设“犯错空间”。例如，“用20根小棒摆长方形，哪种摆法面积最大？”学生可能先尝试整数边长（如5×5），教师再引导突破思维定式：“若允许小棒折断，能否得到更大面积？”推动从整数到分数的认知跨越。针对学生的错误，可引入“错误变式”练习，改编习题，故意植入典型错误。例如，将原题“计算24÷（3+1）”改为“小明算成24÷3+1＝9，请分析问题所在”，通过诊断他人错误反向巩固运算顺序规则。

其次，情感安全，营造深度学习心理基础。情感安全对数学焦虑高发的小学生群体至关重要。教师在教学中营造从“恐惧”到“悦纳”的学习环境，需要注重语言重塑、差异化支持以及同伴支持的关系网络构建。

情感安全要注重语言重塑，以成长型思维替代固定标签。针对数学焦虑高发的学生群体，语言重塑策略本质上是通过认知重构来打破“数学恐惧—表现下降—自我否定”的恶性循环。相关研究发现，像“数学天赋论”之类的固定型标签，会激活学生杏仁核的威胁反应，促使其前额叶皮层进入防御性认知模式，学生潜意识里已经自我否定，当然会抑制现实数学学习中的问题解决能力的发展。而“过程性赞赏”是一种聚焦于学习策略、思维过程和努力程度的反馈方式，其核心在于将学生的注意力从“结果评价”转向“认知策略优化”。教师要利用过程性赞赏原理，通过多种路径重构学生的神经回路。第一种路径是对象具体化。针对学生解决问题的具体认知策略(如画图法、等量关系式建模、类比迁移等)进行反馈。例如，“你通过画线段图将抽象问题可视化，这种数形结合的策略能有效突破思维瓶颈”。第二种路径是元认知显性化。也就是说，过程性赞赏将学生内隐的思维过程转化为外显的认知工具，帮助学生建立可重复运用的策略库。第三种路径是错误重构框架。教师要将错误重新定义为“策略调试信号”。例如，“你尝试用整数运算法则处理分数运算，这反映出强大的模式迁移能力。接下来我们可以探索分数世界的特殊法则”。教师的语言为学生建立积极的内部对话模板。例如，“这个错误说明我需要调整表达方式”。教师实施过程性赞赏要注意遵循三个原则。一是即时性原则。在策略使用后60秒内给予反馈，最大化多巴胺释放与行为强化的时间窗口。二是差异化设计原则。对低焦虑学生，教师强调策略创新性。例如，“你独创的坐标系转换法突破常规”。对高焦虑学生，教师侧重策略可控性。例如，“你检验了三种可能性，这种严谨态度值得保持”。三是认知脚手架构建原则。教师要将赞赏语与思维工具包相结合。当学生混淆策略时，教师可以先进行脚手架修复，肯定学生这一策略的价值，然后明晰该策略适用边界，最后建立这一策略的选择标准。例如，在分数概念教学中，教师可设计“策略发现日志”，要求学生记录不同解题路径并标注思维工具(如可视化、类比迁移等)。构建认知脚手架是一件很有意义的事情。以下是笔者的教学札记节选。

五年级《异分母分数加法》的教学中，我带着彩色塑料分数条(这些塑料条被划分成醒目的1/2、1/3、1/6等模块)走进教室，当抛出“1/2加1/3等于多少”的问题时，孩子们抓着黄蓝两色的分数条反复比画，却发现无论如何拼接都无法严丝合缝。这时，我看到小华困惑的眼神，我说：“你发现黄色条和蓝色条中间留着缝隙，你这种观察力正是数学探索的第一步！”这句话像钥匙般打开了孩子们的思维闸门，他们开始意识到分数单位不统一带来的障碍。

随着课堂推进，我亮出贴满教室墙面的“思维工具包”——倍数口诀表、通分步骤卡、分数转换转盘。当小明在倍数表中圈出2和3的最小公倍数6时，我立刻举起他的练习本：“看！这位同学不仅找到了共同分母，还像考古学家拼接碎片那样，把 1/2 变成 3/6、1/3 变成 2/6，让我们能直接相加得到 5/6!”教室里响起惊叹声。当小强计算“1/2 加 1/3”误将分子和分母同时分别相加得到 2/5 时，我拿出特制的透明叠加板，小强操作后发现：左边是 2 等分的月饼，右边是 3 等分的蛋糕，当错误的分母相加时，叠合出的 5 块食物显得支离破碎。我说：“你创造的这个‘混合单位’让我们能够更加看清问题本质。”然后，我指着扭曲的图形说，“现在让我们启动‘通分探测器’，看看正确答案会不会像拼图般完美契合。”孩子们在笑声中重燃信心，他们发现错误不过是通往真理的垫脚石。

教学中，将具体工具、语言赞赏与认知发展结合在一起，可以点燃学生的数学思维……数学语言不仅是交流工具，更具有重塑学生大脑学习回路的神奇价值。

情感安全要注重差异化支持，通过分层任务与弹性时间的双重设计，在课堂中构建了“低威胁—高挑战”的学习生态。首先是分层任务设计，构建阶梯式学习路径。例如，在《三角形面积》教学中，同一问题设置多级挑战。例如，基础题：计算三角形面积；进阶题：分析等底不等高的两三角形面积关系；开放题：用面积公式设计校园花坛。学生可自选起点，逐步攀登。基础题要求计算给定底和高的三角形面积(如底 5cm、高 4cm)。教师给出的支持工具是公式卡片与画高辅助尺，允许学生通过描红底边和高强化空间概念。在完成进阶任务时，主要发展学生的推理能力。例如，探究底相同、高不同的两个三角形面积关系(如底 8cm，高分别为 3cm 和 5cm)。教师提供思维支架和透明胶片叠加对比工具，直观显示面积变化。学生发现“底不变时，面积与高成正比”，并用磁贴拼出面积比例模型。在完成开放任务时，注重培养创新应用意识。例如，设计校园花坛，要求周长≤20 米且面积最大化。这时候进行跨学科融合，学生用科学课卷尺实地测量，设计出组合多边形花坛。学生通过列表记录并调整边数平衡周长与面积。其次是弹性时间管理，重塑课堂时间生态。教师要建立延长卡机制，降低时间压力。然后是课堂支持系统设计。教师可以引入任务卡工具箱。一是基础卡。例如，磁贴公式条、描红网格纸。二是进阶卡。例如，透明对比胶片、变量记录表。三是开放卡。例如，设计草图模板、软尺与量角器套装。最后是成立错误转化实验室。例如，“妙算急诊室”，将典型错误编成卡通病例(如“分母相加流感”)，让学生轮流担任“数学医生”用策略工具包开具“处方”(如通分流程图)。差异化的教学范式证明，小学数学教育的本质一定不是填满容器，而是点燃火焰，让每簇火焰都以独特的方式燃烧。以下是笔者课题组成员的教学反思。

在今天的课堂上，当我决定在差异化支持的指导下教学“多边形的面积”

的时候，课堂就像一场充满温度的思维探险，差异化支持就像为每个孩子量身定制的登山装备。教室里，阳光透过窗户洒在三种颜色的任务卡上——基础营地、迷雾森林、星空之巅。面对三角形面积的学习目标，学生不再被统一的起跑线束缚。有人选择了基础卡，反复描画着底和高之间的垂直符号；而早已掌握公式的小红，正和同伴用软尺丈量教室地板的面积，他们想通过实地演示来寻找开放题中的“理想花坛”的最好的思路。孩子们选择了不同的路径在探索学习，虽然各有不同，但这种学习的分层就是素养动态生长的扎实的阶梯。小黄同学通过不屈不挠地计算，终于在第三次成功计算出了基础题，他不禁有些兴奋，是啊，这就是大脑努力奋斗的最好奖赏。我鼓励他，并轻声提醒：“你画的辅助线越来越精准，要试试用它们来解决下一站的问题吗？”

一开始，我不愿意白白花掉这么宝贵的课堂时间，我更想带领并指挥大家齐头并进。但是，实施弹性时间管理，就像为每个学生的数学思维按下了呼吸键，学生可以自主呼吸了。小黄同学在学习日记里写道：“老师的耐心等待让我觉得原来多用的5分钟不是‘慢’，面积的意义在我脑海里慢慢融化，我觉得自己还想继续享受这种学习，原来我也可以探索数学。”有了差异化支持，学生在实践中各美其美，美美与共，学生自主选择任务难度时，真的会减少焦虑反应，相信他们认知的灵活性也会提升。小学数学教学不是标准化生产的流水线样态，而是让每个学生的大脑能够以其独特的节律，在满满的安全感中完成实践、思维融合的魅力舞蹈。

表2-1为小学生在弹性期待机制下的多巴胺动态分泌模型。

表2-1　**小学生在弹性期待机制下的多巴胺分泌与行为阶段对照表**

阶段	多巴胺分泌特征	行为表现
任务选择	突发性释放	兴奋地抓取任务卡
缓冲期思考	持续性低水平分泌	专注画图无咬笔动作
任务完成	双峰释放(奖励+期待)	跳跃式交卷并预览新任务

情感安全要注重构建同伴支持系统。教师在班级推进学习共同体建设，建立“数学小导师”机制，由学生自愿担任“助教”协助解答疑问(需培训“不直接给答案，而是提问引导”)，从知识传递到思维引导。例如，在五年级《分数加减法》单元中，教师选拔了8名“星级小导师”。这些学生并非传统意义上的学霸，而是擅长不同解题策略的多元思维者。教师要对这些学生进行“引导式提问法”培训。教师提供“提问锦囊”等工具支持，包含“这个步骤的目标是什么？”“能用图形验证

吗?”等引导语。教师要引导小组制定互助契约，构建安全对话空间。小组互助契约，遵循“三个尊重”原则——尊重不同思路、尊重思考速度、尊重表达方式。例如，当同伴计算 2/3+1/4 出现错误时，小导师不会直接指出通分错误，而是递上彩色分数条问道：“如果我们把这两个分数变成同一种颜色的方块，需要切割成多少份呢?”教师可以开通情绪表达通道，设置“数学心情角”。学生可用表情贴纸匿名表达学习感受(如“今天××题让我烦躁”)。教师据此调整教学节奏。学生可将困惑写在“知识漂流瓶”投入心情角。

在容错文化与情感安全的环境中，学生逐渐形成“探索者”“思考者”的数学身份认同，为终身学习奠基。心理氛围的民主化不是降低标准，而是重构标准——将“正确率至上”转为“思维质量优先”，当课堂充满“虽然我错了，但我的想法被重视”的安全感与“即使失败，也能获得成长”的确定感，数学学习才能真正成为一段充满勇气与发现的旅程。

3. 数字化场域的智能化拓展

在数字化转型与智能技术深度融合的背景下，小学数学教学环境的场域重构正经历从工具辅助到认知生态重塑的范式变革。这种智能化拓展并非简单叠加数字设备，而是通过数据驱动、人机协同、场景自适应三大核心逻辑，构建虚实交融的数学认知生态体系，其实现路径可解构为以下维度。

其一，技术融合路径，构建“感知—分析—反馈”智能闭环。首先是多模态数据捕获，借助智能传感设备(如眼动仪、触控笔、压力传感器)与学习平台日志，实时采集学生解题时的微表情、操作路径、停留时长等多维行为数据，形成动态认知画像。例如，几何作图时触控笔的颤抖频率可映射空间想象能力的紧张阈值。其次是认知负荷动态分析。教师运用机器学习算法解析学生错误模式。例如，教师将分数运算错误归类为“整数思维惯性”“单位量混淆”等认知偏差类型，精准定位最近发展区。三是自适应干预系统。对计算粗心错误触发即时符号提示(如竖式计算时自动标红位数对齐偏差)。当检测到策略僵化(如连续 3 次用相同错误方法解方程)，推送跨情境变式题组与思维导图支架。

其二，课堂空间重构，创建“物理—虚拟—增强”三元场域。一是智能实体空间，配备可编程数学教具(如模块化立体几何构建套件)。通过压力传感器实时反馈结构稳定性数据，使“正方体展开图”探究转化为力学与拓扑学的跨学科实验。二是虚拟仿真实验室，开发数学现象模拟器。例如，低年级虚拟钱币系统模拟市场交易，自动生成通货膨胀/通货紧缩的经济学关联曲线。高年级的概率实验可视化平台，支持百万次掷骰子模拟瞬间完成，破解“大数定律”的认知抽象屏障。三是增强现实(AR)分层教学，教师应用空间锚定技术实现差异化指导。

其三，教学范式进化，从“人师主导”到“双脑共生”。一是 AI 处理作业批改、知识点重复训练等机械劳动。教师核心聚焦高阶思维培养。二是人机协同教学设计。首先是智能备课系统，教师输入教学目标后，自动匹配跨版本教材案例、生成STEAM融合方案（如设计“圆周率探秘”项目，整合数学史、计算机割圆术编程、音乐律制计算）。其次是动态教案调优，根据课堂实时达成度数据（如概念卡壳率>35%），推送备用教学策略库（如切换具象化教具或引入生活类比）。

其四，评价体系革新，从“标准量化”到“认知追踪”。首先，形成微观能力图谱，构建数学核心素养的量化指标。例如，数感包括估算误差率、单位换算流畅度等。空间观念包括三维旋转任务完成时间、多视图匹配准确率等。数据分析包括图表误读类型、统计结论合理性判断等。其次，对学生的成长轨迹建模。采用时间序列分析技术，识别学习路径的关键转折点。例如，某学生从具象运算到抽象代数的过渡期呈现“概念波动—顿悟—固化”三阶段特征，系统据此推荐个性化巩固方案。最后，进行跨学段能力预测。基于认知发展大数据训练预测模型。例如，基于二年级学习“等量代换”任务的解决策略，有效预测五年级方程思维水平，为早期干预提供依据。值得注意的是，数字化场域的智能化拓展必须强调伦理边界与风险控制。数字化场域的智能化拓展内容将在后面的章节中继续详细阐述。

小学数学教学环境的智能化拓展，本质上是将赫尔巴特的“形式阶段”理论升级为“数字神经形态”。这种转型不仅需要物联网、大数据等技术的硬件植入，更需重构数学教育的认知哲学——在守护儿童数学直觉生长的同时，让人工智能成为扩展认知边疆的“思维外骨骼”。未来的课堂将是生物脑与数字脑的共生体，在此场域中，数学不再仅仅是抽象符号的操演，而是连接真实世界与数理宇宙的认知桥梁。

（二）师生互动

师生互动是小学数学实践境遇的活性纽带，其质量决定学生素养养成的深度，主要有三个方面。首先，重构师生角色关系。教师作为“思维教练”，从单向讲授转向引导学生发现。例如，在“分数比较”教学中，教师不直接告知“通分法”，而是提问：“如何证明1/2比1/3大？能用纸片折叠或画图说明吗？”学生作为探究主体，通过“猜想—验证—辩护”循环（如探究“三角形稳定性”），主动建构知识意义。其次，提升课堂对话质量。教师讲究追问艺术，通过“为什么？”“如果……会怎样？”等开放式问题，推动学生思维外显化。例如，“你说长方形的面积是长×宽，那为什么不是长+宽？能用小方块摆出来证明吗？”教师还要注重打造倾听文化，教师要重视学生的“非预期回答”，将其转化为教学资源。例如，学生质疑“0为什么不能作除数？”教师可引入数学史上的讨论，拓展学生思维。最后，构建数学话语共同体。例如，建立符号共识，师生共同约定数学表达规范（如用“→”表示推导），形成课堂专属“符号语言”。例如，教师鼓励批判性对话，鼓励学生挑战教师观点。例如，在“平均数”教学中，有学生提出：“老师，用平均数比较两组数据不公平，如果一组有极端值怎么办?”在传统师生互动模式中，教师主导讲解，学生被动听记，师生对话限于“提问—回答”单向流程，评价聚焦的是答案的对错。而在素养导向的师生互动模式中，师生共探问题，学生主导论证，对话呈现“提问—反思—追问—修正”循环，教学评价关注的是学生的思维逻辑与表达清晰度。

(三)资源支持

资源支持是小学数学实践境遇的基石，其丰富性与适配性决定学习活动的可行性。资源支持主要包含以下三类。其一，物质资源。实体教具作为基础资源。例如，立方体模型、钟表学具，可以帮助低年级学生建立空间与时间观念。生活化材料可以成为情境化学习的载体。例如，超市海报、交通地图。数字工具将抽象概念转化为可交互任务。例如，编程机器人、数学游戏 App。其二，智力资源。教师专业共同体，跨校教研组合作。例如，开发素养导向的课例库，共享教学设计方案。家校社联动，拓宽学生认知视野。例如，邀请家长中的工程师、设计师参与“生活中的数学”讲座。学术支持平台，为教师的研究提供理论指导。例如，邀请高校数学教育研究者指导教师设计“小学生数学焦虑干预方案”。其三，时间资源，弹性化与模块化安排。保障长周期项目，例如，将数学每周的 2 课时整合为“数学探究日”，同时支持“校园菜园规划”等跨周任务。

资源支持具体可从以下维度展开。其一，资源类型多元化。传统与数字资源结合，除教材、教具外，引入互动课件(如 GeoGebra 动态几何工具)、数学游戏(如数独、逻辑谜题)、虚拟实验平台(如模拟测量工具)，以及生活化资源(如超市价签、建筑图纸)，增强学习的情境性与趣味性。校内外资源联动，利用社区资源(科技馆数学展区、银行利率计算案例)、家庭实践(测量房间面积、统计家庭开支)，将数学与真实世界联结。其二，资源适配性设计。分层匹配学习目标，根据课程内容与学生认知水平差异化设计资源。例如，低年级以实物操作(计数棒、七巧板)为主，高年级逐步引入抽象工具(统计图表软件、简易编程模块)。支持探究性学习，提供开放式资源包，如“校园绿化面积测量项目”中包含卷尺、网格纸、无人机俯视图、不同计算策略范例，引导学生自主选择工具并验证方案。其三，技术支持与创新。智能工具辅助个性化学习，借助 AI 数学助手(如自适应题库)诊断学生薄弱点，推送针对性练习；利用 AR 技术可视化分数拆分、立体几何展开过程，化解抽象概念难点。技术使用边界明晰，避免过度依赖虚拟工具，强调“动手做”与“技术用”的平衡。例如，先通过实物拼搭理解长方体结构，再用 3D 建模软件验证表面积计算。其四，资源动态优化机制。教师协同开发网络，建立区域数学资源库，鼓励教师共享自研教具、微课视频与项目案例，通过校本教研持续迭代。学生反馈驱动改进，定期收集学生对资源的使用体验(如“钟表学具是否直观?”“编程模块是否易于操作?”)，据此调整资源难度与呈现形式。其五，资源公平性保障。弱势学校专项支持，通过“数学资源流动车”“城乡结对云平台”等方式，确保农村或资源薄弱学校能获取优质实验器材、数字课程。低成本替代方案开发，推广利用废旧材料制作教具(如瓶盖计数器、纸板几何模型)，降低资源获取门槛。

资源支持须以“服务思维”为导向，既追求种类丰富，更关注精准适配。通过动态评估、技术赋能与机制创新，构建“多层次—可生长”的资源生态，使数学学习真正扎根于具象经验与主动探索之中。资源适配性设计示例，如表 2-2 所示。

表 2-2 **学习目标与资源应用实例对照表**

学习目标	资源类型	应用实例
理解“对称性”概念	实体资源+数字工具	用镜子验证轴对称，用 iPad 拍摄校园对称景物并分类
掌握“数据收集与分析”技能	生活化材料+智力资源	分析社区垃圾分类数据，环保专家点评指导
培养“问题提出”能力	时间资源+心理资源	每周设立“自由提问 10 分钟”鼓励质疑教材案例

三、数学实践境遇的动态性与养成性

数学实践境遇的“动态性”强调学习环境随学生需求、技术发展和社会情境不断调整的灵活特质，而“养成性”则指向通过持续实践逐步内化数学思维、习惯与素养的过程。二者相辅相成，共同支撑数学学习的深度发展。

(一)动态性：数学实践境遇的适应性迭代

数学实践境遇并非静态的“容器”，而是随教学活动演进的“生命体”，其动态性体现为情境的流动性、资源的再生性以及关系的进化性。情境的流动性是指同一教室可因任务不同切换为“辩论场”(如讨论算法优劣)、“实验室”(如圆柱与圆锥体积的关系实验)或“创作间”(如设计数学漫画)。资源的再生性是指学生在使用资源过程中产生新问题(如 3D 打印几何体时发现“棱数与面数的关系”)，反向丰富境遇内涵。关系的进化性是指教学活动中多元主体间的互动关系随认知进程持续演变、迭代升级，最终推动知识建构从表层走向深层，推动境遇文化迭代。

其一，情境的流动性。在小学数学课堂上，教室空间的角色转换使得数学实践挣脱了静态容器的桎梏，进化为滋养思维进化的生态群落。这种情境流动性不仅重构了物理空间，更深层次地重塑着儿童大脑的认知网络。根据激活的典型脑区可以发现，辩论场情境主导分析性思维认知模式，实验室情境主导实践性思维认知模式，创作间情境主导发散性思维认知模式。例如，在三年级《加减法策略》课上，教师抛出问题："计算 298+365，哪种方法更智慧？"学生组队辩论，重组派认为将 298 看作 300−2，365 拆成 300+65，快速得 663。数线派认为，在虚拟数轴上从 298 跳 300 步到 598，再退 2 步至 596，引发争议。传统派坚持列竖式计算，强调准确性。当"重组派"用磁贴演示思维过程时，学生的逻辑推理与语言理解得到发展。而"数线派"用肢体模拟跳跃时，观察者的镜像神经元系统被强烈唤醒。这场辩论的终极价值不在于统一答案，而在于让每个学生的创造性思维区与逻辑控制区形成动态耦合。当数学概念与强烈的情境体验（如辩论胜利的喜悦、实验突破的振奋、创作共情的感动）结合时，杏仁核-海马体环路的协同工作使长期记忆留存率显著提升。学生离场时带走的不再是冰冷的公式，而是浸润着多重体验的认知图式——因为真正深刻的数学理解，永远诞生于思维情境的液态流动之中。

其二，资源的再生性。体现在生成性资源的持续涌现、错误资源的智慧转化、互动数据的资源再生以及生态化资源的自组织演进等。

生成性资源的持续涌现，体现在两个方面。首先是学生的问题驱动的资源迭代。例如，在《分数比较》教学中，学生提出"为什么分母不同不能直接比较？"此问题被转化为课堂探究项目：使用透明分数盘叠加对比 1/2 与 1/3；制作"分数单位尺"标注不同分母的刻度。原始问题催生出可视化工具库，成为后续教学的标配资源。其次是动态技术工具的资源裂变。例如，学生在探究圆锥体积时自主创建的动态模型，被系统自动转化为三维展开动画（展示侧面积公式）以及参数调节模板，用于进一步研究高与半径的比例关系。这种班级累积生成的原创数学模型接地气，符合学生的最原始需求，因此学生喜欢，复用率高。

错误资源的智慧转化，变废为宝。在生活中，我们经常听到关于垃圾分类的宣传语言，像"垃圾是放错了地方的资源，是地球上唯一一种不断增长、永不枯竭的资源！"等。这是联合国环境规划署首席专家的著名论断。学生在学习中的错误，也像放错地方的资源，教师要注意变废为宝，对错误资源进行智慧转化。教师进行错题基因库建设的实施方式如表 2-3 所示。

表 2-3 **教师错题基因库建设的三重转化路径与案例**

错误类型	转化路径	典型案例
概念混淆	改编为"数学病毒"消除游戏	将"周长面积混淆"设计成关卡
计算失误	制作"陷阱题"警示手册	收集 20 种竖式计算易错点
策略偏差	转化为对比案例分析	对比不同解法的神经激活差异

互动数据的资源再生，体现在教师对小学数学课堂对话的语义进行挖掘，让思

维碰撞留下数字痕迹。例如，在小学数学课堂中，教师常通过开放式问题引导学生讨论(如《多位数乘法》的算法辩论)。此时，语音转录系统自动记录学生发言。例如，机器捕捉到“我算到十位时忘记加进位的数”“为什么要把进位写在旁边?”等高频疑问，然后利用 AI 进行语义分析，通过关键词提取(如“进位”“错位”“重复相加”)生成思维热点图，以视觉化方式呈现班级讨论焦点。教师接收到这些现场反馈的数据信息后，立即进行教学改进。例如，当系统识别“进位错误率占比为35%”时，自动触发以下动作。第一步推送资源，向教师端发送《进位操作动画演示》《古代算筹进位法》微课。第二步分层练习，向学生端推送差异化练习题。例如，对进位薄弱学生附加“进位标记小助手”工具等。第三步课堂重构，教师下一节课以“进位博物馆”为主题，通过历史算法对比(罗马数字 vs 阿拉伯数字)深化理解。

生态化资源的自组织演进，本质上是在课堂中构建一个动态的“思维生态系统”，包含两个方面。第一个方面是学生共创资源体系，让学习社群成为知识生产源。下面以“分数战争”卡牌游戏的进化之路为例说明。三年级学生开始学习分数，他们对“分数战争”卡牌游戏进行初代创作。有的学生认为分数比较枯燥，提议“把分数大小比较变成战斗游戏”。学生进一步想用卡牌标注分数(如 3/5 vs 2/5，4/5 vs 4/9)。这样的形式好玩，但仅支持同分母或者同分子分数比较，无法处理异分母情形。五年级学生对“分数战争”卡牌游戏进行二代迭代。学生结合错题转化，将初代失败的异分母对战记录转化为“通分补给包”道具卡，新增“通分卷轴”。例如，消耗 1 回合将异分母分数化为同分母，并由此引入“带分数变身”。例如，1 又 1/2 可整合为 3/2 进行突袭。六年级学生对“分数战争”卡牌游戏进行三代升华，加入概率元素，并且卡牌附带属性。例如，“质数护盾”分子为质数时防御值×1.5。学生设计“分数城邦”版图，用分数加减法进行领土扩张。“分数战争”卡牌游戏的开发规则与学生日常的游戏经验紧密结合，极大地激发了学生的参与意识与创新意识。学生在卡牌平衡性调整中，自发发现“1 永远是最强单位分数”的数学本质。通过战斗日志分析，教师绘制出“分数认知热力图”，发现学生最容易混淆“3/5 与60%”的等价关系，据此进行教学改进。第二个方面是建立资源代谢机制，构建有生命力的数学资源生态。例如，竖式计算器的数字化演变仪式。随着“格子乘法”“面积模型”等新方法普及，传统竖式计算器使用率明显下降，新资源“拆数积木”App 解决进位问题效率明显提升。教师举行仪式，引导学生回顾资源代谢流程。首先感谢竖式计算法帮助过的 3285 次计算(屏幕滚动历史数据)，再者是用思维导图展示其贡献(位值制可视化)与局限(算法机械化)，最后是封存宣言，将经典例题“325×48”刻入数字纪念碑，生成专属二维码。在认知遗产的数字博物馆，设立互动展区。学生穿戴 VR 设备体验 20 世纪 80 年代学生用算盘辅助竖式计算。学生通过警示展板，看见其中展示因过度依赖竖式导致的常见错误(如数位对齐机械化错误)。

自组织系统，发展问题解决能力与促进元认知觉醒。首先，在“分数战争”规则修订中，学生经历“定义问题→原型设计→测试反馈”完整链条。资源淘汰机制促使学生反思“为什么这个方法会被淘汰？我现在用的方法未来会过时吗？”其次，自组织系统在社会情感维度上发展学术共同体意识和技术伦理启蒙。三届学生接力改进卡牌游戏，形成跨年级“数学游戏设计师”身份认同；通过“资源演变仪式”理解工具的双刃性，在六年级辩论会上探讨“AI 解题会让我们变笨吗”。最后，自组织系统在文化传承维度上进行数学史活态传承与创新基因培育。数字博物馆中，算筹→竖式→格子乘法→面积模型形成技术进化树，每个退役资源都会释放“进化种子”。例如，竖式计算器退役时触发“数位制本质”探究项目。

教师在实施生态化资源的自组织演进时应注意以下三个问题。一是技术支持。开发“资源生命体征面板”，能够实时显示每个资源的使用率、错误诱发率、情感喜爱度三维指标；构建“数学基因库”，用知识图谱技术标记资源背后的核心概念。例如，“分数战争”关联“分数比较”“等值分数”节点。二是组织创新。设立“资源议会”，学生代表与教师按 1∶1 投票权决定资源存废。创建“认知考古队”，高年级学生带低年级学生解读数字博物馆中的“历史算法文物”。三是评价改革。引入资源贡献度积分制。例如，学生提出新问题+10 分，开发有效策略+30 分，促成资源迭代+50 分等。同时对代谢理解度进行评估。例如，请学生分析资源被淘汰原因(6 分)：●技术落后性□；●认知局限性□；●情感疏离度□；●其他________。这种自组织生态系统，实质上是将资源建设从“教师生产—学生消费”的单向管道，转变为“师生共创—代际传承—生态循环”的有机体。当学生亲手封存自己使用过的计算器时，他们不仅在告别一个工具，更在见证数学思维永不停息的进化之路——这正是最生动的数学实践教育。

可以看出，在动态发展的数学实践境遇当中，资源的再生性如同自然界物质循环。学生的每个疑问都可能是新资源的种子，每次错误都蕴藏着认知进化的契机。当教师以生态视角重构教学，教室便不再是知识传递的驿站，而成为资源永续生长的雨林——在这里，昨日的问题化作今日的养料，此刻的探索孕育未来的可能。这种生生不息的资源再生机制，正是深度学习产生的核心密码。

其三，关系的进化性。在动态数学实践境遇的“认知雨林”中，关系的进化性如同生态系统中物种间相互依存的共生网络，遵循着能量流动、协同演化与群落更替的自然法则，驱动整个系统向更高阶的复杂性生长。

一是师生关系从“授粉者—花朵”到“共生根系”，即从单向的“权威—服从”动态进化为双向的“协作—创生”。初级状态阶段，教师如传粉者单向输入知识养分(如播种乘法迷思)，学生如花朵被动接收，能量流动单一。教学中，教师设计情境(如提出“乘法必使积增大”)，学生被动响应。进化触发阶段，当学生认知冲突如落叶般堆积，教师角色裂解——从传授者化为“腐殖质催化者”，通过追问激发学生内生分解酶(质疑力)。教学中，当学生发现反例(如 $8\times0.5=4$，$4<8$)产生认知冲突时，教师通过追问引导学生自主质疑。高阶共生阶段，师生根系在深耕的地下交织，共同将“错误枯枝”分解为认知腐殖质，能量流动从单向输送进化为地下网络化循环。教学中，教师化身为思维催化剂，激发学生发现并归纳规律(如因数与积的关系)，师生成为知识共创者。这一进化打破了传统教学壁垒，推动认知从接受走向创造。

二是生生关系从“孤立幼苗”到“冠层协作林”，即从个体“孤立学习”升级为群体“辩证互哺”。初级状态阶段，个体如疏离幼苗，各自汲取能量(如固守“乘法，积必增大”的片面认知)。教学中，学生依靠自身认知局限性地思索，单一地寻求支撑。进化触发阶段，认知矛盾如骤雨冲刷地表，迫使幼苗伸出枝丫寻求更强的支撑(批判性对话)。教学中，当小组中出现矛盾证据(如 $5\times1=5$，积不变，或者 $3\times0.2=0.6$，$0.6<3$，积缩小)，冲突激发批判性对话。冠层协同阶段，不同发现或者策略方法如异质树种，在辩论风雨中形成交错冠层——通过枝叶摩擦(观点碰撞)与根系信号传递(证据共享)，集体筛选光照(有效条件)，界定生态边界，林内湿度(思维严谨度)与物种丰富度(包容性)显著提升。教学中，学生通过辩论与举证，自发形成认知共同体，在观点碰撞中完善结论的适用条件。学生的协作学习深化了思维的严谨性与包容性。

三是学生与知识的关系从“矿物开采”到“生命代谢”，即从“机械记忆”转向“意义协商”。初级状态阶段，知识如惰性矿石，需要学生机械掘取。教学中，知识最初作为静态规则存在(如学生机械记忆乘法口诀)。进化触发阶段，矿石遇认知酸雨崩解，既定规则无法生存于新情境，环境压力迫使认知结构变异，迫使学生启动有机代谢程序。教学中，当原有规则无法解释新现象(如 8×0.5 的积小于 8)，学生被迫重新理解知识意义即知识重构。生命内化阶段，知识碎片被菌丝网络(神经可塑性)吸收重组——小数乘法链接数系腐殖层(整数扩展)，缩放模型融入水分运输通道(运算本质)，生长为条件化枝干，矿石最终蜕变为可光合自更新的活体组织。教学中，学生主动建构对因数性质的结构化的理解——关联数系扩展(整数→小数)、运算本质(缩放模型)，形成条件化、可迁移的认知：当一个因数(基础量)不为零时，积的缩放方向与幅度由另一个因数(缩放因子)的代数特性决定。知识由此内化为可灵活运用的工具。

在动态数学实践境遇的“认知雨林”中，协同进化驱动雨林演替，正如乘法迷思的“枯枝”(错误信念)被师生共生根系分解→生生冠层在风雨中筛选光合同化物(有效证据)→知识碎片经代谢重组为新生木质部(缩放理论)。这一过程揭示关系进化的本质：认知冲突如同生态扰动，迫使群落(关系网络)打破旧平衡，通过能量重组(师生协作)、结构优化(生生辩证)、物质循环(知识代谢)，实现“认知顶极群落”的次第演替——昨日争论的落叶滋养今日根系，此刻的菌丝网络孕育未来雨林的参天架构。每次“规则崩解”都在学生的神经网络中刻下可扩展的接口(如缩放图式可后续连接分数、向量、线性变换)。当新的认知酸雨降临时(如学习负数乘法)，原有代谢通路将加速新知识的溶解重组——这正是数学实践学习追求的认知生态韧性。正是在这三类关系的协同进化中，数学认知从碎片走向体系，彰显动态境遇的生命力：认知冲突通过重塑互动关系，催化知识学习从表象结论升维为内生逻辑建构。

以上小学数学实践境遇生态系统，揭示了数学核心素养的动态养成机制，其本质在于教育主体与多元境遇的深度交互。小学数学实践以学生素养养成为核心，表现为从低阶数感建构到高阶模型意识发展的连续性生长过程，其动力源于教学环境、师生互动与资源支持三模块的协同作用。教学环境作为物理与制度性载体，通过课程设计重构学习空间形态(如数学探究角的测量工具配置)，师生互动则以认知冲突为纽带，在对话与支架中催化思维跃迁(如圆周率探究中的操作—猜想—验证循环)。资源支持系统通过教材、数字工具与跨学科素材的有机整合，为认知活动提供多模态载体。三者通过赋能、互动与调节的网状关系形成动态平衡——AR技术升级教学环境功能，合作学习重塑师生互动模式，而学生素养发展则反向推动教具迭代与资源再生。

小学数学实践系统的能量流动呈现跨层级的循环特征。社会文化作为价值导向输入源，将传统文化基因(如珠算技艺)与时代命题(如大数据思维)注入教学环境设计。技术革新则通过智能工具开发(教育机器人的个性化训练)与认证体系变革(区块链徽章系统)重构资源生态。这种交互催生了独特的调节机制——当数字化工具过度使用导致符号操作能力衰退时，系统通过负反馈触发“无屏数学周”实体操作补偿；而当项目式学习与智能分析结合时，正反馈效应加速生成高阶任务包，形成素养发展的指数级提升。在具体教学实践中，此类生态特性体现为真实问题情境(如校园菜地划分)驱动下的认知建构。学生通过数学建模与工程思维的双路径探索，在解决“面积均分与形状保持”矛盾的过程中，既深化比例概念认知，又推动环境坐标系统升级与资源错题基因库的积累。

小学数学实践生态系统突破了传统教学的线性传递结构，构建起三维共振的教育网络。它将单向度的“教材—教师—学生”知识通道扩展为环境创设、互动深化与资源迭代的立体化作用场，使数学教育从机械训练升维为生态进化。例如，概率教学，通过实验角物理环境、促销方案辩论互动与真实数据资源的三角支撑，实现知识应用与批判性思维的同构发展。这种生态化视角培育了系统的自组织能力，例如，差异化学情催生分层任务卡，技术革新倒逼课程重构。这种生态化视角嵌入可持续发展基因。例如，通过建立数学工具生命周期档案，系统在代谢陈旧资源(如竖式计算器数字化封存)的同时继承其认知遗产，借助VR技术将古代算经转化为可交互的活态文化，形成教育传统与创新之间的张力平衡。

小学数学实践境遇生态系统昭示，素养养成绝非孤立的知识累加，而是在社会文化滋养、技术媒介介入和教育主体交互中涌现的复杂过程。当教学环境成为文化实践的微缩景观，师生互动升华为认知共同体的意义协商，资源迭代转化为代际智慧的累积进化时，数学教育便摆脱工具理性桎梏，成为塑造完整心智生态的生命历程。这种生态化范式为破解知识惰性、培育创新思维提供了方法论启示。其价值不仅在于解释数学认知的发生机制，更在于为未来教育系统的适应性进化提供理论框架。

(二)养成性：数学素养的渐进式积淀

其一，思维习惯的日常渗透。数学实践需通过常态化活动渗透思维习惯。例如，设立每日“数学发现角”，引导学生记录生活中的数学问题(如购物找零、时间规划)，培养观察与提问意识；每周开展“策略分享会”，鼓励学生交流多元解题思路(如几何题的不同辅助线添加方式)，促进批判性思维与协作学习。此外，要求学生撰写“数学日记”，记录实践中的困惑、突破及迁移案例(如用分数知识调整烘焙配方比例)，通过持续反思深化对数学逻辑的理解。

其二，能力层级的螺旋式递进。数学能力培养需遵循螺旋上升原则，设计阶梯式任务链。低年级以直观操作为主，如“用计数棒测量课桌长度”；中年级引入单位换算与抽象思维，如“计算教室面积并探索平方米与平方分米的关系”；高年级则转向综合应用，如“利用比例尺绘制社区地图”。通过同一核心能力在不同学段的复现与升级，帮助学生逐步构建系统化的知识网络。

其三，长周期项目孵化深度素养。强化持续探究能力，可设计学期制“数学微科研”课题。例如，“校园植物生长规律数学模型探究”项目，要求学生定期测量植物高度、记录环境数据，并尝试用图表或方程描述趋势。此类长周期任务不仅锻炼数据收集与分析技能，更培养耐心、细致和科学态度，使数学学习从短期训练转向深度素养积淀。

其四，情感态度与抗挫力的培养。数学实践需关注情感体验，设计“容错机制”化解畏难情绪。例如，在“算法优化挑战赛”中，允许学生多次试错并记录改进过程(如优化最短路径搜索步骤)，强调“失败即学习”的价值。同时，通过“数学公益行动”(如为社区老人设计用药时间统计表)，让学生体验数学的社会意义，激发学习内驱力，形成积极的价值认同。

其五，社会联结与价值观浸润。数学教育需突破课堂边界，与社会需求紧密结合。例如，组织学生分析社区垃圾分类数据并提出优化方案，或参与“家庭月度开支统计”实践。这些活动不仅提升问题解决能力，更让学生理解数学在真实场景中的工具性作用，潜移默化中树立责任感与公民意识，实现知识应用与价值观塑造的双重目标。

(三)动态性与养成性的协同框架

数学实践境遇“动态性”与“养成性”协同框架如表 2-4 所示。

表 2-4 数学实践境遇“动态性”与“养成性”协同框架设计
——基于资源、活动与评价的三维互动机制

维度	动态性体现	养成性目标
资源设计	随学生反馈实时更新工具包	形成资源选择与优化的自主意识
活动组织	根据课堂生成调整任务难度	积累复杂问题解决的经验策略
评价体系	动态捕捉过程性数据(如电子学档)	建立自我监控与反思的元认知能力

数学实践境遇的“动态性”是土壤，确保学习环境始终充满活力；“养成性”是根系，使数学素养在真实问题解决中向下扎根、向上生长。二者的交融，正是数学教育从“知识传递”转向“素养培育”的关键路径。

以上数学实践境遇的构建，本质上是将“以学生为中心”“做中学”“社会建构”等教育理念转化为可操作的实践框架。只有当教学环境激发探索欲、师生互动点燃思维火花、资源支持破除学习壁垒时，数学素养才能在真实的境遇中自然生长。这一认知为后续章节中“境遇优化策略”的探讨奠定了理论基础。

第二节 小学数学实践的认知支撑理论

数学不是静止的符号与公式，而是人类认知世界的思维工具。儿童如何从具象的“数苹果”走向抽象的“代数思维”？如何将零散的数学经验转化为系统的逻辑推理能力？这些问题的答案，深植于认知科学对学习本质的探索中。小学数学实践若想真正促进学生核心素养的生成，必须回归认知规律的本质——理解儿童“如何学”，方能设计“如何教”。本节从认知发展理论、社会文化理论、具身认知理论出发，构建小学数学实践的底层逻辑。当前教学实践中，仍存在认知规律与教学设计的错位，体现在三个方面：一是忽视认知负荷理论，过度堆砌复杂任务导致学生思维碎片化；二是割裂个体认知与社会文化的关系，将数学实践窄化为“孤独的解题”；三是低估身体参与的价值，用“观看演示”替代“亲身体验”。本节将结合认知科学的经典研究与小学数学典型案例，揭示理论如何转化为课堂策略。唯有扎根认知规律的教学实践，才能让数学学习摆脱“记忆负担”，成为一场充满发现与创造的思维探险。

一、建构主义学习理论

建构主义学习理论是20世纪教育心理学的重要转向，其核心主张“知识是学习者主动建构的产物，而非外部灌输的客体”，为数学教育从“知识传递”向“素养养成”的转型提供了理论根基。本节从认知发展、社会互动与情境学习三重视角，解析建构主义对小学数学实践境遇设计的指导意义及其与数学素养培育的内在关联。

（一）核心观点

建构主义并非单一理论，而是涵盖皮亚杰认知建构理论、维果茨基社会文化理论、情境认知理论的多元思想体系。其核心共识可概括为以下三点：其一，知识是主动建构的。学习者通过已有经验与外部信息的交互，重组认知结构（同化与顺应）。例如，学生理解“分数”时，需将“均分实物”（如切蛋糕）的具象经验与“部分—整体”的符号表征（如1/2）建立联结。这给小学数学教育带来启示，即教学应避免直接告知结论，而是设计“认知冲突”任务（如，1/2+1/3为何不等于2/5），驱动学生反思旧知、重构概念。其二，学习是社会协商的过程。知识建构依赖语言、文化工具与他人互动。例如，通过小组辩论“哪种统计图更适合呈现班级运动爱好数据”，学生修正个人理解，形成共识性数据表达。这给小学数学教育带来启示，即课堂需创设合作探究的对话场域，鼓励学生解释、质疑与辩护，使数学语言从“教师独白”转向“集体协商”。其三，情境是认知发展的脚手架。知识的意义生成于具体情境中，脱离情境的抽象符号（如“速度=路程÷时间”）易沦为机械记忆，而嵌入真实问题（如“比较骑车与步行上学的时间差异”）则能激活深层理解。这给小学数学教育带来启示，即数学任务设计需贴近儿童生活经验，让学习从“解答习题”升维至“解决真实问题”。

（二）课堂重构

基于建构主义理论，小学数学课堂需突破传统讲授模式，构建“以学生为中心”的实践生态系统，其核心特征如下。其一，从“教师主导”到“学生探究”的角色转变。教育范式的转型本质上是认识论立场的迁移，其核心体现为教学主体关系的重构。传统小学数学课堂根植于行为主义知识观，将学习视为“刺激-反应”的联结过程。教师作为知识权威，通过例题解析与重复训练完成信息传递（如分数运算教学中逐步演示算法步骤）。学生角色被窄化为既定程式的执行者，其认知活动止步于模仿性练习（机械完成10道同构型计算题）。此种模式下，答案统一性成为教学效度的核心指标，错误被病理化为认知缺陷的显性症状（如将“通分错误”归因为记忆不牢而实施强化训练），导致知识建构停留于表层记忆的符号操作。其二，基于社会文化理论，重新定义教学互动的本体价值。教师角色从知识传递者转型为认知中介者，通过设计劣构性问题(如“如何公平分配月饼”)创设认知冲突，引导学生在问题解决中经历皮亚杰所述的“同化—顺应”循环。学生在此过程中发展出方案设计的自主权(采用圆形分割、重量测量或面积计算等多重策略)，其思维多样性受到维果茨基“最近发展区”理论的保护——不同认知水平的学习者通过社会性互动(小组辩论、方案互评)实现意义协商。错误在此范式中获得认识论价值的重构。例如，当学生提出“分母相加”等迷思概念时，教师运用临床访谈法追溯错误根源，将其转化为揭示认知结构的诊断窗口(如发现分数概念整数化倾向)，继而搭建针对性脚手架(通过分数墙可视化分数单位累积)。这种角色转变折射出教育目标的价值升维，从追求算法精确性的“正确再生产”转向培育数学思维弹性的“认知适应性”。神经教育学研究表明，探究式学习能激活前额叶皮层与海马体的协同工作，使学生在方案迭代中形成更稳固的概念性理解，而错误的正向转化机制则通过触发元认知监控(反思“我为什么这样想”)，促进“丰富的可能性”而非“封闭的确定性”。当课堂从知识传输的流水线转变为意义生成的场域，小学数学教育便完成从“塑造标准解题者”到“培育审辨思维者”的范式革命。

(三)情境学习

建构主义视域下的小学数学课堂革新，本质上是知识观从抽象符号表征向情境化认知实践的范式迁移，注重从“去情境化”到“情境嵌入”的任务设计。传统去情境化任务设计秉持柏拉图主义教学哲学，将知识视为脱离具体经验的纯粹形式。例如，教学中孤立地呈现“长方形周长$=2(a+b)$”的记忆公式。这样，导致学生陷入怀特海所称的“惰性知识”困境，即学生虽能机械套用算法解决标准化习题，却无法在真实场景中激活概念网络。例如，学生无法将周长公式迁移至测量不规则的花坛边界这样的实际问题。此种去语境化的教学预设割裂了数学形式系统与生活世界的本体论联系，致使学生的认知活动沦为脱离具身经验的符号操作训练。情境嵌入的任务设计则植根于情境认知理论，强调数学概念的意义生成依赖于主体与环境的互动性实践。布朗、科林斯与杜吉德提出的“认知学徒制”在此得到具象化体现。教师通过设计“菜市场货币计算”“校园绿地规划”等拟真情境，使数学知识回归其原始的问题解决功能，例如，将小数加减法嵌入采购清单总价核算。此类任务具备莱夫所界定的“合法边缘性参与”特征。新手学生通过模拟商店中轮流扮演收银员与顾客等，渐进式参与社区实践的过程中，不仅掌握操作程序，更内化数学思维的社会文化意义。例如，学生能够理解精确计算关乎交易公平性等。神经教育学研究表明，情境嵌入引发的多感官刺激(如触觉丈量、视觉比对、言语协商等)能激活大脑顶叶联合区的空间表征功能与前额叶的执行控制网络，促进陈述性记忆向程序性知识的转化。情境建构的认知效能源于三重协同机制。一是物理环境与认知工具的耦合作用。例如，教师提供软尺、方格纸、数字测距仪等差异化工具让学生测量同一物体的周长，促使学生在工具使用中理解测量概念的普适性与工具依赖性。二是社会互动与个体反思的辩证运动。例如，在“最优种植方案设计”任务中，学生通过辩论“相同周长下圆形与矩形菜地的产量差异”，逐步解构“周长面积线性相关”的观念。三是具身经验与符号抽象的交互迭代。例如，学生先用身体步测教室长度建立“米”的具身量感，继而用公式计算总面积，最终通过对比实测数据与理论值的偏差理解误差概念。这种情境化认知脚手架，使数学知识摆脱了去语境化的空洞能指状态，转化为“思维中的工具”。当前教育神经科学的研究为情境嵌入提供了生物学解释，即学生在真实场景中解决数学问题时，海马体与皮层下结构的协同激活强度显著高于抽象解题状态。这印证了情境记忆对知识保持的增强效应。而镜像神经元系统的参与，则使得观察同伴策略能引发内隐学习机制，促进社会性知识的分布式建构。例如，用绳结计数法测量曲线周长。由此，小学数学课堂超越了对孤立事实的记忆，进化为培育数学素养的生态系统。在这里，每一个数学概念都是锚定在经验世界中的认知节点，每一次问题解决都是连接个体发展与社会文化的意义实践。

（四）建构主义与数学素养养成的逻辑关联

建构主义与数学素养养成的逻辑关联体现在两个方面。

其一，运行机理。建构主义理论直指小学数学素养培育的核心矛盾——如何让外显知识转化为内化能力。建构主义理论揭示的小学数学素养培育核心矛盾，本质上是知识的符号表征与意义理解之间的认识论断裂。传统教学将数学视为由公理、公式构成的封闭系统（如直接灌输“面积=长×宽”的形式定义），通过重复训练强化算法程序记忆。这种基于逻辑实证主义的教学预设，导致学生形成“去情境化技能”，学生虽能按步骤解题却无法建立概念的心理意象。例如，学生不理解面积本质是二维空间的非刚性度量。神经认知科学研究证实，此种外显知识存储于大脑颞叶的陈述性记忆系统，与负责问题解决的额顶网络形成神经通路隔离，致使知识迁移受阻。例如，学生无法将长方形面积计算迁移至平行四边形面积推导。建构主义的革新性在于重构知识内化的本体论路径。它否定数学真理的先验性，主张概念意义产生于主体与客体的交互建构。皮亚杰的同化—顺应机制在此表现为双重转化过程：当学生用方格纸测量不规则图形面积时，原有“完整铺满”策略（同化）遭遇凹多边形缺口区域的计数困境，触发认知失衡并催生新图式建构——通过将图形分解为矩形与三角形组合（顺应），不仅掌握面积守恒定律，更内化了“可加性”这一核心数学思想。这种具身认知过程激活镜像神经元系统，使操作经验（如剪切拼接图形）转化为运动皮层的程序性记忆，形成“操作性—结构性”二重性概念。知识内化的深层动力源于三重建构机制。一是认知冲突的催化效应。例如，通过对比“周长相同面积不同”的实物(正方形与长方形托盘)，迫使学习者解构“周长与面积线性相关”的前概念。二是社会协商的意义生成。在小组辩论“最优种植方案”时，不同解题策略(代数计算、几何作图、实物模拟)的话语碰撞，促使个体将他人视角纳入自我概念网络。三是工具中介的认知重组，使用动态几何软件探究三角形面积公式时，拖动顶点观察面积变化的实时数据流，将形式化公式($S=1/2ah$)转化为可视化的函数关系理解。神经教育学实验显示，此类多维建构能使海马体与皮层间形成更密集的神经联结，促进外显知识向内隐能力的转化率明显提升。该理论在小学数学教育中的实践价值，体现为从“知识复制”到“意义生成”的范式跃迁。以分数教学为例，传统模式通过切分圆形教具强调“部分—整体”关系(外显知识)，而建构主义课堂则设计“月饼分配”真实任务。例如，当学生尝试公平分配 3 块月饼给 4 人时，工具操作(折叠、切割)与符号记录(3/4)的交互作用，促使其发现等分策略的无限可能性(如横向切割、放射状分割或重组为小方块)。此过程不仅内化了分数概念，更培育了“适应性专业知识”——在遇到非常规问题时(如分配弧形蛋糕)，能灵活组合多种数学思想(如比例推理、等效分数、几何变换)创造解决方案。因此，建构主义破解核心矛盾的机理在于重构数学学习的认识论基础。知识不再是被传递的客体，而是主体在文化实践活动中持续建构的意义网络。当测量误差成为理解有效数字的契机，当方案辩论转化为公理系统的雏形，小学数学教育便超越了算法训练的狭隘范畴，进化为培育数学化思维的实践。这种转化使学生的认知结构从脆弱的知识堆积体，升华为具有弹性迁移力的概念框架体系，最终达成弗赖登塔尔所倡导的“将数学作为人类活动来教授”。

其二，逻辑关联。建构主义理论对小学数学素养的培育机制，本质上是重构知识内化的三重转化路径，其逻辑关联深刻体现在数学眼光、思维与语言的协同演进中。数学眼光的培养植根于情境认知理论，解决“视而不见”的认知盲区。传统教学将数学抽象为脱离情境的符号系统(如孤立讲解分数运算规则)，导致学生无法识别现实问题的数学本质(如看不出月饼分配与分数概念的关联)。建构主义通过设计“认知学徒制”情境(如校园节水计划中的流量测量)，促使学生发展杜威所称的“探究性眼光”——在测量水龙头流速时，能主动将水流时间与容器容积转化为函数关系($V=kt$)。这种数学化过程激活大脑顶叶的空间表征区与前额叶的执行控制网络，形成从现象观察到模型建构的神经通路。当学生用网格纸分析菜地形状时，视觉-运动皮层的协同激活使其超越几何图形感知，发展出拓扑变换的元认知意识(如理解图形变形中的面积守恒)。数学思维的塑造遵循皮亚杰的认知发展机制，破解“机械应用”的思维定式。在传统算法训练中，学生形成固化的解题程序(如面积计算=长×宽的机械代入)，其思维模式停留在“操作性概念”层面。建构主义通过设置认知冲突(如等周不同面积现象)，迫使思维进入“失衡—重构”的顺应状态：当学生尝试用相同长度的绳子围出最大面积时，从初始的随机尝试(生成多种不规则图形)，到发现极值规律(趋近圆形)，最终抽象出“周长固定时面积最大化”的数学模型。此过程中，高阶推理能力获得发展。社会协商进一步催化思维进化——在辩论“最优解法”时，不同的视角碰撞，促使个体突破单一思维范式，形成“认知弹性”。数学语言的习得依托维果茨基的符号中介理论，消解“言不及义”的表达困境。传统教学将数学语言简化为术语记忆(如背诵“分数单位”定义)，造成符号系统与概念理解的割裂。建构主义通过双重转化机制重建语言能力。一是从具身行动到符号抽象的纵向转化。例如，小学生在用折纸探究分数时，将折叠动作(对折一次→1/2)编码为数学表达式：$\left(\frac{1}{2}\right)^n$。此过程激活布洛卡区与运动皮层的功能联结。二是通过社会互动的横向转化，在小组协作设计“分数战争”卡牌时，学生为解释“通分补给包”规则，被迫将直觉性表述(“让分数变得一样大”)精确化为数学定义(“找到公分母以实现等价变换”)。这种双重转化能显著提升符号—概念—实体的三元映射能力。这三者构成小学数学素养养成的协同网络：数学眼光为思维发展提供问题情境，思维活动催生语言精确化的内在需求，而语言符号又反过来拓展观察的深度与广度。当学生用比例模型分析校园地图时(眼光)，通过假设—验证循环建立相似三角形概念(思维)，最终用数学符号系统撰写测绘报告(语言)，便完成了从具体经验到抽象概念的意义建构闭环。这种动态循环机制，正是建构主义破解知识内化难题的认知密钥——它使数学教育从符号填鸭升维为素养生成的生态系统，在此系统中，每个数学概念的习得都是眼光、思维与语言协同共振的认知革命。

(五)典型案例

案例一

三年级“周长与面积”探究活动

案例设计：三年级“周长与面积”探究活动

1. 任务设计：提供绳子、方格纸、尺子等工具，要求小组测量并比较教室中不同物体(如课桌面、黑板报边框)的周长与面积。

2. 建构过程：

(1)认知冲突：学生发现“周长相同的图形面积可能不同”(如长方形与正方形)。

(2)社会协商：组内争论“是否所有长条形物体周长越长面积越大”。

(3)工具使用：用方格纸铺摆验证猜想，归纳规律。

学生在“周长与面积”概念建构的认知历程中，通过具身化探究活动实现了数学观念的范式转换。教师通过设置结构化材料环境(提供绳子、方格纸等差异化工具)，将抽象几何概念锚定于教室物理空间——当学生选择测量课桌面边缘总长与黑板报边框围合范围时，操作对象的具体性(可触摸的物体边界)与测量工具的多样性(绳测法、格点计数法、直尺度量法)共同构成了概念孵化的物质基础。认知冲突的涌现源于经验观察与形式定义的内在张力。例如，学生在对比正方形储物柜面与长方形课桌面的数据时，遭遇“等周不等积”现象，这与其直觉中“周长越长则覆盖范围越大”的朴素观念形成剧烈冲撞。此种认知失衡状态触发皮亚杰式的顺应机制，促使学生主动重组心理图式。在社会文化层面，小组内部围绕“长方形物体周长与面积关系”的争论，实质是维果茨基理论中社会语言向自我语言转化的微观过程。例如，主张“周长决定面积”的学生通过实物操作展示窗帘轨道案例(如细长金属框周长较大而覆盖面积趋近于零)。而反对者则用门框实例说明周长相同时面积最大化形态，这种观点碰撞暴露出前概念系统中隐含的维度混淆(将一维度量与二维度量进行线性关联)。教师适时介入引导工具中介的认知协调，让学生通过方格纸铺摆实验，发现当周长固定为 20 个单位时，长方形从 1×9 到 5×5 的形态变化中面积呈现抛物线分布。这种具象化表征帮助学生直观地理解勒洛三角形的极值原理雏形。最终，学生在铺摆计数等操作行动、用方格图纸记录形象表征与建立 $C=2(a+b)$ 与 $S=ab$ 关联等符号抽象的三重表征系统的相互作用下，实现对周长与面积的概念从经验概括到形式理解的质变。这样的探究活动揭示出概念学习的深层机制，即小学数学理解不是概念灌输的结果，而是学生个体在物理操作、社会协商与符号表征的交互作用中，通过不断解构原有认知框架、重构科学概念网络的动态过程。当学生将窗帘轨道的极端案例转化为反驳论据时，不仅实现错误观念的自我修正，更在反驳性证据的建构中发展数学论证能力。这正是建构主义学习观所强调的“通过认知冲突实现概念革命”的本质所在。

案例二

四年级“校园菜地优化计划”

案例设计：四年级“校园菜地优化计划”

学科领域：数学(测量与几何)、科学(植物生长)、工程(空间设计)

课时：3 课时

一、情境嵌入设计

(一)核心问题

如何为不同蔬菜设计最合理的种植区域？

要求：

(1)每种蔬菜占地面积符合农科所建议(番茄 1.2m²/株，生菜 0.3m²/株)。

(2)地块形状便于日常管理(至少一边靠通道)。

(3)灌溉管道总长度最短。

(二)情境锚点

(1)物理环境：真实校园预留菜地(20m×8m 空地，含 3 条纵向通道)。

(2)文化联结：联系本地农业合作社提供真实种植方案案例。

(3)技术介入：提供 AR 测量工具(扫描地块自动生成网格坐标系)。

二、认知工具与材料

认知工具及功能如表 2-5 所示。

表 2-5 认知工具及功能

工具类型	具体内容	认知功能
实体工具	卷尺、比例模型(1∶50 菜地沙盘)、彩色胶带(标记分区)	通过触觉操作建立空间量感
数字工具	平板电脑(安装菜地规划 App，可拖动图形自动计算面积、周长)	促进假设—验证的迭代思维
符号工具	农科所种植规范手册(含植株间距表格)、历史最优方案档案	理解数学计算的实际约束条件

三、探究历程与认知冲突

(一)原始方案设计

学生小组用卷尺实地测量，发现菜地实际尺寸(19.7m×7.9m)与理论值(20m×8m)存在误差。

认知冲突：

(1)是否采用理论值简化计算？部分学生主张“按整数计算方便”，另一些学生坚持“尊重真实数据”。

(2)长方形地块靠通道布局时，长边/短边朝向对管道长度的影响差异。

(二)方案优化迭代

(1)社会协商：

主张整数组：用 20×8 计算得总面积 160m²，设计 8 个 20m² 的正方形区块。

实测数据：按 19.7×7.9≈155.63m²，建议采用组合图形(矩形+半圆形)

提高利用率。

(2)教师介入：展示管道弯曲半径限制，推翻纯理论几何方案。

(三)跨学科验证

工具中介：用菜地规划App，模拟不同形状的管道布线(发现正方形地块虽面积规整，但转角增加管道损耗)；通过AR工具叠加植株生长3D模型，发现某些方案虽数学最优，但遮挡日照影响产量。

四、关键发现

最优方案不是面积最大化，而是在种植效率、管理便利性、资源消耗间寻找平衡点。抽象公式需附加现实约束条件。例如，面积公式中“靠通道边”转化为代数表达式中的边界条件。

五、学习成效评估

(一)过程性评价量表

过程性评价量表如表2-6所示。

表2 6 **过程性评价量表**

维度	指 标	权重
概念理解	能解释方案中面积计算与管道长度的矛盾关系	30%
工具运用	合理交替使用实体测量与数字模拟验证猜想	25%
社会协作	在组内辩论中既坚持己见又尊重证据	20%
创新迁移	提出超越教师预设的优化策略	25%

(二)认知发展证据

前测对比：传统计算题正确率与情境问题迁移正确率

后测数据：能自主发现“周长固定时面积最大化为正方形”的学生人数的提升率；在新型情境(如设计操场器材区)中主动考虑现实约束的人数比例提升。

以上案例彰显了情境嵌入式教学的双重革命性。在认识论层面，它打破数学知识的静态绝对性神话，揭示其作为问题解决工具的协商本质。在方法论层面，它通过设计“有瑕疵的真实任务”培育学生应对复杂现实的数学应变能力。例如，存在测量误差的地块。数学实践走出“无菌实验室”，回归其滋养人类智慧的本真使命。

案例三

五年级“校园生态花园规划师”的设计案例

案例设计：五年级“校园生态花园规划师”

学科领域：数学(面积与周长计算)、科学(生态系统)、艺术(空间设计)

课时：4 课时(160 分钟)

一、协作情境设计

(一)核心问题

为校园设计一座生态花园。须满足：

(1)功能协作：包含昆虫旅馆、雨水花园、香草种植区三部分，总面积 $\leqslant 100m^2$。

(2)数学约束：各区形状须为规则多边形，且总材料成本(边界围栏 10 元/米)不超过 2000 元。

(3)社会协商：小组方案须通过班级听证会表决，整合为最优集体方案。

(二)协作锚点

(1)角色分工：每小组 4 人，测绘师(测量与计算)、生态顾问(科学合理性)、预算员(成本控制)、设计师(图纸可视化)。

(2)跨组依赖：昆虫旅馆须毗邻香草区，雨水花园须处于地势最低点，促使小组间数据共享。

(3)文化联结：引入本地园林局真实案例，分析社区公园设计中的数学应用。

二、协作工具与认知支架

协作工具及功能设计如表 2-7 所示。

表 2-7 **协作工具及功能设计**

工具类型	协作功能设计
共享数字白板	实时同步各组设计图，自动计算总面积与总成本，冲突区域标红警示
角色任务卡	明确各角色决策权(如预算员对超支方案有一票否决权)
听证会议程	设定辩论规则：质疑方需用数学证据反驳(如“你的六边形方案会浪费 15%材料”)
历史方案库	提供往届学生设计图及优化日志，标注典型错误(如忽视坡度对面积计算的影响)

三、协作认知历程

(一)分布式知识整合

(1)测绘师用测距轮测量校园可用地。例如，实际地形含不规则坡地，须近似为梯形计算。

(2)生态顾问调研植物间距，将生物学数据转化为面积约束方程。例如，薄荷种植需 $0.2m^2$/株。

(3)认知冲突：设计师的圆形方案被预算员否决，触发几何计算与美学的权衡。例如，圆形围栏成本高于多边形。

(二)跨组协商博弈

(1)A 组香草区为矩形(6m×8m)，B 组昆虫旅馆为 L 形地块，迫使 C 组雨水花园压缩为平行四边形。

(2)社会性调节：班级听证会上，D 组用面积守恒定律证明"L 形地块总面积=拆分矩形面积之和"说服 B 组修改方案。

(3)工具中介：共享白板显示整合后总成本达 2350 元，触发全员重新优化。例如，某小组发现正六边形密铺可节省材料。

(三)集体智慧涌现

通过三轮投票—修改迭代，最终方案融合。

香草区：正六边形蜂窝结构(最大化种植效率)。

雨水花园：等腰梯形(顺应地势坡度)。

昆虫旅馆：联排三角形(利用角落空间)。

四、协作学习机制解析

1. 认知分工与整合

测绘师的实地测量数据，被转化为设计师图纸中的梯形高度变量。例如，斜坡倾角 26°。预算员通过成本计算模型约束设计自由度，迫使生态顾问优化种植密度。

2. 冲突驱动的概念重构

圆形方案被否促使学生发现：当周长固定时，圆的面积最大，但单位成本效益最低。因为 $S=\pi r^2$，$C=2\pi r$，则 $S/C=r/2$。

3. 集体记忆外化

共享白板的历史版本功能，可视化方案进化路径(如从分散区块到密铺优化)。AR 沙盘将各组方案投射为 3D 模型，通过虚拟观察发现"视觉盲区"(如某三角形角落无法灌溉)。

五、协作效能评估

(一)社会网络分析

(1)通过互动录音生成话语网络图：初期以测绘师为中心，呈现星形结构；后期由于生态顾问与设计师直接对话频次显著增加，进化为网状结构。

(2)关键枢纽节点：预算员的否决权，促使其话语中条件句占比显著提升。例如，“若改用六边形，可节省……”

(二)认知增益证据

前测：仅少数学生能解释“周长相同，面积不同”的现象。

后测：大多数学生能用成本效益来分析、论证对图形的选择；在教室改造等新型协作任务中，超过一半的小组自发采用角色分工策略。

(三)文化资本积累

数字博物馆：存档各版设计图及其数学参数，用热力图标注常见错误。例如，不少小组在初期忽视了坡度的影响。

此案例昭示，协作共建绝非简单的分组讨论，而是通过精密设计的认知分工、冲突协商工具与集体记忆外化机制，使数学实践升维为微型学术共同体。小学数学教育场域中学习文化的范式转型，本质上是知识建构本体论的重构，即从原子化的个体心智活动升维为分布式认知的社会实践系统。传统小学数学课堂中的个体竞争模式根植于行为主义“刺激—反应”范式，数学评价通过标准化测试的分数排序制造人为稀缺性。例如，我们经常看见的，教师将数学测验前五名公示为“计算小能手”。这种异化机制将知识私有化为竞争资本，导致小学生的学习动机外化为符号争夺。例如，学生追求的是红色对号而非概念理解，并诱发“认知嫉妒”现象，即学生将自己的解题策略隐藏起来以防被其他同学超越。神经教育学研究表明，长期处于竞争压力下的小学生，其杏仁核过度激活会抑制前额叶皮层的概念整合功能，致使问题解决停留于算法复制层面。而协作共建的文化生态则基于社会建构主义的认识论转向，重新定义小学数学认知的集体性本质。维果茨基的“心理机能”理论在此获得操作化呈现。例如，当四年级小学生共同探究“最优种植方案”时，学生个体持有的碎片化知识会通过话语协商与工具中介，在学生的“最近发展区”的交叠地带催生出超越学生个体能力的集体认知产物。例如，甲学生精通面积计算，乙学生熟悉植物习性，丙学生擅长图形绘制，这些学生会融合几何效率与农艺需求来创新菜圃设计。学生的这种协作不仅是信息的叠加，更是“文化混合”过程。例如，数学符号系统与农业经验知识在对话中生成新的数学认知表达。

协作共同体对小学生的认知增益源于三重机制。其一，社会认知冲突的调节功能。当小学生争论“圆形与矩形菜地的管理效率”时，不同立场的话语博弈迫使每个小学生明白并想办法澄清概念的边界。这种元认知摩擦能显著提升概念留存率。其二，分布式认知工具的协同进化。例如，小组共享的AR测量工具不仅用于记录数据，更通过历史方案叠加的功能成为学生集体记忆的外部载体。例如，三届学生的设计迭代的可视化。其三，身份认同的重构机制。在“校园菜地优化计划”中，小学生经历从“计算执行者”到“社区规划师”的角色转变，这种身份自觉促使认知责任从个体正确转向方案最优。

神经科学研究显示，当小学生聆听同伴解题策略时，其镜像神经元系统的激活模式与亲自解题时高度相似。这表明社会互动能产生“替代性认知体验”，而多脑协同研究显示，高效协作组会出现脑波同步现象，这种神经耦合度可预测问题解决成功率。这昭示着学习文化的转型不仅是教学法的优化，更是人类认知进化的社会技术革命。当数学课堂从孤独的智力竞技场转化为话语、工具与情感的认知交互，知识建构便真正回归其作为人类集体智慧的本质属性。

(六)批判与调适，建构主义的本土化实践挑战

尽管建构主义为数学教育转型提供理论支撑，但其在中国课堂的“落地”需回应三重现实挑战。

其一，大班额教学的可行性。建构主义在中国小学数学课堂的实施遭遇大班额困境的本质，是规模化教育与个性化学习之间的结构性矛盾。当班级规模超过40人时，传统建构主义倡导的自由探究与社会协商面临三重现实掣肘：第一，教师认知负荷超载，难以实时追踪超过15个小组的思维轨迹。第二，社会互动质量衰减。例如，超过4人的小组会显著降低个体参与度。第三，物理空间限制导致具身操作材料不足，引发资源争夺性冲突。例如，10组共享6套几何体模型。这种规模效应使得建构主义课堂特有的认知密度(单位时间内思维事件发生率)显著下降，陷入“形式热闹，思维浅表”的实践异化。对此的策略调适，需要重构分布式认知系统的拓扑结构，将标准4~6人小组压缩为2~3人“认知微单元”，通过同伴调节理论降低社会惰化风险。例如，在测量校园菜地的任务中，微小组内每个成员必须承担明确角色(记录员、操作员、验证员)，促进个体参与度的提升。数字工具的介入则可以重塑范式。例如，基于社会网络分析算法的系统，通过语音识别捕捉各组的数学话语特征(如“周长”“近似值”等术语频率)，结合运动传感器监测操作时长，自动生成参与度热力图。教师据此实施“精准干预”。例如，对沉默节点(持续30秒无语音输入的小组)推送认知支架问题(“你们的方法能解释测量误差吗?”)。这种调适策略的认知神经机制体现在三重转化。首先，微小组结构激活镜像神经元系统的密集互动。其次，数字监管工具通过减少教师巡视的物理位移，使其将认知资源集中于高阶思维引导。最后，分层任务设计(如将菜地规划分解为测量、计算、验证子模块)契合情景记忆编码原理，不同能力学生通过差异化参与建构整体认知图式。

其二，应试文化的惯性阻力。建构主义在中国数学课堂遭遇的应试文化惯性阻力，本质上是工具理性与解放理性之间的价值张力。当标准化测试的分数逻辑主导教育实践时，教学过程被异化为盖蒂尔难题的现代变体——学生虽能通过机械训练

获得"被证成的真信念"(如熟记三角形面积公式)，却缺乏柏拉图所指的"确知理由"(理解公式的几何推导逻辑)。这种异化催生出弗莱雷批判的"银行储蓄式教育"。教师作为知识持有者不断"存入"解题技巧，学生则在测试中"提取"标准答案，导致概念理解与应试能力形成认知断层(PISA 数据显示中国学生在"解释推理"项得分显著低于"计算应用")。破解此困境的评价创新需重构教育价值的表征系统。小学数学教学中引入"数学探究日志"作为过程性评价载体，其设计遵循韦伯的知识深度模型。层级 1(回忆)记录操作步骤(如测量校园花坛周长的工具选择)；层级 2(技能/概念)分析误差来源(如比较绳测法与测距仪精度差异)；层级 3(策略性思维)论证方案优化(如用比例尺模型修正数据)；层级 4(拓展创造)关联现实问题(如设计社区公园测量方案)。这种分层架构迫使评价焦点从"答案正确性"转向"认知轨迹质量"。神经教育学实验证实，持续撰写探究日志能使海马体与内侧前额叶皮层的功能连接增强，促进程序性记忆向概念性理解的转化。评价系统的革新需建立双重适配机制。在制度层面，通过将探究日志占比提升至 30%，重构教师的激励结构。例如，教师用于高阶思维提问的时间从每课时 3.2 分钟增至 11.7 分钟。在技术层面，运用自然语言处理对日志文本进行语义分析，提取"假设验证""反思批判"等认知要素的频率指数，结合社会网络分析绘制概念关联图谱。例如，学生日志中"面积"节点与"守恒""拼接"等边的连接强度。更深层的文化调适，在于重塑数学能力的符号资本形态。当探究日志的"概念网络密度""元认知标记数"等指标成为升学推荐的重要凭证，学生便获得参与深度建构的内生动力。这种评价革命实质是在应试文化的铁幕上凿出裂缝，让素养之光得以透入——当解题步骤的复现与思维轨迹的外化获得同等制度性认可，数学教育便开启了从"分数竞技场"向"思维孵化器"的进化之路。

其三，教师专业素养落差。建构主义教学范式对教师专业素养提出三重能力跃迁需求。从知识传授者转型为认知中介者，从课堂控制者进化为情境设计师，从结果评判者升维为过程诊断者。这种角色重构遭遇现有教师培训系统的结构性脱节——传统师范教育侧重学科内容知识与教学法知识的线性叠加，却忽视整合性的培养，导致教师在实施探究活动时陷入"有情境无支架"(如校园测量任务沦为无序操作)、"有互动无深化"(如小组讨论停留于答案比对)等实践困境。TIMSS 教师行为数据显示，中国数学课堂高阶提问占比仅 11.3%，且 79%的提问停留于事实确认层面(如"长方形的面积公式是什么")，暴露出建构主义教学技能的深层匮乏。支持系统的构建，须遵循情境学习理论，打造"实践—反思—重构"的专业发展闭环。课例研习阶段通过认知学徒制浸润，精选典型建构主义课例(如《圆周率探究》)，采用视频标注工具分解教师行为：将 40 分钟课堂切片为 78 个认知事件(如冲突创设、工具中介、元认知提示)，运用拉姆斯登的神经教育学框架分析其脑激活模式。同课异构环节则依托活动理论，组织教师对同一课题(如《分数意义》)进行多元设计：A 组采用月饼分配情境，B 组设计数线跳跃游戏，C 组引入古代算筹符号。通过对照性实践暴露学生探究方面的个体差异。这样做能提高学生主动探究时长占比，让学生的视觉热点从 PPT 文字区转向操作材料区。教师的反思札记作为元认知工具，通过双重编码促进专业素养内化。叙事性记录（如"当学生质疑公式时，我如何引导而非否定"）激活海马体的情景记忆编码，而运用 FLM 框架评估思维发展水平进行分析性评论则强化前额叶的规则抽象能力。研究发现，持续撰写反思札记的教师，其课堂中促进迁移的类比提问频次显著提升（如"这个排水管问题与昨天的菜地测量有何相似"），且能精准识别学生的概念断层（如发现学生混淆周长与面积实因缺乏量纲意识）。这印证了梅茨纳的教师认知发展模型——外显实践经由反思性抽象，可转化为内隐的教学图式。该支持系统的革新价值，在于重构小学数学教师专业发展的生态系统。通过课例研习提供认知原型，同课异构催生变异空间，反思札记促成个体化意义建构。神经影像学证据进一步揭示，教师在实施建构主义教学时，其镜像神经元系统激活强度与学生学习成效呈高度相关。这意味着专业发展不仅是技能训练，更是教学共同体的神经耦合重塑。当教师的大脑逐渐适应"倾听而非讲述、引导而非指令"的模式时，数学课堂便真正蜕变为素养养成的生态场域。

综上，建构主义学习理论揭示了数学素养养成的内在机制。知识不是被"教"会的，而是在境遇互动中被"建构"的。这一认知要求小学数学教师重新定义数学实践与课堂教学：不再是知识的"传输带"而是思维的"孵化器"。小学数学教师唯有将建构主义理念转化为可操作的课堂策略，才能真正实现"让儿童像数学家一样思考"的教育理想。后续章节中，我们将以此理论为基础，深入探讨数学实践境遇的设计原则与实施路径。

二、情境学习理论

情境学习理论是 20 世纪 90 年代由美国学者让·莱夫和爱丁纳·温格提出的重要教育理论。

（一）核心观点及教学转化

情境学习理论的核心观点体现在三个方面。一是知识的情境性，知识无法脱离具体情境独立存在，学习需在真实应用场景中进行。二是社会性参与，学习是"合法的边缘性参与"，新手通过逐步参与实践共同体，从外围观察、模仿到核心实践，最终融入专家群体。三是工具与互动，学习依赖工具和社会互动，认知过程是学习者、工具及情境的动态交互。情境学习理论在小学数学教学中的实践转化，深刻重构了知识建构的路径与形态，其核心观点的教学具象化体现如下。

情境学习理论强调知识是在特定情境中通过社会互动和实践参与构建的，其核心观点认为学习应根植于真实或仿真的社会文化环境中。在小学数学教育中，这一理论为构建动态化、生活化的数学实践境遇提供了重要支撑。数学教学需打破课堂边界，将学习任务嵌入生活场景、跨学科项目或技术模拟环境，使学生在“做数学”中发展迁移能力。情境学习理论为小学数学教育提供了“真实性、社会性、实践性”三大锚点。通过创设层次递进的情境链(模拟→项目→社会行动)，并借助技术工具扩展情境边界，可有效促进数学知识向现实能力的转化，最终实现“知”与“行”的统一。情境学习理论对小学数学教育的革新性启示，在于重构知识习得的生态路径，使其从符号传递升维为文化实践。

1. 知识的情境性，锚定数学的现实根系

数学概念的理解需依托具体情境(如购物计算、空间测量)，而非抽象符号的机械记忆。在“小数加减法”教学中，传统做法往往孤立呈现算式(如 3.25+4.7=)，导致学生陷入“数位对齐”的机械程序而忽视概念本质。情境学习理论指导下的课堂设计“校园跳蚤市场”仿真场景：学生扮演店主与顾客，使用真实货币进行交易(如故事书定价 8.5 元，铅笔 3.2 元)。在此情境中，首先是概念具身化，学生触摸不同面值硬币(0.5 元、1 元)，激活躯体感觉皮层，建立十进制与货币系统的神经联结。其次是意义生成。学生在计算“两本书加三支笔总价”时(8.5×2+3.2×3)，自主发明策略——有的先算整元部分(8×2+3×3=25)，再处理角分(0.5×2+0.2×3=1.6)，最终合成 26.6 元。最后是错误转化。当某学生误将 3.2 元视为 320 角进行计算(得 320 角+85 角=405 角)，教师引导对比 405 角与 40.5 元的等价性，揭示小数点位置的意义本质。

2. 社会性参与，编织数学的共同体网络

社会协商性，通过小组合作解决复杂问题，促进数学思维的碰撞与迭代。“统计与概率”单元中，教师组织“校园午餐满意度调查”项目，构建三级参与梯度。第一级是边缘观察。新手学生负责记录数据(如统计各班级回收的问卷数量)，通过观察组长如何制作频数分布表，初步理解数据分类。第二级是模仿实践。在教师搭建的脚手架(如预制数据录入模板)支持下，尝试用 Excel 生成柱状图，理解横纵坐标映射关系。第三级是核心贡献。资深组员带领设计分析“喜欢的蔬菜种类”与“偏好烹饪方式”，最终向后勤部门提交《营养搭配优化建议书》。

3. 工具与互动，构筑数学的认知脚手架

知识如工具，需通过使用理解其意义，工具化学习是数学思维的具身延展。教师在教学中应设计主动探究活动。以“立体图形体积”教学为例，在实践过程中，工具与社会的双重中介实现学生的认知跃迁。物质工具在实体层面，学生使用透明立方体容器与水，通过注水实验发现“等底等高圆柱与圆锥体积比为 3 : 1”。数字工具层面，教师借助 Tinkercad 软件，将学生设计的异形花瓶(由圆柱、球体组合)自动计算体积，实时反馈数据误差。符号工具层面，学生发明临时符号系统，用□

代表底面积，▲代表高度，建构体积公式雏形（$V=\square\times\blacktriangle$）。然后，学生逐步过渡到标准符号：对比□×▲与 $S\times h$ 的等价性，理解字母表征的抽象功能。社会互动在认知冲突层面，两组分别用排水法（物理测量）与三维扫描（数字建模）计算同一模型体积。结果的微小差异（205mL vs 198cm^3）引发测量精度讨论。在意义协商层面，学生通过辩论确定“误差允许范围”，自主制定《体积计算精确度标准》。在工具丰富的互动课堂中，学生视觉热点从教师讲解区（传统课堂占比 62%）转向操作材料区（占比 89%），且概念留存率显著提升。这种三元交互使小学数学教育从“知识传授”升维为“认知生态培育”。学生通过工具中介实现概念转化。物质工具、数字工具、符号工具的使用效果印证了维果茨基“心理工具”理论——外部设备经由内化成为认知器官。

（二）关键概念解析

情境学习理论对小学数学教育的重构力量，源于其对知识生产与传播机制的深刻解构与重建。以下对其关键概念进行解析。

其一，实践共同体。实践共同体指由共同目标或兴趣的成员构成的群体。其中，新成员通过参与真实活动（如学徒制）逐步掌握技能和文化规范。实践共同体是小学生数学认知的社会性根系。实践共同体理论颠覆了传统课堂的原子化学习假设，揭示数学能力本质上是文化参与的结果。在“校园菜地优化项目”中，教师通过组建跨年级的“数学规划师共同体”构建多层次参与结构。专家层面，由六年级学生担任工程顾问，运用比例尺知识审核设计图合规性；核心层面，由五年级学生作为主设计师，计算种植区面积与围栏成本；新手层面，由三年级学生负责数据采集，用步测法记录菜地尺寸。这种层级结构使知识传递呈现分布式特征，当新手观察高年级学生用方程表达变量关系（如设围栏长度为 x，推导最大面积）时，其前额叶皮层神经元的突触可塑性显著增强，表明社会性观察本身即构成神经层面的学习事件。共同体内部的话语实践（如“这个设计需要满足成本模型约束”）逐步将数学语言转化为群体交流的符号资本，实现从个体计算技能到集体数学文化的跃迁。社会化过程就是小学数学认知共同体的能量交换。

其二，合法的边缘性参与。合法的边缘性参与包含三重含义。其中，合法性是指共同体接纳新手；边缘性是指新手从简单任务起步；参与性是指通过实践而非被动接受知识。在小学数学实践中，合法的边缘性参与是对数学身份的渐进式建构，具象化为认知准入的三阶模型。一是合法性赋予。在“班级零花钱管理”项目中，教师通过颁发“见习会计师”徽章，赋予学生参与财务核算的符号权力。二是边缘性任务。新手学生从记录收支流水（如“9 月 5 日：班费收入 50 元，支出彩纸 12 元”）等低风险任务入手，其海马体主要编码具体交易事件。三是参与性深化。随着能力提升，新手学生逐步接触预算编制（如“艺术节活动需预留总费用的 30%”）。

此时前额叶皮层开始建构抽象的比例概念。这种渐进式身份建构机制，有效缓解了数学焦虑对杏仁核的过度激活，使学习曲线符合神经可塑性规律。

其三，情境理性。情境理性是哈贝马斯提出的概念，强调理性与情境的不可分割性，反对抽象普适的知识观。学习需通过对话和协作，扩展个人“局部时空的知识”。情境理性在小学数学实践中体现为知识的地方性特质。情境理性首先体现为时空绑定性质。在“校园节水系统设计”项目中，学生发现水流速度计算必须结合本地水压数据(如午间用水高峰期的流速衰减)，这使得比例概念不再抽象，而是锚定在学校供水系统的物理参数中。情境理性其次体现为对话生成性。学生通过辩论“最优节水方案”意识到数学模型的合理性取决于共同体协商(如多数人支持“宁可牺牲5%节水率也要保证洗手便利性”)，理性判断由此获得伦理维度。情境理性还体现在工具的中介性。学生使用物联网传感器实时采集用水数据，将数学公式(如流量=管径的平方×流速×π/4)转化为动态可视仪表盘，工具在此成为情境理性的物质载体。研究表明，当学生在真实情境中应用数学知识时，其表征情境记忆与抽象推理深度整合。数学思维并非脱离具身的符号操作，而是由“大脑—身体—环境”共同生成的认知生态。这三者的交互作用形塑出新型数学学习生态，实践共同体提供社会容器，合法的边缘性参与设计认知阶梯，情境理性确保知识生命力。这种协同效应显著提升学生的高阶思维表现。情境理性昭示着小学数学实践正经历从“认知传输”到“文化浸润”的范式革命——当知识扎根于共同体的实践土壤，当符号系统流淌着情境理性的血液，数学学习便真正回归其人类学本质：一种在时空交织中不断自我更新的集体智慧形态。

综上，当小学数学实践回归其情境性、工具性、社会性的本质，才可能培育出适应复杂现实的认知弹性——这种弹性，正是未来公民面对人工智能挑战的核心竞争力。

(三)争议及调和

当下，情境学习理论在学校教育中存在适用性争议，本质上是知识形态的具身性与学校体制的抽象性之间的认识论张力。莱夫与温格的原始论断指出，学校教育的去情境化本质(如将分数运算简化为纸笔练习)割裂了知识与其应用场景的有机联系，导致“学校数学”与“生活数学”的认知断层。然而，通过创造性教学设计的调和，小学数学课堂正逐步突破这一桎梏。在传统《分数除法》教学中，教师通常直接呈现算法规则(如“除以分数等于乘倒数”)，通过例题模仿(计算 3÷1/4=3×4=12)强化机械记忆。这种去情境化的教学导致学生仅激活左侧颞叶的语言处理区(机械回忆规则)，而涉及空间推理的顶叶皮层与问题解决的额叶皮层活跃度不足。当学生面对“3 米布料，每件衣服需 3/4 米，能做几件?”的现实问题时，不少学生不能正确联系分数除法，因为实体操作缺失导致概念悬浮。这印证了莱夫的批判——学校将知识“脱水”为符号公式，却未提供“复水”的情境容器。

通过情境化的创造性突围来调和“学校数学的抽象牢笼”这一原生矛盾，可以这么做：在“分数初步认识”单元中，教师设计“月饼店合伙人”情境，认知冲突设计为四人小组分不同形状月饼（圆形、矩形、三角形），要求公平分配并说服“顾客”（其他组）方案的合理性。在工具中介方面提供可切割的磁性月饼模型，学生在白板上演示切割策略（如将三角形月饼转化为平行四边形再均分）。在社会协商层面，学生辩论“1/3 个圆形月饼是否等于 1/3 个三角形月饼”，引发对分数单位一致性的深度思考。尽管情境化设计取得显著成效，原生矛盾仍未完全消解。因为学校项目难以复刻真实实践的复杂性，并且过程性情境任务与标准化测试的量化要求存在制度性冲突。再者，丰富情境可能分散注意力，低龄学生处理多线程信息时前额叶激活过度，导致核心概念掌握延迟。当前的前沿探索试图通过“渐进式情境化”寻求平衡。低年级采用微型情境（10 分钟角色扮演）聚焦单一概念；高年级开展跨学期项目，允许知识在迭代中深化；评价改革“情境迁移指数”量化学生从课堂项目到新场景的应用能力。这场调和本质上是数学实践认识论的进化。当学生为虚拟商店定价而争论小数的精确度，当他们在 AR 沙盘上重划校园领地，数学知识便从冰冷的符号公式升华为带着泥土芬芳的生存智慧。“教育不是为生活准备，教育本身就是生活”。而情境学习理论，正指引着小学数学实践从“知识的搬运”走向“智慧的养成”，情境学习理论颠覆了传统“去情境化”的知识观，强调学习的社会性、实践性与工具性。其核心在于通过真实参与和协作，将学习转化为文化适应与身份建构的过程。未来，随着技术发展，该理论在虚拟情境设计、跨学科融合等领域仍有广阔探索空间。

第三章　小学数学实践教学的现状分析

当数学教育从“知识本位”转向“素养本位”，实践教学便成为改革浪潮中的关键礁石——它既能托起素养“落地”的风帆，也可能让课堂在表面的热闹中搁浅。对现状的清醒审视，是穿越迷雾、寻找航向的前提。本章试图以“显微镜”与“广角镜”的双重视角，剖析小学数学实践教学的现实图景与深层症结，为后续的优化策略提供诊断依据。当前，数学实践教学正面临“繁荣”与“困顿”的悖论。形式繁荣体现在小组合作、项目探究、技术融合等活动形态层出不穷。实质困顿表现在学生思维浅表化、问题解决机械化、素养生成碎片化的问题依然突出。这种悖论的背后，是多重力量的交织角力。一是理念悬浮，尽管“做中学”“生活化”等口号深入人心，但教师对实践教学的认知仍停留在“动手操作=实践”的简化逻辑。二是路径依赖，受限于评价体系与课时压力，教师更倾向于选择“安全”的虚拟情境任务，回避真实问题的复杂性与不确定性。三是技术迷思，数字化工具被简化为“动态PPT”或“自动批改器”，其促进深度交互、支持个性化探究的潜能远未释放。本章将展开现状扫描，通过真实课堂片段，呈现一幅充满张力却真实可感的实践教学生态图。理解现状不是为了批判，而是为了重建。本章如同一面镜子，既照见数学实践教学在核心素养时代迸发的生命力，也暴露出亟待修复的裂痕。唯有直面真实，才能让后续章节中的策略优化、课程设计、评价改革有的放矢，让数学实践从“形似”走向“神至”，真正成为滋养学生终身发展的智慧源泉。

第一节　小学数学实践教学的典型模式

数学实践教学的模式，如同教育者手中的“工具箱”——选择不同的工具，塑造不同的学习体验，也暗藏着不同的素养生成密码。然而，当“任务驱动”“项目式学习”“情境探究”等模式标签被泛化使用，当课堂在“模式模仿”中陷入套路化表演，我们不得不追问：这些模式究竟在为什么服务？是育人的阶梯，还是形式的外衣？这些模式并非天然对立，但在实践中却频频“变形走样”。任务驱动异化为“步骤清单”，学生按教师预设流程机械执行，丧失自主决策空间（如“测量教室面积”变成填写数据表格）；情境褪色为“数学题的包装纸”，所谓“真实情境”实为脱离学生经验的数字游戏(如“外星人入侵需要用分数分配物资”)；技术喧宾夺主，VR头盔中的三维几何观摩，反不如手工折纸更能激发空间想象力；跨学科失焦，耗时两周的“数学戏剧表演”，数学内核却被台词与道具淹没。究其根源是模式应用中的三重迷失：一是目标置换，追求活动形式的创新，却模糊了数学核心概念的理解；二是过程控制，教师过度的脚手架搭建，剥夺学生试错与反思的机会；三是评价滞后，用“作品美观度”“汇报流畅性”替代数学思维发展的证据采集。本节将剖析模式背后的设计逻辑，厘清模式的本质。它应是素养目标的载体，而非课堂创新的装饰，教师才能从“照搬模式”转向“创生模式”。接下来的内容，将带您穿透模式的表象，看见数学实践教学中那些被忽视的“真问题”与“真可能”。

一、小学数学实践教学的现状概述

在当今教育领域，小学数学实践教学正逐渐受到重视，但仍面临着一些挑战和有待改进的方面。就教学模式的应用情况而言，传统的讲授式教学模式在小学数学课堂中仍占据一定地位。教师在讲台上讲解知识点，学生在讲台下被动地接受。这种模式虽然能够较为系统地传授知识，但在培养学生的实践能力和创新思维方面存在不足。随着教育改革的推进，一些新的教学模式也开始在小学数学实践教学中得到应用。例如，情景教学模式，教师通过创设生动有趣的生活场景，让学生在具体的情境中理解和运用数学知识。小组合作学习模式也逐渐流行，学生以小组为单位共同完成数学实践任务，培养了团队合作和解决问题的能力。在学生参与度方面，总体上学生对于数学实践活动表现出一定的兴趣和积极性。在一些趣味性较强的实践活动中(如数学游戏、实地测量等)，学生能够主动参与，积极思考。但仍有部分学生参与度不高，这可能是由于他们对数学的畏难情绪，或者是教学活动设计不够有吸引力。不少小学生在数学实践活动中缺乏独立思考和解决问题的能力，过度依赖教师和同学的帮助。造成这种现状的原因是多方面的。一方面，部分教师对实践教学的重要性认识不足，仍然侧重于理论知识的传授，忽视了学生实践能力的培养。另一方面，教学资源的有限也在一定程度上限制了实践教学的开展。例如，缺乏合适的实践教材、教学工具和场地等。为了改善小学数学实践教学的现状，教育部门和学校应加强对教师的培训，提高教师的实践教学能力。同时，应加大对教学资源的投入，为实践教学提供更好的条件。教师自身也应积极探索创新教学方法，设计更加丰富多样、富有吸引力的实践活动，激发学生的学习兴趣和参与度。

总之，小学数学实践教学在不断发展和进步，但仍需要各方共同努力，不断改进和完善，以更好地培养学生的数学素养和综合能力。

二、实践教学的典型模式

实践教学通过多样化模式将数学知识与真实情境联结，激发学生主动探究与深度理解。以下结合小学数学特点，梳理五种典型模式及其核心设计逻辑。

(一)项目式学习

项目式学习(PBL)以真实问题为驱动，通过跨学科、长周期的探究任务，引导学生主动建构知识并发展核心素养。

1. 核心理念

在小学数学教育中，项目式学习将抽象数学概念与生活实践深度融合。其核心理念与数学教育的适配性体现在三个方面。一是问题真实性。教学可以围绕学生生活或社会热点设计驱动性问题(如“如何优化校园午餐配送路线?”)，激发探究动机。二是学科整合性。教学可以融合数学与科学、工程、艺术等学科(如“设计节水花园”需计算面积、分析土壤渗透率、绘制设计图)。三是成果外显性。教学可以生成可展示的解决方案(如模型、报告、视频)，强调数学工具的实际应用价值。项目式学习打破学科壁垒，促进数学知识的迁移与综合应用，有利于培养批判性思维、协作能力与项目管理意识。

2. 实施框架

小学数学项目式学习实施框架如表3-1所示。

表3-1 小学数学项目式学习(PBL)阶段—能力双维实施框架
——基于任务链与核心素养的渐进式设计

阶段	关键任务	数学能力聚焦
问题启动	创设真实情境，提出驱动性问题	问题建模能力(将现实需求转化为数学问题)
方案设计	小组制订计划，选择数学工具与方法	策略规划能力(如选择统计或几何方法)
数据探究	收集、处理与分析数据(测量、统计等)	数据处理与逻辑推理能力
成果生成	制作解决方案并展示(图表、模型、演示稿)	数学表达与可视化能力
反思迭代	评估方案有效性，提出优化建议	元认知与批判性反思能力

3. 典型案例

案例一

四年级“校园运动会优化计划”

驱动问题：如何科学安排运动会项目顺序与场地布局，减少等待时间?

数学核心：时间计算、场地面积分配、统计分析与最优化思想。

实施流程：

(1)调研阶段：测量操场区域面积，统计往届各项目参赛人数与耗时。

(2)建模阶段：用比例尺绘制场地平面图，用表格对比时间冲突可能性。

(3)方案阶段：设计“项目—场地—时间”三维分配表，计算不同方案的总时长。

(4)答辩阶段：向体育教师提交方案，根据反馈调整时间冗余度。

在以上案例中，学生素养提升体现在从单一算术技能转向系统化问题解决，理解数学规划的实用价值。项目式学习通过“真实问题—学科整合—成果外显”的闭环设计，将数学从“解题训练”升维至“做事智慧”。教师需在“放手探究”与“精准支架”间找到平衡，让数学实践既保有探索的自由度，又具备思维发展的方向性，最终实现“用数学理解世界，用行动改变生活”的育人目标。

下面是一份降低教学难度，以非信息技术依赖的“校园活力角落创意改造”项目化教学的方案设计。

案例二

项目主题：六年级“校园活力角落创意改造”

学科整合：数学(面积与周长、比例尺)、美术(空间设计)、劳动教育(手工制作)

课时安排：4 课时(4 周，每周 1 课时)

一、项目目标

(1)掌握规则/不规则图形面积计算、比例换算、预算控制；发展空间想象、动手操作与问题解决能力。

(2)发展量感、几何直观与批判性思维；提升团队协作与创造性表达能力。

二、实施流程

(一)阶段一：问题发现与需求定义(1 课时)

(1)情境创设：组织校园实地考察，用粉笔标出待改造区域(如废弃花坛、墙角空地)；发放“改造心愿卡”收集师生需求(如“想要阅读角”“需要雨水收集装置”)。

(2)认知激活：用身体丈量(步测、臂展)估算区域尺寸，发展量感；小组投票排序改造优先级，渗透数据分析意识。

(二)阶段二：具身测量与数据采集

(1)传统工具包：传统工具及认知功能如表3-2所示。

表3-2　　　　传统工具及认知功能

工　具	认知功能
卷尺/测绳	精确测量与单位换算实践
方格纸(1∶50)	手绘平面图培养比例尺概念
粉笔/木桩	实地标记训练空间定位能力

(2)误差探究任务：对比不同测量方法(如测绳vs步测)的结果差异；用彩色胶带标记不规则区域，分解为基本图形计算总面积。

(三)阶段三：模型建构与方案设计(1课时)

(1)实物建模：使用瓦楞纸板、黏土等材料制作1∶50区域模型；用豆子/石子模拟设施布局(如每颗豆子代表$0.5m^2$的阅读区)。

(2)成本控制实践：发放"建材市场价目表"(手绘海报)，计算不同材料(木板、砖块)的预算；

(3)设计"取舍平衡表"，列出"必要功能"与"可选装饰"并分配预算权重。

(四)阶段四：方案优化与原型验证(1课时)

1. 矛盾任务设计

(1)引入新约束条件(如"新增一棵树需保留")，迫使方案调整。

(2)举办"设计听证会"，各组用模型与手绘图纸答辩，接受师生质询。

2. 物理模拟验证

(1)用沙盘模拟排水路线(倒水观察流向)，验证雨水花园设计合理性。

(2)用乐高人偶测试设施间距(如检查秋千摆动空间是否足够)。

(五)阶段五：成果展示与迁移反思(1课时)

1. 校园博览会

(1)展区设置：模型展示区、设计思路手抄报区、现场投票箱。

(2)评价机制：师生用贴纸投票(每票须注明数学理由，如"方案B的面积利用率最高")。

2. 反思工具

思维足迹墙，张贴各组的测量草图、计算草稿、修改记录；认知成长树，用便笺纸标注"我学会的数学技能"(贴树枝)与"仍困惑的问题"(贴树根)。

三、认知支持系统

1. 渐进式脚手架设计(如表3-3所示)

表 3-3 渐进式脚手架设计

项目阶段	实体支持工具	撤除策略
测量阶段	预制图形分解模板(辅助切割不规则区域)	当学生能自主分解 3 种以上图形时
设计阶段	成本计算范例手册	小组独立完成 2 次预算分配后
优化阶段	设施间距参考卡片(如秋千需预留 1m)	模型通过安全性测试后

2. 社会协作机制

(1)角色轮换制：每课时更换角色(测量员、记录员、汇报员)，确保全脑参与。

(2)专家进课堂：邀请木工师傅讲解"实际施工中的数学问题"(如板材切割损耗率计算)。

四、评价体系

(一)过程性评价(60%)

1. 操作观察量表(如表 3-4 所示)

表 3-4 操作观察量表

行为指标	认知发展意义
主动修正测量误差	误差意识与自我监控能力
使用两种以上面积计算方法	策略灵活性
有效整合同伴建议	社会认知发展

2. 实物档案袋

包含手绘图纸、计算草稿、模型照片；用不同颜色标签标注各阶段认知突破点。

(二)总结性评价(40%)

(1)方案可行性：数学模型与实际模型的吻合度(如面积误差≤5%)。

(2)迁移任务：设计家庭阳台改造方案(应用比例尺与预算控制)。

五、方案特色与创新

(一)低成本高参与

全部材料人均成本<20 元，强调废物利用(如用旧报纸做模型基座)。

(二)全感官学习

触觉(模型制作)、视觉(手绘设计)、动觉(实地测量)多通道整合。

(三)传统文化融入

引入鲁班锁、七巧板等传统智慧工具，理解几何原理的历史演化。

项目式学习在小学数学教学中的应用，本质上是将学科知识解构为“认知工具”，通过真实问题的解决实现概念的具身化与社会化建构。其设计遵循“情境锚定—工具中介—协作生成”的三元认知模型。当学生用麻绳丈量土地时，他们的手指在触摸中建立对“米”的具身认知；当用黄豆在沙盘上规划功能区时，抽象的面积概念获得了颗粒化的生命；当在听证会上为设计方案辩护时，数学语言成为捍卫真理的武器——这便是不插电的数学课堂，一场回归教育本真的认知革命。

（二）探究式学习

探究式学习（IBL）的核心理念是以学生真实疑问为起点，通过“观察提问→猜想假设→实证检验→抽象归纳”的循环过程，引导学生像数学家一样思考，从具象经验中自主建构数学概念。

1. 典型流程与设计要点

小学数学探究式学习（IBL）以“问题驱动—实证探索—规律抽象”为核心路径，通过四阶段循环推进学生自主建构数学概念。第一，在“提出问题”阶段，教师需创设开放式情境（如观察地砖图案），引导学生从生活现象中提炼可探究的数学问题（如“密铺图形的边角规律”）。第二，“猜想假设”阶段需包容多元观点（如学生提出“等边长”或“角度和为 360 度”），鼓励基于经验的合理推测。第三，“实验验证”阶段需提供结构化工具（方格纸、量角器）支持具身操作（拼摆几何图形），通过实证收集证据。第四，“结论归纳”阶段需搭建思维支架，帮助学生从现象中提炼数学语言（如“顶点处内角和为 360 度”）。整个过程强调教师从“知识传授者”转向“思维引导者”，通过递进式任务设计，使数学规律从具象经验中自然生长，如密铺案例中，学生通过动手操作与数据对比，深刻理解几何特性与数学严谨性的统一。

小学数学探究式学习四阶段能力发展框架如表 3-5 所示，实施框架如表 3-6 所示。

表 3-5 **小学数学探究式学习（IBL）四阶段能力发展框架**
——基于问题驱动与核心素养的渐进式路径

阶段	关键任务	数学能力聚焦
提出问题	从生活现象中提炼数学疑问	观察力与问题敏感性（如“为什么车轮是圆的？”）
假设猜想	提出可能的解释或规律	合情推理能力（如猜想圆周与直径的关系）
实验验证	设计实验并收集数据（测量、统计）	实证思维与工具使用能力
结论归纳	总结规律并数学化表达	抽象概括与符号化能力

表 3-6　**小学数学探究式学习(IBL)四阶段实施框架**
——基于问题驱动与实证思维的师生协同路径

阶段	核心任务	教师支持策略	小学数学案例
提出问题	从生活现象或数学现象中提炼可探究的问题	提供开放式情境(如“为什么有些图形能密铺?”)	观察地砖、墙纸图案，提出：“密铺图形的边角有什么规律?”
猜想假设	基于已有经验提出可能的解释或规律	鼓励多样猜想，避免过早评价对错	学生猜想：“能密铺的图形边要一样长”“角要能拼成 360 度”
实验验证	设计简单实验收集证据(操作、测量、统计)	提供结构化工具(方格纸、量角器、记录表)	用三角形、四边形纸片拼摆，记录哪些图形能无缝拼接
结论归纳	提炼数学规律并用符号/语言表达	引导对比分析，搭建“现象→数学”的桥梁	发现密铺需满足“顶点处角度和为 360 度”，并用公式表达

2. 小学数学 IBL 的分层实施策略

小学数学探究式学习(IBL)需遵循学生认知发展规律，分学段设计差异化探究路径。针对低年级(1~2 年级)，以直观操作为核心，聚焦观察与描述能力的培养。例如，在“比较物体高度”探究中，学生通过堆叠积木、标记橡皮筋拉伸长度等具身体验，初步感知“测量”的本质是“统一标准的量化”；教师需提供实物工具(如计数棒、彩色贴纸)和简化的记录表，降低抽象思维负荷。针对中高年级(3~6 年级)，逐步引入变量分析与模型建构，如“包装盒省材优化”项目中，学生通过制作不同长宽高的长方体，计算并对比表面积，发现“体积固定时，正方体表面积最小”的规律；教师可提供进阶工具(如三维建模软件、数据对比模板)，引导学生从实验现象抽象数学结论。分层设计旨在实现从“具象经验”到“符号推理”的梯度过渡，最终培养“用数学解释现象，用规律预测未知”的科学思维。

第一层：低年级(1~2 年级)，聚焦观察与描述

情境设计：选择直观、可触摸的现象(如积木搭建、身体测量)。

案例：探究“如何比较两摞书本的高度”

提出问题：不用尺子，怎么知道哪摞书更高?

猜想假设：“数层数”“用手比一比”“找参照物对齐”。

实验验证：用橡皮筋标记高度，对比拉伸长度。

结论归纳：高度的比较可以通过“统一标准下的数量”实现，铺垫测量概念。

第二层：中高年级(3~6 年级)，侧重规律发现与模型建立

情境设计：引入复杂变量(如时间、速度、几何变换)。

案例：五年级“长方体包装盒的省材秘密”(体积与表面积关系)。

提出问题：同样容积的长方体盒子，哪种形状最省包装纸?

猜想假设："越接近正方体越省材料"。

实验验证：用卡纸制作不同长宽高的长方体，计算表面积并对比。

结论归纳：在体积固定时，表面积最小的长方体是正方体，引出优化思想。

3. 实施原则

小学数学IBL的实施有四大原则。其一，问题设计要立足真实困惑。小学数学IBL的实施需以学生的真实疑问为起点，避免预设标准答案框架。例如，在"统计一周跑步里程"探究中，教师应鼓励学生自主选择数据呈现方式（如柱状图对比每日里程、折线图观察趋势变化），通过对比不同统计工具的适用场景，理解"没有最优解，只有更适配"的数学思维，而非机械追求统一答案。这种开放性设计能保护学生的好奇心，让问题真正成为探究的发动机。其二，认知工具应匹配发展阶段。探究工具的选择需严格适配学生的认知水平。低年级学生依赖具象操作，应给他们提供计数棒、七巧板等实物工具，帮助其通过触摸与摆弄建立空间观念；对于中高年级学生，则可引入GeoGebra动态软件等数字工具，如在探究"周长与面积关系"时，让他们用橡皮筋围框感知周长变化，同步用方格纸计算面积，双轨并进理解变量间的此消彼长。工具作为思维延伸，须在"动手做"与"抽象化"间找到平衡点。其三，错误重构为探究生长点。IBL过程中需重新定义"错误"的价值。例如，部分高年级学生常持"乘法必使积增大"的迷思。教师不直接否定，而是设计情境，让学生在一个因数是"1、0、纯小数、真分数"的乘法运算过程中，亲历"积≤原数"的意外结果。强烈的认知冲突驱动学生反思：原结论在何种条件下失效？由此自发质疑、验证，最终修正认知。这一"迷思→冲突→探究→修正"的历程，正是科学探究的本质——错误不再是终点，而是触发深度思辨的契机，促使学生主动完善认知体系。其四，儿童化表达锚定数学本质。结论归纳需用贴近儿童经验的隐喻联结抽象概念。例如将"加法交换律"表述为"数宝宝换位置跳舞，结果不变"，既保留$a+b=b+a$的数学严谨性，又通过拟人化叙事增强记忆点；解释"密铺规律"时，用"图形顶角的悄悄话必须凑够360度"替代刻板的几何定理。这种"学术童化"策略，实现在不降低科学性的前提下，让数学本质扎根于学生的语言体系与认知图式。

以上四大原则并非孤立存在，而是相互交织的生态系统：真实问题引发认知冲突（原则一），适恰工具支撑证据收集（原则二），容错机制保障思维冒险（原则三），本质提炼完成意义建构（原则四）。例如，在"长方体包装盒省材优化"项目中，学生从生活需求出发（原则一），用卡纸模型与三维软件同步验证（原则二），在试错中修正"长方体越细长表面积越小"的误区（原则三），最终抽象出"长方体体积固定时正方体表面积最小"的数学模型（原则四）。唯有四者协同，方能实现IBL"既自由探索，又导向本质"的双重目标。

在小学数学中，探究式学习（IBL）不是简单的"动手做"，而是通过"问题驱动→证据导向→模型建构”的思维进阶，将数学从“记忆规则”转化为“发现规律”的过程。教师需扮演“提问催化者”与“思维脚手架搭建者”的角色，让儿童在试错、争论与顿悟中，真正理解数学为何而生、如何为用。

(三)游戏化学习

游戏化学习(Gamified Learning)的核心理念是将数学知识融入游戏规则，通过趣味挑战激发内在动机。游戏化学习将数学规则悄然嵌入趣味挑战，以“玩中学”重塑儿童对数学的认知体验。在小学数学中，这一模式并非简单以游戏取悦学生，而是通过机制设计(如目标阶梯、即时反馈、叙事驱动)，将抽象符号转化为可操作、可感知的行动逻辑。例如，低年级通过“时间管理器”桌游理解时分秒的流转关系，高年级借助“几何密室逃脱”破解角度与对称性的空间谜题。游戏化学习既尊重儿童“好奇好胜”的天性，又通过结构化任务引导其从无意识玩耍走向有目标的数学思维建构——在骰子滚动、卡片翻转与关卡解锁中，数学悄然从冰冷的公式蜕变为解决问题的“秘密武器”，实现知识习得与情感投入的双向共生。

游戏化学习通过机制重构将数学知识转化为沉浸式体验，其设计需兼顾趣味性与教育性。以下框架(如表3-7所示)以三大核心机制为支柱，结合典型案例阐释实施路径。

表3-7 **小学数学游戏化学习设计框架**

——基于目标分层、即时反馈与社交激励的“三位一体”模型

核心机制	实施策略	数学能力聚焦	典型案例应用
目标分层机制	设计阶梯式挑战任务，逐级提升复杂度与抽象度	适应性思维与持久专注力	“时间管理器”桌游中，从“整点任务”逐步升级至“跨小时活动安排”，融入时分秒换算进阶训练
即时反馈机制	嵌入自动化评价工具(如扫码判题、虚拟徽章系统)，实时可视化进展	自我监控与纠错能力	学生完成“数独闯关”后，App生成错误点热力图与能力雷达图，提示数感薄弱环节
社交激励机制	创设协作或竞争情境(组队解谜、班级积分榜)	数学交流与策略协商能力	“几何密室逃脱”中，小组需共享角度测量数据，协作破解多边形密码锁

游戏化学习实施框架设计要注意三大原则。其一，认知匹配性——分层适配发展阶段。游戏化学习框架需严格匹配学生的认知水平，实现梯度化设计。针对低年级学生具象思维主导的特点，采用实物化游戏形式，如“骰子计数赛”，通过投掷与点数累加巩固加减法概念；随着年级升高，逐步引入虚实融合技术，如高年级“AR几何寻宝”任务，需在现实场景中定位虚拟几何体并计算属性，实现从具体操

作到抽象推理的自然过渡。这种分层设计确保游戏机制始终服务于数学思维的阶段性发展目标。其二，情感卷入度——角色叙事驱动参与。通过沉浸式角色扮演激活学生的情感投入，将数学任务转化为意义驱动的“使命”。例如，在“时间规划师”游戏中，学生化身城市调度员，需合理分配虚拟市民的日程(涉及时分秒换算)，解锁紧急事件处理成就；在“数学侦探社”挑战中，通过破解密码锁(角度计算)、追踪线索(坐标定位)推动剧情发展。角色叙事不仅增强任务趣味性，更让学生体验数学的工具性价值——知识成为完成角色使命的“超能力”。其三，评价嵌入式——隐性追踪素养发展。将数学能力指标隐性嵌入游戏评价系统，实现“玩中学—评中进”的闭环。例如，运算速度与准确率转化为“能量值”供角色升级，空间推理能力对应“解密速度星级”，统计思维映射为“资源管理效率评分”。游戏结束后，系统自动生成“数学素养战力图”，以儿童化语言(如“几何眼力 LV5”“算术快手 LV3”)反馈能力进展，让抽象的能力提升可视、可感、可追逐。

三维协同——构建完整学习生态。认知匹配性、情感卷入度与评价嵌入式并非孤立运行，而是构成“能力发展—动机维持—效果反馈”的三维协同生态。以“AR 几何寻宝”为例：认知层通过虚实交互理解立体图形属性(匹配性)；角色扮演考古学家的叙事驱动探索欲(卷入度)；寻宝积分关联表面积计算精度，宝石收集数量反映空间想象力水平(嵌入式)。三者交织下，学生不再区分“游戏”与“学习”，而是在完整情境中无痕发展数学素养，实现教育性与娱乐性的深度统一。但是，游戏化学习设计需规避“为游戏而游戏”的误区，确保每个机制直指数学概念内核——如“时间管理器”中关卡设计必须强化时间单位换算的必要性，而非停留于日程拼图趣味性。

(四)服务学习

服务学习(Service Learning)的核心理念是在服务社区的真实行动中应用数学知识，培养社会责任感。将数学课堂延伸至社区，使学生在解决真实社会问题的过程中，体验数学知识的工具价值与公民责任的双重意义。这一模式摒弃了孤立的解题训练，转而以“需求调研—数学建模—行动实施—效果反思”为闭环，引导儿童从“学数学”转向“用数学关怀世界”。例如，低年级学生测量社区公园座椅尺寸，为残障人士设计无障碍设施；高年级学生通过统计分析社区垃圾产量峰值，优化清运路线并提出环保倡议。服务学习不仅让“测量单位”“统计图表”等抽象概念在实践中具身化，更在数据与行动的交织中，培育“数学向善”的价值观——当孩子们意识到一组数字能减轻环卫工人的负担、一个几何模型可提升老人的生活便利时，数学便不再是纸面的符号游戏，而成为连接自我与社会的温暖纽带。

服务学习通过“真实问题—数学工具—社会行动”的闭环设计，将数学知识转化为社会责任意识。以下框架(如表 3-8 所示)以四阶段路径为核心，结合能力培养目标与典型案例阐释实施要点。

表 3-8 小学数学服务学习四阶段设计框架
——基于真实问题解决与社会责任培养的闭环路径

阶段	核心任务	数学能力聚焦	典型案例应用
需求分析	实地调研社区痛点(分布、效率、公平性问题)	观察力与问题建模能力	五年级学生统计社区垃圾投放点流量，发现“早晚高峰溢出，午间闲置”的不均衡现象
数学建模	将现实问题抽象为数学可解模型(几何、统计、优化问题)	抽象建模与算法设计能力	用最优路径算法重新规划清运路线，计算减少的行驶里程与时间成本
行动实施	输出可视化方案并推动落地(提案、共建、宣传)	数据可视化与说服性沟通能力	制作垃圾分类清运优化方案图，向社区居委会答辩并获部分采纳
效果评估	跟踪改进数据，反思数学工具的有效性与局限性	批判性思维与迭代优化能力	对比优化前后垃圾滞留时间，发现“节假日特殊流量未纳入模型”的改进空间

服务学习实施框架设计要注意三大原则。其一，真实性闭环——扎根社会场景的完整链条。服务学习框架以真实社会问题为锚点，构建从需求识别到效果验证的完整闭环。低年级学生通过记录公园座椅使用率、测量社区步道宽度等任务，理解数据收集的现实意义；高年级学生则需跟踪优化方案落地后的垃圾滞留时长、能耗变化等指标。这种“真问题—真解决—真反馈”的设计，杜绝虚构情境的纸面演练，让学生直面数学工具的社会效用边界，如清运路线优化后仍需手动调整节假日特殊流量，理解模型与现实的辩证关系。其二，能力进阶性——匹配认知发展的梯度设计。框架根据学段差异分层设置能力目标，实现数学思维的阶梯式发展。低年级聚焦基础技能，如使用计数贴纸统计游乐设施使用频率，用卷尺测量无障碍通道坡度；中年级开始接触数据可视化，绘制社区噪声分布热力图；高年级则挑战复杂建模，如运用动态规划算法设计最优配送路径，用线性回归预测公共设施使用峰值。进阶设计确保学生始终在“最近发展区”内接受挑战，避免因难度断层而挫伤探究动力。其三，价值观渗透——知识应用与责任教育的共生。在解决社区问题的过程中，数学知识的人文价值与社会责任意识无缝交融。例如，通过测量轮椅转弯半径设计无障碍设施时，学生不仅运用圆周长公式，更切身理解几何知识对特殊群体的关怀意义；在分析图书馆人流数据优化座位布局时，统计图表成为促进资源公平分配的工具。这种“服务即学习”的体验，让儿童从“解题者”蜕变为“社区协作者”，在数学应用中自然生发“知识向善”的价值观。

三维统整——构建服务学习的生态网络。真实性、进阶性与价值观并非孤立存在，而是构成“场景—能力—意义”的三维生态网络。以“社区菜园共建”项目为例：低年级负责测量种植箱尺寸（真实性），中年级计算日照时长与灌溉量（能力进阶），高年级协调多组数据设计轮作方案（价值观），最终通过义卖收支统计，学生既验证数学模型的有效性，又体会数学对可持续生活的支撑作用。三者交织下，服务学习超越单一的知识应用，成为联结数学素养、认知发展与社会情感的成长载体。

服务学习需规避“成人代劳”陷阱，捍卫学生主体性。教师角色应从“答案提供者”转向“脚手架搭建者”：在需求分析阶段，提供调研工具（访谈提纲模板）而非预设结论；建模阶段用半结构化工具（空白坐标系、路径规划流程图）引导学生自主将现实问题转化为数学模型；实施与评估阶段保留学生方案的“不完美”设计（如手绘路线图）。若教师直接指定统计方法、修改模型参数，学生将沦为被动执行者，丧失独立思考与责任感。唯有坚守“最小必要支持”原则，才能实现“用数学服务社会”与“以服务深化认知”的双重目标。

（五）混合式学习

混合式学习（Blended Learning）的核心理念是融合线上自主探究与线下协作实践，突破时空限制。混合式学习打破课堂围墙，通过线上自主探究与线下协作实践的有机融合，重构数学学习的时空逻辑与认知节奏。在小学数学中，这一模式并非简单叠加“屏幕时间”与“传统授课”，而是以“数字工具赋能具身经验”为内核，实现个性化学习与深度交互的平衡。例如，学生课前通过动画微课理解“分数意义”，课中在“月饼分割”实物操作中验证等分规则，课后借助虚拟实验室模拟“千人蛋糕”的复杂分数运算。混合式学习既保留数学的“手感温度”（如测量、拼摆），又借助技术延展思维的“认知带宽”（如大数据分析、跨校协作），让儿童在虚实交织的体验中，自然完成从“记忆规则”到“理解本质”的认知升维——当抽象的分数概念既能切开真实的苹果，又能驱动虚拟城市的资源分配时，数学便成为连通想象与现实的桥梁。

小学数学混合式学习三阶框架如表 3-9 所示。

表 3-9 小学数学混合式学习三阶框架：前置 · 深化 · 延伸
——基于“数字—现实”共生的能力发展路径

阶段	核心任务	数学能力聚焦	典型案例应用
线上前置	通过微课、动画等学习基础概念，完成诊断性练习	自主学习与信息筛选能力	六年级“分数加减法”微课学习，在线完成等分涂色游戏并提交错题报告
线下深化	开展实物操作、小组协作等具身化任务	实践应用与批判性思维能力	课堂“烘焙配方调整”任务：按比例缩放配方，实际称量并验证结果准确性

续表

阶段	核心任务	数学能力聚焦	典型案例应用
云端延伸	利用虚拟实验、跨域数据平台拓展复杂场景探究	数据建模与创新迁移能力	虚拟实验室模拟“城市交通流量”，优化红绿灯时长方案并生成多城市对比报告

混合式学习设计实施要注意三大原则。其一，虚实共生性。线上学习突破时空限制(如微课随时回看)，线下操作保留数学的具身体验(如测量真实物体)，云端拓展解决课堂无法企及的复杂问题(如大数据模拟)。其二，能力进阶性。从线上自主建构概念(如分数意义)，到线下验证规则(如配方调整)，再到云端抽象迁移(如交通模型)，形成“理解—应用—创造”的素养链条。其三，评价贯通性。线上练习数据(如错题分布)、线下实操记录(如称量误差值)、云端实验报告(如模型优化次数)三重证据链，全景追踪学习轨迹。教师系统性设计混合式课程，避免“为技术而技术”的碎片化实施，确保数字工具始终服务于数学思维的本质生长。

以上五大实践教学模式并非孤立存在，教师需基于学情、内容与资源灵活整合。

表 3-10 **小学数学实践教学模式适配三维框架表**
——基于目标导向、资源匹配与素养进阶的整合模型

选择维度	适配场景/需求	推荐模式	实施要点/典型案例
目标导向	侧重概念理解(如几何特性、运算规律)	探究式学习(IBL)	二年级“圆的奥秘探究”：测量周长与直径关系，发现 π 的近似值(整数)
	复杂问题解决(需跨学科整合)	项目式学习(PBL)	高年级“校园午餐配送优化”：整合路径规划、成本计算与营养分析
	低年级学习兴趣激发	游戏化学习	二年级“时间管理器”桌游：通过日程安排任务掌握时分秒换算
资源匹配	技术条件薄弱(缺乏数字设备)	服务学习	四年级“公园设施优化”：用卷尺测量、手绘图表设计无障碍坡道
	数字资源丰富(具备软硬件支持)	混合式学习	五年级“家庭能耗调查”：线上数据采集+线下访谈+云端可视化分析

续表

选择维度	适配场景/需求	推荐模式	实施要点/典型案例
素养进阶	低学段(1~3 年级)基础技能培养	单一模式主导	三年级“班级身高统计”：专注数据收集与简单图表制作(服务学习单模式)
	高学段(4~6 年级)综合素养提升	多模式嵌套	六年级“社区菜园共建”：服务学习(需求分析)+PBL(种植模型优化)

此框架(如表 3-10 所示)可帮助教师快速定位适需模式，避免“为用而用”的形式化实践设计。例如，在“校园菜园优化”项目中，可嵌入游戏化的进度打卡机制，或通过服务学习向社区推广种植经验。关键在于以学生为中心，让数学学习从“被动接受”转向“主动建构”，从“纸面解题”升维至“生活赋能”。

第二节 小学数学实践困境的多维度透视

数学实践教学的困境深植于观念、制度、技术与文化中。其一，观念枷锁。社会功利化认知(“数学=高分”)挤压实践试错空间，家校质疑“动手无用”迫使教学退回“讲练结合”安全区。其二，制度矛盾。标准化评价体系忽视素养生成，城乡资源鸿沟使“做数学”成为特权，课时压力肢解长周期项目。其三，技术异化。数字工具沦为答案生成器，虚拟实验替代真实操作，削弱“手感”经验与教师主体性。其四，角色冲突。教师困于“权威”与“协作者”转型，专业短板导致实践停留在“教案搬运”。困境交织成网，农村学校受困于资源匮乏与家长质疑，城市教师陷于技术依赖与评价焦虑。唯有穿透表层，在观念革新、制度重构、技术理性与教师赋能中，方能为实践教学破局。

一、教学目标层面的困境

其一，素养导向与应试压力的结构性冲突。小学数学教学目标面临顶层设计与现实执行的深层矛盾。新课改强调核心素养培养，要求通过探究实践发展学生数据意识、模型观念等能力，但传统应试评价体系仍以分数为导向，迫使教师压缩实践活动课时。例如，某校五年级教师将“数据统计”单元设计为社区调查项目，却因统考压力中途改为刷题训练，导致“做数学”沦为教案上的装饰性表述。

其二，学段目标分层的模糊性与错位。实践教学目标缺乏细化的学段梯度，存在“低年级超纲、高年级低智化”的双向脱节。低年级过早引入抽象概念，如一年级“货币换算”直接涉及小数运算，忽视学生以具象物(文具、玩具)理解等价交换的认知规律；高年级却重复简单操作，如六年级仍以测量教室面积为实践主题，未能对接统计预测、优化决策等复杂问题，导致学生思维停滞在低阶水平。

上述目标失准引发连锁效应。教师因目标模糊而机械模仿“优质课”案例，忽视本校学情，例如盲目移植高年级建模任务至低年级，加剧学生畏难情绪；同时，应试压力下的“赶进度”教学，使高年级实践任务碎片化，如将“校园绿化优化”项目拆解为孤立的面积计算题。目标层失焦不仅削弱了实践意义，更割裂了数学知识与应用场景的有机联结。

二、教学内容与方法的困境

其一，情境设计的失真性——脱离现实的数学演练。小学数学实践教学的情境创设常陷入“假大空”误区，过度简化或虚构问题场景，割裂数学与真实世界的联系。例如，在“超市折扣计算”任务中，忽略促销规则(满减、会员价、组合优惠等)，简化为机械的百分数乘法运算；学生设计的“校园菜园”方案仅计算面积与种植数量，却未纳入光照时长、土壤酸碱度等实际变量，使项目沦为脱离生态常识的数学练习题。此类失真情境虽具“生活化”外壳，却剥离了真实问题的不确定性与多因素交互，导致学生形成“数学可精准预设一切”的片面认知。

其二，技术应用的失衡性——工具理性挤压具身经验。数字化工具的使用呈现两极分化：部分课堂滥用虚拟实验替代实物操作，如六年级“立体几何”仅依赖3D动画演示展开图，学生缺乏动手折叠纸盒、感知“面—棱—顶点”转化关系的体验，空间观念建构浮于表面；另一极端则固守“黑板+粉笔”传统模式，如四年级“统计班级身高”仍手工制表，错失利用动态图表软件分析趋势、生成预测模型的机会。技术工具本应延伸而非取代具身认知，失衡应用却使学生既丧失“手感”经验的物理直觉，又无缘数字时代的数学表达方式。

情境失真与技术失衡的叠加，催生“半成品”式实践教学：学生虽能按步骤完成计算(如菜园面积、几何体表面积)，却无法理解这些数字如何指导真实决策(如种植密度调整、包装材料选择)。例如，在某校“设计校园导航图”项目中，学生用比例尺绘制地图却未实地验证路径合理性，导致方案无法落地。这种“为实践而实践”的设计，暴露了教学内容与方法在“模拟”与“真实”、“传统”与“现代”间的断裂，最终削弱了数学的工具价值与学生的创新迁移能力。

三、师生角色与互动的困境

其一，教师角色转型的认知冲突。小学数学实践中，教师深陷“引导者”与“控制者”的身份拉锯，难以把握干预尺度。例如，在“社区垃圾分类”项目中，教师为避免“数据混乱”直接指定统计指标(如仅记录塑料瓶数量)，替代学生自主设计多维度分类标准(材质、容量、回收价值),导致分析结论机械化。这种越俎代庖看似提升效率,实则剥夺学生从"试错—反思"中建构问题意识的机会,使实践沦为教师预设流程的机械执行。

其二,学生参与的虚假繁荣。小组合作常呈现"少数主导、多数旁观"的伪参与状态。以四年级"校园地图绘制"为例,仅个别学生负责比例计算与路径设计,其余成员仅承担涂色、剪贴等低认知任务。这种分工固化不仅掩盖能力差异,更使部分学生形成"数学实践与我无关"的消极认同,错失思维进阶契机。

师生角色的失调催生"虚假协作"生态。教师因担忧失控而加强干预,学生因缺乏决策权而被动应付,形成"高控制—低投入"的负向循环。例如,教师频繁修改项目方案以符合"标准答案",学生逐渐丧失提出非常规解法的勇气,最终实践教学退化为"精致的形式表演",背离"以学生为中心"的改革初衷。

四、资源与评价机制的困境

其一,资源分配的马太效应。农村或薄弱学校因教具、技术与社区支持缺位,被迫将实践任务窄化为低阶操作,例如,数学实践仅限"测量教室桌椅",无法开展数据建模、跨学科项目等复杂活动;而城市优质学校则能调用3D打印机、虚拟实验室及科技馆资源,设计"智能校园能耗优化"等高阶项目。

其二,评价体系的单向度。实践教学评价仍不同程度被"结果导向"的传统思维所禁锢,忽视过程性素养的观测与激励。例如五年级"家庭开支统计"项目中,教师仅凭最终图表的美观度与格式规范性打分,却无视数据来源的真实性(如虚构购物清单)、分析维度的创新性(如对比必需品与娱乐支出的相关性)。这种"重形式轻实质"的评价标准,导致学生为获高分而迎合模板,抑制了批判性思维与真实问题解决能力的生长。

五、社会认知与文化环境的困境

其一,家长对功利化教育的认知冲突。小学数学实践教学面临家校协同的深层阻力,部分家长固守"数学=刷题"的狭隘认知,质疑探究性活动"挤占学习时间"。例如,教师推行"数学游戏化学习"时,家长联名要求恢复传统练习册,认为"游戏无法提升计算速度"。这种功利观迫使教师压缩实践课时,回归"讲练结合"模式,导致学生丧失在真实问题中理解数学意义的机会。

其二,教师专业能力的结构性断层。职后培训与课堂实践严重脱节,教师陷入"知而不行"的困境。例如,尽管接受过GeoGebra操作培训,多数教师仅能静态演示几何图形变换,却无法设计"拖拽图形探究周长与面积关系"的交互任务。专业技能的缺失使实践教学沦为"教案复刻",难以适配学生真实需求。

小学数学教学的实践困境根植于教育生态系统的复杂交互中,其矛盾性体现在传统教育惯性与素养导向改革的张力、技术赋能愿景与落地实效的落差、标准化课程要求与个体认知差异的冲突等多重维度。这些困境的纾解需超越单一教学法优化的层面，转向教育生态的系统重构，在多维度建立协同响应机制。

第四章　小学数学实践境遇的优化策略

数学实践教学的困境，如同被藤蔓缠绕的古树，唯有厘清脉络、精准修剪，方能让新芽在缝隙中向阳生长。优化实践境遇，并非简单修补教学环节的“技术动作”，而是一场教育生态的重构实验。它需要打破课堂的物理边界、重塑师生的角色关系、调和工具与人文的张力，最终让数学实践成为学生与真实世界对话的“意义场域”。本章的优化策略，建立在两大核心认知之上：一是境遇的能动性，实践境遇不是静态的“容器”，而是师生共同建构的“生成性空间”，其设计应具备触发认知冲突、催化社会互动、承载文化叙事的潜能；二是策略的系统性，单一维度的改进(如引入新技术或增加活动频次)往往收效甚微，唯有环境、角色、工具、文化的协同变革，方能破解“孤岛式优化”的困局。基于此，本章将从教学环境重构、教师角色转型两大主阵地切入，编织策略网络。这些策略绝非纸上蓝图。例如，在“校园雨水花园”项目中，教师通过重构环境(将数学课堂移至花园施工现场)、转换角色(作为项目顾问而非讲师)，引导学生用面积计算、体积测量、数据统计解决真实工程问题，同时融入生态保护(科学)、成本核算(经济)与设计美学(艺术)的跨学科对话。此类实践表明，优化策略的终极目标，是让数学实践从“刻意设计”走向“自然生长”，让学生在境遇中经历“困惑—探索—顿悟”的完整认知周期。本章的策略体系，既是对第三章困境的“破局应答”，也为后续章节的课程设计、案例解析与评价改革铺设阶梯。接下来的内容，将带领读者从理论构想踏入行动地带——在这里，每一个策略都是可拆解的“工具箱”，每一则案例都是可迁移的“脚手架”。当我们以境遇优化为支点，数学教育或将撬动一场静默而深刻的学习革命。

第一节　小学数学教学环境重构

教室的四面墙，本应是学生探索世界的窗口，却常常成为禁锢思维的围栏。当数学实践被窄化为“课桌前的演算”、学习空间被简化为“讲台与屏幕的对峙”时，教学环境的物理性匮乏便悄然扼杀了数学的活力与温度。重构教学环境，不是对桌椅布局的简单调整，而是对数学教育生态的重新编码——让空间成为“会说话”的导师，让工具化为“能呼吸”的伙伴，让文化浸润为“可触摸”的基因。传统数学课堂的环境困境，暴露了三重割裂。一是空间与思维的割裂，固定行列的座位固化了“讲授—接受”的单向关系，抑制合作与探究。二是虚拟与现实的割裂，数字化工具沦为“电子习题册”，割裂了具身经验与抽象符号的联结。三是文化与知识的割裂，数学史、民间智慧等文化元素被剥离，知识成为无根浮萍。本节倡导的环境重构，旨在打造“物理—虚拟—文化”三位一体的数学实践生态系统。这种重构不是技术主义的狂欢，而是回归学习本质的设计。例如，当学生围坐在“数学工坊”的六边形桌旁，用激光测距仪丈量不规则区域时，空间形态的变化直接催生了协作模式的重构(从“各自计算”到“分工验证”)；当AR技术将古诗中的“孤帆远影碧空尽”转化为坐标系中的函数图像时，数学与文学在虚拟融合中碰撞出跨学科理解的火花；当校园“π文化节”的装饰由学生用黄金分割、分形几何自主设计时，数学文化从抽象符号转化为可感知的审美体验。教学环境重构的核心逻辑，是让空间触发问题、工具延伸思维、文化唤醒意义。接下来的内容将详解重构策略的操作框架(如“空间—工具—文化”三角模型)，并提供城乡差异化实施方案(如城市学校侧重数字生态构建、乡村学校依托自然与乡土资源)。唯有打破“教室即世界”的局限，才能让数学实践真正走向“世界即教室”的广阔天地。

小学数学实践境遇的优化需以教学环境的生态化重构为核心，通过物理空间、探究实验场域等的协同进化，构建支持深度学习的多维认知生态系统。这一重构过程并非单纯的技术叠加或空间改造，而是以学生认知发展规律为内核，以教育技术伦理为边界，形成“具身交互—数据驱动—文化浸润”三位一体的教学新范式。

一、教室空间设计

教室是教学环境重构的关键一环，布局需要精心规划，可以采用灵活的桌椅摆放方式，便于学生进行小组讨论和合作学习。在物理空间层面，还可以突破传统教室的网格化布局，设计模块化数学探究工坊。此类空间设计遵循具身认知理论，通过身体动作与数学概念的耦合(如通过肢体移动感知数轴的正负方向)，促进抽象符号的具象转化。光线和色彩的运用也不能忽视。充足而柔和的光线有助于保护学生的视力，同时营造一个舒适的学习环境。色彩方面，可以选择一些能激发思维活跃的色调，如蓝色和绿色。

数学角作为教室空间中的重要组成部分，其精心的布局和完善的设施配备对于提升数学实践效果具有显著作用。在布局方面，数学角应位于教室的安静角落，避免受到过多干扰。其空间大小适中，以容纳数名学生同时进行活动为宜。可以设置多层书架，将数学书籍按照难易程度和主题分类摆放，方便学生查找。在墙壁上，可以张贴著名数学家的画像和生平介绍，以及一些有趣的数学趣闻和典故，激发学生的兴趣。地面铺设柔软的地毯，为学生提供舒适的学习环境。数学角应配备舒适的桌椅，供学生阅读和讨论使用。此外，放置一块可移动的白板，方便学生进行解题和交流思路。教师还应准备一些数学模型(如立体几何模型、算盘)，让学生通过直观感受加深对数学概念的理解。同时，配备智能白板、在线学习平台等，学生可以通过网络获取更多的数学学习资源，实现线上线下的融合学习。

数学角在数学教学实践中发挥着重要的作用。首先，它为学生提供了一个自主学习的空间。学生可以在课余时间自由选择感兴趣的数学书籍进行阅读，拓展知识面。其次，数学角中的趣味数学游戏道具能够激发学生的学习兴趣，让他们在游戏中培养数学思维和解决问题的能力。例如，通过玩数独游戏，发展学生的逻辑推理能力；利用拼图游戏，发展学生的空间观念。再次，学生在数学角中可以相互交流和讨论，分享解题思路和方法，促进合作学习。最后，展示学生的优秀数学作品能够增强他们的自信心和成就感，激励更多学生积极投入到数学学习中。合理设计的数学角能够为学生创造一个良好的数学学习氛围，激发学习热情，提高数学实践能力，是提升数学教学效果的有力手段。

二、数学探究实验室

(一)狭义上的数学实验室

数学实验教学是指为获取某种数学理论、检验某个数学假设、解决某些数学问题，实验者运用一定的物质手段，在数学思想指引下，在特定的环境下进行的探索、研究活动。现代数学实验主要是以计算机数学软件为平台，结合数学模型，模拟实验环境进行数学实践。整个实验过程中强调学生的实践与活动，学生可以采用不同的实验程序，设计不同的实验步骤。不管是传统还是现代，数学实验都要充分发挥学生的主体作用，发展学生的创新意识和发现问题的能力。数学探究实验室在数学学习中扮演着至关重要的角色。在规划方面，实验设备的配置需精心考量。首先，配置基础测量工具。例如，高精度的尺子、量角器、天平，以满足学生对长度、角度、质量等的精确测量需求。其次，配备先进的计算机及数学软件，用于数据处理、图形绘制和模拟实验。再次，配置直观教具(如几何模型、计数器)，能帮助学生更好地理解抽象的数学概念。这些实验设备和工具，为学生提供亲自动手实践的机会。例如，在探究三角形内角和的实验中，学生可以通过测量不同三角形的内角，亲自验证定理。最后，实验室还可以设置多媒体设备，方便学生查阅相关资料和观看教学视频，拓宽学习渠道。通过开发轻量化数字智能终端(如支持离线运行的图形化编程工具)，结合卫星网络覆盖偏远地区，可缩小城乡数字鸿沟。数学实验室侧重于实验和探究，它提供了丰富的数学模型和实验环境，让学生能够亲身体验数学知识的形成过程。适用于数学建模、概率统计等领域的学习。例如，在学习概率统计时，学生可以在数学实验室中进行大量的随机实验，观察数据的分布和规律，从而更好地理解概率的概念和统计方法。

（二）广义上的数学实验室

对于小学数学而言，更多的是广义上的数学实验。日常数学实践的测量、手工操作、模型制作、实物或教具演示等就是数学实验的形式，只不过是为了帮助学生理解和掌握数学概念、公式，以演示实验、验证结论为主要目的，很少用来进行探究、发现、解决问题。以上的学生活动之处就是“天然”的数学实验室。下面以小学生用直尺测量课本长度的活动为例，阐释这类测量活动就是数学实验的原因。

其一，小学生用直尺测量课本长度的这类测量活动是对学生进行标准化操作流程的隐性训练。在测量动作中隐含数学实验的规范要求，通过反复练习，学生无意识中习得实验方法的基本范式。数学实验的基本范式之一是控制变量。在测量课本长度时，教师会强调“固定被测物体”（将课本平铺在桌面上）、“统一测量工具”（所有学生使用相同直尺）。这种操作规范的本质是科学实验中“控制变量法”的简化版，让学生初步理解“只有保持其他条件不变，才能准确观察目标变量（课本长度）”。例如，若部分学生用直尺测量，另一部分学生用软尺，教师可组织对比数据讨论：“为什么两组数据差异较大？”引导学生发现“工具统一性对结果可比性的影响”。数学实验的基本范式之二是减少误差。教师要求学生“视线垂直刻度”（避免视线误差）、“固定直尺边缘与课本对齐”（防止滑动误差），这些细节操作是对“实验精度控制”的启蒙。例如，当学生因斜视导致误读刻度（如将 21cm 读成 22cm），教师可现场演示“视线偏左/偏右对读数的影响”，用视觉冲击强化规范操作的重要性。数学实验的基本范式之三是重复验证。教师要求学生至少测量三次并记录数据（如 21. 0cm、20. 8cm、21. 2cm），计算平均值（21. 0cm）。这一过程让学生体验“数学结论需经多次验证”的实证精神，同时渗透“误差合理范围”概念（若三次结果差异超过 1cm，须重新检查操作）。

其二，小学生用直尺测量课本长度的这类测量活动是对学生进行数学实验的数据记录意识的早期培养。我们不妨先通过一年级数学老师的教学札记来走进小学生最原生态的天马行空般的记录田园，再来探究“为什么这类测量活动是对学生进行数学实验的数据记录意识的早期培养”，一起思考其中蕴含什么数学实验素养。

以下内容是一年级数学老师的教学札记。

> 作为低年级数学教师，我们的工作中经常有惊喜。比如，我们在教学中可以发现，小学生在没有经过科学指导的情况下记录数据时，往往展现出一种原始而充满童趣的探索方式。
>
> 低年级学生通常会凭借生活经验和直觉进行观察，用文字、图画或符号混合的形式自由表达所见所闻。例如，在记录植物生长时，可能会在本子上写下

"今天开了3朵花"，同时用黄色蜡笔涂出一片枯叶，旁边歪歪扭扭地画个太阳表示天气晴朗。这种记录方式带着强烈的主观色彩，常出现"特别热""长得很快"等模糊描述，而忽略具体温度、测量单位或系统性的日期标注。他们可能用贴纸表示心情，用不同大小的圆圈代表水果数量，甚至随手在纸角画星星记录夜晚看到的星座。

但学生记录的这些信息往往分散无序，难以追溯或比较。由于缺乏科学方法的引导，小学生的记录常伴随工具使用不当的现象——用手掌丈量课桌长度、用直尺去"量"水温，或是仅凭感觉判断"水量足够"。他们的注意力容易受兴趣驱动，可能连续三天记录蚂蚁搬家的细节，却在第四天忘记继续观察，导致数据断裂。

虽然学生的这些记录不够严谨，却隐藏着孩子们珍贵的观察力与好奇心。比如，我们班的小军同学坚持用不同颜色的粉笔在地上标记每日落叶数量。虽然他并未注明季节变化，却在无意中积累了自然现象的原始素材。我就抓住这种自发兴趣，逐步引导他用表格整理零散信息，用☼/☁符号代替冗长的夹杂着拼音的"儿童语言"(多数文字还不会写，就歪歪扭扭地写些拼音)。这样，让孩童在保持创造力的过程中，自然吸收简洁记录的思维方式，最终将天马行空的涂鸦转化为兼具童真与一定逻辑的数据表达。

诚然，我们在教学中可以发现，小学生在没有经过教师科学指导的情况下记录数据时，通常会依靠直觉、生活经验和简单的模仿，表现出一些有趣的特点和局限性。虽然这些记录方式奇奇怪怪、不够科学，但体现了孩子们的观察力和表达欲。笔者将之称为"非结构化的记录形式"。低年级小学生可能采用的非结构化的记录方式大体有三种。第一种是通过自由描述来进行数据记录，具体呈现为学生用文字(拼音)或句子记录观察到的事物。例如，"今天花盆里的花开了2朵，有一片叶子huang(黄)了"。第二种是通过图画来辅助数据记录，具体呈现为学生通过画图、涂色或符号表达数据(如画太阳表示晴天，用不同颜色标注温度)。第三种是通过随意标记来记录数据，具体呈现为在纸上的某个空白处用打钩、画圈或贴贴纸等简单符号记录事件(如记录每天是否完成作业)。这种非结构化的记录形式显然是小学生自发地创造，也就是说，在没有经过数学教师科学指导的情况下，又要完成记录数据的任务，就很可能表现为记录的主观性强，数据可能带有个人情绪、情感或猜测。例如，"今天特别热"而非具体温度。这种非结构化的记录形式还表现为记录的不完整性，忽略关键信息。例如，记录植物生长时不标注日期、测量单位或环境条件。这种非结构化的记录形式的最后一个特征是无序性，即小学生记录的顺序混乱，难以回溯或对比。例如，学生将不同日期的数据随意写在纸的不同角落。教师如果没有及时追问，事后学生可能自己也记不清某个符号或者记号代表什么意思了。小学生采用这种非结构化的记录形式记录实验数据时，还有一些常见问题。例如，依赖模糊概念，使用“很多”“很少”“大一点”等模糊词汇，而非量化描述。又如，工具使用不当，可能用直尺测量温度，或用手掌比画长度，缺乏工具规范性。再如，持续性不足，记录可能断断续续，导致数据不连贯（如只记录感兴趣的部分）。虽然小学生自发记录数据过程中出现不少问题，但是小学生的自发记录往往是科学思维的萌芽，教师要保护他们的观察兴趣，再逐步融入科学方法，能更有效地培养他们的数据意识。因此，小学生用直尺测量课本长度的活动看似简单，实则意义重大。这是学生接触数学学习中对数据处理的首次科学性、系统性训练，是从学生生活“随意地记录”到数学实验的“结构化表达”的思维跨越。这一过程将通过结构化记录、单位规范化和误差分析等数学实践活动，潜移默化地培养学生数据记录意识与能力，为学生未来的数学实验探究、统计学习和真实问题解决奠定基础。

其三，小学生用直尺测量课本长度的这类测量活动为学生建立数学的数据属性的分类意识。随着学生升到二年级，他们的身心进一步发展，动作也更加协调。在用直尺测量课本长度的活动中，数学实践的难度也相应增加。学生需要同时记录“测量对象”（数学书）“工具”（塑料直尺）“次数”（第一次、第二次、第三次）“结果”（21.0cm、20.8cm、21.2cm）等不同的测量属性。为什么要进行这种分类的记录训练呢？一方面，学生的注意力分配能力有所发展，与之相适应地进行这种分类的记录训练，可以为将来进一步学习时对复杂数据的处理方式，提供初步的思维模板。小学生将测量结果转化为数字记录（如“数学书长21cm”），是数据科学化处理的雏形。从这种分类的记录训练活动中，小学生接触到并开始学习多维信息整合。另一方面，这种分类的记录训练活动中，用到的“表格”还具有启蒙意义。例如，教师会设计表格并引导学生观察，并要求学生记录“测量对象、工具、次数、结果”（如表4-1所示），这种表格结构是Excel表格、数据库的简化版，学生从中感受、学习“行-列逻辑”，理解数据需要按类别有序存储。同时，这种结构化记录训练与高年级的学习统计图表相关联，让学生在了解表格的过程中能自然理解“数据表格是信息整理的基础工具”，不断渗透“图表”也是数学的重要语言，激发学生学习并应用这类数学语言的意识。

表4-1 **学生观察记录表**

测量对象	工具	第一次	第二次	第三次	平均值
数学书	塑料直尺	21.0cm	20.8cm	21.2cm	21.0cm

其四，小学生用直尺测量课本长度的这类测量活动帮助学生逐步形成对数学实验中的异常数据的处理规范。异常数据是指在数据集中与大多数数据显著不同的数

据点或数据模式。这些数据可能是由于错误、噪声、特殊事件或其他异常情况产生的。异常数据在数据分析、机器学习和统计学中具有重要意义，因为它们可能包含有价值的信息，也可能对分析结果产生负面影响。异常数据可能有以下形式：某个数据值明显偏离其他数据，例如，在学生的考试成绩中，大多数学生的分数在60~90分之间，但有一个学生的分数是10分；某些数据的组合或分布模式与正常情况不符，在时间序列中，某些时间点的数据值或趋势与历史数据不一致，例如，在夏季，气温为30℃是正常的，但在冬季，气温为30℃就是异常的；集体异常，一组数据点作为一个整体表现出异常模式，但单个数据点可能是正常的。异常数据的来源主要有四个：一是数据采集错误。传感器故障、人为输入错误、数据传输问题等，例如，温度传感器故障导致记录的温度值异常高或低；二是噪声数据，数据采集过程中引入的随机误差，例如，图像数据中的噪点；三是特殊事件，数据集中包含罕见但真实的事件，例如，某天的销售额突然激增，可能是因为促销活动；四是数据分布的自然变化，数据分布本身具有长尾特性，某些数据点自然偏离大多数数据，例如，收入数据中可能存在少数极高收入者。人们对异常数据的处理方式主要有四种：一是删除异常数据，如果异常数据是由错误或噪声引起的，可以直接删除，例如，删除传感器故障导致的异常温度记录；二是修正异常数据，如果异常数据是由错误引起的可以尝试修正，例如，通过插值法修正缺失或错误的数据；三是保留异常数据，如果异常数据包含重要信息（如特殊事件）可以保留并单独分析，例如，保留促销活动导致的异常销售数据；四是标记异常数据，将异常数据标记为特殊类别，用于后续分析，例如，将异常数据标记为“异常类”。异常数据的应用场景主要有五个：一是金融领域，检测信用卡欺诈、异常交易等；二是网络安全，检测网络攻击、异常流量等；三是医疗领域，检测异常生理指标、疾病早期预警等；四是工业生产，检测设备故障、异常生产数据等；五是零售领域，检测异常销售数据、库存异常等。综上所述，在小学数学实践中自然地引入异常数据，可以发展学生的数据意识素养，并在实践过程中学习对异常数据的认知与处理，培养数学实验的严谨意识。学生采集的异常数据通常被教师视为学生需要处理或修正的问题，很容易遭到误解。实际上，教师要提升对异常数据的价值认识，因为在小学生数学实践场景中，它们可以成为学生学习的有力工具，帮助小学生更好地理解数学概念、培养批判性思维和解决问题的能力。异常数据的教学意义与价值体现在四个方面。第一，培养数据素养。通过接触和分析异常数据，学生可以逐步培养数据素养，学会从数据中提取信息、发现问题并做出决策。异常数据有助于学生理解数据的多样性，让小学生认识到数据并不总是完美的，真实世界的数据往往包含异常。例如，学生在统计班级同学的身高时，如果发现有一个同学的身高明显高于或低于其他人，教师可以顺势引导学生思考数据的分布和多样性。第二，增强数学应用能力。异常数据可以帮助学生将数学知识应用于真实情境，提升他们的数学应用能力。异常数据有助于学生培养数据敏感性，通过识别和分析异常数据，小学生可以培养对数据的敏感性，学会从数据中发现问题。例如，在分析考试成绩时，异常的低分或高分可以引发学生对考试难度、学习状态等问题的思考。第三，激发学习兴趣。异常数据往往具有趣味性和挑战性，能够激发学生的学习兴趣和探究欲望。异常数据有助于学生增强批判性思维，促使他们质疑数据的来源、准确性和意义。例如，在统计班级同学的年龄时，如果出现一个异常值(如年龄为 100 岁)，学生可以思考这是不是输入错误，或者是否有其他原因。第四，促进合作学习。通过小组讨论和合作解决异常数据问题，学生可以培养团队合作能力和沟通能力。通过处理异常数据，学生可以学习如何分析问题、提出假设并验证解决方案。例如，在统计班级同学的体重时，如果发现一个异常值，学生可以讨论是否需要重新测量或检查数据记录。

异常数据在小学数学实践中的具体应用主要有以下方面。第一，在统计与数据分析教学中，异常数据可以帮助学生理解数据的分布、均值、中位数等概念，例如，在统计班级同学的数学成绩时，如果有一个异常的低分或高分，教师可以引导学生讨论“这个异常值对平均分的影响”“是否应该使用中位数来更好地反映整体水平”等。第二，在图表解读教学中也会遇到“异常数据”。教师在教学绘制和解读图表时，异常数据可以帮助学生理解图表的局限性。例如，在绘制柱状图时，如果某个柱子的高度明显高于其他柱子，教师可以启发学生思考“这个异常值是否合理”“是否需要调整图表比例或重新检查数据”等。第三，在实际问题解决中也有“异常数据”。这时候，教师可以用异常数据设计实际问题解决任务，帮助学生将数学知识应用于真实情境。例如，在“购物预算”问题中，如果某个商品的价格明显高于其他商品，可以启发学生讨论“是否应该购买这个商品”“如何调整预算以应对异常情况”等。第四，在模型意识的培养中，异常数据可以帮助学生理解模型的局限性。例如，在预测班级同学的体重时，如果某个同学的体重明显偏离预测值，可以启发学生思考“这个已有模型应该适当调整吗”“这个异常值是否反映了原有模型的不足”等。

教师在小学数学实践教学中利用异常数据要注意以下方面。首先，重在引入真实数据。《新课标》在“会用数学的语言表达现实世界”这部分论述中，尤其指出要让学生“能够感悟数据的意义与价值，有意识地使用真实数据表达、解释与分析现实世界中的不确定现象”。教师应在教学中使用真实数据，而不是完全理想化的数据，让学生接触到异常数据。例如，在统计班级同学的生日月份时，可能会出现某些月份没有生日的情况，这可以引发学生对数据分布的讨论。其次，利用异常数据设计探究任务。即教师有意识地设计包含异常数据的探究任务，激发学生分析异常数据的原因和影响的兴趣。例如，在统计班级同学的身高时，可以设计一个任务，让学生讨论异常身高的可能原因(如测量误差、特殊体质等)。再次，利用异常数据引发小组讨论与反思。通过小组讨论，让学生分享对异常数据的看法，并反思数据处理的方法。例如，在统计班级同学的体重时，可以让学生分组讨论是否应该删除异常值，或者如何修正异常值。最后，结合生活情境。教师将异常数据与学生的生活经验相结合，增强学习的趣味性和实用性。例如，在统计家庭每月用电量时，如果某个月的用电量异常高，可以引导学生思考是否是因为夏季空调使用增多。总之，异常数据在小学数学学习中具有重要的意义和价值。它们“异常而不寻常”，不仅可以帮助学生理解数据的多样性和复杂性，还能培养批判性思维、问题解决能力和数据素养。通过合理设计教学活动和任务，教师可以利用异常数据激发学生的学习兴趣，提升他们的数学应用能力，为未来的学习和生活奠定坚实的基础。

以上，我们“插播”了异常数据在发展学生素养方面的内容。接下来，让我们回到测量专题，继续探讨小学生在测量实验中的异常数据教学，即教师如何通过直尺测量课本长度这类测量活动帮助学生逐步形成对数学实验中的异常数据的处理规范。低年级学生在测量活动中难免“马失前蹄”，在测量过程中出现个别奇怪的数据。这时候，学生的情绪特别充沛，对这个数据感到好奇、好笑、怀疑，等等。当学生终于找到错误的原因，教师要顺势而为，引导学生在活动过程中学习应对错误数据的标注方法，当某次测量明显异常（如第三次记录为25cm），教师引导学生用删除线画掉错误数据并备注原因（如“直尺滑脱”），而非直接涂改。这种操作传递科研诚信的社会主义核心价值观——原始数据必须可追溯。最后，教师还应引导学生在活动过程中继续学习数据修正策略，通过重新测量或剔除异常值，引导学生体会“数据清洗”的基本逻辑，为未来进一步深化学习（如处理实验误差等）埋下伏笔。

其五，小学生用直尺测量课本长度的这类测量活动帮助学生建构数据意义的“通用语言”以及内化单位规范。首先，教师在活动中帮助学生完成从“数字”到“物理量”的认知升级，认识单位的符号化意义。教师对学生的记录结果强调“21cm”的完整表述而非仅仅一个数字“21”，让学生体会“无单位的数据无意义”。教师设置对比情境：“小明记录‘课本长21’，小华记录‘橡皮长5’——能比较两者长短吗?”引导学生通过讨论，深刻理解“单位是量化表达的通用语言”。学生必须完整记录“21cm”而非“21”；理解“21”仅是抽象数字，而“21cm”是具象的物理量。这种训练打破低年级“数学即算术”的局限，初步建立“数学是描述世界的工具”的认知。其次，化解单位混淆的认知冲突。教师引导学生对比“课本长21cm”与“橡皮长5dm”。学生发现“21<5”，但实际课本更长，从而理解单位错误会导致结论荒谬。通过纠错活动（如将“操场长200m^2”改为“200m”），强化“单位与属性匹配”的规则意识。最后，进行跨学科单位的早期渗透。小学生学习身体尺度参照，用食指宽度（≈1cm）、手掌长度（≈1dm）、双臂展开（≈1m）建立单位量感，为未来学习物理学“米制系统”、地理学“比例尺”提供认知锚点并建立生活场景联结。教师引导学生讨论“为何体温用℃、身高用cm、体重用kg”，理解“不同属性需要不同单位”，

培养学科交叉思维。下面是关于“单位规范”的典型实践案例，教师通过角色扮演激发数学实验的参与感；实物测量实验衔接抽象概念与具象认知；荒诞剧场环节逆向强化对数学实验的正确认知；贯穿“观察—推理—验证”的科学思维流程。

典型案例：“数据侦探”游戏——单位规范

设计思路：“数据侦探”游戏，目的是让学生通过补充单位和推理实际场景来理解单位的合理性。首先，任务是要学生补充单位并思考是否符合现实，比如黑板长 4 米是否合理，橡皮长 5 米的话会有什么荒诞的情况。目标是强化单位和合理性的关联认知，通过夸张对比让学生明白正确使用单位的重要性。通过引入、活动说明、学生参与、讨论和总结这几个部分设计案例。引入部分用问题或者情境来带入，激发学生的学习兴趣。然后让学生阅读理解并解释游戏规则，即补充单位并判断合理性。接下来是学生开始进入游戏，参与过程中让他们举例并讨论，老师引导思考，例如，先让学生补充单位，然后问是否符合实际，再让他们想象错误单位带来的问题。同时，要鼓励学生自己举例说明，提高学生参与度，并从中反馈他们的理解程度。讨论部分要对学生的回答作出引导，让学生深入思考，自觉纠正错误。最后引导学生总结反思。在活动中，学生可能作出不同反应。比如，当老师问黑板长 4 米是否符合实际，学生可能会回答是或者不是，这时候需要引导他们思考教室的实际尺寸。对于橡皮长 5 米，学生可能会觉得好笑。这时候让他们描述荒诞的场景(如橡皮比桌子还大，却要放进铅笔盒)，可以强化合理使用单位的概念。教学中还要注意互动的方式，老师应该用鼓励性的语言来与学生互动。例如，“很好，注意到了生活观察的重要性”或者“没错，这就是单位不合理带来的混乱”。教师纠正学生错误时言行要委婉。例如，学生说黑板 4 厘米，老师可以引导他们用尺子比画，实际感知长度。教学中还可能出现学生对某些单位的实际大小没有概念等问题。例如，米和厘米如何区别。这时教师需要通过实物举例，帮助学生建立表象。例如课桌的长度、课本的厚度等。另外，学生可能会提出一些不常见的单位，这时候需要解释常用单位及其适用场景。

【教学片段】：《数据侦探大挑战——单位与合理性的奥秘》

师(手持问题记录表，学生四人一组讨论)：(神秘表情)同学们，今天我们要化身“数据侦探”破解一组神秘的数据谜案！每组会拿到一张问题记录表，需要补充合适的单位并还原真实场景。准备好了吗？

学生：(兴奋)准备好了！

活动一：初探案件——补充单位

师：（投影"橡皮长5"）第一个案件：小明的橡皮长度是5 ________？请侦探们补充单位并说明理由。

生A：5厘米！我的橡皮就是大约5厘米。

师：我认为是5米呢？

生B：（笑）那橡皮比教室还长！写错字要用梯子才能擦！

师：（板书"单位决定合理性"）太精彩了！这就是我们要侦破的关键——数字需要穿上合适的"单位衣服"才真实。

活动二：深度推理——场景还原

师：（出示"黑板长4"）第二个案件：这个教室黑板长4 ________？先补充单位再判断合理性。

生C：4米！我们教室黑板差不多这么长。

生D：如果是4厘米就只有手指这么长（比画），连一个字都写不下！

师：（举起米尺）实践出真知，请测量组测量黑板实际长度验证。（学生测量后报出3.2米）

师：所以4米是否符合实际？为什么？

生E：稍微长了一点，但比4厘米合理多了，说明估算时要结合生活经验！

活动三：荒诞剧场——强化认知

师：现在请各组自创一个"荒诞数据"，例如，"书包重100吨"，其他组要找出问题。

生F：我们写"蚂蚁高15米！"

生G：（抢答）那蚂蚁比教学楼还高！应该用毫米！

师：（总结）通过今天的破案你们发现了什么？

生H：我们发现，单位就像数据的身份证，选错单位会让信息变得……（停顿）

生I：（抢答）荒诞可笑！

师：回家后，记录或创造三个生活中因错误使用单位引发问题的例子。

第二节　小学数学教师角色转型

当教学环境从封闭走向开放，当知识权威从垄断走向共享，当学习目标从解题能力转向核心素养，教师的角色正经历一场静默而深刻的身份危机。这场危机并非灾难，而是蜕变的序章。传统课堂中，教师的角色被简化为"知识搬运工"与"纪律维护者”，体现在三个方面。一是控制癖，过度设计活动流程，用“第一步做什么、第二步做什么”的指令链束缚学生自主性。二是权威瘾，急于纠正“错误答案”，用“应该这样解”的评判阻断试错与反思。三是学科茧房，将数学视为孤立的符号系统，割裂其与生活、艺术、科技的天然联结。这些角色惯性，使得实践教学陷入“虚假繁荣”：学生在教师严密脚本中表演探究，却未真正经历“困惑—试错—顿悟”的思维生长周期。教师角色转型，旨在重塑教师在数学实践中的三重身份。

一、境遇设计师，从“预设活动”到“触发境遇”

教师作为“境遇设计师”，需从“预设标准化流程”转向“设计矛盾性触发点”，通过真实情境中的认知冲突，激发学生自主探究的内驱力。其本质是用问题替代指令，用不确定性替代确定性，让数学学习从“按图索骥”走向“探险式生长”。

(一)转型策略

教师转型为“境遇设计师”的策略有三个。其一，制造认知冲突，激活主动探究。教师作为境遇设计师，需刻意制造认知冲突，打破学生的思维惯性。针对低年级学生，可设计矛盾性测量任务：用不同非标准单位(手掌、书本、铅笔)测量同一课桌长度，得出“5 本书长、7 支铅笔长”的矛盾数据，触发对“统一测量标准”的迫切需求；高年级则通过真实消费问题(如“满 100 减 30”vs“第二件半价”)，让学生计算不同购物数量下的最优选择，点燃对函数关系与优化策略的探究欲望。此类冲突将数学概念从“被动灌输”转化为“主动求解的工具”，推动知识的意义建构。其二，留白艺术催化生成性学习。开放空间的设计赋予学生试错与创造的自由。例如，向三年级学生提供圆形、三角形等纸片，仅提问：“哪些图形能无缝铺满地板?”允许其自由拼接并发现六边形间隙问题；五年级“校园午餐浪费调查”中，学生可自主选择智能秤实时监测或传统问卷统计，生成多样数据收集方法。教师需从“纠错者”转为“价值捕手”——当学生争论“圆能否密铺”时，将其转化为“正多边形密铺临界条件”的探究课题，使偏离预设的“错误”成为深度学习契机。其三，扎根真实痛点，重塑知识价值。境遇设计需从虚拟情境走向社会性真实问题。低年级在“玩具交换市集”中，用恐龙模型、积木等实物实践等价交换，暴露“整数换零需求”(如 1 个大恐龙换 3 辆小汽车)，自然引出加减法应用；高年级则基于校门口早高峰拥堵数据(学生实地计数+家长访谈)，用统计图表设计分流方案并提交市政部门，使数学从“书本抽象”升维为“社会问题解决工具”。真实痛点的介入，让学生直观体悟数学的实践力量。

以上三大策略共同推动数学学习的本质变革：认知冲突策略颠覆“知识权威”，让学生直面矛盾、自主建构规则；留白策略消解“控制焦虑”，在开放空间中培育创新与韧性；真实痛点策略击碎“学科孤岛”，使数学与生活、社会深度联结。三者协同下，数学课堂从“标准化流水线”蜕变为“思维孵化器”，学生不再是知识的接收容器，而是问题的挑战者、策略的发明者与价值的创造者。

（二）行动转型对比

小学数学教师行动转型对比框架如表 4-2 所示。

表 4-2 小学数学教师行动转型对比框架：从预设活动到境遇设计——基于行为迭代与思维培育的双维分析

传统预设活动	境遇设计师行动	数学思维培养聚焦
分发统一测量工具并演示步骤	提供矛盾单位（手掌、书本）制造数据冲突	理解测量本质与标准化意义
讲解密铺定义并展示范例	抛出“地板翻修选材”问题，提供异形纸片	归纳图形特征与空间推理能力
规定统计调查表格格式	设置“午餐浪费”痛点，允许自主设计工具	数据意识与问题建模能力

（三）挑战与应对

教师转型为“境遇设计师”时，挑战与应对体现在两个方面。一是从应对课堂失控焦虑到结构化引导自主探究。教师转型为“境遇设计师”时，常面临课堂失控的焦虑：学生可能陷入无序试错，如反复拼接图形却无目标记录。对此，需设立“探究底线规则”为自由探索划定边界，例如要求“每尝试 3 种方案需在思维记录单上标注发现”，以此引导学生从盲目操作转向结构化反思。记录单可预设引导性问题（如“哪种拼接方式最节省材料？”“遇到了什么矛盾？”），既保留自主性，又确保思维聚焦核心概念。二是弹性目标链平衡预设与生成。境遇设计需在预设目标与生成路径间保持张力。以“密铺探究”为例，核心目标锚定为“理解图形角与边的特性”，但允许学生通过多元路径逼近本质：有的从“拼接方式”归纳图形互补规律，有的通过“角度计算”推导内角和条件，有的甚至从“美学规律”切入发现对称性价值。教师需预设“目标链”而非“任务链”，如将核心目标拆解为“发现边角关系→理解密铺条件→拓展艺术应用”，使不同探索路径最终汇向同一概念网络。

境遇设计师的终极追求，是将数学课堂从“教师独撰的剧本”变为“师生共写的侦探小说”。教师埋下认知冲突的线索（如矛盾测量数据），学生化身侦探追踪数学谜题（如“谁的长度更真实”），在协作推理中揭开规律面纱。这种转型并非否定预设，而是以更高阶的设计智慧，将知识转化为值得探索的“谜题”——当学生为破解谜题主动调用工具、争论方案、验证猜想时，数学思维便真正挣脱了“标准答案”的锁链，走向自主生长的未来。

二、认知协作者，从“评判对错”到“追问逻辑”

教师作为“认知协作者”，需从“答案裁判员”转型为“思维助产士”，通过追问、倾听与思维外化，帮助学生将隐性思考显性化，在对话中建构数学逻辑。其本质是用对话替代评判，用过程替代结果，让错误成为认知生长的阶梯。

(一)转型策略

教师作为认知协作者的转型策略有四个方面。一是以追问替代评判，解构错误背后的思维逻辑。教师作为认知协作者，需用追问替代简单纠错，将错误转化为思维诊断契机。面对低年级学生计算“$8+5=12$”时，教师不直接否定答案，而是追问：“能用小棒摆一摆吗？数到10后你是怎么数的？”以此暴露进位遗忘的迷思。对高年级解方程“$2x+3=11$”得$x=7$的错误，教师反问：“代入检验时两边相等吗？”引导学生自主发现等式平衡原则的误用。追问策略不仅保护学习信心，更让数学课堂从“结果审判场”变为“思维解剖室”。二是思维外化示范，让隐性思考向显性流动。教师需通过“出声思考”外化解题心智，示范数学家式的探索过程。例如，在计算不规则操场面积时，教师进行模拟思考：“可能需要分割成学过的图形，或估算……先试试分割法！”甚至故意犯错：“我以为所有三角形内角和都是180度，但凹三角形验证失败，必须修正！”同时，要求学生用思维气泡图记录步骤(如“画图→找关系→列式→检验”)，或录制“解题说理视频”，将内隐思维转化为可观察、可迭代的显性轨迹。三是重构课堂话语规则，培育学术对话生态。课堂话语规则需从“权威独白”转向“平等对话”。传统指令如“错了，正确答案是……”转为“你的第一步很特别，能解释吗？”聚焦思维独特性；命令式“按老师的方法做”转为“小明用方程、小红用画图，请互评优劣”，促进策略多元化。话语转型背后是思维文化的重塑——答案的对错不再是终点，逻辑的合理性与创新性成为核心价值。四是辩论式学习，在对抗中淬炼批判性思维。设计学术性对抗任务，让学生在观点碰撞中深化理解。例如组织“算法擂台赛”，为不同解法(竖式 vs 分解式)辩护，迫使双方从效率、准确性、适用性多维度论证；开展“反例攻防战”，针对“所有偶数都是合数”等命题，用特例检验普适性。此类活动将课堂变为思维角斗场，学生通过质疑、辩护、修正，逐步习得“大胆假设，严谨求证”的科学精神，让数学思考从“记忆模仿”升维至“批判创造”。

教师作为认知协作者的四大转型策略共同构建了“以思维生长为核心”的课堂新生态。追问策略将错误转化为认知冲突的燃料，思维外化让隐性思考成为可迭代的公共资源，话语重构打破权威独白、激活平等对话，学术辩论则淬炼批判性思维。在四者协同下，数学课堂从“答案生产线”蜕变为“思维实验室”：学生不再恐惧犯错，因为错误是逻辑进化的路标；不再依赖模仿，因为多元策略的碰撞催生创新；不再被动接受，因为每一次追问与辩护都在重塑其认知主权。这种转型的本质，是让数学教育回归其本源——不是灌输确定的知识，而是培育不确定世界中敢于质疑、善于推理、乐于创造的思考者。当教师从“答案的裁判”变为“思维的园丁”，数学便真正成为学生理解世界、改造世界的语言与工具。

(二)行动转型对比

小学数学问题解决策略对比如表 4-3 所示。

表 4-3　**小学数学问题解决策略对比：权威灌输 vs 协作引导——从“答案纠错”到“思维发展”的教学行为转型**

对比维度	传统处理方式	协作处理方式
教师行动	直接否定错误答案，讲授标准解法(假设法)	接纳错误，追问逻辑，引导检验与策略对比
学生体验	被动接受套路，机械记忆解题步骤	自主暴露矛盾，调整策略，理解方法适用条件
思维培养目标	强化记忆与模仿能力	发展批判性反思与策略优化能力
典型话语	“答案不对，应该用假设法……”	“你的方法很特别，能解释吗?”“如果笼子真是这样，脚数对吗?”
教育结果	答案正确但逻辑僵化	答案自修正，理解假设法的本质与多元解法价值

通过对比揭示两种教学模式的本质差异。传统教学模式以“纠错—灌输”为核心，追求答案正确性，牺牲思维深度。协作模式以“接纳—追问—检验”为链，将错误转化为认知冲突，推动元认知发展。该表旨在为教师提供可操作的反思工具，助力角色转型。

(三)挑战与应对

教师作为认知协作者面临的挑战与应对有两个方面。一是化解时间压力下的追问焦虑，精准聚焦与预设支持。教师作为认知协作者常面临“深度追问与教学进度”的冲突，担忧课堂时间被开放式对话拖长。应对需兼顾效率与思维深度：精选关键追问点，聚焦概念易错处(如分数比较中的“整体 1”混淆)、策略分歧点(如解方程时“移项”与“逆运算”的路径差异)，避免泛泛而谈；预设追问链工具，例如针对“分数大小比较”设计阶梯式问题集(“能用面积模型解释吗?”“如果分母不同怎么办?”“能否转化为小数?”),形成可快速调用的“问题银行”,确保追问既有结构又不失灵活。二是打破沉默困局,多元表达与思维脚手架。学生沉默或表述混乱常源于认知超载或表达自信不足。破解需双轨并进:提供思维脚手架,如用引导句“先说说你的方法,再找可能的问题点”帮助学生结构化表达(如先陈述“我用画图法”,再自查“可能漏掉了隐藏条件”);接纳非语言表达,允许学生用实物操作(如摆小棒展示进位过程)、绘图(如流程图解方程步骤)甚至手势模拟(如用手臂夹角示意角度大小),让思维突破语言屏障。此举不仅降低表达焦虑,更激活多元智能参与,使数学交流从“言语独木桥”变为“立交桥”。

“认知协作者”角色的精髓,在于将课堂从“答案审判庭”转变为“思维实验室”。当教师不再急于宣告对错,而是用追问点燃思考、用外化示范元认知、用对话规则培养学术严谨性时,学生将逐渐内化“数学家式”的思维习惯——重证据、讲逻辑、敢质疑。这种转型不是降低教师作用,而是以更专业的方式,让数学教育从“传授知识”升维至“培育思考者”。

三、跨界联结者,从“学科孤岛”到“网络节点”

教师作为“跨界联结者”,需打破学科壁垒与技术边界,将数学嵌入真实世界的复杂网络中,使其成为联结科学、艺术、工程与社会问题的“通用语言”。其本质是用整合替代割裂,用联结替代封闭,让数学学习从“孤立的符号游戏”升维至“跨域问题解决的思维枢纽”。

(一)行动策略

教师作为跨界联结者的行动策略有三个。一是跨学科协作,打破学科壁垒,培养复合思维。教师作为跨界联结者,需以数学为轴心辐射多元学科,构建知识融通的学习网络。低年级可开展“自然测量”项目,通过树叶分类(科学)理解形状与对称性(数学),记录影子长度变化(科学)探索时间与长度的函数关系(数学);高年级则联合美术教师开发“几何艺术展”,用黄金分割比设计画框(数学+美学),以密铺原理创作镶嵌壁画(数学+艺术)。此类协作消解学科边界,让学生在真实问题中体验数学的工具性与美学价值,孕育“数学+”复合思维。二是社区资源活化,让数学扎根社会土壤。联结社区资源,使数学从课堂走向社会服务。邀请传统木匠解析“榫卯结构的几何稳定性”,学生用三维坐标系建模传统家具,理解几何与力学的交织;联合社区医院设计“老年人用药时间统计表”,用统计图表优化服药提醒方案,让数据素养服务于公共福祉。典型案例“菜市场经济学”项目中,学生调研菜价波动(数学),分析气候与产量的关联(科学),最终输出公平交易倡议书(社会研究),实现知识应用与社会责任的共生。三是技术哲学对话,平衡工具理性与数学直觉。技术介入需兼顾赋能与反思。在编程教学中，用 Scratch 模拟“硬币投掷实验”，对比计算机百万次结果与理论概率，引发“大数据与小样本认知差异”的哲学讨论；VR/AR 技术拆解几何体时，同步用橡皮泥实物拼接，对比虚拟与具身认知对空间观念的影响。技术使用需警惕“思维外包”——如计算器替代竖式计算前，须确保学生理解算理。技术应成为延伸思维的“望远镜”，而非替代思考的“拐杖”。

以上三大策略共同推动数学教育的生态转型：跨学科协作重塑知识结构，让学生看见数学的联结力；社区资源活化重构学习场景，让学生体验数学的服务力；技术哲学对话重审工具价值，让学生掌握数学的批判力。三者协同下，数学教育从“孤立的知识点”走向“立体的素养网”，儿童不再是解题机器，而是能用数学理解文化、服务社会、驾驭技术的未来公民。

(二)行动转型对比

小学数学教师跨界教学行动转型对比表如表 4-4 所示。

表 4-4 小学数学教师跨界教学行动转型对比表
——从学科孤岛到融合实践的核心素养培育路径

传统学科孤岛模式	跨界联结者行动	核心素养培养指向
独立讲授分数运算规则	与烘焙课联动设计“蛋糕配方缩放”任务	分数应用与比例思维
用教材例题解释统计概念	联合环保组织分析社区垃圾分类数据	数据决策与社会责任感
禁止使用手机等电子设备	引入气象 API 接口分析温度与冰淇淋销量关系	数字工具伦理与信息处理能力

本表通过三组典型对比，揭示小学数学教师从“学科孤岛”到“跨界联结”的转型路径及其素养培育价值。传统模式中，教师孤立讲授分数规则、统计概念，甚至排斥技术工具(如禁用手机)，导致数学沦为脱离情境的符号训练；跨界行动则以真实问题为纽带，联结烘焙、环保、信息技术等多领域——例如通过“蛋糕配方缩放”任务(数学+劳动教育)理解分数与比例的生活意义，借助气象 API 分析温度与销量关系(数学+数据科学)培养信息伦理意识。其本质是推动数学教育从“解题能力”向“做事智慧”跃迁：知识不再囿于纸面，而是成为优化生活(如合理配比)、服务社会(如垃圾分类决策)、驾驭技术(如 API 调用)的思维工具，最终培育出兼具理性思维、社会责任与技术素养的未来公民。

(三)挑战与应对

“跨界联结者”角色的终极意义，在于让数学教育从“封闭的知识容器”变为“开放的生态网络”。当教师能娴熟联结木匠的智慧、艺术家的直觉、科学家的严谨与技术的力量时，学生将看见数学如何在不同领域“转码”价值——分数不仅是试卷上的计算题，更是蛋糕配方的科学配比；几何不仅是教科书上的定理，更是榫卯结构的千年智慧。这种转型不是否定数学的独立性，而是以更宏大的格局，让儿童在联结中理解：数学的真正力量，不在于其本身多完美，而在于它如何让世界更可理解、更可改变。

四、案例对比

（一）日常优秀案例：《课本长度国际认证》

案例：《课本长度国际认证》

1. 任务情境

联合国教科文组织需建立全球课本长度数据库，请提交规范测量报告。

2. 核心步骤

（1）跨国协作：模拟不同国家学生使用本地工具（如美国英寸尺、中国市尺）测量，对比单位混乱导致的数据不可比性，引出“国际单位制标准化”议题。

（2）环境变量实验：将金属直尺放入冰箱冷却后复测，观察热胀冷缩对结果的影响，启蒙“控制环境变量”的意义。

（3）数据发布会：引进误差范围格式（相差2毫米左右）提交终版数据，模仿学术会议报告。

3. 思维升华

“为什么全球科学家要共享实验方法？——因为只有可复现的数据才能推动人类知识进步。”

【教学片段】

教室投影展示“联合国教科文组织任务函”，背景切换为世界地图。

师：（神秘地）同学们，今天我们的身份是“国际测量特工队”。联合国需要一份全球统一的课本长度报告，但刚收到各国数据——（点击屏幕）日本的23.5厘米、巴西的9英寸、中国的0.63市尺……这些数字能直接比较吗？

生A：（举手）老师，单位不一样，像巴西用英寸，中国用市尺，数字当然不同啦！

师：（竖起大拇指）火眼金睛！这就是历史上科学家们遇到的难题。19世纪前，法国用“法尺”，英国用“英寸”，连秦始皇都要“车同轨、书同文”呢！（展示古代尺子图片）那怎么让全世界的测量数据“说同一种语言”？

生B：（兴奋）用厘米！国际单位制！

师：没错！现在请各组用统一厘米直尺重新测量。不过——（突然从保温箱取出冰镇直尺）第三组用这把刚从冰箱拿出的尺子，其他组用常温尺。开始行动！

（学生分组操作，第三组惊呼："老师！尺子变短了！课本测出来21.5厘米，比别组多0.3厘米！"）

师：（引导）想想早餐喝的盒装牛奶，冷藏后是不是会微微收缩？金属尺遇冷也会"缩骨功"，所以科学家做实验时必须……

生C：（抢答）实验室的温度要保持，不能一会儿热，一会儿冷。

生D：哦，我一直不理解恒温的道理，原来是这样啊。

师：（微笑点头）是的，科学测量数据是有讲究的。现在请各组讨论，如何发布你们的数据，五分钟后召开"全球数据发布会"。（学生激烈讨论）

生E：（模仿学术报告）经过三次测量，我们认为课本长度应表示为21.0厘米，但可能有2毫米的相差，这代表测量可能的误差。

师：想想为什么科学家要公布实验的步骤，要解释某种理论的计算……（停顿）

生F：（若有所思）如果不公布那后人就无法验证或改进，科学就会停滞！

师：（总结）今天你们重现了科学史上两大里程碑——单位标准化与控制变量法。科学家共享方法，如同在知识海洋中留下航标（点击屏幕展示CERN实验室照片）。

本案例，教师设计多彩活动让学生通过角色扮演、认知冲突（单位混乱/热胀冷缩）、学术仪式感（数据发布会），从"解决现实问题"切入，将抽象科学思维转化为学生的具身认知体验，让学生经历了一次微型科研项目的实践。通过这种早期培养，学生不仅学会"如何记录数据"，更重要的是形成"为什么要规范记录数据"的深层认知，为其终身学习植入科学思维的"基因片段"。

（二）教师角色转型后的案例：《课本长度国际认证》

1. 境遇设计升级：从预设流程到矛盾触发

1）真实痛点重构

（1）多国数据冲突生成：将学生分为"中、美、巴、日"四国测量组，每组使用差异化工具体验（中国组：市尺+厘米尺；美国组：英寸尺+游标卡尺；巴西组：自制纸带刻度尺；日本组：电子数显尺）。测量后直接投屏原始数据，暴露单位混乱（如"0.63市尺""9英寸""235毫米"），触发认知冲突："如何让全球科学家理解彼此的数据？"

(2)环境变量黑箱挑战：除冰镇直尺组外，新增“强光照射组”(金属尺热膨胀)与“潮湿环境组”(纸质尺变形)，要求三组同步测量，生成差异数据(如21.5厘米/21.2厘米/21.8厘米)，引发对“科学实验条件控制”的深度追问。

2)跨界资源嵌入

(1)历史维度：提供古埃及腕尺、秦代商鞅方升等3D模型，学生操作虚拟文物测量课本，对比古代标准差异，理解“统一度量衡”的文明意义；

(2)科技前沿：引入国际空间站微重力环境下的激光测量视频，讨论极端条件下如何保证数据可比性。

2. 认知协作深化：从权威讲授到思维助产

1)追问链设计

(1)冲突点追问：“为什么日本组的数据精确到毫米，而巴西组只有整数?”(触发对工具精度的思考)。

(2)“如果秦始皇穿越来参会，他会怎么评价我们的数据混乱?”(关联历史经验迁移)。

(3)假设验证引导：“第三组数据偏差最大，可能受哪些因素影响?如何设计实验证明?”(如对比常温/冷冻条件下尺的刻度变化)。

2)思维可视化工具

(1)误差分析矩阵如表4-5所示。

表4-5 **小学数学测量误差分析矩阵表**

——误差来源、影响与改进方法的三维解析

误差来源	可能影响	改进方法
工具精度差异	数据小数位数不同	统一使用游标卡尺
温度变化	金属尺热胀冷缩	恒温实验室环境
人为读数偏差	视线不垂直	多人多次测量取均值

(2)学术海报设计模板如表4-6所示。

表4-6 **小学数学学术海报设计模板**

——“课本长度国际认证”项目从研究问题到行动建议的全流程思维可视化

板块	内容设计	图示规范与符号示例
研究问题	用卡通对话气泡呈现核心问题： “如何让全球科学家理解我们的课本长度数据?”	配图：地球图标+不同国家尺子拼贴，箭头指向“混乱的单位”。

续表

板块	内容设计	图示规范与符号示例
方法	分步图示测量过程： 工具选择(标尺、游标卡尺对比) 环境控制(恒温箱 vs 教室常温) 多人多次测量	使用流程图符号(⚙工具→环境→协作)，配实物操作照片。
数据结果	柱状图展示各组数据： *X* 轴：测量组别(常温组、冰镇组、强光组) *Y* 轴：长度值(单位：厘米)——误差条标注波动范围(如 21.0±0.2cm)	误差条用彩色虚线标出范围，“±”符号放大强调，柱体颜色对应环境条件(蓝/红/黄)。
关键发现	用“放大镜”图标聚焦结论： 工具精度影响数据小数位数 温度变化导致±0.3cm 偏差 多人测量可减少人为误差	数据旁标注： ☆(重要发现) **?**(未解疑问)。 例如，“金属尺会热胀冷缩☆”“纸质尺怕潮湿**?**”
我们的建议	手绘创意提案： 给联合国的信：全球使用厘米单位 实验室守则：恒温 22℃+多人复核	🌐 用图标链接虚拟联合国徽章，图标展示手写倡议书片段。

(3)可视化工具设计如表 4-7 所示。

表 4-7 **小学数学数据波动范围可视化工具设计表**
——图形符号标注与儿童化科研规范示例

可视化类型	符号/图示示例	教育功能	适用场景
柱状图+误差条	常温组：蓝色柱体+灰色虚线误差条(20.8~21.2cm) 冰镇组：红色柱体+虚线(21.2~21.8cm) 强光组：黄色柱体+虚线(20.4~21.2cm) 图例：▲+颜色编码	直观对比不同条件下数据波动，理解误差范围概念	多组实验数据对比分析
动态波动箭头	↑↓箭头标注偏离方向(如“21.5cm↑”) 温度影响链：🌡+📏→📉(温度降→尺缩短)	动态呈现变量关系，培养因果推理能力	单一变量影响分析(如温度、湿度)

续表

可视化类型	符号/图示示例	教育功能	适用场景
科研符号迁移	显著性标注：☆(重要发现)/！(偏差明显) 儿童化置信区间："几乎确定在20.8~21.2cm！"	衔接科研规范与儿童认知，启蒙科学表达逻辑	结论总结与研究报告撰写

数据波动范围可视化工具设计表设计说明如下。首先，设计逻辑上体现两个方面。一是分层递进，从静态数据对比(柱状图)到动态关系呈现(箭头)，最后升维至科学语言转化，匹配儿童认知梯度。二是符号双轨制。保留科研符号骨架(如误差条、显著性)，用表情符号和色彩替代复杂术语。其次，教学价值体现在两个方面。一是误差直觉化。通过彩色区间与箭头，将抽象"±0.2cm"转化为视觉可感知的波动范围。二是科学启蒙。用！替代"$p<0.05$"，让小学生初识"数据可靠性"概念。最后，拓展方面有两个建议。一是跨学科延伸。在科学课中复用模板分析植物生长高度误差。二是家庭实验。提供空白表格，让学生记录家用工具测量结果(如冰箱冷藏前后尺寸变化)。该表设计意图有三点：一是学术规范儿童化，将误差条、显著性符号等科研元素转化为色彩、图标、简单语言，兼顾科学严谨性与儿童认知水平；二是思维可视化，通过对比柱状图、环境符号(□/●)，直观呈现"工具—环境—人为"因素对数据的影响；三是互动拓展，预留"空白数据框"供学生补充家庭实验数据(如用冰箱冷藏尺子复测)，鼓励迁移探究。此表格模板将科研论文的"误差分析"转化为小学生可操作、可理解的视觉语言，让儿童在扮演"小科学家"的过程中，初步体验科学表达的规范与美感，为未来学术素养奠基。

3. 跨界联结拓展：从课堂模拟到社会参与

(1)全球数据协作网络：通过教育协作平台(如 Padlet)与海外结对班级同步开展测量，实时上传各国数据(附环境参数)，生成动态对比地图，直观展现"统一单位制"的全球意义。

(2)社区科学行动：将课堂实验方案迁移至社区图书馆，组织"家庭测量工具校准日"，学生担任"测量顾问"，帮助居民检测卷尺精度，并解释环境因素影响(如冬季地暖导致木地板缝隙变化)。

4. 技术介入下的批判性对话

工具理性反思：

(1)技术对比实验：对比手工测量、电子测量与 AI 图像识别的结果差异，讨论"精度越高越好吗？何时需要'模糊的正确'？"(如地震救援中快速估算建筑尺寸)。

(2)算法伦理辩论："如果 AI 自动剔除'异常数据'，会掩盖哪些重要信息？"

(如冰镇尺数据可能揭示材料缺陷)。

5. 教学片段示范

(1)境遇启动:

教室灯光调暗,投影浮现虚拟联合国徽章与多国课本堆积的全息影像。AI助手播报任务:“警报!全球教育数据危机——各国课本长度无法比对,急需‘国际测量特工队’支援!”

(2)认知冲突:

生A:(操作电子数显尺)日本组报告:23.53厘米!

生B:(挥动市尺)中国组:0.63市尺!这怎么比?秦始皇都要生气了!

师:(弹出古代计量战争动画)2000年前中国为何“车同轨”?如果楚国马车跑进秦国的轨道……

生C:(顿悟)会卡住!所以必须统一!

(3)变量实验:

生D:(摸冰镇尺)我们的尺子缩了!测出来21.5厘米,比常温组多0.3厘米!

师:(递上红外测温枪)扫描各组尺面温度,填入表格,能发现什么规律?

生E:(惊呼)温度越低,金属尺越短!怪不得实验室要恒温!

(4)跨界发布:

生F:(佩戴AR眼镜)在全球数据地图上标注:“建议各国采用21.0厘米±0.2厘米,需注明测量时温度!”

师:(点击生成NFT证书)这份报告将永久存入区块链图书馆,未来科学家可追溯我们的方法!

以上案例中教师角色转型体现三重跃迁。其一,境遇设计师,用跨国危机、历史冲突、变量黑箱构建认知动力系统。其二,认知协作者,以追问链和可视化工具催化深度思辨。其三,跨界联结者,让课堂数据接入全球网络,使学习成果产生真实社会价值。学生不再是“单位换算的技工”,而是“人类知识共同体的共建者”——这,正是数学教育从“学科教学”走向“文明对话”的终极意义。

第五章　小学数学素养的养成机制

数学素养的养成，不是知识的线性累加，也不是技能的机械训练，而是一场思维基因的渐进式进化。它如同种子在土壤中的萌发，需要适宜的温度、持续的光照与自由的伸展空间——这些条件如何协同作用，催生出学生观察世界的数学眼光、思考现实的数学逻辑、表达洞见的数学语言，正是本章试图揭示的奥秘。

第一节　小学数学素养的动态养成模型

数学素养的培育绝非静态的知识填装，而是一场充满张力的思维进化之旅。当传统课堂仍执着于“正确解法”的机械训练时，真实世界早已向数学教育发出诘问：面对不确定性问题(如疫情数据预测、人工智能伦理)，学生能否调动数学思维理解混沌、参与决策、守护理性？这一叩问，揭示了素养养成的本质——它如同生命体，需要在情境的土壤中扎根，在试错的风雨中抽枝，在迁移的阳光下舒展。动态养成模型应运而生，其核心理念在于：数学素养并非若干技能的简单叠加，而是知识网络、关键能力与情感价值在真实问题解决中持续交互、迭代生长的复杂系统。本节将解构这一系统的三维框架(认知—能力—情感)，揭示其螺旋进阶的四阶段路径(萌芽—生长—跃升—拓展)，并锚定教师角色转型、技术介入伦理、评价体系重构等关键支点。唯有将数学教育从“答案生产线”解放为“思维生态圈”，儿童才能真正驾驭数学的语言，在不确定的未来中成为“清醒的思考者”与“负责任的行动者”。

一、数学素养的动态性内涵

数学素养的动态性，打破了“知识堆积”的传统认知，强调其在真实情境中通过迁移、迭代与情感浸润实现协同生长的本质。动态性本质是数学素养的生长逻辑。它并非固定不变的能力清单，而是随着问题复杂度提升、认知经验积累与社会互动深化不断进化的生态系统。这种动态特质决定了数学教育需超越机械训练，转向支持持续适应的学习设计。三维核心特征是素养进化的内在动力。动态素养的核心特征锚定三大维度。一是适应性，应对不确定性问题(如突发数据预测)的策略调整力。二是联结性，跨学科整合能力（如用统计思维分析科学实验）。三是生长性，为终身学习奠基的元认知意识（如从错误中提炼通用解题框架）。三者相互交织，构成素养生长的动力网络。

二、动态养成模型的三维结构

（一）认知维度——从具象到抽象的螺旋生长

数学认知的发展遵循“具身操作→符号抽象→模型迁移”的螺旋路径。低年级通过实物测量（如用木棒比量课桌）、分类统计（如整理文具数量）建立数感与量感；中年级在具象与抽象间架桥，例如从“月饼分割”理解分数意义后，过渡到数轴上的等分标记；高年级则聚焦复杂问题中的策略迭代，如通过“校园午餐配送路线优化”项目，将函数思想启蒙从数学题迁移至现实决策，完成认知的质变跃升。

（二）能力维度——分层递进的关键能力图谱

数学能力以阶梯式结构持续迭代。基础层夯实运算、测量等生存性技能；进阶层发展数据推理（如从家庭用电趋势预测能耗）、空间想象（如三维建模设计游乐园）、算法设计（如设计最优值机流程）等复杂问题解决能力；高阶层则指向未来社会需求的批判性思维（如质疑数据偏见）、跨学科整合（如数学—艺术—工程共构桥梁模型）、技术伦理判断（如 AI 决策的公平性分析），形成终身学习的“能力金字塔”。

（三）情感维度——从兴趣到价值的浸润式培育

情感态度通过三类体验阶梯式浸润。一是兴趣激发，借游戏化任务（如“数学密室逃脱”破解几何谜题）点燃好奇心。二是培养依托容错机制（如“算法优化挑战赛”允许多次试错）重塑“失败即反馈”的成长型思维。三是价值认同，在社会实践中升华。例如分析社区垃圾数据助力清运优化，让学生体悟数学对公共福祉的推动力，完成从“趣味”到“意义”的价值内化。认知、能力与情感并非孤立运转，而是相互渗透的生态网络。认知发展需能力支撑（如空间想象助力几何模型建构），能力进阶依赖情感驱动（如抗挫力保障复杂问题的持续探究），情感浸润又需认知成果反哺（如用数据说服社区后的价值获得感）。在三维协同下，数学素养如生命体般呼吸生长，在“知识—能力—品格”的共振中，孕育出适应未来挑战的“完整的人”。

三、动态发展的四阶段模型

小学数学素养的动态发展遵循“具身认知→符号抽象→策略创新→社会赋能”的渐进逻辑，可划分为萌芽期、生长期、跃升期与拓展期四阶段。萌芽期（1～2 年级)以实物操作为核心，在触摸、拼摆中建立数学与物理世界的直接联结；生长期(3~4年级)聚焦符号与模型的交互建构，通过矛盾情境催化初步抽象；跃升期(5~6年级)强调策略多元化与技术辩证应用，孕育批判性思维；拓展期(课外延伸)则突破课堂边界，在家校社协同与技术赋能中深化素养的社会价值。四阶段环环相扣，构成素养生长的完整生命周期。动态发展阶段模型框架如表5-1所示。

表5-1 小学数学素养动态发展四阶段模型框架
——从具象操作到社会技术赋能的渐进路径

阶段	典型特征	教学策略	典型案例
萌芽期(1~2年级)	依赖实物操作，思维具象化	多感官体验(触摸、拼摆)、生活化情境嵌入	“用身体丈量教室”——理解非标准单位与测量意义
生长期(3~4年级)	符号与模型双向建构，初步抽象	可视化工具辅助(思维导图)、矛盾情境设计	“分享月饼”——分数等分冲突引出通分必要性
跃升期(5~6年级)	策略多元化，批判性思维萌芽	开放式问题解决、技术介入的辩证讨论	“最优放学路线”——GIS地图与数学建模结合
拓展期(课外延伸)	社会参与与技术赋能深化素养	家校社协同项目、虚拟实验室拓展	“家庭能源审计”——数据采集、分析与节能方案设计

四阶段模型不仅为小学数学素养培育提供了清晰的“生长路线图”，更揭示了教育设计的底层逻辑：数学学习应从儿童的身体经验出发(萌芽期)，经历认知冲突的淬炼(生长期)，在技术与社会双重语境中实现思维跃迁(跃升期)，最终升华为改造世界的行动力(拓展期)。这一框架警示教师需摒弃“一刀切”教学，转而关注阶段适配性——如在萌芽期避免过早抽象化，在跃升期警惕技术替代深度思考。唯有尊重素养生长的自然节律，方能真正唤醒数学的育人力量，让儿童在“动手做”“动脑辨”“动心行”中，成为知识的主人与世界的共建者。

四、动态养成的关键影响因素

小学数学素养的养成并非单一要素的线性作用，而是教师角色、学习生态、技术逻辑与文化环境四者交织的协同网络。这一网络如同“素养培养皿”，既需要教师作为设计师与协作者激活认知动力，也依赖生态资源供给、技术伦理校准与社会价值认同的共力支撑。四者缺一不可，共同构成动态素养生长的底层支持系统。

(一)教师角色转型：从知识权威到三重身份的重构

教师需突破“知识搬运工”的桎梏，向境遇设计师、认知协作者、跨界联结者三位一体转型。前面内容已介绍，此处简述。境遇设计师即设计真实矛盾任务(如“多国单位混用导致数据混乱”)，点燃探究需求。认知协作者即以追问替代评判(如“你的方法有什么依据”)，外化思维过程。跨界联结者即联动社区工匠解析传统工艺中的数学智慧(如榫卯结构的几何稳定性)，让课堂与社会共振。

(二)学习生态构建：虚实融合的资源支持与包容评价

学习生态构建即指构建“物理—数字—社会”三维学习空间。一是资源融合，AR几何工具动态展示立方体展开图，同步提供纸质模型供拼接，兼顾直观与抽象。二是评价革新，采用“过程性学档”(如测量误差记录表)与“表现性量规”(如能提出2种以上验证方案)，替代标准化测试。三是社会接入，与社区图书馆共建“数学问题银行”，收纳真实问题(如公园人流量统计)供课堂调用。

(三)技术介入逻辑：在工具理性与数学直觉间寻求平衡

技术应用需遵循“辅助而非替代”原则。一是算理优先，使用计算器前，需确保学生理解竖式运算的本质(如“32×15”的分配律分解过程)。二是批判使用，编程教学中，对比Scratch模拟结果(技术理性)与理论推导(数学直觉)，讨论误差来源。三是伦理启蒙，分析AI人脸识别中的算法偏见案例，理解数学模型的伦理边界。

(四)文化环境浸润：家校社共筑数学意义网络

家庭认知重塑主要通过“家庭数学日”活动(如测量房屋面积并制定装修预算)，消解“数学=做题”的刻板印象。社区问题供给可以由市政部门提供真实数据集(如垃圾分类站点流量)，学生用统计图表提出优化方案。文化叙事赋能，主要指挖掘传统数学智慧(如算盘中的进制思想)，在古今对话中增强文化认同。

以上四大因素构成动态养成的“黄金四边形”。教师角色转型是引擎，学习生态是土壤，技术逻辑是杠杆，文化环境是气候。唯有四者协同，数学素养方能挣脱“课堂盆景”的局限，真正扎根生活沃土。未来教育需警惕“技术至上”的陷阱，在工具与人文间找到支点；需打破“家校割裂”的壁垒，让数学成为联结代际与领域的通用语言。当儿童能在社区数据中看见数学的力量，在家庭对话中感受数学的温度，他们终将理解：数学不仅是纸上的符号，更是理解世界、参与变革的思维护照。

五、实施路径设计

小学数学素养的动态养成需依托系统化的实施路径，将认知冲突、技术赋能与评价革新串联为有机整体。这一路径以“境遇链”激活探究动机，以“技术架”支撑深度分析，以“评价网”牵引持续改进，三者协同破解“知识灌输”与“素养生成”的实践鸿沟，为数学教育从“授人以鱼”转向“授人以渔”提供可操作的行动蓝图。

(一)境遇链设计：从认知冲突到社会行动的完整周期

境遇链以“认知冲突→自主生成→社会延伸”为轴，构建素养生长的完整闭环。一是认知冲突触发，设计矛盾性任务打破思维定式，如多单位测量冲突(用英寸、市尺、厘米测量同一物体生成混乱数据)，迫使学生在数据矛盾中寻求标准化解决方案。二是留白与生成，预留弹性空间容纳非常规策略，如统计班级身高时，允许学生自主选择分组方式(等距分组 vs 自然聚类)，对比不同方法的优劣。三是社会性延伸，推动课堂成果向真实世界迁移，如将“数学步道”设计方案提交市政部门，参与城市公共空间规划，使学习成果产生社会价值。

(二)技术支持框架：数据驱动下的深度探究

构建“采集—分析—共享”三位一体的技术支撑体系。数据采集层，利用物联网传感器(如温湿度计、运动手环)实时捕获实验数据(如植物生长高度、运动心率)，确保信息的客观性与即时性。分析建模层，借助低代码工具(如 Excel 动态图表、Scratch 模拟程序)降低技术门槛，例如用折线图可视化家庭能耗趋势，用编程模拟概率实验。共享反馈层，通过跨校协作平台(如 ClassIn 全球教室)发布“社区垃圾分类优化报告”，与世界多地学生互评方案，形成“学习—实践—反思”的全球共同体。

(三)评价体系创新：从分数导向到素养画像

构建多维评价网络，让素养发展“可见、可测、可干预”。一是过程性证据。建立电子学档系统，收录学生操作视频(如测量方法迭代)、错误日志(如算法调试记录)、反思日记(如“我从数据矛盾中学到了……”)，完整还原思维轨迹。二是表现性指标，开发核心素养行为锚定量表，例如“模型建构能力”分为 4 级：L1(模仿教师范例)→L4(自主设计跨学科模型)，用具体行为描述替代抽象分数。社会性反馈，引入真实用户评价机制，如社区对“公园长椅优化方案”的采纳率、市政部门对“交通流量报告”的引用次数，让社会认可成为素养养成的终极认证。小学数学过程性证据评价体系设计如表 5-2 所示。

表 5-2 小学数学过程性证据评价体系设计表

——基于电子学档的思维轨迹可视化与教学干预框架

评价维度	证据类型	具体内容描述	记录工具/平台	典型案例	教学应用建议
操作规范性	操作视频	录制学生使用工具(如直尺、量角器)的完整过程,捕捉方法迭代(如从粗略比画到精准对齐)	班级云盘、Seesaw 教育平台	视频对比"第一版测量(零刻度未对齐)→第三版(多次复核取均值)"	回放视频集体分析,提炼规范操作要点(如"三查":查零刻度、查单位、查视线垂直)
错误调试能力	错误日志	记录解题过程中的试错步骤(如竖式计算进位遗漏、几何展开图拼接错误)及修正策略	编程学习平台(如 Scratch 调试记录)、错题本 App	日志条目:"尝试先加个位→发现未进位→用计数器演示满十进一→成功修正"	基于高频错误类型设计专项训练(如"进位红绿灯"提示法)
元认知发展	反思日记	文字或语音记录学习感悟(如"我发现测量时温度会影响结果,以后要注意环境统一")	电子日记本(如印象笔记学生版)、班级博客	日记节选:"今天用不同计量单位测同一张桌子,数据乱套了!老师说的'标准化'太重要了,不然科学家怎么合作?"	组织"反思之星"分享会,将优秀日记转化为墙报或播客
思维进阶分析	跨证据关联分析	将视频、日志、日记按时间线整合,标记关键突破点(如"从具象操作到符号抽象的转折期")	时间线工具(如 Tiki-Toki)、思维导图软件	时间轴显示:"第 1 周(摆小棒加法)→第 3 周(发现进位规律)→第 5 周(自主解释竖式原理)"	生成个性化学习报告,标注优势与待改进点,推送适配练习资源
社会协作能力	小组讨论录音	收录小组合作中的发言贡献(如提出创新方案、协调分歧)	录音笔、腾讯会议云端存储	录音片段:"我建议先统一单位,不然数据没法比!""好,那 A 组用厘米,B 组用英寸,最后换算对比!"	开展"最佳协作者"评选,强化倾听、质疑、说服等协作技能
技术伦理意识	技术使用反思报告	分析数字工具的双面性(如"计算器快但容易依赖""AI 解题可能掩盖思考")	在线文档协作平台(如腾讯文档、石墨文档)	报告节选:"用 Scratch 模拟概率实验时,发现计算机结果和理论值有微小差距,可能是随机数生成算法不完美!"	组织"技术利弊辩论赛",探讨"何时该用技术?何时该亲手操作?"

本评价体系遵循"证据多元—工具适配—行动闭环"三位一体的设计逻辑。一是多证据协同。通过视频、日志、日记等多模态证据协同,立体还原学生思维轨迹,规避单一数据片面性;选用 Seesaw、Scratch 等教育专用平台,在保障数据隐

私的前提下简化操作流程；每类证据均配教学建议(如“三查”测量法提炼)，确保评价结果直指教学改进，形成“采集—分析—干预”的完整闭环。二是典型案例双向赋能。典型案例库兼具“脚手架”与“催化剂”功能：教师端提供可模仿的操作范例(如测量视频对比)，降低工具使用门槛；学生端通过同伴优秀案例(如反思日记墙报)，直观感知“好证据”标准，激发自主优化动力。案例成为勾连评价与实践的枢纽，让抽象指标具象可学。三是扩展应用的生态化联结。打破评价的课堂边界，构建家校社协同网络：家长通过权限账号参与电子学档共建(如上传家庭实验视频)，在“数学生活日”中深化理解；跨学科共享证据资源(如科学课调用测量视频，语文课分析反思日记逻辑)，推动素养培育从“数学单科突围”转向“全科生态浸润”。

表 5-3 小学数学核心素养行为锚定量表

——基于等级描述与典型案例的模型建构·数据意识·空间观念评估框架

核心素养目标	等级	行为描述	典型案例
模型建构能力	L1	在教师明确指导下，模仿范例完成简单模型操作。	根据教师提供的步骤，用计数棒模拟“8+5=13”的加法过程。
	L2	在提示下选择合适模型解决常规问题，能复现基本步骤。	用面积模型(方格纸)计算长方形面积，需教师提示“先数长再数宽”。
	L3	自主选择或调整模型解决新情境问题，能解释模型合理性。	设计饼状图分析班级喜欢的运动项目占比，并说明“圆形代表整体，扇形大小反映比例”。
	L4	创造性构建跨学科复杂模型，优化解决方案并评估其局限性。	为校园菜园设计“种植效益模型”，整合数学(成本/产量比)、科学(光照需求)、工程(灌溉布局)。
数据意识	L1	能在指导下收集简单数据，使用预设表格记录信息。	统计小组同学喜欢的颜色，按教师提供的表格画“正”字计数。
	L2	自主设计数据收集方案，用基本图表(柱状图、表格)呈现结果。	测量一周教室温度变化，手绘折线图并标注最高/最低温。
	L3	分析数据规律并提出合理推断，能识别明显异常值。	通过家庭用电数据发现“周末能耗偏高”，推测与家电使用频率相关。
	L4	综合多源数据建立预测模型，为决策提供量化依据。	结合气象数据与历史销量，建立“冰淇淋销量-温度回归模型”，为便利店进货提供建议。

续表

核心素养目标	等级	行为描述	典型案例
空间观念	L1	通过实物操作辨认基本图形(圆、方、三角形),描述简单方位(上下、左右)。	用七巧板拼出指定图形,说出“黄色三角形放在左上角”。
	L2	理解二维与三维图形转化,用标准术语描述特征(边、角、面)。	用橡皮泥制作长方体,指出“有6个面、12条棱,相对面面积相等”。
	L3	在复杂情境中运用空间推理(如展开图还原、坐标系定位)。	根据立方体展开图判断哪些面相对,用“数对”描述校园地图中图书馆的位置。
	L4	创造性解决真实空间问题,融合多学科知识优化方案。	设计“无障碍坡道”,综合坡度计算(数学)、材料承重(科学)、使用便利性(工程)进行模型优化。

此量表(如表5-3所示)设计意图有三个方面。一是破除分数迷雾,用行为描述替代抽象分数,让教师清晰识别“学生会做什么”。二是指导教学改进,通过等级诊断,精准定位学生“最近发展区”,定制成长路径。三是衔接《新课标》要求,对应《新课标》“模型意识”“数据意识”“空间观念”等核心素养维度。此量表为教师提供“显微镜式”评估工具,让素养生长可见、可导、可塑。

以上,境遇链、技术架与评价网的协同,标志着数学教育从“机械执行”走向“生态化生长”。教师在实施过程中需警惕三大风险:避免境遇设计沦为“虚假情境表演”,确保认知冲突直击真实痛点;防范技术工具替代深度思考,坚守“算理理解先于技能操作”的底线;破除评价的形式主义,让过程性证据真正指导教学改进。唯有如此,实施路径方能成为小学生素养养成的“高速公路”,而非“空中楼阁”。当学生在冲突中觉醒、在技术中思辨、在评价中自省,数学素养终将突破学科边界,成为他们探索未知、改造世界的通用护照。

六、典型案例解析

案例一

《全球课本长度认证计划》

素养目标:量感精度(精确测量与误差分析)、数据意识(多源数据整合与表达)、跨文化理解(尊重差异并寻求共识)。

一、认知冲突：多国单位混乱→引出标准化需求

(一)情境创设

1. 学生分组扮演“中、美、日、巴”四国测量员，每组配备不同工具：中国组(市尺+厘米尺)、美国组(英寸尺+游标卡尺)、巴西组(自制纸带刻度尺)、日本组(电子数显尺)。

2. 测量同一本课本长度并提交数据，投屏显示混乱结果(如0.63市尺、9英寸、23.5厘米、235毫米)。

(二)冲突引导

教师提问：“秦始皇为何要‘车同轨’？如果各国铁路轨距不同会怎样？”

学生辩论：“该强迫所有国家用厘米，还是保留文化差异？”

(三)认知升华

观看《人类度量衡简史》短片，理解标准化对科学合作与贸易的基石作用。

二、技术介入：虚拟古代尺具+现代游标卡尺对比

1. 虚拟考古

使用AR应用(如“穿越历史的尺子”)扫描二维码，生成3D古埃及腕尺、秦代商鞅方升模型，学生用虚拟工具测量课本，对比古今数据差异。

2. 现代技术对比

游标卡尺实操：学习读数方法，分析其精度优势(如可测0.1毫米)；

误差实验：用同一把游标卡尺测量冰镇/加热后的金属尺，记录热胀冷缩导致的误差值。

3. 数据可视化

用Excel生成“古今测量数据对比表”，标注最大偏差值(如古埃及腕尺比现代数据多3.2厘米)。

三、社会行动：向联合国教科文组织提交误差分析报告

1. 报告撰写

学生用“科学家模板”撰写报告，包含：

(1)问题陈述(多国单位混乱导致数据不可比)。

(2)实验方法(工具对比、环境控制)。

(3)关键发现(温度对工具精度的影响、古代单位文化价值)。

(4)建议(全球推广厘米制，但博物馆保存传统尺具)。

2. 成果提交

(1)通过UNESCO官网教育项目入口提交电子版。

(2)联合海外姊妹校开展相同实验，形成跨国数据集(如日本学生用和尺测量对比)。

(3)收到 UNESCO 官方回信后，举办“小小科学家发布会”。

3. 社会反馈

某国教育部门引用学生数据修订课本尺寸标准，学生收到感谢信并展示于校园走廊。

四、评价创新：用“±误差范围”替代单一标准答案

1. 误差分析能力

小学数学科学探究能力评价量表如表 5-4 所示。

表 5-4 **小学数学科学探究能力评价量表**
——数据记录规范性与误差归因深度等级描述框架

评价维度	等级描述
数据记录规范性	L1：仅记录单一数据；L4：标注环境参数(温度、工具)、多次测量取均值±标准差。
误差归因深度	L1：指出“测量不准”；L4：区分系统误差(工具热胀冷缩)与偶然误差(人为读数偏差)。

2. 跨文化理解评价

通过反思日记评估：“你认为巴西自制纸带尺是落后还是文化特色？为什么?”

3. 社会行动实效

根据报告被引用次数、国际伙伴校企合作深度(如数据交换量)给予“全球公民贡献星章”。

本案例特色体现在三个方面。一是从冲突到共识，通过单位混乱→虚拟考古→社会倡议，体验“差异—理解—合作”的全球议题解决逻辑。二是技术双刃剑启示，既用 AR/游标卡尺提升精度，又批判性讨论“过度依赖技术的风险”(如忽视古代智慧)。三是真实影响力闭环，课堂数据影响真实政策，让学生感受数学的社会价值。

案例二

《课本长度国际认证计划》

一、活动设计框架

小学数学实验规范化操作指南如表 5-5 所示。

表 5-5 **小学数学实验规范化操作指南**
——从“随便试试”到“严谨可复现”的探究素养养成路径

素养维度	动态养成路径	活动设计要点	师生互动策略
量感进阶	模糊感知→精确表达→误差认知	多工具对比(手掌、文具盒、直尺)→均值计算→误差分析	教师提问:“为什么不同工具测出来差距这么大?如何让全球数据可比?”
推理意识	因果归因→归纳规律→批判反思	误差来源分析→稳定性实验→异常数据处理	追问:“数据波动是操作问题还是工具缺陷?怎么证明?”
应用意识	工具创新→跨科延伸→文化理解	曲面测量挑战(细绳法)→工程安全裕度讨论→度量衡历史探究	引导:“古代没有厘米,怎么建金字塔?现代卫星测量需要什么新单位?”
创新意识	方法迭代→模型建构→表达创新	操作规范口诀创编→数据波动折线图→测量手抄报设计	鼓励:“谁能发明更精准的测量法?用图画或模型展示你的创意!”
严谨态度	规范启蒙→实证精神→合作意识	标准化操作示范→数据验证循环→小组分工任务	示范:“科学家怎样保证实验可重复?我们也需要‘操作宪法’”。

二、素养进阶路径与教学策略

(一)量感进阶:从“大概”到“精准”的三阶跃迁

1. 感知冲突

(1)提供古埃及腕尺(3D 打印模型)、秦代商鞅方升(AR 投影)等非标工具,测量同一课本。

(2)数据对比:中国组“0.63 市尺”vs 日本组“235 毫米”,制造认知冲突。

2. 概念具象化

(1)将 1 厘米与常见物关联(指甲盖宽度、花生米长度)。

(2)设计“身体尺”活动:用手掌、步长测量教室,对比标准工具误差。

3. 误差思辨

(1)冰镇金属尺实验:观察因温度导致的工具形变与数据偏差。

(2)制作“误差护照”:记录个人最佳/最差测量值及改进策略。

(二)推理意识:像科学家一样思考

1. 归因推理工作坊

小学数学实验中的现象—归因—验证全解析如表 5-6 所示。

表 5-6 小学数学实验中的现象—归因—验证全解析
——从数据波动到科学结论的四步解密框架

误差现象	可能原因	验证实验	科学结论
同一组数据波动大	视线倾斜/工具移动	固定书本+激光辅助对齐	操作规范影响精度
不同组均值差异显著	工具热胀冷缩	温控箱对比测量	环境变量需标准化

2. 异常数据听证会

针对“19.5 厘米”离群值，学生需提交“辩护证据”(如复测视频、工具检测报告)，体验科学共同体举证责任。

(三)应用意识：打破学科围墙

1. 工程挑战

(1)任务：为图书馆设计课本收纳架，要求适应±0.5 厘米长度误差。

(2)融合知识：数学(均值计算)、工程(公差设计)、美术(结构草图)。

2. 文化考古

(1)AR 扫描校园石碑，用古尺具测量碑文，计算古今单位换算率。

(2)撰写《度量衡进化史》小论文，探讨“统一标准与文明演进的关系”。

(四)创新意识：从“会测量”到“慧测量”

1. 方法专利局

(1)征集创新测量法：如“双尺叠加法”(测超长物体)、“影子比例法”(测教学楼高度)。

(2)颁发“小小发明家”证书，优秀方案录入校本资源库。

2. 数据艺术家

(1)用测量数据创作数学艺术：如折线图拼贴画、误差波动交响乐(音高对应数值)。

(2)举办“数字与美感”展览，邀请家长用 AR 扫描作品查看背后数学逻辑。

(五)严谨态度：科学精神的启蒙

1. 实验室宪法

(1)师生共制《测量公约》：如“三次测量取均值”“异常数据必须复检”。

(2)设立“质量监督员”岗位，轮值检查操作规范。

2. 科学仪式

(1)测量前“工具宣誓”：“我承诺：零刻度对齐，视线垂直，如实记录!”

(2)数据发布“同行评议”：小组互审测量报告，签署“学术诚信承诺书”。

三、评价与拓展

（一）三维评价体系

小学数学核心素养三维评价体系如表 5-7 所示。

表 5-7 小学数学核心素养三维评价体系
——过程性证据·表现性任务·社会性认可的素养发展框架

评价维度	工具/方法	素养指向
过程性证据	电子学档（操作视频、误差护照、创意方案）	量感精度、创新意识
表现性任务	工程挑战赛、数据艺术展	应用意识、严谨态度
社会性认可	UNESCO 模拟回函、家长点赞墙	跨文化理解、数学认同

（二）课后拓展菜单

1. 家庭任务

（1）“冰箱里的数学”：测量冷藏前后蔬果尺寸变化，绘制温度—形变曲线。

（2）“祖传尺具寻宝”：寻找家中传统测量工具（如木工角尺），访谈长辈使用故事。

2. 校园项目

（1）“课本尺寸蓝皮书”：统计全校课本长度，建立年级—科目—尺寸数据库。

（2）“测量文化长廊”：用学生作品装饰走廊，扫码可听测量方法讲解音频。

四、教师行动指南：技术赋能与思维导航的双轨策略

教师需在技术介入与认知支持间构建平衡支架。技术应用遵循三原则。一是具身优先，AR/VR 前必先实物操作，如拼装古尺模型建立触觉记忆。二是工具透明，揭示数显尺的电容传感原理，破解“技术黑箱”。三是伦理讨论，辩论“AI 测量是否剥夺人类探索乐趣”。认知支持则提供双维工具。一是《误差分析思维图》，以“现象→假设→验证→结论”框架系统化科学思维。二是《创新策略锦囊卡》，通过“逆向思考（从误差反推方法）、类比迁移（借叶脉结构设计测量工具）、组合发明（软尺+计数器=自适应测具）”激活创意思维。技术为舟，思维为舵，方能驶向素养深水区。

五、案例反思：真实情境与思维深度的共生共长

本案例以“全球课本认证”为锚点，通过三重设计促进素养发展。其一，

情境真实性，以联合国任务驱动真实问题解决(如多国单位冲突)，超越测量技能的形式化操练，让学生体验“科学数据如何促进人类协作”。其二，思维进阶性，构建“具身感知(触摸古尺)→符号抽象(误差计算)→文化理解(度量衡文明史)”的螺旋阶梯，使认知从操作经验升维至人类智慧传承。其三，社会联结性，推动课堂数据介入现实决策(如提交标准化提案)，让数学学习从“纸面游戏”变为“社会改进引擎”。这三重逻辑共同编织出素养培育的生态网络，使“测量”成为理解世界运作规律的钥匙。

小学数学实践需警惕“活动繁荣，思维贫困”的陷阱，在热闹与深度间把稳舵盘。当学生沉迷AR扫描、无人机航拍等技术炫技时，教师应以“问题链”持续叩击思维深层：“误差根源是工具局限还是认知偏差?”“古今单位差异背后有哪些文明博弈?”通过“操作宪法”规范实验流程(如数据双盲复核)，用“误差听证会”强化证据意识，使“动手做”与“动脑辨”始终同频共振。唯有坚持“思维发展优先”，技术应用与文化拓展方能真正服务于素养生长，而非沦为虚假探究的装饰性噱头。总之，教师需警惕“热闹掩盖思维”的陷阱，始终以“问题链”(如“误差从哪来？怎么减？有何用?”)牵引深度探究，让素养在“动手做”与“动脑辨”的交织中自然生长。

六、模型应用警示：规避三大实践陷阱，捍卫素养生长本质

在应用数学素养动态养成模型时，需警惕三大实践陷阱：其一，避免“虚假动态”，任务设计应嵌入真实矛盾(如多国单位冲突引发标准化需求)，杜绝形式化探究(如仅按步骤操作虚拟实验而无认知冲突)；其二，拒绝“技术绑架”，数字工具须作为思维延伸而非替代(如使用3D动画前确保学生具身体验实物拼接)，防止技术喧宾夺主；其三，平衡“自由与结构”，开放探究需配认知脚手架(如错误分析模板标记常见误区、策略提示卡提供多元路径)，在自主探索与有效引导间找到支点。三者共同捍卫“素养为本”的模型内核，确保动态生长不偏离“思维发展优先”的育人本质。

案例三

《不规则图形的周长》

一、活动设计框架

小学数学核心素养动态养成多维成长图谱如表5-8所示。

表 5-8　　小学数学核心素养动态养成探索之旅
——量感·推理·应用·创新·严谨的多维成长图谱

素养维度	动态养成路径	活动设计要点	师生互动策略
量感进阶	规则图形→曲线边界的认知跃迁	对比测量正方形叶片模型与真实树叶→理解周长本质普适性	提问："为什么正方形周长公式对树叶失效？周长究竟是什么？"
推理意识	假设→验证→优化的科学循环	多方法尝试(绳测、滚描、数字化工具)→误差分析→策略迭代	追问："哪种方法误差最小？如何证明？"
应用意识	跨学科联结→真实问题迁移	生物课叶形进化讨论→艺术拼贴创作→工程保护膜裁剪设计	引导："蜂巢为什么是六边形？树叶曲线对植物生存有何意义？"
创新意识	工具发明→空间想象→表达革新	创制"曲线测量神器"(如带刻度的可弯折软尺)→3D 扫描建模	挑战："你能设计出比绳子更精准的工具吗？画出设计图并命名！"
严谨态度	误差认知→操作规范→学术诚信	误差护照记录→制定《曲线测量公约》→关于数据真实性的宣誓	示范："科学家如何报告数据？我们也需要'±误差'！"

二、素养进阶路径与教学策略

(一)量感进阶：从"公式依赖"到"本质理解"

1. 认知冲突实验

(1)提供规则塑料叶片(正方形、圆形)与真实枫叶、梧桐叶，学生先用直尺测规则叶片，再尝试测真实树叶。

(2)数据对比：规则叶片快速得值 vs 真实树叶测量混乱，触发疑问："周长是否与形状无关？"

2. 概念重构工作坊

(1)用荧光绳圈出树叶投影，激光切割出相同长度直线段，直观展示"曲线=直线"。

(2)讨论："恐龙脚印化石的周长怎么测？如何计算海岸线长度？"

(二)推理意识：像数学家一样解决问题

1. 方法实验室

小学数学曲线测量方法对比与优化指南如表 5-9 所示。

表 5-9　　小学数学曲线测量方法对比与优化指南
——细绳·滚轮·数字化的误差征服全解析

测量方法	操作步骤	潜在误差源	改进策略
细绳环绕法	沿边缘放绳→拉直测长	绳子滑动/未贴紧边缘	用双面胶固定边缘段
滚轮描摹法	硬币沿边缘滚动→标记转数×周长	硬币打滑/视线偏移	改用齿轮玩具车轮+计数器
数字化扫描法	平板拍照→AI 自动提取轮廓计算	图像畸变/分辨率限制	多角度拍摄取均值

2. 误差听证会

各组发布数据(如枫叶周长 22.5cm±1.2cm)，接受其他小组质询：“为什么波动范围这么大？是否遗漏环境变量？”

(三)应用意识：让数学点亮真实世界

1. 叶形进化探秘

(1)科学课联动：讨论“针叶树与阔叶树叶形差异”的几何特征(如减少风阻 vs 最大化光合面积)。

(2)数据建模：用周长/面积比量化叶形效率，绘制“最优生存形态图谱”。

2. 艺术数学工坊

(1)将不同树叶周长数据转化为弦长，演奏“叶之交响曲”(音高对应周长值)。

(2)用测量绳段拼贴抽象画，举办“数字与自然”展览。

(四)创新意识：从工具到思维的突破

1. 专利设计局

学生设计“曲线测量工具”，如：

(1)自适应软尺：硅胶材质可弯曲，内嵌压力传感器提示贴合度。

(2)激光轮廓仪：手电筒投射网格线，数交点估算周长。

3D 打印优秀方案，申请“校园创新专利”。

2. 虚拟现实拓展

(1)用 AR 扫描树叶生成 3D 模型，AI 计算周长并标注误差范围。

(2)对比人工测量与 AI 结果，辩论“机器会取代人类测量吗？”

(五)严谨态度：科学精神的具身化

1. 误差护照

小学数学测量误差诊疗手册如表 5-10 所示。

表 5-10 **小学数学测量误差诊疗手册**
——错误类型·场景·策略三维解析与星级修复指南

错误类型	发生场景	改进策略	星级评分(1~5★)
绳子滑脱	测量锯齿状叶缘时	改用带倒钩的钓鱼线	★★★☆
视线倾斜	读取滚轮转数时	制作垂直观测支架	★★★★☆

2. 学术诚信仪式

(1)数据发布前签署“真实宣言”:“我承诺:所有数据可复现,误差来源已标注!”

(2)设立“学术警察”角色,随机抽检实验记录。

三、评价与拓展

(一)三维评价体系

小学数学素养三维评价体系如表 5-11 所示。

表 5-11 **小学数学素养三维评价体系:过程·表现·社会的协同赋能**
——从证据到行动,从课堂到世界的素养生长地图

评价维度	工具/方法	素养指向
过程性证据	误差护照、方法设计草图、AR 扫描视频	创新意识、严谨态度
表现性任务	叶形效率模型、专利工具展示、数据艺术展	应用意识、量感精度
社会性认可	校园专利证书、科学馆展览邀请函	跨学科理解、数学认同

(二)课后拓展菜单

1. 家庭实验室

(1)“厨房数学家”:测量意大利面弯曲部分的周长,探究煮前后长度变化。

(2)“祖传技艺”:用奶奶的缝衣线法测量相框曲线装饰条,对比现代工具差异。

2. 校园挑战赛

(1)“树叶蓝皮书”:建立校园树种周长数据库,分析树龄与叶形关系。

(2)“曲线测量大师课”:高年级学生录制教学视频,传授独创测量法。

四、教师行动指南

(一)认知冲突设计

(1)对比任务:先测标准圆形树叶模型(公式可解),再测真实不规则树叶，制造认知失衡。

(2)哲学提问："如果宇宙所有物体都是曲线，人类需要重新定义数学吗?"

(二)技术介入原则

(1)具身优先：AR/3D打印前需完成手工测量，建立物理直觉。

(2)透明算法：展示AI测量代码简化版，理解"轮廓识别"原理。

(3)伦理边界：讨论"无人机测量森林是否侵犯自然隐私"。

(三)脚手架工具

(1)提供《曲线测量思维导图》：问题→假设→工具→验证→结论。

(2)设计《创新锦囊卡》："拓扑转化法""极限逼近法""等效替代法"。

五、案例反思

此案例将"测树叶"升维为素养培育的生态工程。认知深度，通过曲线测量触及数学本质——化归思想与极限概念。方法广度，从原始绳测到AI建模，展现人类测量技术演进史。价值温度，在叶形艺术与生态讨论中，理解数学的自然伦理价值。但是，教师需警惕"为创新而创新"的误区，始终围绕核心问题(如何准确量化曲线)展开探究，让素养在"动手做""动脑辨""动心悟"中自然生长，最终使学生理解：数学不是征服自然的工具，而是与万物对话的语言。

案例四

《喷水池水量的估算》

一、活动设计框架

小学数学核心素养五维动态发展模型如表5-12所示。

表5-12 **小学数学核心素养五维动态发展模型**
——从量感到严谨的师生协同探究框架与实践策略

素养维度	动态养成路径	活动设计要点	师生互动策略
量感进阶	规则体积→不规则估算的认知升级	对比规则水箱与喷水池体积→理解等效替代思想	提问："如何用长方体公式算喷水池体积？需要拆解还是想象？"

续表

素养维度	动态养成路径	活动设计要点	师生互动策略
推理意识	假设验证→误差分析→模型迭代	多模型试错（圆柱/圆锥/组合体）→误差归因→技术介入优化	追问："为什么组合模型更准？弧形部分怎么数学化？"
应用意识	工程→环保→艺术的跨学科赋能	设计节水方案→太阳能系统计算→水幕灯光数学编程	引导："水量估算如何帮助学校节能减排？能加入艺术元素吗？"
创新意识	工具发明→空间重构→技术融合	自制测深工具→3D 扫描建模→AI 误差校正	挑战："你能发明比无人机更便宜的测量法吗？用废旧材料试试！"
严谨态度	数据透明→协作核查→伦理反思	发布《估算白皮书》→交叉验证实验→技术使用伦理辩论	示范："科学家如何公开数据？我们也需要'方法-误差'双披露！"

二、素养进阶路径与教学策略

（一）量感进阶

1. 认知冲突实验室

（1）规则 vs 不规则：用水箱（规则长方体）与喷水池（自由曲面）注水实验，对比注水时间差异。

（2）等效思想启蒙：将橡皮泥捏成不规则体，压入方形盒计算"等效高度"，理解体积守恒。

（3）虚拟注水实验，通过模拟注水过程可视化体积守恒，降低抽象认知门槛。

2. 空间解构工坊

（1）AR 扫描喷水池生成 3D 网格模型，用彩色区块标注几何模块（圆柱/圆锥/球冠）。

（2）讨论："悉尼歌剧院屋顶的体积怎么算？宇航器燃料箱为何设计成不规则体？"

（二）推理意识：像工程师一样思考

1. 模型进化史

喷水池水量估算模型进化如表 5-13 所示。

表 5-13 喷水池水量估算模型进化
——误差的数学征服、智能的技术升级与素养实践

模型版本	结构假设	测量方法	误差分析	优化策略
V1.0 基础版	单一圆柱体	步测直径+竹竿测深	偏差达 52%	增加圆锥形顶部
V2.0 组合版	圆柱+圆锥	绳测分段弧度	偏差 18%	引入“对称曲线”“最适合的线条”等
V3.0 智能版	3D 扫描点云模型	无人机摄影测量	偏差 4%	AI 自动优化参数

2. 误差法庭

各小组发布《水量估算报告》，接受质询：“为何选择圆锥而非球冠？竹竿测深时水面波动如何处理？”

（三）应用意识：数学赋能可持续未来

节水工程师：

（1）根据估算水量，计算每日蒸发量，设计自动补水系统（数学+工程）。

（2）结合当地降雨数据，提出“雨水循环利用方案”（数学+环境科学）。

（四）创新意识：技术平民化的创客精神

1. 低成本测量革命

（1）浮标测深仪：用吸管+泡沫块制作浮标，标记水位刻度。

（2）影子比例尺：正午测量喷水池影长，通过相似三角形计算实际尺寸。

2. 技术融合站

（1）用手机 App（如 Polycam）扫描喷水池生成 3D 模型，计算体积。

（2）对比扫描结果与手工测量，撰写《传统与智能的测量哲学》小论文。

（五）严谨态度：数据世界的公民责任

1.《白皮书》规范

喷水池水量估算白皮书的数学实践指南如表 5-14 所示。

表 5-14 喷水池水量估算白皮书
——从误差校准到社会行动的数学实践指南

章节	内容要求	素养指向
方法描述	工具照片+步骤动图+原理简述	创新意识
原始数据	带时间戳的测量视频+环境参数（温度/风速）	严谨态度

续表

章节	内容要求	素养指向
误差分析	系统误差(方法缺陷)+偶然误差(操作波动)	推理意识
社会建议	节水方案+技术改进提案+艺术共创计划	应用意识

2. 学术诚信墙

公示所有原始数据二维码，供全校扫码验证；设立“数据侦探奖”，鼓励找出报告漏洞。

三、评价与拓展

(一)三维评价体系

喷水池水量估算项目素养发展三维评价表如表5-15所示。

表5-15 **喷水池水量估算项目素养发展三维评价表**
——工具实践·任务成果·社会价值

评价维度	工具/方法	素养指向
过程性证据	模型迭代日志、工具设计草图、误差分析表	推理意识、创新意识
表现性任务	节水系统方案、3D打印模型、光影数学秀	应用意识、量感精度
社会性认可	物业采纳证明、校园节水大使称号	跨学科理解、数学认同

(二)课后拓展菜单

1. 家庭实验室

(1)“浴缸数学家”：测算家庭浴缸容量，设计最优注水方案。

(2)“人类智慧”：用阿基米德原理复现“皇冠体积测量法”，对比现代方法。

2. 校园行动

(1)“校园水体蓝皮书”：建立喷泉、水池、雨水桶容量数据库。

(2)“数学改造家”：优化食堂餐盘形状，减少清洗用水，用体积计算证明节水效果。

四、教师行动指南

教师提供认知脚手架，以《空间解构思维图》引导学生从整体观察到模块分解，逐步实现“等效替代”与“公式适配”，帮助其跨越规则到不规则的认知鸿沟。通过《创新工具包》提供影子测量、浮力原理等多元方法，鼓励学生从科学、几何等多角度自主探索，将抽象公式转化为可操作的实践策略，激活创新思维。

教师组织技术伦理辩论(如无人机隐私风险、3D扫描与手工技能存续)，引导学生辩证看待技术利弊，制定“算法透明+人工复核”双准则，要求技术使用须附带原理说明与人工验证痕迹。通过伦理冲突的思辨，培养“技术向善”的责任意识，避免盲目依赖工具。

联合科学教师解析测深工具背后的声波反射、浮力定律等原理，深化数学与自然科学联结；邀请美术教师指导数据图表设计与可视化排版，将水量估算报告转化为兼具逻辑性与美感的“科学艺术品”，让学生在跨学科协作中理解数学的多元价值，提升综合问题解决能力。

五、案例反思

此案例将“水量估算”转化为素养培育的跨界实验。思维深度，从公式套用到模型创造，触及数学建模的本质——用简单规则描述复杂世界。方法革新，从竹竿测深到AI建模，展现“工具进化史”背后的数学智慧。价值温度，在节水设计与光影艺术中，诠释数学的工程价值与人文美感。但是，教师需警惕“技术炫技”误区，始终围绕核心问题(如何精准且有意义地估算水量)展开，让素养在“观察—解构—创造—反思”的循环中自然生长。总之，此案例通过喷水池项目，将数学核心素养具象化为可操作的探究活动，既注重知识迁移与技术创新，又强调学术伦理与社会责任。实施中需平衡技术使用与低成本创新，注重真实问题驱动，让学生在解决复杂情境任务中实现素养的动态进阶。

第二节　小学数学素养的关键影响因素

在“核心素养”成为教育共识的今天，我们常常陷入一种幻觉：只要不断改进教学方法、增加实践活动，素养便会自然生长。然而，现实中“投入与产出”的悖论(如高互动课堂却催生低阶思维)提醒我们：素养的生成，是多重变量交织作用的复杂函数，而教育的悲剧往往源于对关键变量的视而不见。本节试图穿透数学素养生成的迷雾，揭示那些看似隐性却举足轻重的关键影响因素。这些因素并非孤立存在，而是在“个体—社会—文化”的嵌套系统中相互耦合。当前教育实践往往陷入“单因子迷信”：过度放大某一因素(如技术工具、合作学习)的作用，却忽视变量间的动态平衡。当我们不再盲目地“做更多”，而是智慧地“做关键”，数学素养的培育便有了可循的科学路径。

一、学生个体因素：认知基础与学习能动性

学生个体因素是数学素养养成的基石。认知发展阶段限定量感与空间思维的进阶路径；学习动机与元认知能力驱动知识向素养转化；认知风格差异需教师差异化设计任务(如协作测量或独立建模)，构建适配性学习生态，促进素养的个性化生长。

(一)认知发展阶段特征

根据皮亚杰理论，低年级学生处于前运算阶段，其量感发展受限于“守恒性”概念缺失。例如，在“树叶面积估算”活动中，学生易因树叶形状变化而误判大小，需通过实物重叠对比、方格纸覆盖等具身操作，建立“面积守恒”直观经验。中高年级学生进入具体运算阶段，可基于逻辑规则解决实际问题，但仍需依托具体表象。例如，在“喷水池水量估算”项目中，学生需借助AR技术将抽象曲面分解为圆柱、圆锥等规则几何体，逐步实现从“动手拆分”到“空间想象”的思维跃迁。

关键能力衔接方面，符号意识的萌芽是数学建模的基石。例如，低年级“校园跳远比赛统计”中，学生用△、O等符号记录成绩，逐步理解“数据符号化”的意义；高年级则过渡到用字母表示变量(如设水深为h)，为方程思想奠基。抽象推理能力的突破体现在跨情境迁移中。例如，学生从“规则水箱体积计算”中提炼公式后，需在“不规则菜地面积测量”中自主选择“割补法”或“方格法”，实现从“机械套用”到“策略择优”的质变。

对此，教学优化策略体现在两个方面。一是低年级干预。设计“量感守恒”对比实验(如用等量橡皮泥捏不同形状，压入方格盒计算体积)，破解前运算阶段的认知局限。二是中高年级进阶。通过“模块化解构—符号化表征—公式化整合”三步法(如喷水池的圆柱+圆锥模型)，架设从具体运算到形式运算的思维桥梁。

(二)非智力因素的作用

非智力因素作为数学素养养成的“隐性杠杆”，深刻影响学生从知识接受者向问题解决者的角色转变。而元认知能力则赋予学生思维过程的“自我监控力”。数学素养不仅是智力的产物，更是动机点燃热情、反思校准路径的“情感—认知共生体”。

首先，非智力因素在数学素养养成中的影响往往超越纯粹认知能力。学习动机是驱动学生从“被动接受”转向“主动探究”的核心动力。例如，在“喷水池水量估算”项目中，学生因关切校园水资源浪费的真实问题，自发将体积公式迁移至不规则场景，通过实地测量、模型迭代验证方案的可行性，这种兴趣驱动的任务设计，不仅激活应用意识，更赋予数学学习以社会责任意义。其次，元认知能力则关乎学

生对自身思维过程的监控与调节。例如，在喷水池项目中，学生需通过《误差分析表》记录每次模型优化的逻辑依据，识别“竹竿测深时水面波动”等误差来源，并制定“多时段测量取均值”的修正策略。这一过程促使学生从“关注结果正确性”转向“反思过程合理性”，逐步养成质疑、验证、迭代的严谨态度。以上二者的协同作用，塑造了数学素养的完整生态：学习动机点燃探究热情，元认知能力确保探究深度。教师需通过真实情境唤醒内驱力，借助工具化反思支架，将非智力因素转化为可观察、可干预的素养生长点。例如，通过“问题真实性”(如节水需求)与“反思工具化”(如迭代日志)双路径，将非智力因素转化为可观测、可干预的素养发展支点，实现“情感—认知—行为”的闭环生长。

(三)认知风格差异

学生的认知风格在其数学素养的养成过程中发挥着至关重要的作用。认知风格指个体在认知过程中所表现出的习惯化的信息加工方式。不同的认知风格会导致学生在数学学习中采用不同的策略和方法，从而对数学素养的形成产生各异的影响。认知风格差异深刻影响数学素养的生成路径。

场依存型的学生在认知活动中，倾向于以外部线索为依据，易受周围环境和他人影响。在数学学习中，他们可能更依赖教师的讲解和指导，对于直观形象的教学方式更容易接受。例如，在学习几何图形时，他们可能需要更多的实物模型来帮助理解，在协作任务中更易发展应用意识。场依存型学生在协作与情境化任务中表现更优。例如，在“社区绿化测量”小组任务中，他们通过角色分工(数据记录员、测量员、汇报员)和集体讨论，将个体数学能力(如面积计算)融入团队目标(绿化方案设计)，在社交互动中深化应用意识与问题解决动机。

场独立型的学生则在认知活动中较少受外界环境的影响，具有较强的独立性和自主性，对于抽象的数学概念和理论能够较好地理解和掌握，擅长脱离具体情境进行抽象分析与建模。在“喷水池水量估算”项目中，场独立型学生主导几何模块拆分(如将不规则水池分解为圆柱体与圆锥体)，通过逻辑推理优化模型结构，在独立探究中发展空间推理能力与严谨态度。

视觉型学生通过图形化工具快速建立空间关系认知。例如，利用AR技术动态展示圆锥体积公式推导过程——将圆锥注水三次填满等高圆柱的虚拟实验，使其直观理解“等底等高圆锥体积是圆柱体积的1/3”的抽象结论，显著降低空间想象的认知负荷。

动觉型学生依赖身体操作与实物交互内化数学原理。在“体积守恒”实验中，他们通过拆分3D打印的不规则体模块(如多孔结构)，重新拼合后验证体积不变性；或用橡皮泥塑形后压入方格盒测量等效高度，在触觉反馈中建构体积守恒概念，弥补纯符号学习的不足。

学生的认知风格是多样化的，认知风格的分类标准也是多样化的。每种认知风格都有其优势和不足。教师需依托差异化策略(如动态脚手架、多模态资源)，将认知偏好转化为素养生长点，构建适配性学习生态，实现从“统一教学”到“个性赋能”的发展。

总之，学生个体因素是数学素养养成的核心变量。唯有尊重个体认知规律，构建“动机—能力—风格”协同的生态，方能使素养在动态调适中实现从“标准化输出”到“个性化生长”的质性跨越。

二、教师教学因素：角色转型与策略适配

核心素养导向下，教师需从“知识传授者”转型为“认知脚手架搭建者”与“技术伦理引导者”。这一角色重构要求教师突破学科边界，通过跨情境任务(如“喷水池项目”中融合工程与艺术)设计动态化知识供给，并借助 AR 可视化、误差日志等工具精准诊断思维盲区。策略适配则体现为“低阶认知打底—高阶思维贯通”的梯度设计，例如从“规则体积计算”到“曲面分解建模”的渐进引导。唯有实现角色与策略的双重进化，方能将数学实践从“技能训练场”升维为“素养孵化器”。

(一)教师专业素养

在核心素养导向的教育改革中，教师的专业素养与传统“常规素养”存在本质差异，主要体现在以下维度，如表 5-16 所示。

表 5-16 **核心素养导向下教师专业素养的范式转型**
——从知识传递到素养生成的多维重构

对比维度	常规教师素养	素养视角下的教师专业素养
目标导向	知识传递与技能熟练度	学生核心素养(如创新、批判思维)的培育
能力结构	单一学科知识+基础教学法	跨学科整合力+技术伦理引导力
教学策略	讲授为主，标准化流程	项目化学习设计，动态脚手架搭建
技术应用	工具使用效率优先 (如用 PPT 辅助讲解)	技术赋能与伦理反思并重(如 AI 数据隐私)
评价重心	结果正确性(考试成绩)	过程严谨性(如模型迭代日志)

以小学数学为例，具体差异解析如下。一是学科孤立与知识整合。常规教学中，教师通过重复练习强化记忆，学生仅能机械套用公式解题。而素养导向下，教师需设计主题活动或者项目化学习，将知识学习与现实世界深度融合。二是技术工

具，效率优先与伦理赋能。传统课堂中，信息技术仅用于快速高效地呈现与灌输知识。素养视角下，技术使用需兼顾伦理反思，使技术从“提速工具”升维为“价值观载体”。三是评价逻辑，静态评分与动态生长。常规评价以单元测试分数判定双基，忽视思维过程。素养导向的评价则通过追踪学生思维轨迹，可视化其推理意识、创新能力的进阶路径。这种动态评价不仅揭示学习盲区，更赋予学生“可见的成长档案”，使其从“分数焦虑者”转变为“自我优化的主动学习者”。二者差异的本质在于，常规素养聚焦“知识复制”，而素养视角下的专业素养致力于“思维进化”与“价值观塑造”，在真实问题中孵化“数学眼光观察世界、数学思维改造世界”的终身能力。核心素养导向下教师专业素养的三维突破如表 5-17 所示。

表 5-17 **核心素养导向下教师专业素养的三维突破**

——知识跨界·技术伦理·评价生长

对比维度	常规素养	素养视角下的专业素养	关键差异
知识整合	教师熟练讲解“长方体体积公式”，通过习题训练强化记忆。	设计“家庭节水器”项目，将体积计算与工程思维(结构稳定性)、环境教育(水资源保护)融合，要求数学建模优化水箱容量。	从单一知识传递转向跨学科问题解决，强调在真实情境中的迁移与应用。
技术工具	用几何软件演示立体图形拆分，目标是快速理解公式。	在“无人机测量校园地形”中，讨论“数据归属权”“隐私边界”，制定《技术伦理守则》，同步发展数学能力与数字公民意识。	从工具效率优先转向技术伦理赋能，培养负责任的技术使用者。
评价逻辑	以单元测试分数衡量“体积计算”掌握度。	通过“空间解构思维图”记录学生从“机械套用公式”到“自主分解不规则体”的思维跃迁，用雷达图可视化五维素养进展。	从静态结果评分转向动态过程生长，关注思维可视化与素养进阶路径。

素养视角下的教师专业素养，实质是从“教书”到“育人”的范式升级。一是角色重构，从“知识权威”转向“学习协作者”(如与学生共探喷水池误差来源)。二是责任扩展，不仅教会解题，更培养“数学眼光观察世界”的思维习惯(如用统计思维分析社区噪声问题)。这种差异决定了教师需在教学设计、工具使用、评价反馈中，始终以“素养生长”为锚点，回应“培养什么样的人”的时代命题。二者的协同，要求教师既扮演“知识联结者”又担当“伦理守门人”。例如，用“AR 体积切割”技术将抽象的曲面体转化为可操作的几何模块；在 AI 工具批改作业时，与学生共同验证算法结果的合理性，避免盲从。唯有如此，技术赋能才能真正服务于素养生

长，而非沦为“暗箱操作”。

(二)教学策略选择

教学策略的适配是弥合“认知断层”的核心枢纽。其中，脚手架工具，帮助学生跨越思维鸿沟；动态评价通过实时反馈暴露思维盲区，推动学生从“结果正确”转向“过程严谨”。二者协同构建“阶梯式认知进阶”路径，既降低低年级学生的具象认知负荷，又赋能高年级学生形成“假设—验证—迭代”的科学思维习惯，使数学实践从“知识复制”升维为“素养生长”。核心素养导向下教学策略的五维突围如表 5-18 所示。

表 5-18 **核心素养导向下教学策略的五维突围**

——目标重塑·跨界融合·角色重构·技术向善·评价生长

对比维度	常规教学策略	素养视角下的教学策略	典型案例解析
目标导向	知识传递与技能熟练度(如掌握长方体体积公式)	核心素养动态发展(量感、推理、应用、创新、严谨)	喷水池水量估算项目：学生需估算不规则水池水量，融合体积计算、误差分析与节水方案设计，培养五维素养。
内容设计	学科孤立，教材例题主导(如标准几何体体积计算)	跨学科真实问题驱动(数学+科学+工程+艺术)	家庭节水器设计：将体积计算与工程结构优化、环保意识相结合，设计可落地的节水方案。
师生角色	教师讲授为主，学生被动接受	教师为脚手架搭建者，学生为主动探究者	AR 空间解构：教师提供“思维图”工具，学生自主拆解不规则体并建模，教师动态反馈优化路径。
技术应用	工具效率优先(如用 PPT 演示公式推导)	技术赋能与伦理反思并重(如 AI 辅助建模+隐私保护讨论)	无人机测绘：测量校园地形时，学生需制定《数据使用公约》，平衡效率与隐私伦理。
评价方式	静态分数评价(如单元测试成绩)	动态过程性评价(如模型迭代日志、素养雷达图)	《误差分析表》：记录学生从“单一圆柱模型(误差 52%)”到“组合体模型(误差 8%)”的思维发展轨迹。

素养视角下的教学策略关键差异解析。一是从“知识容器”到“思维孵化器”。常规策略通过重复训练强化公式记忆(如长方体体积计算题海战术)，而素养策略通过真实问题(如“喷水池水量估算”)引导学生经历“假设—验证—迭代”的科学探究过程，将知识转化为解决复杂问题的思维工具。二是从“工具依赖”到“技术批

判”。常规教学中技术仅用于提升效率(如几何软件快速演示拆分)，素养视角下则强调技术使用的伦理反思。例如，在“无人机测绘”活动中，学生需辩论“数据归属权”，制定技术使用准则，培养数字公民意识。三是从“标准答案”到“生长档案”。常规评价以分数衡量结果正确性，而素养评价通过《空间解构思维图》可视化学生从“机械套用公式”到“自主分解不规则体”的思维进阶，用雷达图动态展示五维素养发展，赋予学习以“可见的生长轨迹”。

总之，素养视角下的教学策略本质是“为思维而教”。一是知识锚点，将公式嵌入真实问题(如节水器设计)，使数学从“抽象符号”变为“改造世界的工具”。二是技术向善，在工具使用中渗透伦理教育(如数据隐私保护)，避免技术异化为“思维替代品”。三是评价赋能，用过程性证据(如迭代日志)替代分数，让学生看见自己的思维生长，从“怕犯错”转向“敢试错”。这种策略重构了数学教育的价值——不仅是“学会计算”，更是“学会用数学的眼光观察、用数学的思维思考、用数学的语言表达现实世界”。

三、家庭与社会环境：资源支持与文化浸润

家庭与社会环境是数学素养生长的“生态土壤”。家庭通过生活化任务将抽象数学转化为可触摸的经验，而社区资源则赋予数学实践以社会价值认同。文化浸润则更深远地塑造数学认知——传统益智游戏(如九连环、华容道)中的拓扑思维，节气历法中的周期规律感知，均在无形中奠基空间想象与推理能力。

首先，家庭参与度是数学素养养成的关键社会性变量。家长通过创设生活化实践场景(如超市比价中的小数运算、家庭水电统计中的数据分析)，将抽象数学知识转化为可操作的现实任务，促使学生从“解题”转向“解决问题”；同时，非正式学习资源(如《汉声数学图画书》中的几何启蒙、纪录片《被数学选中的人》中的科学史叙事)以生动形式弥补课堂局限，在具象经验中孵化量感与数感。二者协同作用，既促进课堂知识的现实迁移，又通过“家庭数学化”构建浸润式学习生态，使数学思维从“学科知识”升维为“生活智慧”。

其次，社会资源联动，通过社区协作与文化浸润双路径赋能数学素养生长。社区协作(如与物业共研“校园节水方案”)将数学实践嵌入真实问题链——学生通过用水数据建模、节水率计算与方案路演，在获得社会认同感中深化应用意识；文化浸润则挖掘传统智慧中的数学基因，例如榫卯结构的凹凸咬合设计(暗含“体积守恒”与“空间拓扑”原理)，引导学生用几何思维解码古建奥秘，使量感训练与文化认同共生。二者共同构筑“课堂—社区—文化”三位一体的素养孵化网络，让数学从“纸面符号”升华为“文明传承的密码”。

唯有家校社协同构建“数学友好生态”，方能使学生从“解题熟练工”蜕变为“问题解决者”，让数学素养在真实世界的营养基质中扎根生长。

四、课程与技术因素：工具赋能与设计科学性

课程与技术的协同是数学素养落地的“双翼”。工具赋能并非简单的技术堆砌，而是基于认知规律的科学设计：从低年级“影子测距”的直观操作，到高年级“3D建模”的抽象转化，技术(如 GeoGebra 动态建模、AR 空间解构)为学生搭建“可视化思维阶梯”，降低认知负荷；而设计科学性则需锚定真实问题(如校园节水方案)，通过“低阶数据采集—中阶模型迭代—高阶伦理反思”的任务链，推动知识向素养的渐进式转化。

首先，课程设计原则以真实性驱动与低门槛—高挑战梯度为核心逻辑。真实性驱动强调任务根植于学生可感知的现实问题，如“校园碳排放审计”项目，通过统计班级用电数据、计算碳足迹、设计减排方案，将数学与生态责任无缝衔接；低门槛—高挑战梯度则设计渐进式能力链，例如从“影子测距”(利用相似三角形原理)到“无人机 3D 建模”的技术融合路径，使学生在“测量校园花坛”等任务中，经历“具象操作→半抽象建模→算法优化”的思维跃迁，既保障基础薄弱者的参与信心，又为高阶学习者预留创新空间，实现数学能力的“阶梯式生长”。

其次，技术工具的双刃剑效应在数学实践中尤为显著。正向赋能层面，GeoGebra 动态建模将抽象的几何体展开、旋转过程可视化(如圆锥体积公式推导)，极大降低低年级学生的空间想象认知负荷；AR 技术则通过虚拟切割演示，将不规则喷水池分解为圆柱、圆锥等模块，使“体积守恒”原理可触可感。然而，技术滥用亦存隐忧——过度依赖 App 扫描测量(如一键获取水池尺寸)可能导致学生丧失手工测算(如绳测、影长比例计算)的基本技能。为此，需通过“技术伦理课”设计纠偏活动，例如在无人机测绘前开展“数据隐私辩论会”，在 AI 解题后组织“人机结果交叉验证”，使工具效率与思维深度在批判性使用中达成平衡。

课程与技术二者的融合既需规避“技术依赖症”(如过度使用 App 替代手工测量)，更要以“人的发展”为尺度，让工具效率与教育温度共生于数学实践的土壤。

五、政策与评价导向：顶层设计与实践落地

政策与评价体系是数学素养落地的“指挥棒”与“温度计”。《新课标》以“综合与实践”领域为锚点，推动数学教育从“知识本位”转向“素养导向”，要求课程设计(如“校园碳排放审计”)与核心素养五维模型精准对接；而评价体系的革新(如引入《估算白皮书》、“素养雷达图”)则以多元证据替代单一分数，通过“过程性数据+社会性成果”的动态追踪，使“思维生长”可视化。二者的协同需破解“纸笔测试惯性”与“素养评价模糊性”的矛盾，通过顶层政策供给(如素养导向命题)、校本化工具开发(如跨学科能力矩阵)，架设从“理念倡导”到“课堂扎根”的实践桥梁。

首先，课程标准与素养对接。《新课标》以“综合与实践”领域为锚点，重塑数

学教育的价值坐标，为校本课程开发提供“素养导航”。政策契合度体现为：校本课程需紧扣真实问题（如“喷水池水量估算”），将“体积计算”“误差分析”等知识点嵌入工程设计、节水倡议等跨学科任务链，使“五维素养”目标具象化为可操作的实践模块。例如，《新课标》要求“经历发现问题—解决问题—反思改进的全过程”，校本课程则通过《模型迭代日志》与《技术伦理公约》等工具，将“推理意识”“严谨态度”等素养指标转化为可观测的行为证据，实现从政策文本向课堂行动的精准转化。

其次，评价体系变革。一是多元证据采集打破“唯分数论”的桎梏，通过过程性证据动态刻画素养生长轨迹。例如，在“喷水池水量估算”项目中，学生需提交《模型迭代日志》记录从“单一圆柱假设（误差52%）”到“组合体模型（误差8%）”的优化逻辑，并附物业对节水方案的采纳证明，将“应用意识”“严谨态度”等抽象素养转化为可观测的行为证据。此类证据不仅反映学习结果，更揭示思维路径，为教师提供精准干预锚点（如针对“忽略水面折射误差”设计光折射实验）。二是素养导向命题重构评价情境，在纸笔测试中嵌入真实问题链。例如，试题要求学生基于“校园喷水池示意图”（含曲线边界），选择至少两种方法估算水量，说明原理并分析潜在误差。评分标准涵盖“策略多样性”（如几何分割法、水位置换法）、“工具适切性”（是否考虑温度对蒸发量的影响）及“社会价值阐述”（节水意义），推动学生从“套公式”转向“系统性问题解决”，实现跨学科能力迁移的量化评估。

总之，政策与评价体系的协同革新既破解了“纸笔测试”与“素养模糊性”的割裂矛盾，又以校本化工具开发（如五维评价矩阵）架设“国家政策—课堂行动—社会反馈”的闭环通路，最终实现数学教育从“知识达标”到“素养赋能”的范式升级。

第六章　小学数学实践课程设计与实施

数学实践课程不是教学活动的随机拼盘，也不是热闹表象下的思维空转，而应是核心素养落地的精密导航系统——它需要以目标为航标、以学生为舵手、以真实世界为海域，在课程设计的每一个环节中校准方向、规避浅滩、捕捉风势。当教育者陷入“活动越多，素养越虚”的困境时，问题的症结往往在于课程设计缺乏系统性思维与证据化迭代，导致实践沦为“为动而动”的碎片化尝试。本章的课程设计框架，基于三大核心命题构建。一是课程即境遇，课程不是知识点的集装箱，而是师生共同编织的“探究境遇网络”，每一个任务节点都应触发认知冲突、激活社会互动、承载文化意义。二是设计即研究，从需求诊断（如学生量感薄弱点分析）到效果追踪（如素养生长轨迹可视化），课程开发本质上是循证实践的过程。三是实施即创生，预设的课程方案需在真实课堂中动态调适，接纳生成性问题（如学生质疑任务合理性）作为再设计的契机。课程设计的四大支柱将贯穿本章。一是问题驱动锚点，从“伪问题”（如脱离经验的“高铁速度计算”）转向“真需求”（如优化班级图书角的借阅效率）。二是从“封闭式问题”升级为“问题链”（如“如何公平分配月饼”延伸至“分数是否总能解决分配问题”）。三是工具文化共生，传统工具（如绳结计数）与智能工具（如传感器）的跨时空对话；本土智慧（如节气中的数学规律）与现代议题（如碳足迹计算）的创造性融合。认知情感双线，显性线即知识技能的结构化进阶（如从“测量教室”到“构建比例模型”），隐性线即数学情感的温度曲线（从“畏惧几何”到“发现对称之美”）。四是评价赋能闭环，嵌入式评价在任务节点设置“思维快照”（如小组争论录音分析）；成长性评价用“素养护照”记录学生从“直觉猜想”到“严谨论证”的蜕变。

在传统数学课堂中，学生往往被困于符号演算的孤岛，难以触及数学与真实世界的联结脉络。随着核心素养导向的课程改革深入推进，数学教育正经历从“知识传递”向“思维生长”的范式转变。本章聚焦小学数学实践课程的建构逻辑与落地路径，试图回答两个根本性问题：如何让数学知识从课本定义走向生活重构？如何使学习过程从被动接受升维为主动创造？实践课程不是教学活动的简单叠加，而是以数学本质为锚点，通过情境浸润、问题驱动、工具赋能的三维设计，引导学生经历“数学化”过程。值得关注的是，本章特别强调实践课程的“双重建构”特性：一方面，学生通过测量、建模、实验等具身认知活动，在真实问题解决中重构数学概念；另一方面，教师借助动态观察、过程性记录、学习证据分析，持续重构对儿童数学思维发展的认知图景。这种师生共生的实践生态，将推动数学教育真正迈向"用思维丈量世界，以智慧创生未来"的新境界。

第一节　课程开发原则

课程开发是教育理念转化为教学实践的核心枢纽，其本质在于构建一座连通学科本质与学生经验的桥梁。在小学数学实践课程的建构中，开发原则不仅决定着知识传递的路径，更塑造着学生思维生长的样态。本节立足于核心素养导向的教育改革背景，聚焦小学数学实践课程开发的核心原则体系，试图回答一个根本性问题：如何通过结构化的原则框架，将抽象的数学概念转化为可触摸、可探究、可迁移的学习历程？传统课程设计往往陷入"知识罗列"或"活动堆砌"的窠臼，而素养本位的实践课程开发，强调以原则为经纬，编织出"目标—内容—方法—评价"的一致性网络。本章节将系统阐释四大核心原则：生活扎根性原则（从真实问题中激活数学意义）、思维可见性原则（借助工具外显认知过程）、工具中介性原则（运用数字量表培养量感）、发展进阶性原则（构建螺旋上升的能力阶梯）。每一原则均包含"理论溯源—设计标尺—案例举证"三重解析，例如通过"菜地规划"项目剖析如何同步实现测量技能训练与空间观念培养，体现原则间的协同效应。值得关注的是，这些原则并非孤立存在，而是形成动态联动的生态系统。生活情境为思维发展提供土壤，工具中介机制确保每棵"思维幼苗"获得适切养分，而进阶性设计则推动学习向最近发展区持续突破。这种原则体系的有机整合，最终指向小学数学教育的终极追求——让每个孩子都能在数学实践中找到自己的声音，用数学的思维方式理解世界、表达世界，甚至创造世界。

一、生活扎根性原则

在小学数学实践课程的开发中，生活扎根性原则不仅是连接抽象符号与具象世界的桥梁，更是培养学生数学核心素养的根基。其重要性体现在以下三个方面。

一是促进数学知识的"意义赋予"与"经验重构"。从认知心理学视角来说，根据皮亚杰的认知发展理论，儿童通过同化与顺应建构知识体系。生活情境为数学概念提供认知锚点。将数学知识与生活实际相结合，还能够让学生感受到数学的实用性和趣味性，从而激发他们的学习兴趣。例如，在教学"加减法的认识"时，可以通过购物的场景，让学生计算商品的价格和找零，这样的教学方式比单纯的数字计算更能吸引学生的注意力。再如，通过测量教室窗户的周长（生活任务），学生发现"周长=（长+宽）×2"的公式（数学抽象），而非机械记忆公式。从概念具象化机制来说，生活场景能消除数学符号的陌生感。小学生的思维以形象思维为主，对于抽象的数学概念理解起来较为困难。而生活场景的教学能够将抽象的数学知识转化为具体的生活现象，帮助学生更好地理解和掌握。例如，教师在讲解图形的面积和周长时，可以让学生测量教室的地面、窗户的面积等，使学生在实际操作中理解面积和周长的概念。再如，学生用“家庭每月用电量统计”任务学习条形图制作，将“数据与图表对应关系”转化为“用电高峰可视化分析”。

二是培育数学眼光与问题解决能力。《新课标》强调量感、应用意识的培养，生活扎根性课程直接回应这一要求。数学的最终目的是让学生能够运用所学知识解决实际问题。通过生活扎根性的课程开发，学生能够将课堂上学到的数学知识应用到生活中，提高他们解决实际问题的能力。例如，在学习比例知识后，教师让学生根据比例尺计算地图上两地之间的实际距离，或者根据食谱计算食材的用量。再如，“校园菜地种植计划”中，学生需计算种植间距(量感)、预算种子费用(运算能力)、绘制种植分布图(空间观念)。真实问题的复杂性倒逼高阶思维发展。例如，在“设计班级运动会积分规则”项目中，学生经历“简单加法→权重设定→公平性论证”的思维升级，体会数学建模的全过程。

三是消解学科壁垒，实现全人发展。生活问题天然具有跨领域特征，是跨学科融合枢纽。例如，“制作校园雨水收集系统”需计算容积(数学)、设计坡度(工程)、分析水质(科学)、绘制宣传海报(艺术)。生活化实践能改变学生对数学的认知图式，有利于情感态度价值观塑造。例如，实施“社区超市价格调查”课程后，多数学生表示“发现数学真的有用”，数学焦虑指数下降。

(一)理论溯源

经验主义教育哲学主张，教育即经验的持续改造与重组，强调“做中学”。生活扎根性原则呼应杜威“教育即生活”的理念，主张数学学习应始于儿童的真实经验。例如，通过“家庭一周垃圾重量统计”项目，学生在数据收集中自然习得“平均数”“图表表征”等概念，而非孤立记忆公式。情境认知理论主张，知识是情境化的产物，脱离情境的抽象符号无法形成深层理解。数学概念需嵌入真实活动系统。如“校园跳蚤市场”课程中，“货币兑换”任务将小数运算与交易规则、社交礼仪相融合，使计算能力在社会互动中自然生长。具身认知理论主张，认知依赖身体与环境的交互，思维通过感知运动系统具象化。测量教室面积时，学生用脚步丈量(具身动作)→转化为米制单位(抽象符号)，通过身体经验建立“单位量感”的生理记忆。现实数学教育理论主张，数学应被看作人类活动，教学需经历“数学化”过程，从现实问题中抽象为数学模型。设计“社区公园路线规划”任务，学生先实地观察地形(现实情境)→绘制比例草图(初步数学化)→计算最短路径(形式化数学)。生活扎根性课程理论协同关系如图6-1所示。

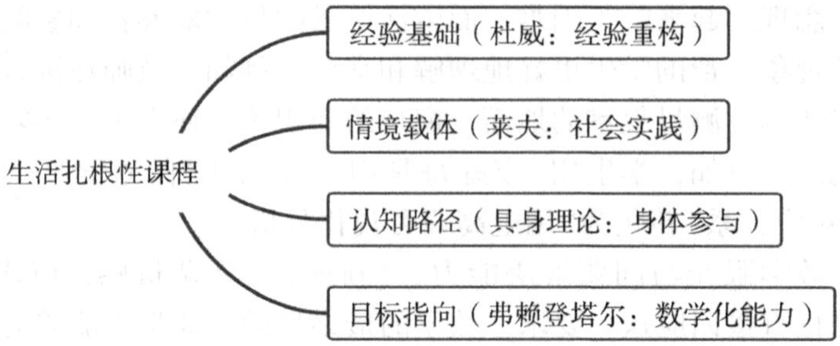

图 6-1　生活扎根性课程理论协同关系图解

生活扎根性的理论根基，本质上是将数学教育重新锚定于人类认知的本源——在与世界交互中建构意义。这种原则指导下的课程，不再是知识的单向灌输，而是点燃学生用数学思维解码生活、改造现实的永恒火种。

(二)设计标尺

传统的情境选择常陷入两极化困境：或简单移植成人视角的"生活片段"，忽视儿童认知的独特性；或堆砌趣味元素制造"虚假热闹"，弱化数学本质的穿透力。生活扎根性课程的设计需遵循"真实性—参与性—延展性"三维度标尺，确保数学学习始终根植于现实世界的沃土。在小学数学实践课程开发中，情境既是知识生长的土壤，也是思维跃迁的跳板。然而，并非所有生活场景都天然适配数学学习——虚构的"伪情境"易导致认知悬浮，脱离经验的"超现实任务"则可能催生学习倦怠。为解决这一核心矛盾，我们需要构建一套科学化、可操作的筛选框架，帮助教师从纷繁的生活现象中提炼出"既有数学内涵、又具教育能量"的优质情境。

1. 情境筛选三阶模型

本模型(如表 6-1 所示)基于生活扎根性原则，以真实性、适切性、开放性为三级滤网，层层递进地完成"生活现象→教育情境→学习任务"的转化。每一层级均配备可视化工具(如"生活场景雷达图""认知锚点对照表")，既提供理论标尺，又支持实践决策。例如，在"校园菜地规划"项目中，教师可借助模型快速验证：测量土地的需求是否真实存在(真实性)、面积计算是否匹配三年级学力水平(适切性)、是否允许学生自主选择种植区域形状(开放性)。

此模型的价值不仅在于规避设计误区，更在于激活情境的教育势能。当情境通过三级筛选后，它们将不再是课堂的点缀，而是成为引导学生从"生活观察者"进阶为"数学探索者"的认知脚手架。通过这一模型，数学教育真正实现了杜威所言的"教育即经验的改造"——让知识在真实世界的脉络中生根，让思维在解决问题的实践中拔节。

表 6-1　　情境筛选三阶模型

——基于生活扎根性原则的三级滤网工具与教育情境转化路径(示例)

筛选层级	核心标准	设计工具	正/反例对比
真实性	问题源于学生可接触的“10 分钟生活圈”	生活场景雷达图(标注家庭/学校/社区场景)	✓ 计算上学路线耗时 ✕ 设计火星基地面积
适切性	匹配学生认知水平与生活经验	认知锚点对照表(关联课标与常见生活事件)	✓ 三年级“超市价格比较” ✕ 一年级“股票涨跌分析”
开放性	允许多路径探索与个性化表达	问题类型分类卡(封闭题→半开放→全开放)	✓ 设计班级图书角布局方案 ✕ 计算固定步骤的菜谱用量

2. 任务设计四维脚手架

任务设计是数学实践课程的灵魂，其质量直接决定学生与知识相遇的方式——是浮于表层的机械操作，还是扎根深层的意义建构。传统任务设计常陷入“知识点搬运”的窠臼，或沉溺于形式化的活动狂欢，却忽视了数学思维生长的内在逻辑。四维脚手架模型的提出，正是为了破解这一困境，通过具身参与度、认知卷入度、情感联结度、跨时空延展性的协同设计，将碎片化的学习动作转化为有温度、有深度、有力度的完整认知历程。四维脚手架并非简单的要素叠加，而是通过动态耦合，构建“身体—思维—情感—实践”的全息学习场域。例如，在“校园午餐浪费调查”任务中，学生需实地称量残食(具身参与)、分析数据趋势(认知卷入)、共情粮食安全(情感联结)，最终将结论转化为家庭用餐计划(跨时空迁移)。

此表格(如表 6-2 所示)可作为教师课程设计的速查工具，支持从身体参与、思维深度、情感动机到迁移能力的全维度任务开发。

表 6-2　　小学数学任务设计四维脚手架框架表

——具身参与 · 认知进阶 · 情感驱动 · 迁移应用的全息设计工具

设计维度	操作标准	设计工具	案例示例
具身参与度	身体动作与数学认知的整合强度	具身活动阶梯：观察→操作→创造	学习“对称”： • 观察校园对称物 • 身体摆对称造型 • 设计对称徽章
认知卷入度	问题复杂度驱动思维投入深度	问题链模板： • 基础层：单知识点应用 • 进阶层：多条件分析 • 挑战层：价值创新	购物任务 • 计算菜价总和(基础) • 预算最优采购(进阶) • 制定分餐规则(挑战)

续表

设计维度	操作标准	设计工具	案例示例
情感联结度	任务与个人/群体需求的关联强度	情感价值标尺： • 个人需求 • 群体价值	• 收纳方案设计(个人需求)：体积计算优化书包空间 • 班级奖项分配(群体价值)：平均数保证公平性
跨时空延展性	解决方案在新场景中的可迁移性	迁移能力发展表： 课堂→家庭→社区	面积计算迁移： • 测教室墙面(课堂) • 估粉刷涂料量(家庭) • 规划公园长椅间距(社区)

四维脚手架的本质，是让数学任务回归“完整的经验”。它拒绝割裂的知识点操练，而是通过多维度的交织设计，使每一次任务实践都成为学生重塑数学与自我、数学与世界关系的认知事件。当测量教室面积的任务从公式套用升级为“为残疾伙伴设计无障碍通道”时，数学不再是被割裂的符号游戏，而升华为理解他人、关怀社会的思维纽带。这种设计范式下，任务不仅是学习的载体，更是滋养数学眼光与人文精神的生命土壤。

3. 评价标准双轴体系

传统数学评价往往局限于纸笔测试的单一维度，将学生的思维压缩为分数符号，却忽视了数学素养在真实情境中的生长样态。随着核心素养导向的教学转型，评价亟须从“知识正确性”的裁判者，转向“思维发展性”的导航仪。评价标准双轴体系以生活关联度与策略迁移力为纵横坐标，辅以情感认同度的第三维度观测，构建起“能力扎根生活、思维贯通场景”的全息评价网络。

这一体系(如表6-3所示)的构建深植于情境认知理论与表现性评价理念，其核心在于三个方面。一是从“答案唯一”到“路径多元”：不再苛求标准化解题步骤，转而关注学生如何将课堂所学的数学工具(如单位换算、数据分析)灵活应用于真实问题解决。二是从“静态截取”到“动态追踪”：通过数学日记、迁移任务等工具，捕捉学生从“识别生活数学现象”到“创造性解决问题”的能力进阶轨迹。三是从“冷认知”到“热思维”：引入情感认同度指标，揭示数学学习中的动机强度与价值体认，如通过“社区地图绘制”任务观察学生是否主动运用比例尺知识改善邻里出行体验。

双轴体系的独特价值在于其“教学改进功能”——当数据显示某班“策略迁移力”得分普遍偏低时，教师可针对性设计跨场景变式训练；若“情感认同度”呈现两极分化，则需调整任务与学习者需求的契合度。这种评价不再是终点，而是成为师生共同优化学习生态的指南针，真正实现“以评促学、以评导教”的良性循环。

表 6-3 小学数学素养发展三维观测表
——生活关联·策略迁移·情感认同的全息评价体系

评价维度	观察指标	数据采集工具
生活关联度	学生主动发现生活数学现象的频率	数学日记分析编码表
策略迁移力	课堂方法在新场景中的创造性应用	迁移任务表现性评价量规
情感认同度	“数学有用”陈述的自发表达次数	情感态度问卷(李克特五级)

在课程开发过程中，需特别警惕两大典型误区：其一是伪情境陷阱。可通过“三问检测法”识别——首先检验问题是否真实存在于学生生活经验中(如虚构的“计算高铁速度”脱离儿童认知范畴)，其次确认解决方法是否必须依赖目标数学知识(避免为套用公式而强行编造场景)，最后评估任务结果是否具有现实应用价值(如修正为“测算校车到站时间”则具备服务校园生活的实际意义)。其二为超载症候群，需合理控制跨学科元素的渗透密度。例如，在测量课桌面积时适度融入材质认知(数学与科学融合)，但应避免同一任务中叠加计算菜价、分析营养、设计广告等多元目标(数学/科学/美术混杂)，以防稀释数学思维的核心培养焦点。这两类误区的规避，本质上是把握生活化与学科性的动态平衡——既不让数学湮没在纷繁的生活现象中，也不令其困囿于抽象的符号之中。

此设计标尺体系将抽象原则转化为可操作的课程开发工具包，帮助教师系统性地实现“从生活走进数学，从数学理解世界”的教育愿景。

(三)案例举证

生活扎根性原则的实践价值，需通过梯度化、多场域的真实案例予以具象化。以下精选三类典型课例，呈现从单一知识应用到跨学科整合的完整样态。

案例一

《校园菜地规划——面积与比例应用》(基础型案例)

基于学校新建种植实践基地的真实需求，学生通过卷尺实地测量待规划土地的长和宽(具身操作)，将所得数据按 1∶100 的比例转化为平面图(数学抽象)，并自主划分不同作物种植区域(应用迁移)。任务聚焦面积计算、比例尺运用等知识点，着重培养量感建立(单位换算)、空间观念(图形表征)与规划思维(资源分配)，延伸至家庭阳台种植箱布局设计与社区花园改造提案等实际场景，实现“测量—绘图—应用”的能力闭环。

生活场景：学校新建种植实践基地，需合理规划班级责任田。

数学知识点：面积计算、比例尺运用、图形分割。

任务描述：

(1)实地测量：用卷尺测量待规划土地的长和宽(具身操作)。

(2)比例绘图：按1∶100的比例绘制菜地平面图(数学抽象)。

(3)种植设计：划分不同作物区域并标注占地面积(应用迁移)。

能力培养：量感建立(单位换算)；空间观念(图形表征)；规划思维(资源分配)。

延伸方向：设计阳台种植箱布局；参与社区花园改造提案。

案例二

《超市购物策略师——小数运算与数据分析》(综合型案例)

围绕家庭采购日优化预算的真实问题，学生经历价格侦察(记录商品单价)、预算规划(50元购5类必需品)与消费报告(绘制月度支出图)三阶任务，整合小数运算、估算策略及条形图制作等知识。跨学科融合数学运算、语文建议书撰写与美术海报设计(如折扣计算)，同步渗透消费伦理讨论(残次品折扣合理性)，在解决“如何精打细算”的生活难题中，培育数据分析能力、财商意识与社会责任感。

生活场景：周末家庭采购日，预算有限需优化购物方案。

数学知识点：小数加减、估算策略、条形图制作。

任务设计：

(1)价格侦察：记录10种商品单价(精确到分位)。

(2)预算规划：用50元购买至少5类必需品(最优化策略)。

(3)消费报告：绘制月度支出趋势图(数据可视化)。

跨学科整合：数学的运算与统计；语文的撰写采购建议书；美术的设计促销海报(价格折扣计算)。

社会情感价值：通过“残次品折扣计算”讨论消费伦理，培养财商意识。

案例三

《疫情下的社区守护者——统计与决策》(挑战型案例)

以社区防疫物资分配为背景，学生通过统计楼栋人数、设计老年群体优先方案、规划最短配送路径等任务，从机械计算(总量÷人数)进阶至价值判断(弱势群体加权)，最终形成兼顾数学效率(比例尺路径优化)与人文关怀(志愿者负荷考量)的解决方案。任务覆盖平均数、统计表等知识，强调数学建模与社会参与(提交方案并参与听证答辩)，培养批判性思维、社会责任意识及公共事务参与能力。

生活场景：社区防疫物资发放方案优化。

数学知识点：平均数、统计表、方案优选。

高阶任务链：

(1)数据采集：统计各楼栋人数与特殊需求户数。

(2)公平分配：计算人均口罩数量，设计老年群体优先方案。

(3)路线优化：规划最短物资配送路径(结合比例尺地图)。

思维进阶：从机械计算(总量÷人数)到价值判断(弱势群体加权)。从数学解(最短路径)到人文解(志愿者体力负荷考量)。

社会参与：将最终方案提交社区居委会，参与线上听证会答辩。

生活化数学案例设计要素全景对照如表 6-4 所示。

表 6-4　**生活化数学案例设计要素全景对照表**

——校园→家庭→社区场景进阶路径下的能力发展图谱

设计要素	基础型案例	综合型案例	挑战型案例
生活半径	校园场景(最近发展区)	家庭—社会过渡场景	社会性复杂场景
认知目标	单一知识点应用	多知识点整合	数学建模+价值判断
能力侧重	量感与运算能力	数据分析与跨学科表达	批判性思维与社会责任感
评价焦点	操作准确性	策略合理性	方案创新性与人文关怀

在践行生活扎根性原则时，需警惕两大常见误区：其一是表层生活化，误将跨学科元素的简单叠加等同于生活化设计，例如要求学生在同一任务中完成计算菜价(数学)、撰写采购作文(语文)、设计促销海报(美术)等异质任务，这种“生活元素堆砌”看似丰富，实则割裂数学内核，反使核心目标被稀释。其二是伪探究化，设计缺乏真实认知冲突的流程化操作，如按既定步骤测量菜地面积并计算产量，却未触及“等面积不同形状地块的产量差异”等本质矛盾，此类任务虽具生活外壳，实为机械执行，未能激发深度思考。二者共同症结在于割裂了数学与生活的有机联系，须以“真实问题驱动”为锚点，设计存在认知张力的任务(如探究菜地形状与产量的关系)，在保持数学本质穿透力的同时，实现生活经验向学科素养的有效转化。

这些案例通过“小场景 · 大思维”的设计逻辑，证明生活扎根性原则绝非表面化的情境装饰，而是让数学学习回归“认识世界—解释世界—改善世界”本质功能的战略选择。当学生在优化社区物资配送方案的实践中调用统计知识时，他们不仅在学数学，还在用数学构建更美好的生活图景。

二、思维可见性原则

数学教育长期面临一个根本性困境：学生的思维如暗流涌动，教师却只能通过答案的正误去揣测水下冰山。传统课堂中，数学思维往往被简化为公式套用与结果输出，而概念形成的过程、策略选择的依据、错误修正的路径等关键认知活动，却如同“黑箱”般不可观测。思维可见性原则的提出，正是为了打破这种认知遮蔽，让数学学习从“沉默的演算”走向“有声的思考”，使内隐的思维过程外化为可观察、可诊断、可培育的教学资源。这一原则植根于社会文化理论的核心主张——思维在工具中介与社会互动中得以发展。维果茨基指出，语言、符号、图表等“心理工具”能够将抽象思维具象化，而教师的任务正是搭建“思维脚手架”，帮助学生完成从“内隐心智活动”到“外显认知产物”的转化。例如，当学生用积木拼接解释分数等分原理时，其空间推理与逻辑演绎过程便通过具象操作得以显性化。

思维可见性原则的实践意义体现在三重突破上。一是教学视角转换。从关注“学生是否算对”转向探查“学生如何想”，通过思维导图、口头报告、反思日志等工具捕捉认知轨迹。二是学习方式革新。借助数轴涂色标记、几何模型拆解等可视化策略，将抽象概念(如负数、立体展开图)转化为可触摸的思维载体。三是评价范式升级。构建“过程性证据链”，如记录学生从试误调整到策略优化的完整探索历程，替代传统的一次性答案评判。在“设计校园节水系统”项目中，思维可见性原则得到充分彰显：学生需用流程图展示水量计算步骤(程序性思维可视化)，用三维模型演示管道布局(空间思维具象化)，用数据对比图论证方案有效性(批判性思维结构化)。此时，数学课堂不再是静默的独白，而成为思维交响的剧场——每个孩子都在用自己的方式，向世界宣告“我思故数学在”。

(一)理论溯源

思维可见性原则的建构，深植于认知科学与教育心理学的经典理论体系，其核心在于破解“思维不可见性”这一教育难题，通过工具中介与表征转化，使内隐的认知活动外显为可观测、可干预的教学资源。

社会文化理论主张，高阶心理机能通过工具中介与社会互动发展，语言、符号、模型等是思维外化的关键载体。学生用数轴标注分数大小(符号中介)，将抽象比较转化为视觉对比。通过同伴讲解解题思路(社会互动)，暴露潜在认知断点并搭建思维桥梁。例如，儿童在积木游戏中用实物操作解释“等分”概念，实现从动作思维到语言表达的转化。

认知表征理论提出三级表征系统。动作表征(摆弄分数圆片)→图像表征(绘制饼状图)→符号表征(书写分数算式)。例如，低年级学生通过折纸活动理解对称性(动作主导)；中年级学生用线段图分析应用题数量关系(图像过渡)；高年级学生建立方程模型解决行程问题(符号抽象)。

认知负荷理论的核心机制是可视化工具通过降低内在认知负荷，促进工作记忆有效加工。设计时可分步可视化，将多步运算拆解为流程图(如"通分→分子相加→约分")；空间组织方面，用表格对比不同解题策略的优劣(减少注意力分散)。

元认知理论提出思维显性化路径。通过监控(发现计算异常)→调控(调整解题策略)→反思(总结错误类型)。例如，思维有声化，要求学生边解题边口述步骤(如"先找公分母是因为……")；错误日志，用红/蓝笔分别标注原始错误与修正过程，形成认知轨迹图。思维可见性课程理论协同关系如图 6-2 所示。

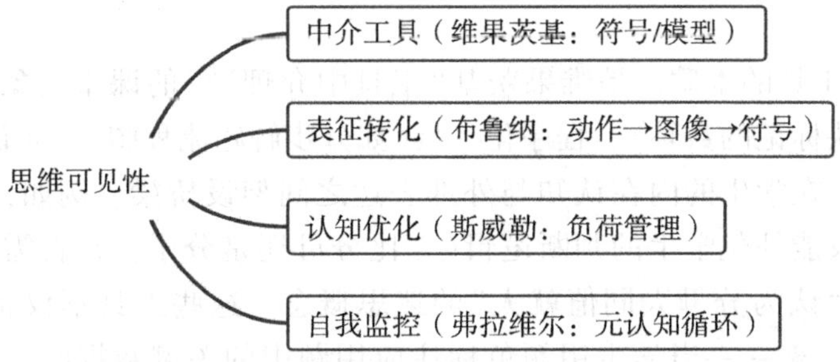

图 6-2　思维可见性课程理论协同关系图解

在践行思维可见性原则时，需把握具象与抽象的辩证关系：既要警惕过度具象化陷阱——若长期滞留于实物操作或图像化阶段(如仅用分数圆片进行等分演示)，可能阻碍学生向符号抽象(公式推导、符号运算)的关键发展，导致认知发展停滞；同时需动态平衡个体差异，针对表象思维优势者(如视觉型学习者)提供思维导图、几何模型等可视化工具，而对符号思维敏锐者(如数理逻辑强者)则开辟快速抽象通道(如直接引入代数推导)，最终实现"具象奠基→抽象升华"的个性化发展路径。例如，在圆柱体积探究中，允许部分学生通过注水实验(具象)理解体积概念，而引导另一些学生从长方体体积公式(符号)进行类比推理，使思维外化工具既成为认知桥梁，又不沦为思维枷锁。

思维可见性原则的理论溯源，本质上是为数学教育安装"认知 *X* 光机"——通过科学设计的工具与策略，让教师得以透视学生的思维脉络，在关键节点给予精准支持。当学生用思维导图拆解"鸡兔同笼"问题时，他们不仅在解决数学难题，更在演绎一部鲜活的认知发展史。

(二)设计标尺

思维可见性并非自然发生，需通过结构化工具与策略设计，将内隐认知转化为外显表征。以下从认知外化工具、思维表征阶梯、过程显影策略三个维度构建设计标尺体系，并配套可操作的教学工具包。

1. 认知外化工具

在数学课堂中，学生的思维如同暗夜中的星火，若缺乏适切的工具捕捉，其光芒往往转瞬即逝，徒留教师对认知过程的揣测与想象。认知外化工具的设计，正是为了点亮这思维的星火，将内隐的思考轨迹转化为可见的认知图谱，使数学学习从“暗箱操作”走向“玻璃房实验”。这一框架的建构，直指传统教学的痛点——当学生机械地写下“3/4>1/2”时，教师无从知晓其判断是基于分数圆片的直观对比，还是对分子分母关系的抽象理解；而当答案错误时，更难以追溯究竟是概念误解还是过程疏漏。

认知外化工具的本质，是维果茨基“工具中介理论”的课堂具象化：通过视觉化工具(如色块标记的数轴)、程序化工具(如分步解题流程图)、元认知工具(如思维反思日志)，在学生的内在认知与外部表达之间架设桥梁。例如，一份“分数比较决策树”不仅能外化学生的判断逻辑(先比分母还是分子？是否需要通分?)，更能暴露出诸如“认为分母大同值就大”的迷思概念。这些工具不仅是思维的镜子，更是认知的脚手架——当学生用颜色标注应用题中的关键数据时，他们不仅在解题，更在训练如何从混沌信息中提取数学模型。

此框架(如表 6-5 所示)的独特价值在于其动态适应性：针对“动作—图像—符号”的认知发展阶段，提供阶梯式工具支持。低年级学生通过实物拼摆(如七巧板构图)外化空间思维，高年级学生则借助思维导图梳理复杂问题链(如行程问题的相遇与追及模型)。工具不再是静态的辅助教具，而成为思维生长的年轮，记录着从具象操作到抽象推理的跃迁痕迹。当课堂充满这样的工具对话——图形在说话、流程图在推理、反思气泡在提问，数学教育便真正实现了从“传授知识”到“培育思考者”的范式革命。

表 6-5 **认知外化工具设计框架表**

——视觉化 · 程序化 · 元认知三维协同工具系统

工具类型	功能定位	设计标准	典型案例
视觉化工具	空间化呈现思维结构	色彩标记关键节点，空间布局符合认知逻辑	用“分数墙”对比 1/3 与 1/6 的大小(色块高度可视化)

续表

工具类型	功能定位	设计标准	典型案例
程序化工具	显影问题解决步骤	分阶段拆解流程，预留调整接口	制作“通分流程图”：找公倍数→转化分子→计算→化简
元认知工具	监控与反思思维过程	提供反思框架，引导自我提问	“思维有声化”记录表：“我为什么先算这一步?”→“哪里可能出错?”

2. 思维表征阶梯

数学思维的进阶绝非一蹴而就，而是历经动作具象、图像过渡、符号抽象的阶梯式跃迁。布鲁纳的“三级表征理论”揭示了这一认知演化的基本规律，但面对数字化时代的学习者，传统理论亟须现代转化——从线性递进的“三级阶梯”升级为动态交互的“跨模态转化网络”。思维表征阶梯设计标准的核心使命，正是为教师提供一套“认知导航图”，既尊重思维发展的阶段性规律，又激发不同表征形态的协同赋能。

在低年级课堂中，学生通过拆分糖果(动作)理解“平均分”的本质，此时若强行引入分数符号(如1/2)，无异于催促未破壳的雏鸟飞翔；而高年级学生若仍滞留于实物操作，则如同困守地面的成鸟，错失抽象推理的广阔天空。设计标准的关键，在于精准把握每个阶段的主导表征形态与跨模态接口。例如，在“分数加法”学习中，从月饼分割(动作)自然过渡到饼状图绘制(图像)，最终抽象为通分算法(符号)，并鼓励学生用辩论(语言)论证策略合理性，实现动作、图像、符号、语言的四维共振。

此表格(如表6-6所示)为教师提供清晰的认知发展阶段参照系，支持差异化教学设计，避免“一刀切”的表征应用误区。

表6-6 **布鲁纳三级表征现代转化实施框架表**

——动作→图像→符号→跨模态的四阶认知发展路径

认知阶段	动作操作比例及形式	图像记录比例及形式	符号表达比例及形式	跨模态转化策略	典型案例
低阶(1~2年级)	70% 实物操作、肢体动作	30% 简笔画、贴纸标记	0%	动作→语言转化	分糖果理解分数，用积木拼接展示加减过程

续表

认知阶段	动作操作比例及形式	图像记录比例及形式	符号表达比例及形式	跨模态转化策略	典型案例
中阶 (3~4 年级)	20% 选择性操作(如测量实验)	50% 结构化图示、流程图	30% 基础符号系统	图像↔符号互译	用线段图解应用题，将折纸对称操作转化为轴对称图形定义
高阶 (5~6 年级)	10% 数字化具象(AR/VR 辅助)	20% 动态图表、思维导图	70% 抽象符号与公式推导	符号→多元模态融合	用几何软件建模推导体积公式，编程验证统计规律
跨模态转化	—	—	—	语言/动作/符号/数字工具协同	辩论“1/2 + 1/3 = 2/5 是否合理”，用 Scratch 制作分数动画

案例梯度设计：分数加法

分月饼实物操作(动作)→绘制圆形分割图(图像)→推导 $a/b+c/d$ 公式(符号)→辩论“1/2+1/3 是否等于 2/5”(跨模态论证)。

这一标准不仅是对布鲁纳理论的传承，更是对当下教育现实的回应——当学生能用 Scratch 编程(数字符号)验证几何定理时，当 AR 技术将立方体展开图(图像)投射于现实空间时，思维表征的形态与边界正被重新定义。设计标准通过明确各学段的表征比例(如低年级 70%动作操作)、设计跨模态任务(如将流程图转化为数学日记)，引导教师既不做“具象的囚徒”，也不当“抽象的僭越者”，而是成为学生思维羽化的见证者与助飞者。

3. 过程显影策略工具箱

数学教育中，最珍贵的并非答案本身，而是答案背后那蜿蜒曲折的思维溪流——试探、纠偏、顿悟、重构的认知轨迹。然而，传统课堂往往将学习简化为答案的“输入—输出”黑箱，学生如何从困惑走向澄明、从错误逼近真理的思维历程，却如沉入深海的航迹，难以为教师所见。过程显影策略工具箱的建构，正是为了打捞这些沉没的认知航迹，让数学学习从“结果导向”的独幕剧，变为“过程可见”的多维生长史。

这一工具箱的理论根基深植于元认知理论与社会建构主义：当学生通过“有声思维法”口述解题逻辑时，他们不仅在解决问题，更在同步监控自己的思考路径(“我为什么要先算这一步?”)；当“错误轨迹图”并排展示错误与修正版本时，认知冲突与突破便成为可分析的公共资源(如对比通分错误与正确步骤的思维差异)。这些策略的本质，是将弗拉维尔的元认知循环(计划→监控→调节)外化为可操作的教学动作，使思维从私密的心理活动转化为共享的学习事件。

在“鸡兔同笼”问题的探究中，过程显影策略展现出强大效能：学生用思维对比墙展示算术解法(假设法)、代数解法(设未知数)，甚至创意解法(抬腿法)，教师通过分析不同策略的思维节点(如假设法中的“全鸡→腿数差→置换兔”)，精准定位“从具体到抽象”的认知断点。此时，错误不再是需要遮掩的败笔，而是折射思维盲点的棱镜；沉默不再是思考的注脚，而是亟待解码的认知密码。

数学思维过程显影策略对照如表 6-7 所示。

表 6-7 数学思维过程显影策略对照表
——有声思维·错误分析·解法对比的三维工具箱

策略类型	实施要点	工具载体	思维显影焦点
有声思维法	边操作边口述，暴露隐性决策	录音笔、思维气泡贴纸	策略选择依据(“我选通分，因为……”)
错误轨迹图	保留试误过程，对比修正版本	双色笔记法(黑笔初稿/红笔修正)	认知冲突点与突破路径
思维对比墙	并列展示不同解法，标注思维差异	教室白板分区、数字学生平台	发散思维与聚合思维的平衡点

过程显影策略工具箱的终极使命，是让数学课堂成为思维的“解剖实验室”。在这里，每一个公式都被还原为鲜活的思考脉搏，每一次计算都流淌着跃动的逻辑血脉。当教师手持这个工具箱，他们便不仅是知识的传递者，更是认知发展的“思维摄影师”，用策略的快门定格学生从混沌到有序的思维进化瞬间。

在实施过程显影策略时，需警惕两大典型误区：其一是形式化陷阱，片面追求可视化形式而忽视认知实质。例如，强制要求所有解题步骤绘图(如为简单加减法绘制流程图)，此类“为可视化而可视化”的设计徒增认知负荷，应仅在关键认知节点(如异分母分数比较、几何定理推导)嵌入可视化任务。其二是表征割裂症，未能实现动作、图像、符号三阶段的有机衔接。例如，学生在折纸操作(动作)理解对称性后，若缺失镜面反射实验(图像验证)与轴对称图形性质抽象(符号定义)的过渡，将导致认知断点。规避之策在于构建动态平衡的转化链——以“折纸→镜面成像→符号定义”三阶任务为例，动作经验通过图像验证转化为空间观念，最终升华为可迁移的抽象知识，使思维显影既具有过程完整性，又保持认知穿透力。

此设计标尺通过工具开发、阶梯设计和过程追踪，让数学课堂成为“思维的显微镜”——每个公式背后跃动的思想火花，都将在精心设计的认知舞台上绽放光芒。

(三)案例举证

以下从基础型到综合型到挑战型三类课例，系统呈现思维可见性原则在不同学段、不同知识模块中的实践路径，体现从动作外化到抽象推理的思维显影过程。

案例一

《分数大小比较——从实物操作到符号判断》(基础型案例)

知识模块：分数初步认识(三年级)

思维可视化策略：

(1)动作显影：使用透明分数圆片叠加比较 1/3 与 1/6 的大小，观察色块覆盖面积差异。

(2)图像转化：绘制"分数阶梯墙"，按分母大小排列色块高度(如 1/2=3 格，1/3=2 格)。

(3)符号关联：在数轴上标注分数位置，连接圆片操作与符号关系(如 1/3>1/6对应数轴右向箭头)。

工具载体：透明分数圆片(具身操作)；磁贴式分数阶梯墙(图像固化)；可擦写数轴挂图(符号过渡)。

思维显影焦点：暴露迷思概念(如"分母大分数值大")；显性化比较策略(面积比较→单位分数理解)。

延伸方向：用水果切分实践巩固分数概念；结合科学课测量液体体积(1/4杯水)。

案例二

《校园节水方案设计——数据驱动决策显影》(综合型案例)

知识模块：统计与概率(四年级)

思维可视化工具：

(1)思维导图：梳理"数据采集→分析→决策"流程，标注各环节数学方法(如平均数计算、条形图绘制)。

(2)双色笔记法：黑笔记录原始用水数据，红笔标注异常值及修正策略(如厕所冲水量异常偏高)。

(3)三维模型：用积木块堆叠表示各楼栋用水量差异，直观呈现数据分布特征。

认知冲突显影：发现"总用水量相同，但人均差异显著"(如体育馆与教学楼对比)；辩论"是否应平均分配节水指标"暴露不同价值观下的数学决策差异。

评价证据链：录音记录小组讨论中的策略争论；对比初版与终版方案的思维优化路径图。

高阶迁移：制定月度用电优化计划；分析社区垃圾分类数据提出改进建议。

案例三

《几何魔方解密——空间思维可视化训练》(挑战型案例)

知识模块：立体图形与展开图(五年级)

思维显影设计：

(1)AR辅助建模：用平板扫描实物魔方，生成三维展开图与二维平面图的动态转化演示。

(2)路径追踪图：记录解密过程中尝试的旋转步骤(如“右层上旋90°→顶层左移”)，用色线标注成功与失败路径。

(3)元认知日志：每日记录“最难突破的思维卡点”(如“无法想象背面方块位置”)及突破策略(如“先标记中心块颜色”)。

关键技术：一是眼动仪数据，分析学生在观察展开图时的视觉焦点分布，优化教学重点(如加强棱块位置识别训练)。二是错误热力图，统计高频错误操作位置(如顶面旋转方向混淆)，针对性设计变式训练。

思维发展图谱：动作思维(实物翻转)→空间想象(AR模型透视)→符号抽象(旋转公式推导)。

社会价值延伸：设计无障碍魔方供视障学生使用(几何触觉化)；体验建筑师通过三维模型推导建筑结构稳定性的工作逻辑。

认知可视化案例梯度对照如表6-8所示。

表6-8 **认知可视化案例梯度对照表**

——从概念建构到空间推理的思维显影要素全景

维度	基础型案例	综合型案例	挑战型案例
思维显影焦点	单位分数概念建构	数据驱动决策逻辑	空间推理与符号抽象
核心工具	实物模型+数轴	思维导图+双色笔记	AR建模+眼动追踪
认知冲突点	分母大小与分数值关系误解	数据公平性与效率平衡	二维—三维空间转化障碍
迁移场景	家庭物品分配	社区资源管理	工程设计与职业体验

在实施思维可见性原则时，需构建阶梯化、生态化、协同化的支持系统。首

先，梯度适配认知工具。低年级以触觉—动作为主（如分数圆片等实物操作），通过撕分纸张、拼接积木等具身活动建立量感；高年级则升级为数字孪生工具（如GeoGebra动态几何软件），在虚拟三维空间中解构圆柱体积公式，实现从具象经验到抽象推理的无缝衔接。其次，系统化开发错误资源，设立“思维急诊室”墙面展示典型错误路径（如通分时盲目扩大分母）与优化方案对比，通过红蓝双色标注认知断点与突破逻辑，将错误转化为培养元认知能力的“思维疫苗”。最后，贯通家校认知生态，设计“家庭思维显影任务包”——如录制超市比价策略解说视频（边口述计算过程边拍摄商品价格对比），既让家长直观感知孩子的思维特质，又推动数学眼光向生活场景迁移，形成“课堂显影—家庭延展—社会应用”的素养培育闭环。

当学生用AR技术拆解魔方时，他们不仅在学习几何变换，更在经历一场思维的“慢动作回放”——每一个旋转步骤的选择依据、每一次试误的逻辑调整、每一层空间想象的突破，都以可视化形式被定格与分析。这种显影机制，让数学课堂从“答案竞技场”转变为“思维解剖室”，使教师得以精准识别认知断点，让学生学会以科学家的姿态审视自己的思考轨迹。

三、工具中介性原则

在数学教育的传统图景中，符号与公式常如悬浮的空中楼阁，与学生脚下的现实世界隔着一道无形的认知鸿沟。工具中介性原则的提出，正是为了架设一座横跨这一鸿沟的桥梁——通过物理工具的具身操作与数字工具的即时反馈，将抽象的数学概念锚定于学生的感官经验与生活实践。这一原则深植于维果茨基的社会文化理论，强调工具不仅是知识传递的媒介，更是思维生长的脚手架：当学生用双手握持量杯观察水面起伏时，“升与毫升”的抽象单位便化作触手可及的体积感知；当激光测距仪的数字跳动于屏幕，空间量感从模糊估测升华为精确的尺度认知。

（一）理论溯源

工具中介性原则的提出，植根于教育心理学、认知科学和数学教育学的多重理论体系，强调通过物理工具与数字工具的协同作用，促进学生对“量”的本质理解。社会文化理论的工具中介认知发展的核心观点是人类认知通过文化工具（物理工具、语言符号、技术媒介）的调节而发展，工具是连接个体与知识的桥梁。例如，量感培养应用物理工具（如量杯、天平）将抽象量概念具象化（如“1升水”的体积可视化）。应用数字工具（如电子秤、传感器）通过即时数据反馈（如“重量：250克±2克”），建立精确量值与误差范围的概念。例如，儿童使用刻度尺测量课桌长度时，不仅获得数值结果，更内化了“单位”“基准”“连续性”等数学观念。最近发展区的理论延伸表明，数字量表可动态适应学生认知水平。例如，标有动物图标的卡通量尺（1只兔子=10cm），帮助低年级学生建立非标准单位量感；智能手环将步数自动换算为米制距离，推动学生理解标准单位换算逻辑。具身认知理论主张，认知源于身体与环境的互动，抽象概念(如量感)通过身体动作(如掂量、丈量)具象化。在量感培养上，学生用手臂环抱树干估算周长(触觉量感)；用软尺测量并记录精确数值(符号转化)；通过 AR 工具虚拟测量建筑物高度(数字孪生技术)。现实数学教育理论主张，数学学习应经历从现实情境抽象为数学模型的过程。例如，学生用卷尺测量教室门窗尺寸(现实→数学)；将测量数据整理为统计图表，推导面积公式(数学→高阶数学)。例如，在“家庭节水计划”项目中，学生通过水表数据(数字工具)计算日均用水量，进而建立节水数学模型(如线性函数关系)。认知负荷理论认为，工作记忆优化机制是数字量表通过外部认知卸载，减少工作记忆负担。例如，学生使用激光测距仪直接显示数值，避免传统卷尺读数时的多步骤计算(如累计长度、单位换算)。其中，双重编码效应指的是，数字工具同步提供视觉数据(如柱状图)与语音反馈(如“当前温度 25℃”)，激活大脑视觉与听觉双通道，强化量感记忆。技术增强学习理论主张技术—教学法—内容知识融合。工具设计原则强调技术适配性。例如，低年级用实体量具(如量杯)，高年级引入数字工具(如虚拟实验室)。工具设计原则同时强调教学法整合。例如，在测量活动中嵌入探究式学习(如“为什么不同工具测量结果有差异?”)。工具中介性课程理论协同关系如图6-3所示。

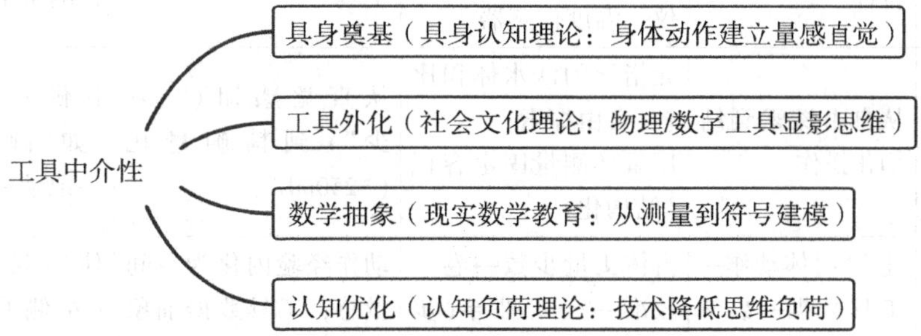

图 6-3 工具中介性课程理论协同关系图解

当学生用 AR 测距仪扫描操场时，跳动的数字不再是冰冷的符号，而是空间量感的数字孪生；当电子秤将“重”与“轻”转化为精确数值时，量感从模糊直觉升华为可计算、可验证的科学认知。工具中介性原则的本质，是让数学教育回归人类认知的本源——通过工具与世界对话，在具身操作与数字反馈的循环中，培育既扎根生活又指向未来的量感素养。

工具中介性绝非技术的简单堆砌，而是指向“身体—工具—符号”的认知转化链。具身认知理论揭示，数学思维的萌芽始于肢体动作(如跨步丈量操场)，经工具校准(如卷尺标记标准单位)，最终借数字量表(如 AR 建模软件)实现符号抽象。

在这一过程中，工具既是认知的延伸(如用体温计理解正负数)，亦是反思的镜鉴(如对比手工测量与智能设备的误差)。当课堂成为工具交响的实验室——秤盘上的果蔬化作重量数据的舞蹈，平板中的三维模型旋转出空间思维的轨迹——数学教育便真正实现了从“知识的占有”到“意义的生成”的范式跃迁。这一原则的终极愿景，是让每个孩子都能成为“工具的诗人”，以量尺为笔、数据为墨，在现实与抽象的边界书写属于自己的数学叙事。

(二)设计标尺

工具中介性原则的实施需遵循“工具适配认知梯度、操作驱动思维进阶”的设计逻辑，构建从具身操作到符号抽象的完整认知链条。以下从工具选择、操作设计、认知衔接、反馈机制、迁移设计五个维度构建设计标尺体系(如表 6-9 所示)。

表 6-9 工具中介性设计标尺框架表
——五维协同实施体系

设计维度	操作标准	工具类型与案例	认知阶段目标	关键策略
工具选择	匹配学生认知水平与知识模块特性	实体工具：量杯、天平、卷尺 数字工具：AR 测距仪、温度传感器	低年级侧重实体工具，高年级融合数字工具	设计“工具探索站”，允许自主选择测量工具
操作设计	从自由探索到结构化操作	无指导的沙水体积比较(自由探索) 用量杯测量固定容积(结构化)	从直觉感知(“多/少”)到精确量化(“250mL”)	提供操作流程图(如“倾倒→读数→记录→比较”)
认知衔接	建立“身体动作—工具数据—数学符号”的转化链	身体丈量步数→卷尺校准→公式推导(步长=步数×步距)	动作经验内化为空间量感，工具数据抽象为数学符号	使用双栏记录表(左侧身体感知，右侧工具数据)
反馈机制	即时反馈与延时反思结合	电子秤实时显示重量+课后撰写《我的测量发现》日志	同步强化具象经验与元认知能力	设置“误差分析角”，对比不同工具的测量结果差异
迁移设计	从课堂工具向生活工具自然延伸	课堂用天平称重→家庭记录食材克数→超市比对营养表	建立“工具—生活—数学”的意义联结	设计家庭任务卡(如“用手机测距仪量沙发尺寸”)

设计标尺的实施要点包括如下三个方面：

(1)工具梯度适配。低年级(1~2 年级)：以实体工具+感官体验为主(如用不同容量瓶子装水听声音辨大小)。中年级(3~4 年级):实体与数字工具并重(如用传统量角器与数字量角 App 对比测量角度)。高年级(5~6 年级):数字工具主导(如用编程软件模拟物体体积变化)。

(2)认知冲突预设。设计"工具悖论任务"激发深度思考(如用弹簧秤称棉花与铁块的重量,讨论"克与千克"的适用性)。

(3)跨模态转化。将工具数据转化为多模态表达(如用肢体动作演绎"1 立方米"空间大小,再用 3D 建模软件验证)。

工具中介性常见误区与修正策略对照如表 6-10 所示。

表 6-10 **工具中介性常见误区与修正策略对照表**
——认知校准路径(含三阶纠偏策略)

误区类型	典型表现	修正策略
工具越位	数字工具替代思维过程(如直接读取电子秤结果,不用手掂量)	设计"估测→工具验证→误差分析"三阶任务链
碎片化使用	各阶段工具缺乏衔接(如跳过失衡阶段直接使用 AR 建模)	建立"身体感知—工具校准—数字抽象"三环操作模型
技术沉迷	过度追求高科技工具,忽视数学本质(如用 VR 测量却未关联公式)	设置"工具—符号"对照表(如 AR 测距数据与公式计算值对比)

此设计标尺通过工具类型、认知阶段与实施策略的立体化设计,让数学课堂成为"工具赋能的认知实验室"——在这里,每一把量尺都是思维的触角,每一个数据都是智慧的种子。

(三)案例举证

以下通过基础型、综合型、挑战型三类案例,系统呈现工具中介性原则在不同学段、不同知识模块中的实施路径,体现从具身操作到符号抽象的认知转化过程。

案例一

《魔法厨房——容积与量感启蒙》(基础型案例)

适用年级:二年级
知识模块:容积与单位
工具设计:
实体工具:透明量杯(标有动物刻度:1 只小熊=100mL)、不同形状容器。

数字工具：电子语音量杯(倒入液体后自动播报容量)。

活动设计：

(1)自由探索：用不同容器装水，观察水位高低与容器形状的关系(直觉感知“多/少”)。

(2)工具校准：用量杯测量“小熊奶茶配方”(如3只小熊水+2只小熊牛奶)。

(3)误差分析：对比电子量杯读数与手工倒水结果的差异(如手动倒水210mL vs 电子量杯203mL)。

认知目标：建立非标准单位(小熊)与标准单位(mL)的关联；理解容积守恒(形状变化不影响液体总量)。

延伸方向：用杯子量取大米煮饭，记录所需“杯数”；结合科学课制作简易净水器(观察容积变化)。

案例二

《校园热力地图——温度测量与数据分析》(综合型案例)

适用年级：四年级

知识模块：数据统计与正负数

工具设计：

实体工具：酒精温度计、红外测温枪

数字工具：物联网温度传感器+数据可视化平台

活动设计：

(1)身体感知：用手触摸操场不同地表(塑胶跑道/沙坑/树荫)，记录体感温差。

(2)工具测量：用红外测温枪获取精确温度值(如塑胶跑道42℃ vs 树荫26℃)。

(3)符号转化：将数据录入平台生成热力地图，分析“温度—地表材质—日照”关系。

(4)决策应用：提出操场改造建议(如高温区增设遮阳棚)。

认知目标：理解正负数在温差记录中的应用(如早晚温差=+8℃)；掌握数据采集→可视化→决策的完整链条。

案例三

《虚拟建筑师——AR空间量感训练》(挑战型案例)

适用年级：六年级

知识模块：立体几何与比例尺

工具设计：

实体工具：3D 打印建筑模型

数字工具：AR 测距 App、BIM 建模软件

活动设计：

(1)身体丈量：用步测法估算教室尺寸(长≈20 步，1 步=0.5m→长≈10m)。

(2)工具精测：用 AR 测距仪扫描教室生成三维点云模型(精确值：长 9.8m)。

(3)符号抽象：按 1∶100 比例绘制建筑平面图，计算粉刷面积 $S=2(ab+ah+bh)$。

(4)虚拟建造：在 BIM 软件中调整模型参数(如层高 3m→4m)，观察体积公式变化。

认知目标：贯通身体感知、工具测量与公式推导的认知闭环；理解比例尺在真实场景中的工程应用。

社会联结：为社区老年活动中心设计无障碍坡道(坡度≤1∶12)

工具中介性案例设计要素对照表如表 6-11 所示。

表 6-11　　**工具中介性案例设计要素对照表**

——从具身操作到数字建模的认知进阶与跨学科整合逻辑(示例)

维度	基础型案例	综合型案例	挑战型案例
核心工具	实体量具+语音反馈	物联传感器+数据平台	AR/BIM 数字建模系统
认知焦点	单位概念建构	数据驱动决策	空间符号抽象
思维动作	观察→测量→对比	感知→分析→建议	估算→建模→优化
跨学科联结	科学(物质形态变化)	地理(微气候分析)	工程(建筑参数设计)

在实施工具中介性原则时，需遵循阶梯化工具适配、认知冲突激发、误差教育渗透三位一体的策略。首先，构建工具进阶逻辑。低年级通过彩色量杯、语音播报等感官强化型工具建立量感直觉(如用动物刻度量杯感知“1 只小熊=100mL”)，中年级借助温度传感器等数据桥梁工具连接具象操作与抽象分析(如将体感温差转化为数字折线图)，高年级则运用 AR 测距、BIM 建模等虚拟孪生工具实现数字世界与现实空间的认知闭环(如通过三维点云模型反向修正步测估算误差)。其次，预设认知冲突。通过工具数据与传统经验的“温和矛盾”(如 AR 测距显示教室长 9.8m，而学生步测估算 10m)激活深度探究。最后，开发误差教育链。在“手工倒

水 210mL→电子量杯 203mL→公式计算 205mL”的误差溯源中，揭示测量工具的局限性、数学模型的理想化特征以及人类认知的渐进性，使误差不再是学习挫折的源头，而成为理解数学本质的认知阶梯。

当二年级学生用“小熊量杯”调配奶茶时，他们不仅在学数学，更在经历一场量感的味觉启蒙。当六年级学生用 AR 重建教室三维模型时，空间思维从脑海中的模糊想象变为可旋转、可测量的数字实体。工具中介性原则的本质，是让数学教育成为认知进化的加速器。在这里，每件工具都是思维延伸的义肢，每个数据都是对话世界的语言。

四、发展进阶性原则

发展进阶性原则强调数学实践课程需遵循学生认知发展规律，通过知识复现深化、能力梯度提升、情境复杂度递增的三维设计，构建螺旋上升的学习路径，使学生在迭代中巩固旧知、突破新知，最终实现数学素养的持续生长。

（一）理论溯源

布鲁纳螺旋式课程理论主张，学科核心概念应以符合儿童思维水平的方式，在不同学段循环再现、逐级深化。例如，“分数概念”在三年级通过分月饼建立具象认知，五年级学习通分比较，六年级探究分数与比、百分数的关联。皮亚杰认知发展阶段论指出，具体运算阶段（7～11 岁）应依托实物操作理解守恒与可逆性（如用积木验证体积守恒）；形式运算阶段（12+岁）应通过假设—演绎推理解决抽象问题（如用代数方程优化方案）。SOLO 分类理论的能力进阶路径为单点结构（识别单个概念）→多点结构（关联多个要素）→关联结构（整合分析）→抽象扩展（迁移创新）。例如，测量学习从“认识厘米”（单点）到“绘制校园平面图”（关联），最终到“分析城市交通流量数据”（抽象扩展）。

（二）设计标尺

发展进阶性原则设计框架如表 6-12 所示。

表 6-12 **发展进阶性原则设计框架表——四维螺旋模型**

设计维度	操作标准	工具与策略	典型案例
知识复现	核心概念跨学段再现，复杂度递增	知识图谱标注复现节点（如“分数”在 3～6 年级的 3 次迭代）	三年级“分糖果理解 1/2”→五年级“分数加减应用”→六年级“分数与概率”

续表

设计维度	操作标准	工具与策略	典型案例
能力梯度	按SOLO层级设计任务，每阶新增认知动作	使用“问题链生成器”设计阶梯任务	面积计算：数方格(单点)→公式推导(多点)→不规则图形分解(关联)→社区绿地优化(抽象扩展)
情境升级	从个人生活→社会参与→学科前沿，逐步拓宽应用场域	开发“情境复杂度标尺”(1~5级)	购物计算(个人)→疫情传播模型(社会)→航天轨道计算(学科)
评价追踪	建立个人能力发展雷达图，动态标记进阶节点	电子档案袋记录作品迭代(如不同年级的体积探究报告)	四年级“排水法测体积”→五年级“密度计算”→六年级“浮力公式推导”

(三)案例举证

案例简介

《从菜地到城市——比例尺应用的螺旋进阶》

设计理念：本案例基于布鲁纳螺旋式课程理论与SOLO分类模型，以“比例尺”为核心概念，从学生熟悉的校园场景出发，逐步延伸至复杂社会问题，通过学段迭代设计，实现从具象操作到抽象建模的认知进阶。课程贯穿“工具中介性”与“生活扎根性”原则，构建“做中学—用中思—创中悟”的学习闭环。

该案例通过四个年级螺旋式设计(如表6-13所示)，实现从具象操作到社会决策的认知推进与深化。三年级以“菜地规划师”角色切入，通过比较手绘地图与实际菜地的尺寸差异(如手绘1厘米对应实际0.5米)，引发“如何精准缩放”的认知冲突，并借助彩色标注种植区强化比例尺的直观理解。四年级升级为“校园建筑师”，通过卷尺测量(精确值10.2米)与脚步估算(9.5米)的误差对比，揭示精确工具的价值，同时将平面图转化为3D立体模型，探索比例尺在三维空间的符号化表达。五年级化身“城市导航员”，结合地图比例尺(1∶5000)、速度(60米/分)与时间(20分钟)计算最优上学路径，用颜色标记“最短”“最安全”“最有趣”路线，理解比例尺在多元决策中的策略意义。六年级最终成为“社区设计师”，利用GIS软件动态调整热力图层级(如1∶2000缩放至1∶5000)，分析比例尺缩放对老年设施分布公平性的影响，在数据赋能与伦理思辨中完成数学能力向社会责任的升华。这一路径通过“冲突激发—误差反思—策略整合—伦理批判”的进阶循环，使比例尺从纸面公式升华为解决真实问题的思维工具，培育学生“量化世界—规划生活—参与社会”的完整素养链。

表 6-13 **小学数学实践课程年级活动螺旋进阶设计表**

——基于 SOLO 层级的能力目标与工具策略(三年级至六年级)

年级	活动主题	核心任务	能力目标(SOLO 层级)	工具与策略
三年级	菜地规划师	用脚步丈量班级菜地，绘制 1∶10 种植图(1 步≈0.5 米)	单点结构：渗透比例尺基本含义	实体工具：脚步测量、方格纸、彩笔
四年级	校园建筑师	用卷尺测量教学楼，按 1∶100 比例制作立体模型	多点结构：渗透比例尺计算	数字工具：Excel 表格、3D 打印笔
五年级	城市导航员	分析城市交通地图(比例尺 1∶5000)，计算最优上学路线	关联结构：渗透运用比例尺；综合运用速度、时间	互动平台：地图标注软件、路线规划算法模拟器
六年级	社区设计师	用 GIS 软件绘制老年设施热力图，提出无障碍改造方案	抽象扩展：跨学科迁移与决策优化	高阶工具：GIS 地理信息系统、社会需求调研问卷

设计亮点有三个方面。一是冲突驱动。每个年级设置认知冲突(如地图误差、测量偏差、路径矛盾、公平争议)，激发主动探究。二是工具迭代。从彩笔、卷尺到 GIS 软件，工具复杂度匹配认知发展阶段。三是价值升华。从菜地丈量到社区改造，数学学习与社会参与深度耦合。

本案例构建了动态追踪、分层挑战、协作共创三位一体的支持体系。通过电子档案袋系统记录学生四年持续进阶的思维轨迹——三年级手绘菜地地图(标注比例尺初探)、四年级 3D 模型设计图(含比例尺计算草稿)、五年级计算最优路线(解决复合问题)、六年级 GIS 社区热力图与改造建议书(数据驱动决策)，形成可视化的认知生长图谱。依托分层挑战机制适配差异化需求，基础层巩固比例尺换算技能(如“图上 5cm = 实际 250m”的公式应用)，拓展层则设计“虚拟城市地铁线路规划”任务(比例尺随区域密度动态调整)，激发创新思维。同时通过跨学段协作打破年级壁垒——六年级学生指导三年级优化菜地地图，在“教”中深化比例尺的深层理解，并将 GIS 方案提交社区管委会，参与“老年友好型社区”共建会议，使数学学习从课堂练习升维为社会问题解决的实践行动。这一系统通过"记录—挑战—联动"的闭环设计，既保障了个体认知的螺旋上升，又培育了数学赋能社会的公民责任感。

实施价值体现在三个方面。一是成长可见化。档案袋呈现从具象绘图到抽象建模的思维跃迁证据。二是学习个性化。分层任务兼顾技能巩固与高阶创造，避免"一刀切"教学。三是教育社会化。社区联动让数学成果走出校园，实现知识向公共价值的转化。

该案例通过"菜地—校园—城市—社区"的场景扩展，让比例尺从课本概念升华为社会问题的解决工具。学生不仅学会计算"图上距离与实际距离"，更在持续实践中形成空间量感、数据决策力、社会责任意识三位一体的核心素养。当六年级学生用 GIS 软件调整热力图比例尺时，他们不仅在设计地图，更在用数学眼光重新定义公平与效率的边界——这正是数学教育从"知识传递"走向"素养生长"的生动诠释。

以下是案例设计。

主题：《从菜地到城市——比例尺应用的螺旋进阶》

(1)三年级(具象操作)：

活动：用脚步丈量班级菜地，绘制 1∶10 的种植图(每步≈0.5 米)。

目标：理解"图上距离∶实际距离"的基本含义。

(2)四年级(符号转化)：

活动：用卷尺测量校园走廊，按 1∶100 比例制作模型。

目标：掌握比例尺公式(图上距离=实际距离×比例尺)。

(3)五年级(问题解决)：

活动：分析城市交通地图，计算最优上学路线(比例尺 1∶5000)。

目标：解决含比例尺、速度、时间的复合问题。

(4)六年级(跨学科迁移)：

活动：用 GIS 软件绘制社区老年服务设施分布热力图(比例尺动态调整)。

目标：理解比例尺在数据可视化与社会决策中的应用。

在落实发展进阶性原则时，需构建多维支持系统以促进学生能力的螺旋上升。首先，设计认知脚手架。通过分层支持与挑战适配不同学段需求：低年级提供"步骤拆解卡"(如比例尺计算三步法)降低入门难度，高年级设置"思维留白区"(如地图缺失比例尺时逆向推导实际距离)激发高阶推理兴趣。其次，提供差异化资源包。兼顾基础巩固与能力拓展：针对薄弱环节开发错题微课与平行练习(如比例尺基础换算)，为学优生设计真实项目任务(如公园导览图规划)，实现从机械训练到创新应用的跨越。此外，建立跨年级协作机制。通过成立"认知传承小组"，让六年级学生指导三年级绘制菜地地图，在复述操作步骤与原理的过程中深化自身理解，形成"教学相长"的共生学习生态。三者协同构建“支持—拓展—反刍”的全链路进阶模型，确保学生在知识复现、能力跃迁与情境迁移中实现数学素养的持续生长。教学进阶误区识别与策略优化对照如表 6-14 所示。

表 6-14 **教学进阶误区识别与策略优化对照表**
——典型误区拆解、认知缓冲任务设计与策略升级路径(教师实践指南)

误区类型	典型表现	修正策略
机械重复	简单重复相似任务(如每年重复测量教室面积)	设计“概念变形任务”(如测体积→测密度→测浮力)
断裂式跳跃	缺乏过渡直接进入高阶任务(如未学通分就学异分母加减)	插入“认知缓冲任务”(如用分数条可视化通分过程)
虚假进阶	仅增加数值复杂度(如大数运算)而认知动作不变	设计“策略升级要求”(如从竖式计算到估算策略优化)

发展进阶性原则的本质，是拒绝数学学习的“碎片化堆砌”与“断崖式拔高”，转而构建有序生长的认知生态系统。当学生六年级时回望三年级绘制的菜地地图时，他们看到的不仅是比例尺技能的提升，更是一条用数学思维丈量世界的成长轨迹——从方寸菜畦到浩瀚数据，每一步都扎实地踏在最近发展区的阶梯上。

第二节 具体实施路径

课程设计的蓝图再精妙，若缺乏落地的脚手架，终将沦为纸面乌托邦。从“理想课程”到“实然课堂”，其间的鸿沟往往由无数细节填平：如何将抽象素养目标拆解为可操作的课时任务？如何在资源有限的现实中激活跨学科协作？又如何让技术工具从“展示噱头”变为“思维伙伴”？具体实施路径，正是破解“知行断层”的密钥——它不是僵化的操作手册，而是灵活适配的“教育乐高”，让教师在原则指引下，因地制宜地拼砌出素养落地的阶梯。当前实践课程实施中的典型困境，暴露了三大断裂带。一是目标—任务断裂，素养目标(如“发展量感”)被简化为技能训练(如“反复单位换算”)，割裂了“感知—理解—应用”的完整链条。二是预设—生成断裂，教师过度依赖预设脚本，对课堂中迸发的“意外火花”(如学生质疑任务合理性)视作干扰而非资源。三是个体—生态断裂，实践活动止步于课堂场域，未能与家庭探索、社区参与形成共振效应。本节提出的实施路径，以四维联动为核心框架。一是时空弹性化，打破 40 分钟课时壁垒，设计“短周期微项目”(如 3 课时“校园噪声地图”)与“长周期主题探究”(如学期制“家庭能源革命”)。构建“教室—校园—社区”三级实践场域，让数学探究从课桌延伸到菜市场、公交站、自然公园。二是资源创生化。低技术高思维，用纸箱制作几何体展开图，用绳结记录植物生长数据；数字智能深化，借助开源平台(如 Scratch)将数学建模可视化，利用物联网传感器实时采集环境数据；文化资源激活，将祖辈口述的市井计量智慧(如“一拃”“一庹”)转化为量感启蒙素材。三是协作网络化，师生共建“问题银行”(如收集生活中的数学谜题)；家校共构“数学观察日记”(如记录超市购物中的估算策略)；校社共营“实践基地”(如在社区图书馆设立“数学解忧角”)。四是评价伴随化，用“思维快照”捕捉关键时刻(如小组争论中的推理逻辑)；用“成长云图”追踪素养轨迹(如空间观念从“具象操作”到“心理旋转”的跃迁证据)；用“影响报告”量化实践成果(如节水方案使校园月度用水量下降15%)。以“菜市场里的度量衡”项目为例，实施路径可能包括以下方面。启动阶段，学生用传统木杆秤与电子秤对比称重，制造认知冲突(为何结果不同?)；探究阶段，学生分组调研不同摊位计量工具的误差率，绘制“诚信度量地图”；升华阶段，学生设计“智能公平秤”概念模型，向市场监管部门提交优化建议；延伸阶段，学生通过家庭任务“寻找祖辈的测量故事”，链接文化记忆与现代计量体系。这一过程中，教师需在预设与生成间动态平衡：当学生意外发现“价格尾数舍入潜规则”时，果断调整原定进度，将“小数运算”教学转化为“商业伦理中的数学”辩论会；当乡村学校缺乏电子秤时，创造性改用“等臂杠杆+标准石块”自制测量工具，反而深化对“等量代换”本质的理解。实施路径的核心哲学，是“原则不妥协，方法不拘泥”。它既拒绝“标准化流水线”对教育复杂性的粗暴简化，也警惕“浪漫放养”对学习科学规律的背离。接下来的内容，将带领教师从“知道为什么”走向“知道怎么做”，让数学实践课程真正成为学生与真实世界对话的母语。

小学数学实践课程的实施需遵循“目标导向—情境浸润—工具赋能—动态评估”的闭环路径，将理论原则转化为可操作的课堂行动。以下是具体实施框架与策略。

一、课程设计四步框架

(一)目标锚定：核心素养导向

(1)分解课标：将数学核心素养(量感、推理意识等)细化为可观测的行为指标(如“能使用标准工具测量并解释误差”)。

(2)分层设计：按 SOLO 分类理论设定目标梯度(如单点结构→抽象扩展)。

(二)情境开发：真实问题驱动

(1)筛选标准：基于“生活扎根性”原则，选择学生可接触的“10 分钟生活圈”

问题(如班级储物柜分配、校园植物灌溉)。

(2)复杂度分级：使用“情境五级标尺”(1级：个人生活→5级：社会议题)，逐步提升挑战性。

(三)工具适配：认知脚手架搭建

(1)实体工具包：低年级配置量杯、几何拼图等，高年级引入AR测距仪、编程软件。

(2)数字脚手架：利用互动学习平台(如ClassIn)生成个性化任务链(如“测量误差分析”微课+虚拟实验)。

(四)评价嵌入：过程与结果并重

(1)三维量规：知识掌握(公式应用)、能力发展(策略创新)、情感态度(合作参与)的星级评价。

(2)动态追踪：建立电子档案袋，记录学生从“菜地面积估算”到“社区规划建模”的能力进阶轨迹。

二、课堂实施五环策略

(一)启动：认知冲突激发

策略示例：抛出“矛盾事件”(如用不同工具测量同一物体长度结果不一)；展示“问题原型”(如社区垃圾分类数据混乱)。

(二)探究：工具中介实践

分层任务设计：基础组学生用卷尺测量课桌尺寸(动作表征)→挑战组学生用BIM软件模拟教室3D模型(符号抽象)。

(三)协作：思维外化共享

可视化工具：思维导图对比不同解题路径；双色笔记标注试误过程(黑笔原始思路/红笔修正逻辑)。

(四)反思：元认知能力培养

工具支持：填写《思维有声化日志》(如“我选择通分是因为……”)；录制“错误诊疗视频”分析典型误区。

(五)迁移：跨场景应用验证

任务链设计：计算教室墙面面积→估算家庭粉刷涂料用量→参与社区旧墙改造

方案讨论。

三、典型课例实施流程

课题：《校园节水行动——小数运算与数据分析》

（一）目标锚定

（1）核心素养：运算能力、数据意识、应用意识。
（2）SOLO 层级：关联结构（整合用水量、管道效率、成本数据）。

（二）情境开发

（1）真实问题：校园日均用水量超标，如何制定节水方案？
（2）复杂度：4 级（涉及多因素分析与公共决策）。

（三）工具适配

（1）实体工具：水表、量筒、计时器。
（2）数字工具：物联网传感器（实时采集用水数据）、Excel 图表工具。

（四）实施流程

（1）冲突启动：对比班级与校园总用水量差异，引发认知失衡。
（2）分层探究：
基础组：统计一周洗手池用水量（加减运算）。
提高组：分析不同时段用水曲线（小数乘除）。
挑战组：计算节水装置投资回报周期（综合运算）。
协作建模：小组合作设计“智能节水系统”原型（如感应水龙头设置方案）。
社会联动：将方案提交学校后勤部，参与听证答辩。

（五）评价设计

（1）知识达标：节水公式正确率（40%）。
（2）能力进阶：策略创新性（如提出“雨水收集再利用”）（30%）。
（3）社会价值：方案被学校采纳并实施（30%）。

四、教师支持系统

（一）资源库建设

（1）案例库：按主题（测量、统计、几何）分类存储优质课例。

(2)工具包：提供 AR/VR 设备使用指南、数据分析模板。

(二)专业研修机制

(1)工作坊：开展“问题链设计”“工具中介性应用”专题培训。
(2)同侪观摩：跨校实践课程实施案例分享与互评。

(三)技术赋能平台

(1)AI 学情分析：通过作业数据识别班级能力短板(如量感薄弱)。
(2)虚拟教研社区：跨区域教师协作开发实践课程资源。

五、关键成功要素

真实性：任务结果需具有现实影响(如节水方案被学校采纳)。
渐进性：从“分步拆解”到“综合创新”的阶梯设计。
包容性：为学习困难学生提供“实物操作延长包”，为资优生开放“高阶挑战资源库”。

此实施路径通过“理论—工具—行动”的深度融合，将数学课堂转化为素养生长的孵化器，让学生在解决真实问题的过程中，完成从“知识消费者”到“社会行动者”的蜕变。

第七章　小学数学典型实践教学案例解析

数学实践教学若止步于理论探讨，便如同绘制航海图却从未启航。唯有在真实课堂中，才能检验理念的桅杆是否坚固，素养的风帆能否乘风。本章将穿越抽象概念的迷雾，进入鲜活的实践案例。这些案例绝非“完美教案”的样板间陈列，本章拒绝提供“拿来即用”的教案模板，而是呈现可拆解的思维元件。

小学数学素养实践教学案例解析是连接教育理论与课堂实践的重要桥梁，其意义价值体现在以下几个方面。

其一，推动核心素养的落地转化。案例通过真实场景(如购物、社区规划)赋予素养可感知的实践形态；依托 SOLO 理论构建能力进阶阶梯，避免目标断层或重复；在问题解决中同步完成知识内化与素养生成；通过情境化任务设计与分层进阶路径，将抽象素养目标转化为可操作的实践行动。例如，在“认识人民币”案例中，购物模拟活动(如“20 元采购文具”)将“量感”“应用意识”等素养具象化——学生通过计算总价、分配预算与找零操作，亲身体验货币单位(元、角、分)的实际意义与价值逻辑，超越机械记忆公式(如 1 元 = 10 角)。同时，基于 SOLO 分类理论的分层设计(如“比例尺应用”案例中三年级至六年级的四学段进阶)，从单点结构(辨识单位)到关联结构(综合速度与时间)再到抽象扩展(社会公平决策)，逐步提升思维复杂度，确保核心素养目标在螺旋上升的任务链中扎实落地。这种“具象奠基—分层跃迁”的双向路径，使数学素养从课标文本走向学生行动，实现从知识向能力的本质转化。

其二，促进教学范式的创新升级。从记忆符号到解决真实问题，重塑数学教育的目标导向；数字工具打破学科壁垒，培育适应智能时代的核心素养；构建“知识—能力—价值”三位一体的新型教学场景，推动课堂从“知识灌输”向“问题解决”的范式跃迁。传统课堂中机械记忆公式(如“1 元 = 10 角”)的模式被真实问题驱动的学习取代——例如，在“零花钱计划表”任务中，学生通过规划储蓄与消费(如每周存 3 元、花 2 元)，在自然调用计算能力的同时渗透财商意识，实现知识向能力的本质转化；与此同时，工具与技术的深度融合重构学习形态，GIS 软件、AR 测距仪等数字化工具突破黑板教学的物理边界，如六年级学生用 GIS 分析社区设施分布时，需整合数学比例尺、地理空间坐标与信息技术操作，在跨学科联动中培养数据建模、技术应用等数字化时代的复合能力。这种“问题导向+技术赋能”的双重革新，使数学课堂从封闭的知识容器转变为开放的创新实验室，为未来教育生态提供实践蓝本。

其三，支持教师的专业化发展。案例解析提供科学框架，减少备课盲目性；分层策略实现“低门槛、高挑战”的教学覆盖；从经验积累到专业精进，重构教师角色认知，为教师专业成长提供双重赋能。一方面，教学设计科学化。通过“情境导入—探究实践—反思迁移”等结构化模板（如“菜地规划师”活动中明确工具选择与认知冲突设计），指导教师从经验驱动转向理论引导的备课模式，系统性提升课堂设计的逻辑性与实效性。另一方面，差异化教学精准化。案例中的分层任务设计（如货币分类基础组与防伪观察挑战组）为教师提供适配学生认知差异的实践范式，通过弹性目标设置与资源分配，破解“一刀切”教学困境，在保障教育公平的同时激发每个学生的潜能。这种“理论框架+实操工具”的支持体系，助力教师从“知识传授者”进阶为“学习设计师”，推动数学教育向专业化、精细化发展。

其四，赋能学生的终身学习能力。案例通过真实问题解决与社会责任浸润双向赋能学生的终身发展。任务设计直指可迁移的核心能力（如系统性思维、数据敏感度）；将数学工具与社会公平、资源分配等现实议题深度绑定，从个人问题解决到公共事务参与，构建“学习—应用—反思”的良性循环。例如，在“城市导航员”任务中，学生需综合运用比例尺、速度与时间计算最优路径（如 20 分钟内到校的路线规划），此类多条件分析能力不仅强化数学思维，更可迁移至科学探究、生活决策等多元场景；而六年级“社区设计师”项目则更进一步——通过 GIS 热力图分析老年设施分布公平性（如 1∶2000 比例尺下的服务盲区识别），学生既掌握空间数据分析技能，又在伦理辩论中理解“数学工具的社会权重”，从而激发创新意识与公民责任感。这种从“解题能力”到“解事智慧”的升华，使数学学习成为终身学习的引擎，助力学生在未来复杂社会中持续进化。

其五，回应教育改革的核心诉求。案例深度契合《新课标》的“三会”目标。例如，通过“校园节水方案设计”“社区改造提案”等活动，引导学生用数学眼光发现现实问题（如用水量异常）、用数学思维分析数据规律（如建立节水模型）、用数学语言表达解决方案（如撰写改造建议书），实现从知识学习到素养培育的跨越。同时，案例以主题式学习破解传统教学痛点：围绕“从菜地到城市”的核心脉络，将比例尺知识在三年级（实测绘图）至六年级（GIS 决策）间形成螺旋式进阶，避免碎片化灌输；通过真实问题驱动（如优化社区老年设施分布）与持续探究任务（如跨年级协作设计），激发学生内生动力，使数学学习从被动接受升维为主动创造的成长历程，真正实现“减负增效”的教育改革愿景。

其六，彰显数学教育的社会价值。案例通过真实场景的深度联结与关键能力的系统培育，凸显数学教育的社会价值。一方面，扎根生活场景的设计（如超市购物、校园测量)使数学突破学科边界。一年级学生通过“零花钱管理”理解储蓄意义，六年级学生借助“社区热力图”参与设施优化，让数学知识转化为改善生活的实用工具。另一方面，在复杂任务挑战中(如分析比例尺缩放对公共服务公平性的影响)，学生不仅掌握数据计算、逻辑推理等技能，更通过伦理思辨与社会参与，发展批判性思维、公民责任感等未来社会必备素养。这种“学科—生活—社会”的立体联结，使数学教育超越应试范畴，成为培育理性决策者与积极行动者的社会工程，为构建数学赋能的美好未来奠定根基。

小学数学素养实践教学案例解析的意义，在于构建了一个“素养导向—学生中心—社会联结”的教育生态。它既是教师突破传统课堂的行动指南，也是学生从“解题”走向“解决问题”的成长阶梯，更是数学教育回应时代需求的价值宣言。通过此类案例的推广与迭代，数学教育得以真正实现“为思维而教，为生活而学”。

第一节 低年级案例

低年级数学实践，是一场思维基因的“播种仪式”——在抽象符号的土壤尚未板结之前，用触觉、动作与直觉浇灌数学意识的萌芽。这一阶段的实践教学，若陷入“提前解题训练”的泥潭，便如同在幼苗上压巨石，看似催生早熟，实则折断自然生长的脊梁。低年级案例的独特价值，在于揭示如何让数学从纸面习题回归身体经验，让“数感”“量感”“空间观念”在真实情境中扎根。当前低年级数学教学实践的典型误区，暴露了成人逻辑对儿童认知的粗暴作用。一是符号早产，用数字卡片替代实物操作，导致学生将“3”视为抽象符号而非集合关系的表达。二是情境失真，设计“外星人买糖果”等虚构任务，割裂数学与儿童日常经验的联结。三是评价错焦，以计算速度衡量数感发展，忽视估算、数形转换等核心素养的萌芽。本节精选的低年级案例，以身体化学习与文化浸润为双翼，展现素养培育的另外可能。一是触觉数学革命，用米粒粘贴数字字形，让手指记忆参与数字符号的意义建构；在沙盘上绘制“数字迷宫”，将数序学习转化为空间探险游戏。二是生活数学考古，家庭任务“寻找祖辈的度量智慧”(如用拃、步丈量房间)，激活传统计量文化的当代价值；校园“微型菜市场”中，用贝壳、树叶等自然货币理解等价交换原理。三是跨感官统合，通过音乐节奏感知数列规律(如击鼓次数对应数字跳跃)；用蔬果切面拓印发现几何对称，联结数学、艺术与自然观察。所有案例均通过“三真原则”检验——真问题(来自儿童生活)、真材料(可触摸操作)、真影响(改变学生对数学的感知)。低年级数学实践的评价，应是“探险日志”而非“体检报告”：记录学生如何用树枝丈量蚂蚁洞口的直径，如何为公平分配橡皮争吵后又达成共识，如何在失败十次后仍兴奋地说“我再试试”——这些鲜活的成长印记，远比整齐的算式更接近素养的本质。接下来的内容，将带领教师摘下“知识传教士”的面具，回归

“童年思维导游”的本真角色，在数学启蒙的起点处，播下一生探究的种子。

下面以低年级“认识人民币”教学为例，展开对典型实践教学案例的解析。

案例一

认识人民币

适用年级：一年级

核心素养目标：

(1)量感：理解元、角、分的基本单位及换算关系。

(2)应用意识：能在真实购物场景中合理使用人民币。

(3)数感：通过计算与找零，培养对货币价值的敏感性。

一、教学设计框架

本案例以分层进阶的认知发展逻辑构建教学框架——从情境导入(动画激发兴趣)到实战购物(20元预算任务)，形成“兴趣→能力→素养”的螺旋上升路径，确保学生在具身操作中逐级内化知识。通过工具适配实现学科与生活的深度联结：实体教具(人民币、收银台)与真实场景(零花钱规划、采购决策)结合，将抽象的“元角分”概念转化为可触摸的价值体验，强化量感与应用意识；同时，素养可视化设计明确各环节目标(如“反思拓展”环节聚焦财商意识)，使教师能精准追踪学生从“辨识货币”到“社会参与”的素养生成轨迹。标题《小学数学核心素养实践教学设计框架——“认识人民币”案例解析》与表格(如表7-1所示)内容呼应，形成“理论锚定(核心素养)→策略分解(工具与活动)→效果检验(评价维度)”的完整叙事，为教师提供兼具科学性与实操性的模板，助力数学教育从“教知识”向“育素养”的本质转型。

表7-1 小学数学核心素养实践教学设计框架
——“认识人民币”案例的活动环节、工具策略与素养目标解析

环节	活动内容	工具与策略	素养聚焦
情境导入	播放动画《小明的零花钱》，引出人民币的日常使用场景	动画视频、实物人民币	激发兴趣，关联生活经验
认识货币	分类游戏：按面值分组(元、角、分)，观察纸币与硬币特征	人民币教具、分类卡、放大镜	辨识面值，理解单位符号
单位换算	角色扮演“小超市”：用1元买10颗糖果(1元=10角)	模拟货架(标价签)、购物篮、代币	掌握元与角的十进制关系

续表

环节	活动内容	工具与策略	素养聚焦
实战购物	分组任务：用20元预算购买文具，计算总价并找零	真实文具、价目表、收银台（学生轮流当收银员）	综合运用计算与问题解决能力
反思拓展	讨论“如何合理分配零花钱”，制作《我的零花钱计划表》	思维导图模板、彩笔	培养财商意识与规划能力

二、分环节实施说明

（一）情境导入：动画激趣，链接生活

（1）活动设计：播放动画片《小明的零花钱》，展示小明用1元买铅笔、5角买橡皮的情景，提问：“小明买了什么？花了多少钱？”

（2）关键提问：“如果你有1元钱，能买到几块橡皮？”（结合班级文具实际价格讨论）。

（二）认识货币：分类探究，观察细节

（1）分层任务：基础组按面值将人民币教具分为元、角、分三类；挑战组找出纸币上的共同元素（国徽、数字、汉字等）。

（2）工具支持：使用放大镜观察纸币防伪标识（如毛主席头像水印），渗透反假币教育。

（三）单位换算：游戏渗透，具身体验

（1）角色扮演：设立“糖果小超市”，标价牌注明“1角/颗”，学生用1元纸币兑换10个1角硬币购买糖果。

（2）认知冲突：故意提供“9角”标价的商品，引导学生思考：“1元能买吗？需要找回多少钱？”

（四）实战购物：合作实践，解决真实问题

（1）任务规则：每组20元预算，需购买至少3种文具（如铅笔2元、笔记本5元、尺子1元5角）；计算总价并完成找零，填写购物清单（含单价、数量、总价）。

（2）教师支持：提供“计算小锦囊”，1元=10角，满10角可兑换1元。

（五）反思拓展：财商启蒙，规划意识

（1）讨论主题：“如果每周有5元零花钱，你想怎么分配？”（如储蓄3元、消费2元）。

（2）成果输出：绘制“我的零花钱计划表”，用图表表示“储蓄”“消费”“捐赠”比例。

三、评价设计

评价设计体现三个方面。一是多元整合。知识(认知)、能力(实践)、态度(情感)三维并重，体现全面育人导向。二是工具适配。从纸笔测试到行为观察，覆盖不同评价场景需求。三是标准明确。每项指标均提供具体行为描述(如“正确找零”)，降低评价主观性。“认识人民币”教学评价三维量表如表 7-2 所示。

表 7-2 “认识人民币”教学评价三维量表

——知识掌握 · 应用能力 · 合作态度的多模态评估工具与标准

评价维度	评价工具	评价标准
知识掌握	课堂问答、单位换算小测试(如“5 角+5 角 = ________元”)	能准确辨识面值，完成元、角间的简单换算
应用能力	购物任务单(记录购买物品与计算过程)	能合理使用预算，正确计算总价与找零
合作与态度	小组互评表(含“积极参与”“友好协商”等指标)	在活动中主动沟通，遵守规则

四、教学资源与工具

(1)实物教具：人民币仿真纸币、硬币(元、角、分)，文具商品(贴真实价签)。

(2)多媒体支持：互动白板课件(可拖拽人民币进行组合计算)。

(3)扩展材料：儿童财商绘本《小狗钱钱》，供课后阅读。

五、常见问题与对策

(一)学生混淆元与角

对策：用颜色区分(元——红色、角——蓝色)，结合手势比画(1 元：张开双臂“大”，1 角：手指捏“小”)。

(二)计算速度慢

对策：提供“凑十法”口诀(如“1 元 = 10 角，凑满 10 角换 1 元”)，简化计算步骤。

(三)课堂秩序混乱

对策：分组时指定“收银员”“顾客”“记录员”角色，明确任务分工。

六、案例亮点与实施建议

本案例以真实性为基石，通过仿真人民币与真实商品价格(如笔记本5元、铅笔2元)营造沉浸式购物场景，让学生在“家庭小采购”实践(如用10元购买晚餐食材)中理解货币的实际价值；以游戏化设计激活课堂——角色扮演“小超市收银员”与“最佳采购小组”评选机制，将竞争与合作融入学习过程，极大提升参与热情。同时，跨学科融合经济学常识(预算分配)与德育元素(识别假币水印)，培育理性消费观与社会责任感。教师可提前联合家长收集学生零花钱使用实例(如储蓄比例、消费偏好)作为课堂讨论素材，并借助课后“家庭采购”任务推动家校共育，让数学知识从课堂延伸到生活，实现“认知—实践—价值”的立体化建构。

通过“认识人民币”实践教学，学生不仅掌握了货币单位与换算技能，更在模拟购物中理解了“等价交换”“量入为出”的经济学基础概念。当孩子用20元精打细算购买文具时，他们在实践中学会了权衡与选择；当小组讨论零花钱分配时，他们开始思考储蓄与消费的意义。这种将数学知识与生活智慧深度融合的教学设计，让课堂成为财商启蒙的第一站，为未来公民的理性决策能力奠定基础。

案例二

“认识人民币”教学设计

一、设计理念

(一)双重目标融合

(1)教学目标：认识元、角、分，掌握简单换算(1元=10角，1角=10分)。

(2)财商目标：理解货币功能，培养合理消费、储蓄意识。

(二)认知发展适配

基于皮亚杰具体运算阶段特点，通过实物操作与角色扮演内化概念。

二、教学实施过程

(一)人民币探秘(1课时)

1. 钱币博物馆活动

(1)实物观察：

分发仿真人民币(含纸币、硬币)，引导观察防伪标志、数字、汉字。游戏“找不同”：比较1元硬币与纸币的异同(材质、图案、大小)。

(2)分类游戏：

按面值分类：将混合钱币按“元”“角”“分”放入对应存钱罐。

按材质分类：区分纸币与硬币，讨论环保意义。

2. 钱币兑换所活动

(1)动手操作：

任务卡挑战：用10个1角硬币兑换1元纸币。

错误陷阱：故意提供12个5分硬币，让学生发现“无法兑换1角”。

(2)儿歌强化：

“一元等于十角，角角都是好朋友，十个一分凑一角，分分虽小用处多！”

(二)小小理财家(1课时)

情境创设：彩虹文具店→商品定价(贴合生活)→铅笔：2元；橡皮：5角；贴纸：1元5角；作业本：3元(满5元送卡通尺)。

1. 购物大挑战活动

(1)基础任务：

每人10元预算，购买至少3样文具；使用纸币付款，店员需找零并记录账单。

示例账单：[商品]铅笔2元+橡皮5角=2元5角

[支付]5元→[找零]2元5角

(2)进阶任务：

优惠策略：如何组合商品凑满5元获得赠品。

错误诊断：故意标错价格(如“铅笔1元8角”)，引导学生发现并纠正。

2. 家庭储蓄计划活动

(1)情景讨论：

展示“小猪存钱罐”与“零食罐”，讨论：“每天省下1元，多久能买15元的玩具车？”

引入复利概念简化版：存钱获得“家长利息”(如每月多给1元)。

(2)实践任务：

制作“梦想储蓄卡”，用贴纸记录每日存款。

计算达成目标所需天数(如每天存2元，买24元的绘本需12天)。

三、财商教育渗透策略

(一)消费决策训练

引导学生用★★数量化选择，理解“需要”与“想要”，从“认识钱”到“用好钱”。此表(如表7-3所示)通过生活化、数据化的情境设计，将抽象的人民币知识转化为“理性消费”的思维工具，让学生在对比、计算、反思中，从“认识钱的面值”走向“理解钱的价值”，实现财商素养的启蒙扎根。

表 7-3　　“认识人民币”消费决策价值对比表

——基于“需要”与“想要”量化分析的小学生财商启蒙实践(示例)

商品	价格	使用频率	心动指数
闪光笔	8 元	每周 2 次	★★★★
普通水彩笔	12 元	每天 1 次	★★★

(二)公益意识启蒙

1. 班级爱心角

将闲置文具定价 1.2 元出售，所得款项捐赠公益项目。计算集体力量：每人捐 1 元，全班 40 人可帮助山区儿童买 20 支铅笔。

2. 防诈骗情景剧

编排短剧《真假人民币》。触摸凹凸感；观察光变油墨数字(100 元纸币倾斜变色)；发现错版币立即告知家长。

四、特色教具与评价

(一)多模态教具

(1)AR 钱币卡：扫描纸币出现防伪知识动画。

(2)智能收银机玩具：自动计算金额并语音报数。

(二)过程性评价

下面对表格(如表 7-4 所示)的使用教学说明。其一，护照任务进阶性。从“认识面值”到“储蓄记录”，体现“认知→操作→应用→规划”的财商素养进阶逻辑。教师可盖章或贴星标记任务完成度(如兑换操作完成 3/5 组得★★★)。其二，雷达图动态反馈。每学期初、末两次绘制雷达图，对比成长轨迹；用不同颜色标注能力变化(如绿色表示提升，红色表示待强化)。其三，家校协同工具。家庭任务包用于家长协助完成“超市比价挑战”“零花钱周计划”；数字化看板体现在扫描二维码查看学生储蓄记录与消费分析报告。

表 7-4　　小学生财商素养成长护照与能力雷达图

——“认识钱币→消费决策→储蓄管理”的实践路径与可视化评估工具(示例)

钱币护照(实践任务链)		
学习模块	任务内容	完成标志
认识面值	识别不同面值人民币，理解元/角/分关系	正确分类 1 元、5 角、1 分硬币
兑换操作	模拟商店找零，完成“50 元买 38 元商品需找回多少”	使用纸币与教具完成 5 组兑换无误差

续表

学习模块	任务内容	完成标志
购物实践	制定10元预算购买文具，记录实际开支	购物清单+剩余金额计算表(如10−7.5=2.5元)
储蓄记录	设计“梦想储蓄罐”，每周存入零花钱并统计累计金额	储蓄进度折线图(如4周累计12元)
成长雷达图(能力评估)		
能力维度	评估标准与星级(★)	示例证据
货币识别	★★★★☆：准确识别所有面值及防伪特征 ★★★☆☆：能识别常见面值但混淆角与分	正确指出新版5元纸币的光变图案
简单计算	★★★☆☆：掌握10元内加减法 ★★★★☆：能处理带小数点的金额(如8.5+3.2)	超市小票计算练习全对
消费决策	★★☆☆☆：冲动购买无预算 ★★★★☆：对比价格与需求后理性选择(如选耐用书包而非闪光笔)	家庭购物任务中节省15%预算
储蓄意识	★★★★☆：制订月度储蓄计划并坚持执行 ★★☆☆☆：零花钱全用于即时消费	储蓄罐记录显示连续4周存入5元

本表格体现以下设计理念。其一，具身学习，通过实物操作(硬币分类、纸币兑换)建立货币概念。其二，数据赋能，储蓄折线图与雷达图将抽象财商素养转化为可视化证据。其三，价值观渗透，在消费决策中嵌入“需要 vs 想要”“短期满足 vs 长期目标”的德育讨论。

五、教学片段示例

师：小明有5元钱，想买3元的笔记本和1.5元的贴纸，钱够吗？

生A：3+1.5=4.5，4.5<5，够！

师：如果改用优惠券(满5元减1元)，该怎么买更划算？

生B：再买一块5角的橡皮，总共5元，减1元只要4元，多拿橡皮还省5角！

六、教学成效与反思改进

该案例设计亮点有三个方面。一是具身化学习，通过触觉(摸钱币)、视觉(AR动画)、动觉(角色扮演)多通道建构概念。二是社会情感融合，在数学操作中渗透节俭、分享、诚信等品格教育。三是生涯初体验，收银员、采购员等角色扮演激发职业认知。

（一）教学成效总结

首先，课堂生态优化。一是学生参与度显著提升：模拟超市购物活动中，学生表现出极高的热情，小组讨论中能主动分享消费经验，收银角色扮演环节展现出良好的沟通能力。二是师生互动高效：教师通过提问引导、分层反馈（如对计算困难学生提供“钱币计算尺”工具），形成“支持—挑战”并存的课堂氛围，增强学习安全感与探索欲。其次，知识能力双提升。一是量感与应用意识进阶：90%以上学生能准确辨识人民币面值并完成元角分换算（如“5 角+8 角=1 元 3 角”），实战购物任务中正确计算总价与找零率达 85%。二是财商素养萌芽：学生在采购中学会权衡需求与预算，家长反馈孩子日常购物时开始关注性价比（如优先选择单价更低的文具套装）。最后，社会性能力发展。一是问题解决策略多样化：面对预算不足，学生自主提出“拼单购买”“替代品选择”等方案，体现灵活思维。二是社会责任意识渗透：反假币观察任务（如用放大镜识别水印）深化学生对货币社会属性的认知。

（二）反思与优化建议

首先，差异化支持精细化。一是认知缓冲设计：针对计算困难学生开发“钱币计算卡”（含可视化换算阶梯），允许延长操作时间。二是挑战任务扩展：为学优生增设“货币历史探究”任务（如比较古今货币形态与功能）。其次，家校社协同深化。一是数字工具延伸：开发“家庭采购小管家”App，记录超市购物中的数学问题（如折扣计算），生成个性化财商报告。二是社区资源联动：邀请银行职员进校开展“货币知识讲座”，实地参观超市收银系统。最后，评价体系立体化。一是过程性证据采集：通过视频记录学生购物决策过程，分析其思维策略（如冲动型 vs 计划型消费）。二是跨学科量规设计：联合德育教师制定“财商素养评价表”，涵盖“需求管理”“储蓄意识”“公益捐赠”等维度。

（三）普适性价值启示

首先，案例提供教育公平实践路径。低资源学校可通过简易道具（如手绘代币、纸质价签）实现情境创设，破解硬件限制。其次，提供教师专业发展参照。提供“问题链设计模板”（如“如何用 10 元满足全家晚餐需求？”），助力教师从知识传授者转向学习设计师。最后，提供核心素养落地范式。以“货币认知”为锚点，融合数学运算、经济常识、德育目标，为跨学科主题教学提供范例。

以上，“认识人民币”实践案例通过真实性、游戏化、跨学科的三维设计，重构低年级数学课堂形态——在这里，货币不仅是计算符号，更是理解经济生活的钥匙；购物不仅是数学任务，更是培育未来公民社会能力的起点。后续实践中，需进一步强化“数据驱动改进”（如分析 App 生成的消费行为图谱），让教学优化从经验判断转向证据支持，真正实现“为思维而教，为生活而学”。

第二节 中高年级案例

中、高年级的数学实践，是从“具体经验的港湾”向“抽象思维的远洋”航行的关键转折——当学生开始挣脱具象的锚点，尝试用符号编织世界的逻辑之网时，他们既可能遭遇“形式化表达的眩晕”，也可能在混沌中触碰到数学本质的灵光。这一阶段的实践教学，若陷入“知识加速主义”的陷阱，或沉溺于“技术万能论”的幻象，便会错过思维蜕变的黄金窗口期。中、高年级案例的使命，是证明数学教育可以在“保护直觉”与“拥抱抽象”的张力间，架起一座既稳固又开放的认知之桥。当前中、高年级数学实践的困境，映射出认知转型期的深层矛盾。一是具象与抽象的断裂。教师用动画演示分数除法规则，学生却仍在“分月饼”的具象思维中原地踏步。二是应试与探究的撕扯，项目式学习被迫压缩为“40 分钟快闪”，用预制答案取代真实探究的阵痛。三是技术代劳与思维惰性，几何软件一键生成完美图形，却让“尺规作图的试错智慧”成为失落的技艺。本节精选的案例，以认知脚手架重构与现实问题深度卷入为双主线，展现素养进阶的可能路径。这些案例拒绝“为抽象而抽象”的认知暴力，而是锚定皮亚杰认知发展理论的核心命题。中、高年级数学实践的评价，应是“认知航海日志”而非“知识点检查清单”：记录学生如何用非正式方法破解现实问题引发的课堂争议，如何从失败的实验设计中提炼出更深刻的数学原理，如何在社区数据收集中觉醒公民科学家意识——这些带着思维毛边的叙事，远比标准化的解题步骤更接近素养的本质。接下来的案例，将带领教师摘下“知识权威”的面具，化身“思维摆渡人”，与学生在数学的激流中同舟共济，见证形式思维破茧而出的璀璨瞬间。中高年级案例应从“教学参考资料”升维为“认知进化实验室”，为教师提供一套对抗教育异化的认知导航仪。在这里，每个案例都在叩问：我们是要制造“精致的解题机器”，还是培育“用数学思考生存意义的自由人”？

接下来的内容主要以中年级“小数运算与数据分析”、高年级“数据建模与策略决策”教学为例，展开对典型实践教学案例的解析。

案例一

校园节水工程师——小数运算与数据分析

适用年级：四年级

核心素养目标：

(1)运算能力：掌握小数加减乘除的实际应用。

(2)数据意识：通过数据采集、分析与可视化，理解数据的决策价值。

(3)应用意识：用数学工具解决真实问题，培养社会责任感。

一、教学设计框架

本教学设计框架(如表 7-5 所示)以“核心素养导向、真实问题驱动、能力进阶分层”为核心理念，构建“情境激发→实践探究→创新应用→社会行动”的完整学习闭环，旨在通过结构化设计推动数学知识向素养的转化。

表 7-5　小学数学核心素养实践教学设计框架
——“校园节水工程师——小数运算与数据分析”案例的活动环节、工具策略与素养目标解析

环节	活动内容	工具与策略	素养聚焦
情境启动	播放纪录片《地球的水资源》，展示校园用水数据异常现象	视频、校园水表照片	激发环保意识，关联社会问题
数据侦探	分组测量校园重点区域(洗手间、饮水机)的日均用水量	水表读数记录表、量筒、计时器	量感培养与数据采集技能
运算破解	计算区域用水量占比，对比标准用水量，分析浪费原因	Excel 表格、计算器、节水贴士卡	小数运算与问题归因能力
方案设计	设计节水方案(如“感应水龙头改造”“雨水收集系统”)，预算成本与收益	工程草图模板、成本核算表、3D 模型软件	数学建模与创新思维
行动发布	小组路演节水方案，评选“最佳工程师”，提交学校后勤部实施	PPT 模板、评分量规、听证会模拟	表达力与社会责任意识

以下为具体设计逻辑。

(一)环节设计的螺旋进阶性

1. 情境启动(感知层)

通过纪录片《地球的水资源》与校园水表异常数据(如“单日用水量超 5000 升”)，创设认知冲突，激发学生探究兴趣与社会责任感，为后续实践奠定情感基础。素养锚点为环保意识与数学社会价值的启蒙。

2. 数据侦探(操作层)

分组测量洗手间、饮水机等真实场景的用水量(如量筒测流量、计时器记录时长)，将抽象的小数运算(如“1 分钟流水 1.5 升”)具象化，培养量感与数据采集技能。工具适配为实体工具(量筒、计时器)。降低认知负荷，支持动作思维向符号思维过渡。

3. 运算破解(分析层)

借助 Excel 表格计算区域用水占比(如洗手间占 60%)、对比标准值(如人均日用水量 50 升),引导学生从数据中归因浪费问题(如水龙头未关紧),渗透"用数学解释现象"的思维习惯。分层支持体现在计算器辅助基础运算,Excel 公式处理复杂数据(如年用水量预测)。

4. 方案设计(创造层)

基于数学分析结果,设计"感应水龙头改造""雨水收集系统"等方案,通过 3D 建模软件可视化工程结构(如储水箱容积计算),融合数学建模、成本核算(如"预算 2000 元,年省水费 800 元"),培养创新思维与跨学科能力。

5. 行动发布(价值层)

路演答辩与听证会模拟(如扮演后勤主任质疑成本可行性),推动学生用数学语言论证方案价值(如投资回报率计算),将学习成果转化为社会行动,强化社会责任意识。

(二)工具策略的多元整合

1. 实体与数字工具协同

低阶工具(量筒、计时器)支持具身认知,建立量感基础;高阶工具(Excel、3D 建模软件)提升分析效率与创新表达,如用 Tinkercad 设计节水装置模型时同步标注尺寸数据(长×宽×高=1.2 米×0.8 米×1.5 米)。

2. 跨学科资源渗透

科学:雨水收集系统设计需计算储水量(降雨量×集水面积);工程:成本核算表关联单价、数量与总价(数学运算);德育:听证会模拟渗透"资源公平分配"的价值观讨论。

(三)素养目标的可视化映射

"校园节水工程师"项目核心素养进阶评价表如表 7-6 所示。

表 7-6 **"校园节水工程师"项目核心素养进阶评价表**

——小数运算与数据分析驱动的"量感→运算→应用→责任"四阶生长路径(示例)

环节	核心素养目标	能力表现示例
数据侦探	量感	准确测量水流速度(如 1 分钟 1.2 升),换算日均用水量
运算破解	运算能力+数据意识	用 Excel 公式计算"全校月度超支水量=各区域浪费量总和"
方案设计	应用意识+创新思维	设计雨水收集系统,计算容积与成本效益(如储水 $10m^3$ 需投资 1500 元)

续表

环节	核心素养目标	能力表现示例
行动发布	社会责任感+表达力	用PPT展示“节水方案投资回报周期=总成本/年节省费用”

(四)设计亮点与教育价值

本案例以真实性问题链驱动深度思考，从“校园水费超支”现象出发，构建“发现问题(数据异常)→分析问题(用水量计算)→解决问题(节水方案设计)”的完整探究链条，破解知识碎片化困境，让学生体验数学工具在现实决策中的系统性价值。通过技术赋能高阶思维，引入3D建模软件将抽象的容积公式(如雨水收集系统储水量=长×宽×降雨量)转化为可视化工程模型，实现“具象操作→符号抽象→创新设计”的认知迭代。同时，社会责任与学科本质深度融合，在节水成本计算(如“感应水龙头投资回报周期”)中融入伦理判断(如优先改造老旧教学楼设施)，使数学不仅是运算符号，更成为推动社会公平与可持续发展的实践力量。这种“问题—技术—价值”三位一体的设计，让数学教育从解题训练升维为公民素养的培育载体。

此设计框架通过“环节—工具—素养”的精准匹配，将“节水工程师”案例转化为可操作的素养培育框架。教师可依此模板替换主题(如“校园垃圾分类统计师”)，复用“数据采集→分析→建模→行动”的通用路径，实现数学实践教学的标准化与个性化统一。

二、分环节实施说明

(一)情境启动：真实问题驱动

1. 冲突设计

展示校园月度水费账单(如超支200元)，提问：“哪些区域用水最多？如何优化？”

2. 工具支持

使用校园平面图标注测水点(洗手池、饮水机、绿化区)，明确任务目标。

(二)数据侦探：实践测量与记录

1. 分层任务

基础组学生记录洗手池30分钟水流时间，计算日均用水量(量筒+计时器)；挑战组学生对比普通水龙头与节水龙头的流量差异(单位：升/分钟)。

2. 认知锚点

渗透“1立方米=1000升”的换算关系，理解水表读数含义。

（三）运算破解：从数据到归因

1. 问题链设计

洗手池日均用水 80 升，全校有 20 个洗手池，一个月（30 天）浪费多少水？若安装节水龙头（流量降低 40%），每年可节省多少水费（水价 5 元/立方米）？

2. 错误资源化

对比人工计算与 Excel 公式结果差异，讨论“四舍五入”对决策的影响。

（四）方案设计：数学与工程的融合

1. 跨学科工具

（1）科学：雨水收集系统的储水量计算（长×宽×降雨量）。

（2）工程：用 3D 建模软件设计节水装置，标注尺寸并计算材料成本。

2. 财商渗透

分析“投资回报周期”（如安装感应水龙头需 500 元，每月省水费 50 元，10 个月回本）。

（五）行动发布：从课堂到社会的价值延伸

1. 评价标准

科学性：数据计算准确度（40%）；创新性：方案可行性（30%）；

影响力：现场答辩表现（30%）。

2. 社会联动

优秀方案提交学校后勤部，参与校园改造听证会，与工程师对话。

三、评价与支持系统

表 7-7 “校园节水工程师”核心素养三维评价体系表

——知识应用、实践创新与协作能力的多模态证据链与评价工具库（示例）

评价维度	评价工具	评价标准
知识掌握	节水计算测试	能正确运用小数运算解决实际问题（如计算漏水总量）
实践能力	数据记录表与方案设计稿	数据采集完整、方案逻辑清晰（如节水系统成本效益分析）
合作与创新	小组互评表（“分工”“创意”等指标）	团队协作高效、方案实用性与创新性（如雨水循环设计）

以上表格（如表 7-7 所示）的教学价值说明如下：

其一，多维覆盖素养整合，知识—能力—态度联动。知识掌握（节水计算测试）聚焦数学技能迁移（如小数乘法计算漏水总量）；实践能力（方案设计稿）

考察工程思维与数据严谨性(如成本效益公式推导);合作与创新(小组互评表)培养团队协作与社会责任感(如分工公平性、方案社会价值)。跨学科整合方面,数学(运算)、科学(水循环原理)、工程(系统设计)、德育(资源保护)的深度融合。

其二,过程性评价,动态生长。证据链可视化通过数据记录表,追踪从“水流速度测量”到“月度浪费量统计”的思维进阶;方案设计稿对比初版与终稿,暴露迭代逻辑(如从“简单储水”到“太阳能联动净水”)。反馈即时性方面,当堂节水计算测试可快速诊断学生运算能力短板(如小数进位错误),支持课中干预。

其三,技术赋能与人文平衡。工具适配性体现在低技术工具(数据记录表)确保普适性,适合资源有限学校;高技术延伸(如用 Excel 生成节水数据可视化图表)为高阶学习者提供挑战空间。教育导向性方面,小组互评表中“创意突出”指标鼓励技术创新(如用传感器监测漏水);“分工合理”指标渗透公平意识,避免“能者多劳”的隐性剥削。

其四,社会价值锚定。真实问题驱动,以“校园节水”为实践载体,使数学学习从“解题”转向“解决社会问题”;成果外显化,优秀节水方案可提交学校后勤部门实施,学生获得“节水工程师”认证,增强学习使命感。

上表的应用场景示例如下:

其一,课堂诊断,教师通过节水计算测试(如“1 个漏水龙头 30 天浪费 300 升水”)快速定位班级小数运算薄弱点。

其二,项目复盘,对比小组初版方案(仅储水)与终稿(太阳能净水系统),分析思维跃迁路径。

其三,家校共育,家长参与“家庭节水任务”,用同类工具评估孩子家庭实践表现(如记录洗澡用水量)。

此表体现从“评分”到“生长”的范式升级。通过三维评价框架与多模态工具,将核心素养分解为可观测、可干预的行为指标,既服务教师精准教学,又赋能学生自主反思,使数学教育真正成为“知识—能力—价值观”协同生长的生态系统。

四、教学资源与工具

(1)实体工具包:量筒、计时器、节水龙头模型、校园平面图。

(2)数字工具:Excel 数据模板、3D 建模软件(如 Tinkercad)、节水计算器 App。

(3)延伸资源:市水务局节水宣传手册、工程成本核算案例视频。

五、教育价值与反思

本案例通过跨学科整合(数学、工程、科学)培育学生 STEM 素养,例如设计雨水收集系统时融合容积计算与科学原理，同时以社会责任为导向，让学生在分析校园用水数据、制定节水方案的过程中，理解“数据驱动决策”对资源公平分配的意义。技术赋能则体现为3D建模、物联网传感器等工具的应用，将抽象的数学问题（如成本收益分析）转化为可视化解决方案，提升复杂问题解决能力。针对实施中的不足，需进一步差异化支持（如为计算薄弱学生提供公式速查卡）、深化家校协同（开发“家庭用水审计表”追踪生活数据）、升级技术工具（接入实时监测系统生成动态报告）。当学生用数学公式计算储水量、用工程模型优化节水装置时，他们不仅是知识的运用者，更是以科学严谨推动人文关怀的社会行动者——这种“学科本质—技术工具—公民责任”的深度融合，正是素养导向教育对“数学何以育人”的深刻回应。

案例二

社区公共设施优化师——数据建模与策略决策

适用年级：六年级

核心素养目标：

(1)数据意识：通过真实数据采集与分析，理解数学在公共决策中的价值。

(2)数学建模：构建数学模型解决复杂社会问题，培养抽象与推理能力。

(3)社会参与：用数学工具推动社区优化，强化公民责任感。

一、教学设计框架

本教学设计以“核心素养落地、真实问题驱动、社会参与赋能”为核心理念，构建“问题发现→数据建模→创新决策→公民行动”的完整学习链，旨在通过结构化设计推动数学知识向公民素养的转化。设计理念解析如下。

其一，真实情境驱动，锚定社会问题。本案例以真实情境驱动为核心策略，通过GIS地图可视化社区资源分配矛盾（如“健身器材荒废”“停车位不足”）与居民访谈视频（如“步行15分钟无健身点”的抱怨），创设认知冲突，激发学生用数学解决社会问题的使命感；同时，以“素养锚点”为引导，从现象中提炼数学问题（如“需求与资源错配率＝实际缺口/总需求量×100%”），将生活场景转化为建模任务，培养学生用数学眼光识别问题本质的能力。这种“冲突—锚点”的双向设计，既让数学知识扎根于社会现实，又通过数据建模与策略优化，推动学生从“现象观察者”向“问题解决者”的角色跃迁，实现学科本质与社会价值的深度统一。

其二，数据—工具—能力的三维联动。本案例通过数据—工具—能力的三维联动构建进阶式学习生态。在工具维度上，遵循“低阶→高阶”适配逻辑。数据采集从计时器、计数器(动作思维)升级至智能手环轨迹追踪(数字技术)，实现现象观察的精准量化。建模分析从Excel基础统计升级至Python回归模型(如 $y=-0.8x+90$)，推动数据规律的形式化表达。策略设计则从SWOT分析模板(逻辑框架)延伸至3D建模软件(创新表达)，将抽象策略转化为可视化的工程方案。能力发展上，设计四阶跃迁路径：从具象观察(数据采集)到符号抽象(建模分析)，再到跨学科创新(策略设计)，最终落脚于价值判断(听证答辩)。例如，学生通过分析健身器材使用率数据，设计“折叠式器材”解决空间不足问题，并在社区听证会中辩论“儿童与老年人需求优先级”。这种“工具赋能能力，能力反哺社会”的设计，让数学学习成为技术应用与公民责任的双重启蒙。

其三，社会责任与学科本质的深度融合。本案例通过“数学工具社会化”与“公民行动闭环”的双重设计，实现数学学科本质与社会责任的深度交融。一是数学工具社会化。学生从计算到公平决策，促进数学工具的伦理转向。在“错峰停车系统”设计中，学生需计算“节省车位数=峰值车流量-低谷车流量”(如早高峰占用90个车位，晚低谷占用30个车位→可节省60个车位)，这一数学运算不仅涉及减法技能，更需结合伦理判断——例如“节省车位是否优先分配给老年居民或上班族”。通过“数据计算+价值讨论”，让学生理解数学决策须兼顾效率与公平，避免陷入“技术至上”的误区。例如，学生可能发现：若单纯按效率分配，老年居民步行距离会增加，从而调整模型参数。成本核算中体现社会关怀，设计“健身区改造预算分配方案”时，学生需核算材料成本(如每平方米塑胶地垫80元)、人工费用(如每日工资200元)，同时辩论“是否应压缩儿童娱乐区预算以增加无障碍设施”。数学公式(如总成本=材料费+人工费)成为伦理思辨的载体，引导学生思考“谁的需求更重要”，培养资源分配中的共情能力与社会正义感。二是公民行动闭环。从课堂到社会的实践跃迁，重视角色扮演中的责任体验。在社区议事会中，学生扮演居委会主任、居民代表、财务顾问等角色，基于数学模型展开辩论。例如，居民代表可能质问：“预算方案为何削减儿童设施？数据是否覆盖了放学后的使用高峰？”通过角色代入，学生体验数学结论如何影响不同群体利益，理解公共决策的复杂性，从而将“计算正确”升华为“决策合理”。激活知识向行动的转化机制及提案实施路径。优秀方案(如“折叠式健身器材设计”)需提交居委会审议，学生需准备《可行性报告》，用数学语言(如“投资回报率=年节省维护费/总成本×100%”)说服决策者。若方案被采纳，学生将见证数学如何真实改变社区(如健身器材使用率提升30%)，从而建立“知识—行动—影响”的认知闭环，深化学习意义。这一设计理念打破数学与社会的边界，让学生成为“用数学思考社会、用行动改善社会”的积极公民。

表 7-8　小学数学核心素养实践教学设计框架——“社区公共设施优化师——数据建模与策略决策”案例的活动环节、工具策略与素养目标解析

环节	活动内容	工具与策略	素养聚焦
情境启动	展示社区设施分布图，揭示“健身器材荒废”“停车位不足”等矛盾	GIS 地图、社区问题照片、居民访谈视频	关联社会现实，激发问题意识
数据采集	分组调研社区设施使用率（如健身区人流量、停车位占用时长）	计时器、计数器、调查问卷、智能手环	数据采集与信息技术应用能力
建模分析	用 Python 或 Excel 分析数据，建立“需求—资源”匹配模型	数据分析模板、散点图生成器、回归分析工具	数学建模与批判性思维
策略设计	设计优化方案（如“错峰停车系统”“多功能设施改造”），模拟成本效益	3D 建模软件、成本核算表、SWOT 分析模板	创新思维与跨学科整合能力
听证答辩	模拟社区议事会，答辩方案可行性，投票选出最佳提案提交居委会	PPT 模板、评分量规、角色扮演脚本	表达力、协商力与社会责任感

本设计（如表 7-8 所示）的教育价值体现在三个方面。一是核心素养的立体化培育。发展学生数据意识，通过采集健身区人流、停车位占用时长等真实数据（如“早高峰停车位占用率 90%”），理解数据在公共决策中的证据价值。培养学生模型意识，启蒙“需求—资源”回归模型（如 $y=-0.8x+90$，x 为设施距离，y 为使用率），发展学生用数学解释现象、预测趋势的能力。激发学生社会参与意识，在听证答辩中，学生需用 PPT 展示“每万元投资可服务多少居民”，将数学结果转化为公共利益的语言。二是技术赋能高阶思维发展。工具降维方面，Python 数据分析模板（如 Pandas 库）简化代码操作，让小学生也能处理复杂数据（如清洗异常值、生成热力图）。可视化表达方面，3D 建模软件（如 Tinkercad）将抽象策略（如“折叠式健身器材尺寸设计”）转化为立体模型，支持“设计—验证—优化”的工程思维。三是跨学科整合的创新范式。STEM 融合体现数学（成本计算）、科学（材料力学）、工程（3D 设计）、社会学（居民需求调研）的深度交织，例如，设计多功能设施时需同步计算成本（数学）、评估结构稳定性（科学）、分析使用场景（社会学）。四是渗透批判性思维。SWOT

分析模板(优势、劣势、机会、威胁)引导学生辩证看待方案可行性(如“错峰停车可能增加管理成本”)。

本案例通过重构数学学习目标，将传统课堂聚焦的“如何算”升级为“如何用”。例如，在停车位优化中，学生需综合计算车位数量、统计高峰时段流量、权衡不同群体需求的公平性，使数学从孤立的知识点升维为社会治理工具，实现从“解题”到“解事”的跨越。真实性问题链的设计构建了认知进阶阶梯：从数据采集(如记录健身器材使用率)到建模分析(如探索需求—资源回归模型)，再到策略设计(如3D建模多功能设施)，形成“具体→抽象→创造”的思维迭代。同时通过角色扮演(如社区代表质疑预算合理性)，让学生在多方博弈中理解数学决策需平衡效率与公平，推动社会性成长。在此过程中，教师角色转型为学习设计师与协作引导者——提供数据分析模板、听证会议程表等工具包，支持学生自主探究；在跨学科任务(如工程成本核算与数学建模整合)中，协助突破认知盲区(如“材料厚度每增加1cm，成本上升20%”)，最终让课堂成为培育“数学思维+公民责任”的创新工坊。

普适性应用建议。首先，资源适配性。低技术学校可用纸质问卷、手工模型替代智能手环、3D软件，聚焦核心思维训练(如手绘设施分布图分析需求缺口)。其次，学段延展性。中年级简化任务(如仅分析单一设施数据)，高年级增加复杂度(如预测未来五年社区人口变化对设施需求的影响)。最后，主题迁移性。替换为“校园垃圾分类优化师”“社区能源管理师”等主题，复用“数据采集→建模→决策”框架，适配不同教学内容。此设计框架通过“环节—工具—素养”的精准映射，将高年级数学实践教学转化为可复制、可迭代的素养培育模板。其价值不仅在于知识传递，更在于塑造学生“用数学理解社会、用行动改善社会”的思维模式。

二、分环节实施说明

(一)情境启动：从数据到问题

1. 冲突设计

对比社区设施分布图(如健身器材集中在某区域)与居民投诉数据(如“北区居民步行15分钟无健身点”)，提出核心问题：“如何用数学实现资源公平分配?”

2. 工具支持

使用在线地图标注工具(如百度地图API)生成热力图，直观显示设施使用冷热点。

(二)数据采集：从观察到量化

1. 分层任务

基础组学生记录健身器材使用频率(如单日使用人次、单次使用时长)；

挑战组学生用智能手环采集居民运动轨迹，分析活动范围与设施位置的关系。

2. 技术赋能

学习使用简易编程工具(如 Python Pandas)清洗数据(如剔除异常值)。

(三)建模分析：从现象到规律

1. 问题链设计

若健身区日均使用 100 人次，器材损坏率为 5%，每月维护成本是多少？根据居民年龄分布(老年 30%、儿童 20%、成人 50%)，如何调整设施类型？

2. 高阶工具

用散点图分析“设施距离—使用率”相关性，建立线性回归模型，如 $y=-0.8x+90$，x 为距离(百米)，y 为使用率。

(四)策略设计：从数学到工程

1. 跨学科整合

数学：计算“错峰停车”节省的停车位数量(如早 8 点上班族离场，晚 6 点居民使用)；工程：用 Tinkercad 设计可折叠健身器材，标注尺寸与材料成本(如钢材用量=体积×密度)。

2. 伦理思辨

辩论“优先满足老年人健身需求还是儿童娱乐需求”，理解数学决策中的价值权衡。

(五)听证答辩：从课堂到社会

(1)引导学生思考，探索如何制定评价标准。例如，科学性方面的数据支撑与逻辑严谨性(40%)+可行性方面的成本预算与实施难度(30%)+社会性方面的居民满意度与公平性(30%)。

(2)社会联动。邀请社区代表参与答辩会，优秀方案纳入居委会年度改造计划。

三、评价与支持系统

社区公共设施优化教学评价三维量表如表 7-9 所示。

表 7-9 **社区公共设施优化师教学评价三维量表**

——知识掌握·实践能力·社会影响的多维评估体系(含工具与标准)

评价维度	评价工具	评价标准
知识掌握	建模能力测试(如解析“需求—资源”回归模型)	能解释数学模型参数的实际意义
实践能力	数据报告与方案设计书	数据真实有效，方案逻辑自洽
社会影响	居民满意度模拟投票结果	方案体现资源公平与多数人利益

四、教学资源与工具

(1)技术工具包：Python 编程环境、Tinkercad 3D 建模软件、智能手环数据接口。

(2)实体工具包：社区地图、调查问卷模板、成本核算案例库。

(3)延伸资源：城市规划师访谈视频、社区改造成功案例文档。

五、教育价值与反思

本案例以跨学科整合为核心价值，融合数学建模(如需求—资源回归分析)、工程设计(3D 设施模型构建)与社会学调研(居民需求优先级评估)，培养学生解决复杂现实问题的综合能力。通过技术向善理念，引导学生在数据驱动决策(如优化停车系统)中思考伦理责任(如“AI 预测模型是否加剧资源分配的马太效应”)；借助社区听证会角色扮演(如居民代表与物业辩论预算分配)，渗透公民教育，让学生理解公共事务需兼顾多元利益。针对实施中的挑战，需进一步差异化支持——为编程薄弱学生提供代码速查手册(如 Python 数据清洗语句)，为能力强者设计高阶任务(如预测未来五年人口变化对设施需求的影响)；深化家校社协同，开发“家庭社区观察日志”追踪设施使用痛点，联动高校城市规划专家提供技术指导；推进技术升级，引入 AI 预测设施损耗周期、VR 模拟方案效果，让决策更科学直观。当学生发展模型意识解析设施使用规律、用 3D 图纸呈现改造方案时，数学不再是纸面符号，而是重构社会运行逻辑的工具——这种“知识赋能行动”的体验，正是核心素养导向下数学教育对“培养理性行动者”的积极回应。

第八章　小学数学实践的素养评价体系构建

小学数学核心素养的培育亟待突破“知识本位”评价的桎梏，构建以素养生长为导向的新型评价体系。本章立足于五维素养模型(量感、推理、应用、创新、严谨)，以过程性证据替代传统分数，以跨学科能力矩阵整合数学与科学、工程、艺术的实践表现，以社会性认可锚定学习的社会价值。通过可视化工具、技术赋能与家校社协同机制，实现评价从“静态判定”向“动态生长”的范式转型，既为教师提供精准教学干预的“导航仪”，又为学生铺设“解题者→问题解决者→社会责任者”的进阶路径，最终推动数学教育回归“赋能真实人生”的本质追求。

第一节　评价框架

一、评价框架的理论依据

核心素养导向的教育评价理论以五维素养模型为基石，强调量感、推理意识、应用意识、创新意识与严谨态度的动态关联与协同发展。例如，在“喷水池水量估算”项目中，学生需通过量感(体积估算)、推理(模型优化)、应用(节水方案设计)、创新(工具发明)及严谨(误差分析)的联动，实现真实问题解决的闭环。同时，过程性评价理念推动评价重心从“答案正确性”转向“思维可见性”——《模型迭代日志》记录从“单一圆柱体假设”到“组合模型优化”的推理路径，《误差分析表》暴露“水面折射误差”等盲区，使抽象素养具象为可观测、可干预的行为证据链，为教学改进提供精准锚点。

小学数学学科特性体现为从具象到抽象的认知阶梯与跨学科整合的实践需求。低年级学生依赖实物操作(如“橡皮泥压入方格盒”验证体积守恒)，通过触觉与视觉反馈建立量感基础；高年级学生则借助技术工具(如喷水池的3D扫描建模)实现从具象经验到符号化推理的跃迁。此外，数学与科学(声波测深原理)、工程(雨水收集系统结构设计)、艺术(节水数据可视化图表)的深度融合，要求评价体系突破学科边界，构建跨学科能力矩阵(如数学建模能力+工程设计思维+艺术表达能力)，以全面衡量学生在真实情境中的综合问题解决能力。

评价框架的构建需实现理论逻辑与学科特性的深度适配。五维素养模型呼应小学生从“操作感知”到“抽象推理”的认知阶梯，如低年级以“三星评分卡”评价量感启蒙，高年级以“AI误差诊断”优化严谨态度；过程性评价工具(如《项目档案袋》)则通过跨学科证据(节水方案设计稿、社区采纳函)动态追踪素养生长轨迹。这一框架既规避了传统评价的碎片化弊端，又以“技术赋能”(如雷达图可视化)与“伦理反思”(如数据隐私公约)平衡效率与温度，最终推动数学教育从“知识达标”走向“素养赋能”。

二、评价框架的设计原则

(一)多维性原则

强调素养评价需覆盖知识、能力与价值的全域。首先，五维素养覆盖从数学学科内核出发，以量感(如“影子测距精度控制”)、推理(模型迭代逻辑)、应用(节水方案可行性评估)、创新(如“浮标测深仪”发明)、严谨(数据脱敏伦理)五维联动，破解单一技能评价的局限；其次，跨学科能力矩阵打破学科壁垒，例如在喷水池项目中，数学能力(体积公式迁移)需与科学素养(浮力测深原理)、工程思维(储水系统结构设计)、艺术表达(节水数据可视化图表)及社会情感(小组分工协作)深度融合，构建“数学+”评价范式。多维性设计通过雷达图与矩阵工具，使教师能精准诊断学生“公式迁移强但协作力弱”等能力结构断层，为个性化教学策略提供靶向依据。

(二)过程性原则

聚焦素养生长的动态轨迹，通过动态证据链实现从“碎片化评价”到“连续性追踪”的转型。例如，在“校园节水工程师”项目中，学生首先通过《数据采集表》记录水龙头流量与时间(如“漏水10升/天×30天=300升”)，展现量感与严谨态度；随后在《方案设计稿》中整合运算能力(Excel公式计算浪费总量)与创新思维(雨水收集系统容积设计)；最终以《社会采纳证明》(如物业对节水方案的正式回函)验证应用意识与社会责任感。这一证据链不仅呈现了知识向素养的转化路径，更通过阶段性成果对比(如初始方案与优化版方案成本效益分析)暴露思维盲区，为教师提供“过程切片”以精准介入指导，使学生从“结果达标”转向“认知迭代”。

(三)发展性原则

评价标准适配学生的认知进阶规律，通过弹性评价工具实现从“统一标尺”到“阶梯生长”的跃迁。针对低年级学生，采用简化工具(如“三星评分卡”评价“校园地图测绘”中的量感：用脚步测量距离得☆，用跳绳分段测量得☆☆，制作标准化测距带得☆☆☆），降低认知负荷；而高年级则引入复杂任务（如“喷水池 AI 建模”中，利用算法识别扫描误差并自主校正参数），在技术赋能中挑战抽象推理与批判性思维。这种分层设计既避免“一刀切”评价挫伤低年级信心，又为高年级预留创新空间，使素养评价成为推动学生从“操作感知”向“形式运算”跃迁的“脚手架”，而非静态能力标签。

（四）可操作性原则

强调评价工具需适配儿童认知特点，以友好性与直观性提升参与动力。例如，用图形化雷达图（如五维素养以不同颜色扇形呈现）替代抽象分数，使低年级学生直观感知自身“量感强、创新弱”的能力结构；贴纸墙则通过多学科成果展示（数学区的“节水计算表”、艺术区的“数据可视化海报”、工程区的“储水模型照片”），将评价转化为趣味化、可视化的成就体验。此类工具既规避数字评分引发的焦虑感，又通过“可触摸的证据”让素养生长具象可见，使学生在“争获节水小卫士贴纸”“点亮雷达图板块”的互动中，潜移默化完成自我反思与目标建构。

三、评价工具与方法

素养评价需依托可视化工具（如五维雷达图）、过程性证据链（模型迭代日志）与跨学科能力矩阵，将抽象素养转化为可观测行为，突破传统静态评分局限，赋能“教—学—评”一体化的动态生长闭环。

（一）核心工具

（1）五维素养雷达图，可视化学生的量感、推理等维度的阶段性进展。下面以“喷水池水量估算”项目为例进行说明。

①初始阶段：学生 A 采用单一圆柱模型估算，量感（误差 52%）、推理意识（未分析弧度误差）、创新意识（使用教师工具）得分较低。

②优化阶段：经 AR 拆解训练后，采用“圆柱+圆锥”组合模型，量感（误差 12%）、推理意识（识别水面折射误差）显著提升。

③终期阶段：自主设计浮标测深仪并发布《估算白皮书》，创新意识（工具发明）、严谨态度（数据脱敏处理）达峰值。雷达图以颜色渐变（红→黄→绿）标记各阶段，教师据此推送定制资源（如“曲面体积计算”微课），实现精准干预。

（2）跨学科能力矩阵，评估数学与科学、工程、艺术的整合能力。下面以“校园节水方案”为例进行说明。

①数学能力：学生用公式计算圆柱形储水罐容量，探究“日均用水量与降雨量的数量关系”，预测雨水收集效率。

评估点：公式迁移准确性、数量关系式的合理性。

②工程思维：设计储水罐支撑架时，分析三角形结构的稳定性(数学)，利用成本公式 C=材料单价×用量优化预算，选择 PVC 管替代钢材。

评估点：结构可行性、成本控制意识。

③科学素养：通过 pH 试纸测试雨水酸度，提出“石灰石过滤层”中和方案，用对照实验验证过滤效果(实验组 pH6.8 vs 对照组 pH5.2)。

评估点：实验设计严谨性、生态影响考量。

④艺术表达：用折线图对比节水前后水费变化，设计卡通 IP“水滴侠”，制作宣传动画形象，通过校园走廊展示。

评估点：数据可视化清晰度、创意传播效果。

⑤社会情感：小组分工表显示，A 负责数据建模，B 协调物业访谈，C 主导艺术设计，每周召开“进度—问题”复盘会。

评估点：角色贡献度、协作流畅性。

功能价值：矩阵(如表 8-1 所示)暴露能力断层(如科学实验严谨性不足)，指导教师开设“控制变量法”工作坊，实现跨学科素养的精准补强。

表 8-1 **跨学科能力五维评价矩阵**
——以“校园节水方案设计”项目为例

维度	指标	评分(1~5)	证据
数学能力	数量关系准确性	4	线性回归 $R^2=0.85$
工程思维	结构可行性	5	3D 打印模型承重测试通过
科学素养	实验设计	3	未设置重复实验组
艺术表达	创意传播	4	动画形象获校级展览一等奖
社会情感	协作效率	4	会议纪要完整，无角色冲突

(二)辅助工具

(1)项目档案袋：包含照片、视频、实物模型等过程性证据，如“影子测距工具设计草图”。

(2)技术赋能工具：AI 算法分析“模型迭代日志”，自动生成个性化学习建议(如“需补充曲面体积计算微课”)。

(三)实施路径

1. 低年级

游戏化评价(如“节水徽章”激励量感启蒙)。在低年级阶段，游戏化评价通过趣味任务与即时反馈机制，将抽象的量感启蒙转化为可触摸的成就体验。以“节水徽章”系统为例：

(1)任务设计与徽章等级：

青铜徽章：完成基础任务，如用标准量杯测量家庭每日刷牙用水量(如每次约0.5升)，记录《家庭用水日记》。

白银徽章：进阶挑战，如用“一桶水”(10升)完成浇花、拖地等多项家务，计算分配方案(如浇花3升、拖地5升、剩余2升备用)。

黄金徽章：创意任务，设计“节水小发明”(如用矿泉水瓶制作沙漏计时器，控制洗澡时间在5分钟内)。

(2)评价标准与激励规则：

量感精度：测量误差小于10%(如实际用水4.5升，记录值在4.05~4.95升区间)可获徽章。

参与广度：连续一周完成《用水日记》，解锁“节水小卫士”称号。

家校联动：家长拍照上传任务成果至班级平台，学生用贴纸兑换实体徽章，形成“家庭—学校”共育闭环。

以上低年级游戏化评价，通过具身认知(量杯、沙漏的实物操作)破解抽象单位感知难题，以动机激发(徽章体系与节水之星评选)驱动学生主动发现问题并优化行为，并在任务中自然渗透素养奠基(如“一水多用”，理解总量守恒)，形成“身体经验—情感激励—认知迁移”的闭环，使量感启蒙与社会责任感在趣味化实践中协同生长，为高阶数学思维提供鲜活的经验锚点。

通过游戏化评价，低年级学生在“玩中学”中建构量感基础，同时培养数据记录习惯与社会责任感，为后续复杂项目(如中高年级“校园节水工程”)奠定思维与态度根基。

2. 高年级

社会性评价(如物业对节水方案的采纳率、社区节水倡议影响力)。下面以“喷水池水量估算”项目为例进行说明。

(1)评价工具应用：

量感精度：对比手工测量(竹竿测深)与3D扫描结果，计算误差率。

推理意识：《模型迭代日志》中记录“从圆柱体到组合体”的优化逻辑。

社会影响力：节水方案被校园采纳后，统计月度节水吨数作为应用意识证据。

(2)评价结果使用：

个性化反馈：为误差率高的学生推送“相似三角形测距”微课。

课程优化：根据跨学科矩阵低分项(如艺术表达)，增设“数据可视化工作坊”。

四、评价维度与观测点设计

小学数学素养评价体系的构建，需以《新课标》为核心，结合核心素养内涵，以“学生成长”为中心，融合学科逻辑与生活逻辑，通过多元工具捕捉“知识—能力—品格”的全面发展，构建多维度、分层次的评价框架(如表 8-2 所示)。

表 8-2 小学数学核心素养实践评价体系框架表

——知识与技能、思维与能力、实践与应用、情感与态度的四维观测点与评价工具解析

维度	内涵与观测点	评价工具示例
知识与技能	数感、运算能力 图形与空间观念 数据意识与应用	标准化测试题、课堂小测、错题分析
思维与能力	逻辑推理与抽象思维 问题分析与建模能力 创新意识与批判性思维	开放性任务、数学日记、思维导图
实践与应用	数学语言表达(图表、符号) 真实问题解决(如测量、统计) 跨学科项目参与	实践活动记录、项目报告、实验操作评分表
情感与态度	学习兴趣与探究欲 合作与反思能力 抗挫与坚持性	课堂观察量表、学生自评表、同伴互评

小学数学实践的素养评价设计以《新课标》提出的“三会”核心素养为纲领，秉承“以评促学、以评导教”的理念，构建多维度、多层级、动态化的实践评价体系，旨在通过观测点的科学设计，实现从“知识本位”向“素养导向”的转型，推动学生数学思维、实践能力与情感态度的协同发展。

本体系以核心素养为纲，重构小学数学评价范式。第一维度立足学生发展本位，围绕数感、量感等 11 项素养，构建“知识建构—思维进阶—实践迁移—情感浸润”四维框架。例如，知识维度考察概念深度理解(如用“排水法”推导圆柱体积公式)，实践维度关注数据转化能力(如将校园垃圾分类记录转化为统计图表并提出优化方案)，通过多维度联动促进素养融合生长，打破“重结果轻过程”的传统惯性。第二维度强化过程性观测，基于“最近发展区”理论设计阶梯化观测点：低阶观测聚焦基础技能(如长方体体积计算)，中阶观测侧重思维结构化(如用流程图拆解“鸡兔同笼”问题)，高阶观测指向创新迁移(如设计节水灌溉方案)。借助电子档案袋记录三次项目报告的建模能力进阶轨迹，形成“诊断—反馈—改进”闭环，让隐性的思维发展显性化。第三维度嵌入真实情境，凸显数学的实践育人价值。观测工具深度联结生活场景：用“超市购物清单”考察小数运算能力，用“家庭月度用电分析”培养数据意识；任务设计融入社会责任，如“社区公园优化”需综合几何计算

与环保理念，“班级运动会成本核算”融合预算编制与协作能力。学生在解决真实问题中感悟“数学改变世界”的力量，实现知识应用与价值观塑造的同频共振。第四维度尊重个体差异，构建弹性支持路径。认知风格适配方面，具象思维者通过积木操作验证体积守恒，抽象思维者则挑战代数模型构建；能力层级适配上，设置“基础观测+拓展观测”组合任务，允许计算薄弱生用计算器完成复杂应用题，转而重点评价其问题拆解策略。这种设计既保障基础达标，又为个性化进阶预留空间。第五维度贯通教学评一体，驱动课堂生态变革。教师通过观测数据(如50%的学生无法绘制立方体展开图)触发针对性教研(如开发立体几何AR教学工具)；学生借助“数学日记”记录解题思路，通过成长故事会分享“从畏惧方程到自主建模”的心得，逐步建立元认知策略。评价由此成为师生协同进化的导航系统，而非冰冷的评判标尺。小学数学核心素养评价维度与观测指标对照表如表8-3所示。

表8-3　**小学数学核心素养评价维度与观测指标对照表**

评价维度	核心观测点	典型行为示例
知识与技能	数感、运算能力、图形与空间观念、数据意识与应用	准确计算长方体体积，解释“升”与“立方分米”的换算逻辑
思维与能力	逻辑推理、问题建模、创新意识、批判性思维	用流程图分析“鸡兔同笼”问题，提出两种以上解法
实践与应用	数学语言表达(图表、符号)、真实问题解决、跨学科协作	设计校园菜地灌溉方案，结合面积计算与节水策略
情感与态度	学习兴趣、合作意识、抗挫能力、反思习惯	小组合作时主动分工，遇到困难尝试多种方法解决

第二节　评价工具与方法的应用

传统评价囿于纸笔测试，难以承载科学价值观的具象化培育。本节以“素养进阶”与“儿童友好”为双核，构建差异化工具链：低年级通过表情贴纸(“笑脸/哭脸”)将诚信感知情感化；中年级借助数据彩虹墙(磁贴标注异常点)实现批判思维可视化；高年级依托Scratch游戏编程(如“数据小侦探”闯关)，在技术赋能中内化诚信价值观。工具设计遵循“具身认知→协作反思→创新表达”的梯度逻辑，使抽象价值观转化为可触摸、可迭代的成长印记，为科学精神奠基。接下来，我们将用工具重新丈量数学教育，希望每个工具都是理解儿童的密码，每种方法都是对抗教育异化的思想武器。

一、素养四维评价工具

小学数学核心素养四维评价工具。一是数学日记，作为思维可视化工具，深度追踪学生思维进阶路径。例如，在“用方程解应用题”任务中，学生初始阶段机械套用解题步骤(如“见‘共’就设和为 x”)，经多次反思记录后，逐步学会自主设定未知数(如根据问题关键量“速度差”建立方程)。教师通过分析日记文本中的逻辑演进(如从“直接列式”到“先画线段图再找等量关系”)，精准识别其推理意识与模型建构能力的跃迁，为个性化指导提供依据。二是跨学科项目报告在真实情境中实现素养整合评价。以“家庭节水行动”为例，学生需统计一周用水数据(如洗漱、洗衣耗水量)，用折线图呈现波动规律(知识技能)，分析异常峰值原因(如周末用水激增的合理性)，并提出优化建议(如安装节水龙头或调整洗衣机使用频次)。任务同步考查数据转化能力(实践应用)与家庭责任感(情感态度)，让数学学习成为提高生活品质的实践载体。两类工具的应用凸显“过程性评价”与“全人发展”导向。数学日记外显思维轨迹，帮助教师突破“答案正确即掌握”的认知局限；项目报告则通过社会化任务设计，使数学素养与公民意识协同生长。二者共同构建“知识习得—能力迁移—价值塑造”的完整评价闭环，为核心素养落地提供可复制的实践范式。

表 8-4　小学数学核心素养四维评价工具与功能适配对照表

素养维度	工具类型	典型工具示例	功能与场景
知识技能	标准化测试+即时诊断	AI 智能题库(如自动生成分层计算题)	快速诊断薄弱点(如分数通分错误模式分析)
思维能力	思维可视化工具+开放任务	流程图/思维导图(如“鸡兔同笼”解题路径分析)	外显逻辑链条，评估推理严谨性与创新性
实践应用	跨学科项目+真实情境任务	校园菜地规划方案(含预算表、设计图)	考察数学建模、协作与问题解决综合能力
情感态度	行为观察量表+成长档案袋	课堂参与度评分表+数学日记(记录学习反思)	追踪学习兴趣、抗挫力与元认知发展

以上的技术工具(如表 8-4 所示)在普及性方面，部分学校缺乏 ClassIn 等平台，可替换为“Excel 错题统计表+手绘雷达图”。其价值在于重构了反馈的评价哲学，从“终点判定”到“过程生长”，通过时效性阻断错误、精准性定位问题、发展性指

引路径、融合性整合资源，使反馈成为素养养成的“加速器”，从“单向输出”到“多维对话”，教师、技术、同伴、自我的多主体参与，让“孤独”的评价工具升维为“社会化的意义建构”工具。教师唯有将反馈转化为“认知建构与情感激励”的双引擎，才能真正实现“教书”向“育人”的质性跨越。教师反馈与评价策略四维实施框架如表 8-5 所示。

表 8-5 **教师反馈与评价策略四维实施框架**

——基于认知建构与情感激励的双重目标

原则类型	核心要点	实施策略与案例
时效性原则	建立“学习事件—反馈响应”最短链路，避免错误认知固化	课堂场景：当堂练习采用“实时投影+口头点评”模式（如使用希沃白板对比展示典型解法） 作业场景：书面作业 24 小时内批注，重点标注思维断点（如用○标记未理解通分本质的错题）
精准性原则	聚焦具体认知节点，形成“问题描述—归因分析—改进建议”完整闭环	替代模糊评价“书写工整”，改为“通过等分线清晰展示了分数单位，但未标出阴影部分对应的分子数” 使用量规语言：“你的折纸平均分成了 4 等份（达标），但未说明每份与整体的关系（待改进）”
发展性原则	构建“现状定位—路径指引—高阶挑战”的成长阶梯，激活学生元认知能力	阶梯式反馈：“当前掌握同分母比较（✓），下一步尝试用折纸验证异分母比较（→），挑战任务：设计分数比大小游戏（★）” 提供学习工具包：附通分策略微课链接与互动模像
融合性原则	整合多模态评价手段，覆盖认知、情感、社交多维目标	技术融合：运用 ClassIn 生成个性化学习分析报告（含错题热力图与能力雷达图） 主体扩展：设计“三色贴纸评价法”：教师红签（专业诊断）+同伴蓝签（合作建议）+自评绿签（反思记录）

二、差异化工具

教学中，差异化反馈工具的背后是“尊重个体差异、技术向善、情感浸润”的教育理念。短期有利于提升学生课堂参与度与学科自信（如敏感型学生因私密认可而更愿尝试挑战）。长期来看，有利于培养“被看见”的幸福感与“被赋能”的成长力，使教育从“知识传递”升维为“人格滋养”。教师可以比喻为“脚手架”，结合学情动态调整，避免机械套用，让工具始终服务于“人的完整生长”。学生性格—反馈方式匹配表如表 8-6 所示。

表 8-6 **学生性格—反馈方式匹配表**
——个性化教育策略下的情感激励与媒介适配路径(示例)

学生类型	反馈媒介	情感激励策略
敏感型	加密电子信件	“悄悄话”成长密码(如🌱+3)
竞争型	班级排行榜	颁发“策略创新师”电子徽章
创意型	作品展览角	定制思维漫画评价图

以下评价工具的价值在于重构了评价的本质功能——让评价成为成长的“安全网”与“推进器”。一是“防护”，通过心理安全屏障与差异化响应，保护学生自尊，避免“评价恐惧”。二是“赋能”，家校共育与技术工具将学习从课堂延伸至生活，使数学素养在真实问题中自然生长。教师唯有将评价转化为“安全、精准、可持续”的支持系统，才能真正实现“以学生为中心”的教育承诺。以学生为中心的反馈评价三阶防护体系如表 8-7 所示。

表 8-7 **以学生为中心的反馈评价三阶防护体系**
——从自尊保护到成长赋能的差异化实施路径

核心维度	关键策略	具化方案与典型场景
心理安全屏障	构建无威胁反馈环境，将错误转化为学习资源	匿名化处理工具：使用“错题漂流瓶”活动(收集典型错误匿名投影讨论) 语言转化模板：“这个思路有漏洞→这个思路为我们打开了新的思考方向”
差异化响应	根据学生特质匹配反馈方式，实现精准情感联结	四象限反馈法：敏感型→私密树洞信箱　外向型→课堂思维勋章墙　慢热型→阶梯进步轨迹图　求异型→挑战任务锦囊
家校共育闭环	将评价延伸为家庭数学对话契机，促进课内外能力迁移	家庭任务盒：内含“分数亲子桌游卡”+“生活发现记录本” 数字共享平台：ClassDojo 同步更新学生能力雷达图

教师还可借助动态工具与分层量表，诊断学生素养发展水平，同时通过跨学科任务与社会议题讨论，培养兼具数学能力与公民责任感的新时代学习者。

案例一

测量校园花坛面积(严谨性评价)

(一)任务设计

(1)初级：用软尺测量矩形花坛边长，计算面积。

(2)中级：测量不规则花坛(如L形)，分割为基本图形计算。

(3)高级：用步长估测面积并分析误差来源。

(二)评价工具

1. 操作规范记录表

小学低年级数学实践能力过程性评价量表如表8-8所示。

表8-8 小学低年级数学实践能力过程性评价量表
——工具使用、数据记录与误差控制的三维观察框架(示例)

指标	观察点(示例)	评分(1~3星)
工具使用规范性	软尺是否拉直，起点是否对齐	★★★
数据记录完整性	是否标注单位，记录环境干扰因素	★★☆
误差控制主动性	发现异常值后是否重新测量	★★★

2. 误差分析报告

要求：对比不同方法的结果差异(如软尺测量与步长估测)，用数学语言解释原因。

3. 评分标准

(1)基础层：列出至少1个误差来源(如"软尺弯曲导致-5cm误差")。

(2)提高层：计算误差率(实测-理论)÷理论×100%。

(3)拓展层：提出改进方案(如"用固定支架减少软尺形变")。

案例二

数字模式发现(批判性思维评价)

(一)任务设计

(1)观察数列：2，4，6，8，10→猜想规律(如"连续偶数")。

(2)验证猜想：预测下一项为12，并测试反例(如插入7，破坏规律)。

(3)修正模型：提出更普适的规律(如"每次+2，但允许偶发变化")。

（二）评价工具

1. 猜想修正流程图及评价量表

猜想修正流程图如图 8-1 所示。

(1) 初始猜想：________________

(2) 验证结果：第 5 项为 10(✓)，第 6 项插入 7(×)

(3) 修正猜想：________________

(4) 新规律适用范围：□全体自然数　□$n \leq 5$ 时成立

图 8-1　猜想修正流程图

批判性思维导向的数学建模评价量表如表 8-9 所示。

表 8-9　批判性思维导向的数学建模评价量表

——基于“数字模式发现”案例的猜想修正流程与反例驱动学习(示例)

步骤	内容/选项	评价重点
(1) 初始猜想	连续偶数(如 2，4，6，8，10)	假设的明确性与逻辑基础
(2) 验证结果	第 5 项为 10(✓)，第 6 项插入 7(×)	对反例的敏感度与证据接受态度
(3) 修正猜想	每次+2，但允许偶发变化(如 $n \leq 5$ 时成立)	模型灵活性(是否僵化坚持原假设)
(4) 适用范围	□全体自然数　□$n \leq 5$ 时成立	逻辑严谨性(是否过度泛化或局限化)

示例评价：

低分表现：忽视反例，坚持“所有项均为偶数”(步骤 3 填“无修正”)；高分表现：修正为“等差数列公差为 2，但第 6 项因干扰项突变”，并标注“需更多数据验证”(步骤 4 勾选“$n \leq 5$ 时成立”)。

评价重点：学生是否基于反例修正猜想而非坚持原假设。

2. 思维可视化展示

(1) 要求：用点阵图或色块标注数列变化模式。

(2) 工具：GeoGebra 动态演示(如用滑动条调整数列项数，观察规律稳定性)。

（三）评价结果应用

1. 个性化反馈报告

生成雷达图展示科学方法各维度表现；针对薄弱项推送学习资源(如“误差分析微课”)。

2. 教学改进建议

若多数学生“反思改进”得分低，教师在数学实践中增设“失败实验案例分析”实践课；开发“家庭数学实验包”促进家校协同(如测量家庭用电量)。

接下来的两个案例，分别从学生的工具伦理意识与数据诚信切入，通过“问题发现—方案设计—社会践行”闭环，将科学价值观评价培养融入数学实践过程。

案例三

数学工具伦理与社会责任评价

主题：测量工具改良与社区共享

目标：通过设计并推广低误差测量工具，培养社会责任、合作共享、创新意识的科学价值观。

评价维度与活动设计

(一)社会责任

1. 任务

分析传统测量工具(如软尺)在社区使用中的误差问题(如老年人体检数据偏差)，设计改良工具(如带放大刻度的软尺)。

2. 评价工具

社会影响报告：学生收集并统计工具改良后社区健康数据准确性提升比例(如血压测量误差率下降10%)。

社区反馈表：学生收集用户满意度评分(1~5星)，分析工具普适性。

(二)合作共享

1. 任务

小组合作制定工具共享规则(如“以旧换新”“优先借给困难家庭”)。

2. 评价工具

共享日志：学生记录工具借用次数、受益家庭数。

冲突解决观察表：评估组员协商分歧的能力，如测量工具的“成本控制与精度提升”问题。

(三)创新意识

1. 任务

用3D打印技术制作工具原型，对比测试改良效果。

2. 评价工具

创新意识评分表。

表 8-10 **数学工具伦理与社会责任评价表**

——以“测量工具改良与社区共享”项目为例（多维度素养整合评价框架）

社会责任（权重 40%）		
指标	评分标准（1~5 分）	示例证据
工具改良效果	社区健康数据误差下降比例（如下降 5%→3 分，10%→5 分）	血压测量误差率从 8%降至 6.5%（改良软尺放大刻度）
用户满意度	社区反馈表平均评分（如 3 星→3 分，4.5 星→5 分）	老年人用户满意度 4.2 星（评价：“刻度更清晰，操作方便”）
社会公平性	工具覆盖弱势群体比例（如困难家庭占比≥30%→5 分）	共享日志显示 45%工具借给低收入家庭
合作共享（权重 30%）		
指标	评分标准（1~5 分）	示例证据
规则合理性	共享规则是否平衡公平与效率（如“以旧换新”+“优先困难家庭”→5 分）	共享规则获社区居委会采纳并公示
受益广度	共享日志中受益家庭数（如 10 户→3 分，30 户→5 分）	工具借出 28 次，覆盖 22 户家庭（含 8 户困难家庭）
冲突解决能力	冲突观察表中协商效率（如快速达成共识→5 分，僵持→2 分）	组员通过投票解决“成本控制 vs 精度提升”争议，耗时 15 分钟
创新意识（权重 30%）		
指标	评分标准（1~5 分）	示例证据
工具实用性	改良工具是否解决核心问题（如误差下降但便携性不足→4 分）	放大刻度软尺误差率下降 12%，但长度增加导致携带不便
技术整合度	跨学科技术融合创新性（如激光校准+传统软尺→5 分）	3D 打印软尺外壳嵌入激光校准点，成本降低 20%
可持续性	材料环保性与可维护性（如可降解材料+模块化设计→5 分）	使用 PLA 环保材料，用户可自行更换磨损刻度带

表格使用说明：本评价表（如表 8-10 所示）通过权重分配（社会责任 40%、合作共享 30%、创新意识 30%）构建素养整合框架，以证据多元化原则结合量化数据（如误差下降率）与质性反馈（用户满意度评分），规避单一评分偏差；同时强化教育导向——在“社会公平性”指标中引导学生关注弱势群体需求，于“可持续性”评分中渗透环保价值观，防止技术滥用，确保数学实践既回应真实问题，又承载“工具向善”的伦理使命，助力学生从“创新者”成长为“负责任的社会行动者”。

(四)综合评价与反馈建议

数学工具伦理与社会责任素养发展水平评价表如表8-11所示。

表8-11 数学工具伦理与社会责任素养发展水平评价表
——基于总分区间的素养诊断与阶梯式改进路径建议(示例)

总分区间(百分制)	素养发展水平	反馈建议示例
85~100	卓越	推广工具至周边社区，参与社会创新赛事
70~84	良好	优化工具便携性(如折叠设计)，开展第二轮社区测试
60~69	达标	补充冲突解决策略培训，提升团队协作流畅度
<60	待提升	重新调研社区需求，调整工具改良方向(如增加语音播报功能)

通过透明化评分过程与反馈建议，引导学生关注技术改良中的伦理平衡(如环保材料使用)与社会责任落地(如弱势群体覆盖)，避免“唯分数论”的异化倾向。

案例四

数据真实性与学术诚信评价

主题：数学实验数据审计与诚信倡议

目标：通过核查数据真实性，培养尊重事实、严谨治学、学术诚信的科学价值观。

评价工具与活动设计

(一)实证精神

1. 任务

学生对历史实验数据(如“校园植物生长高度记录”)进行交叉审核，发现异常值(如某周突增20cm)。

2. 评价工具

(1)审计报告(示例)：

审计报告示例图如图8-2所示。

①异常数据：第3周高度记录120cm(前一周80cm)

②可能原因：□测量工具更换 □记录笔误 □人为篡改

③验证结论：确认为□合理 □存疑 □错误

图8-2 审计报告图

(2)真实性评分：根据修正数据占比计算诚信指数(如95%为优秀)。

(二)批判反思

1. 任务

辩论“数据美化是否可接受”(如比赛评分取最高分、最低分)。

2. 评价工具

伦理决策示例表格如表8-12所示。

表8-12 **伦理决策表格(示例)**

处理方式	科学合理性	伦理风险	综合评分
删除异常值	高	中	★★★☆
保留并标注原因	中	低	★★★★

(三)学术诚信

1. 任务

制定《班级数学实验诚信公约》，设计防作弊方案(如双人独立测量)。

2. 评价工具

(1)公约执行记录：统计违规事件下降率。

(2)区块链存证：将关键实验数据上链，确保不可篡改。

案例五

数学实验诚信小卫士

主题：数学实验诚信小卫士

目标：通过趣味化、情境化的活动，培养小学生尊重事实、严谨记录、诚实守信的科学价值观。

评价工具与使用设计

差异化评价的阶梯式框架如表8-13所示。

表8-13 **差异化评价的阶梯式框架**
——基于“数学实验诚信小卫士”主题的工具设计与多模态实施路径

学生层级	任务设计	支持工具与策略	价值观评价
初级	用“笑脸/哭脸”贴纸标记实验数据(如“突然变高的植物记录贴哭脸”) 参与班级“诚信小故事”角色扮演(如《小明的数据日记》)	带表情贴纸的数据记录本 手偶剧场道具(布偶、简易舞台)	初步感知真实性、诚实表达

续表

学生层级	任务设计	支持工具与策略	价值观评价
中级	对比两组数据差异(如用彩色磁贴标注异常点) 设计“诚信徽章”并颁发给规范记录者	磁性白板+彩色磁贴(可视化对比) 徽章 DIY 材料包(贴纸、彩泥)	批判质疑、正向激励
高级	用 Scratch 制作“数据小侦探”游戏(找出错误数据) 制定《班级诚信公约》并录制宣传视频	Scratch Jr(图形化编程) 平板电脑+绿幕(简单视频剪辑)	创新表达、系统化责任感

(一)评价工具(小学生友好型)

1. 初级评价工具

表情贴纸记录表如表 8-14 所示。

表 8-14　**初级评价工具：表情贴纸记录表**

——“植物生长观察”诚信启蒙与数据真实性反馈(示例)

日期	植物高度	我的表情贴纸	教师点评(★)
3 月 1 日	15cm		★★★(真实)
3 月 8 日	35cm		★★☆(需复查)

2. 中级评价工具

数据彩虹墙评分规则如表 8-15 所示。

表 8-15　**中级评价工具：数据彩虹墙评分规则**

——可视化批判性思维培养与诚信协作评价量表(示例)

操作行为	评分规则	示例证据
正确标注 1 个红色磁贴	★★(标记异常数据点)	在“3 月 8 日 35cm”旁贴红色磁贴
解释原因(如“生长过快不科学”)	+★★(逻辑合理)→★★★	标注：“一周增长 20cm 可能因测量误差或光照异常”
提出验证方法(如“再测一次”)	+★☆(方法可行)→★★★☆	建议：“连续三天同一时间复测，取平均值”

3. 高级评价工具

Scratch 游戏评分表如表 8-16 所示。

表 8-16 **高级评价工具：Scratch 游戏评分表**
——编程赋能下的诚信价值观游戏化评估与创新表达(示例)

指标	评分标准(★)	示例证据
趣味性	★★☆：基础动画(如植物生长) ★★★：音效+动态特效(如错误数据爆炸动画)	添加“错误数据闪红光+警报音效”
教育性	★★☆：错误数据标识(如颜色区分) ★★★：交互反馈(点击错误数据弹出科学解释窗口)	点击“35cm”弹出：“植物日生长极限约 1cm！”
创新性	★★☆：简单关卡设计 ★★★：多结局分支(如诚实报告解锁隐藏奖励关卡)	完成诚信任务解锁“科学勋章库”

(二)评价工具使用说明

1. 初级工具

适用场景：低年级数学科学融合课(如植物生长中的数学规律)，通过表情符号降低认知门槛。

教育价值：用“笑脸/哭脸”直观关联情感体验，启蒙数据真实性意识。

2. 中级工具

操作流程：学生将异常数据(如 35cm)贴红磁贴→小组讨论原因→提出解决方案→教师加权评分。

技术融合：磁性白板支持动态调整，促进协作与批判思维可视化。

3. 高级工具

Scratch 设计要点：错误数据设计为“病毒”，需用“诚信喷雾”(编程拖拽代码块)消除；隐藏关卡需累计 3 枚“诚信勋章”解锁，强化正向激励。

评价重点：游戏是否将抽象价值观(如诚实)转化为可交互的叙事体验。

核心逻辑：通过“表情符号→磁贴协作→编程游戏”的梯度工具链，将诚信价值观培养从情感感知(贴纸)升级至批判实践(数据验证)与创新内化(游戏设计)，实现诚信价值观的“体验式生长”。

三、实施保障

(一)认知发展适配

情感驱动学习，利用表情贴纸和手偶剧激发低年级学生兴趣；多元智能理论，通过编程(逻辑)、手工(空间)、表演(语言)多通道培养价值观。

(二)课标核心素养落实

数据意识：用磁贴对比感知数据合理性；应用意识：编程游戏体现“用数学方法解决诚信问题”。

(三)技术轻量化调整

低龄化工具，用 Scratch Jr 替代 Python，用 Canva 小学生版替代专业设计软件；安全设置，所有数字工具启用儿童模式，屏蔽复杂功能。

动态档案袋系统通过电子化追踪实现成长可视化。电子档案持续收录数学日记(如记录解题思维变化)、项目报告(如三次迭代的节水方案草稿)及课堂表现视频(如小组讨论发言片段)，并生成能力雷达图(如“量感”“空间观念”等维度的动态曲线)，清晰标注关键突破点(如某生从“混淆周长和面积”到“自主推导公式”的跃迁路径)，为师生提供全景式成长画像。小学数学核心素养多维评价工具与实施策略对照表如表 8-17 所示。

表 8-17　**小学数学核心素养多维评价工具与实施策略对照表**

评价维度	评价工具	实施要点
知识与技能	标准化测试(如计算题、应用题) 课堂即时反馈(如答题器)	定期诊断薄弱点，针对性强化训练(如“分数计算补偿练习包”)
思维与能力	开放性任务(如“设计公平抽奖规则”)；数学日记(记录解题思路)	通过思维导图外显思考过程，分析策略选择合理性
实践与应用	项目报告(如“家庭月度用电分析”) 实验操作评分表	结合 STEAM 项目，评估跨学科整合能力(如数学+科学测量)
情感与态度	课堂观察量表(专注度、参与度) 学生自评与同伴互评表	定期开展“数学成长故事会”，分享学习中的成功与挑战

总之。小学数学核心素养评价需以工具为支点、方法为杠杆、技术为催化剂，构建“可操作、可追踪、可生长”的体系。通过差异化任务、动态档案与真实情境的深度融合，让评价成为学生素养发展的“导航仪”，教师精准教学的“指南针”，最终实现“不同的人在数学上得到不同发展”的教育愿景。

第九章　小学数学实践的未来展望与技术赋能

站在教育变革的十字路口，数学实践教学正经历一场静默的革命：技术不再只是课堂的“工具配角”，而是重构学习生态的“基因编辑者”——它既可能让数学教育突破时空的边界、释放个性化的潜能，也可能在算法与数据的狂欢中，让教育失去最珍贵的人文体温。这场革命的终局，取决于我们如何在“技术崇拜”与“教育本真”间找到平衡点，让数学实践成为人性与智能共舞的进化实验场。

第一节　人工智能在小学数学实践中的应用

人工智能(AI)如同一面棱镜，既能折射出数学教育未来的璀璨光谱，也可能在算法偏见与数据迷宫中扭曲教育的本真面目。当AI从实验室走进小学数学课堂，它既非万能灵药，亦非洪水猛兽，而是重塑数学实践的“认知协作者”——其价值不取决于技术本身的先进性，而在于教育者如何将其嵌入素养生成的生态链，让机器智能与人类智慧在课堂中共生共长。当前AI教育应用的典型悖论在于：精准与僵化的矛盾，自适应学习系统能追踪学生答题轨迹，却难捕捉草稿纸上灵光一现的直觉猜想；效率与深度的冲突，智能批改工具瞬间诊断错误，却可能剥夺学生从试错到顿悟的思维生长周期；平等与鸿沟的撕裂，当城市学校使用AI导师时，乡村教师仍在为网络卡顿焦灼，技术正义遭遇现实拷问。未来的数学课堂中，AI不会替代教师，但善用AI的教师必将替代固守传统的教师。接下来的内容，既是技术指南也是哲学思辨——当我们在小学生手中放置这把“智能手术刀”时，更需教会他们何时使用、何时放下，因为真正的数学素养，永远根植于人类独有的好奇心、批判力与创造性。

随着人工智能(AI)技术的快速发展，其在教育领域的应用日益广泛，尤其是在小学数学教学中，AI展现出巨大的潜力。通过智能化的工具和平台，AI不仅能够提升教学效率，还能为学生提供个性化的学习体验。

一、人工智能在小学数学实践中的意义与价值

在传统数学测试中，学生的思维过程如同沉入深海的冰山，仅露出答案的“一角”。那么，如何弥合传统纸笔测试将过程与结果的割裂，让冰山浮出水面呢？破局之道就是借助人工智能的赋能来让过程数据“开口说话”，让思维的冰山无处遁形。人工智能技术可通过多维度数据采集与分析，弥合过程与结果的鸿沟。

智能笔迹分析技术的引入，犹如为教师配备“认知声呐”，通过捕捉、解析学生书写行为中蕴含的丰富信息，使原本隐性的思维过程显性化，真正实现“让数据开口说话”。比如，记录学生竖式计算步骤的规范性(如进位标记是否清晰)、几何作图的逻辑性(如辅助线添加顺序)。这一技术的应用，正在重塑小学数学过程评价的范式。

智能笔迹分析的第一大核心功能是对学生思维轨迹的全息还原。智能书写设备(如电磁感应手写板、数字墨水笔)可毫秒级记录学生在书写过程中的三种核心数据。

智能书写设备记录学生在书写过程中的第一种核心数据是笔触时序，即学生在书写过程中的每个数字、符号的书写顺序与间隔时间。例如，分析“36÷4”时，学生先写“9”后画掉改“8”，这一动作行为就暴露出学生在试商过程中的自我质疑。笔触时序作为智能笔迹分析的核心维度，通过追踪学生书写过程中每个数字、符号的生成顺序与时间间隔，构建起思维活动的“时空坐标系”。这种毫秒级的行为数据不仅记录解题的外显过程，更映射出内隐认知的运作规律，为理解数学思维的本质提供独特视角。学生的书写间隔时间与工作记忆负荷密切相关。短间隔(<200ms)，反映自动化技能(如基础计算)，例如，熟练的学生书写“3+5=8”几乎无停顿。中间隔(200~800ms)，对应信息提取与重组，例如，学生解答“24×15”时在“20×15=300”与“4×15=60”间的停顿。长间隔(>800ms)，标志高阶认知活动(如策略选择)，例如，面对解决问题时，长时间停笔构思数量关系模型。学生的书写顺序反映他对认知路径的选择。算法依赖型的学生严格遵循教师示范步骤(如先写竖式再计算结果)；直觉导向型的学生直接写出答案再补充过程(体现数感优势)；而试错探索型的学生则反复修改起始步骤(如先写加法后改为乘法)。这些特定时序的模式揭示了学生在思维过程中的自我调节能力。前瞻性停顿即关键步骤前的延迟(如解方程前检查等式平衡)。回溯性修正即完成计算后返回检查标记(如用圆圈标注易错点)。策略切换点即放弃原有方法时的长时间间隔(如从算术法转向方程法)。

对本部分内容感兴趣的读者可以进一步了解其理论。下面举例一些典型应用场景。

一是数的认识与运算方面的应用。例如，计算策略诊断案例：三位学生解

“25×16”。学生 A：立即写出“400”（间隔 0ms），体现数感直觉。学生 B：书写“25×10＝250”→“25×6＝150”→“250+150＝400”（间隔均 500ms），展现分解策略。学生 C：先写“200”后画掉，改为竖式计算（间隔 1200ms），暴露策略犹豫。对于 A 类学生，教师应引导他们拓展对简算原理的探究（如“25×16＝25×4×4”）。对于 B 类学生，教师应引导他们优化步骤整合效率，对于 C 类学生，教师应对他们加强计算策略稳定性训练。

二是图形与几何方面的应用。教师通过对学生作图时序的分析，将学生推理过程可视化。其中，优秀模式，例如，学生先画辅助线再构图（间隔用于空间规划）。而出现问题的模式，若表现为频繁倒笔画（如从顶点反向画边），则可能空间定向能力弱等；若表现为关键特征后置（如最后标注角度），则可能属性意识不足等。教师可以据此及时进行相应的动态反馈，例如，对应生成“理想作图时序示范动画”。教师进一步实施教学对策，例如，对学生进行空间构建逻辑方面的指导及强化。

三是问题解决方面的应用。教师通过时序热点检测，可以进行适当的归因分析，帮助学生更好地发现学习中可能存在的关键卡点。例如，学生若在审题阶段出现长间隔，则可能为数量关系建模困难等；学生若出现列式后反复修改，则可能为算法选择不当等；学生若在计算前进行多次检查，则可能为自我监控过载或学习心理压力过大等。

研究笔触时序的深层教育价值首先在于尝试对学生的思维风格进行可能性的识别。思维风格的识别并不是对学生贴标签，学生在不同领域的学习可能显示出不同的风格，同一个学生的思维风格可能是多元的、综合的、动态发展的过程。教师不能以偏概全。研究笔触时序是为了教师研究学生提供可能性参考，为改进教学服务。

第一，冲动型思维风格，思维间隔以短间隔为主导。笔触动作之间的时间间隔普遍较短，可能反映以下特征和潜在含义，需结合具体场景综合分析。短间隔的典型表现为以下三个主要特征：快速连续书写，落笔、抬笔的间隔时间短，书写节奏紧凑。低停顿频率，较少出现长时间停顿或思考间隙。动作连贯性高，笔触轨迹流畅，无明显中断或反复修正。冲动型思维风格的学生，或者说笔触动作之间的时间间隔普遍较短的现象，其潜在原因与教育意义是什么？首先，可能是学生学习的两种积极信号。一种积极信号是熟练与自动化，知识掌握扎实，对题目涉及的计算规则（如加减法、乘法口诀）高度熟练，书写接近“自动化”。例如，学生口算题（如“25+13”）的笔触间隔短且均匀，表明无须额外思考。另一种积极信号是解题策略明确，学生快速识别题型并执行固定步骤（如列竖式、分步拆分）。例如，学生解决“24×5”时直接展开为 20×5+4×5，笔触连贯。其次，可能是学生学习的中性信号。关乎学生的行为习惯与生理特征。例如，书写速度偏好，个体差异导致部分学生天生书写快，与能力无关。或者手部协调性佳，低年级学生握笔稳定，减少调整笔画的停顿（如写数字“8”时一笔完成）。冲动型思维风格的学生，同样需要教师关注其“硬币的另一面”，也就是说，笔触动作之间的时间间隔普遍较短的学生还需教师关注其中可能存在的学习问题或学习风险。学生可能是仓促学习与表层学习。第一种表现为审题不充分，急于下笔导致忽略关键信息（如解决问题时漏看单位“千克”或“克”）。第二种表现为用时数据偏差大的特征，学生可能短间隔集中在答题初期，后期因错误出现长停顿。第三种表现为依赖机械记忆，学生快速重复步骤但缺乏理解（如死记硬背“进位规则”却不懂原理）。第四种表现为粗心错误率高，速度与准确性失衡，如抄错数字、符号（“+”误为“×”）。

教师发现学生的冲动型思维风格、笔触动作之间的时间间隔普遍较短，可以用来辅助进行教学诊断，区分“真熟练”与“假流畅”。真熟练的表现为短间隔以及高正确率，则教师可以适当提升题目难度。反之亦然。在小学数学答题过程中，如果观察到正确率与速度呈现负相关（即答题越快正确率越低，反之越慢正确率越高），这一现象可能反映以下多维度的教育意义和潜在问题，需结合具体场景深入分析。负相关的核心体现为认知资源分配矛盾。速度优先策略的学生为追求速度牺牲准确性，体现为审题跳跃性（如忽略单位、关键词），计算过程简化（如省略进位步骤），依赖直觉而非系统推理，还可能是学生潜意识中对速度准确性的权衡。当大脑资源有限时，加速可能导致细节处理粗糙（如低年级学生口算易漏进位），反之，过度谨慎（如反复验算）虽提升正确率但降低效率，可能影响考试时间分配。

第二，审慎型思维风格，思维以长间隔集中为主导。书写过程中频繁出现较长时间的停顿或间隔，这一现象可能反映学生认知过程、学习策略或知识掌握中的关键特征。长间隔的典型表现有三种，第一种为集中性长间隔，在特定解题阶段（如审题、列式、计算步骤转换时）出现密集停顿。第二种为分散性长间隔，整体答题节奏缓慢，间隔分布均匀但普遍较长。第三种为突发性长间隔，突然出现远高于平均时长的停顿（如卡壳、外部干扰）。审慎型思维风格，从学生认知层面说，与深度思考有很大相关。首先是学生在审题分析出现的积极信号。比如，学生仔细阅读题目、提取关键信息（如圈画“多 2 倍”“还剩”等关键词）。例如，学生在解决问题“小明有 12 元，买笔花了 1/3，买本子花了剩余的一半，还剩多少元？”时，长间隔集中在理解分步逻辑关系。其次是学生在答题时出现的策略规划，尝试不同解题路径（如画线段图、逆向推导），体现高阶思维。然而，学生在答题时频繁出现长时间的停顿或间隔，还需要从多个角度分析可能的原因和教育意义。笔触时序中的长间隔可能意味着学生在某些环节遇到了困难。例如，审题、计算步骤或知识点应用。这时候，教师需要结合具体场景进行分析判断。例如，题目类型、学生年级和学习能力等。可能的原因包括学生的认知负荷过重、注意力分散、知识点不熟练，或者是策略性停顿进行深度思考等。教师需要区分积极和消极的因素，长时间间隔可能显示学生在认真思考，尝试解决问题，这是积极的学习态度，但也可能暴露学生在某些知识上的薄弱，导致解题过程中频繁卡顿。教师需要结合正确率和具体错误类型来判断。

教师可以利用这些数据来识别学生的困难点，进行个性化辅导。例如，学生在某个计算步骤中频繁停顿，可能需要加强该部分的练习。同时，长间隔也可能提示教学中的盲点。例如，某个概念理解不够透彻，导致多数学生在此处产生困惑。教师还要考虑到学生的个体差异。例如，低年级学生可能因为书写速度慢或注意力持续时间短，而出现自然的长间隔。高年级学生可能因为题目复杂程度增加，而需要更多的思考时间。此外，外部因素如考试压力或环境干扰也可能导致长间隔集中。教师需要注意数据采集的准确性，比如设备是否能够准确记录间隔时间，排除技术问题导致的误差。同时，结合其他数据源，如眼动追踪或面部表情分析，可以更全面地评估学生的认知状态。总之，学生书写过程中频繁出现较长时间的停顿或间隔要进行多维度解读，教育者不能单一指标判断，需结合正确率、题目难度和学生历史表现综合分析。教师可以据此提供具体的教学策略（如分步训练、思维导图引导、元认知训练），帮助学生有效干预。

第三，跳跃型思维风格，一般呈现高时序熵值特征。笔触时序熵值高，说明学生在答题过程中笔触动态（如移动速度、停顿频率、书写轨迹）的复杂性和不确定性较高。一般表现为频繁停顿或者反复修改、擦除、重写、涂改痕迹多，或者不规则节奏，忽快忽慢的书写速度或突然的轨迹变化。当然，可能的潜在原因与教育意义是多样的。潜在原因可能是学生的认知负荷较高；题目难度大，学生可能因不理解题意、知识点薄弱而频繁停顿；学生出现策略选择困难，不断尝试不同解题方法（如试错法），导致笔触混乱；学生注意力波动，分心或焦虑情绪影响书写连贯性。对教师而言，我们可以从中分析学生反映出来的可能的学习行为特征。例如，学生审题不充分就匆忙下笔然后反复修正；计算能力不足因此在计算过程中频繁中断来进行对中间结果的检查（如列竖式时反复验算）；学生的书写习惯不佳，握笔姿势不稳、手部肌肉控制较弱，这种情况在低年级学生属于常见的现象。当然，其中同样蕴含着积极信号的可能性，学生可能在深度思考，系统性分析问题（如画图辅助、分步推理）；可能在创造性尝试，探索非常规解法（如逆向思维、多路径验证）等。在教育场景中教师如何借助这些技术分析进行教学指导与应用呢？首先，教师可以进行个性化教学辅助，帮助学生识别学习的薄弱环节，教师可以通过高熵时段来定位学生卡壳的步骤（如乘法进位、应用题建模），或者进行差异化干预，针对犹豫型学生教师可以提供分步提示或例题类比。而针对粗心型学生，则可以帮助学生进行专项学习行为指导与训练。例如，养成审题标记习惯或检查流程的习惯。其次，教师可以进行学习过程评估。对学生进行思维流畅性分析，低熵（流畅书写）可能反映自动化技能（如口算熟练），高熵可能暴露需强化的知识点。最后，教师可以进行考试策略诊断，对比同一班级的熵值分布，发现普遍性难点，如时间分配不当导致后半程匆忙，有针对性地进行考试策略的指导与优化。例如，某学生解“24×15”时，笔触在十位进位步骤反复涂改，熵值骤升，则可能提示乘法进位规则未掌握。又如，某学生解决“鸡兔同笼”问题的熵值全程处于高位，但最终答案正确，可能反映深度试错学习，而非能力不足。高时序熵值在小学生数学作答时的笔触数据中并非单纯的“问题信号”，而是揭示学生对数学认知过程的窗口。教师可通过它比较精准地识别学生的思维障碍、学习策略和情绪状态，从而推动从“结果评价”转向“过程评价”，实现真正的因材施教，帮助学生更好地获得素养发展。

以上，借助人工智能研究学生的笔触时序的问题，其深层教育价值在于帮助教师建立早期预警系统。研究表明，学生出现特定时序特征预示学习风险，如竖式计算间隔变异系数>0.4，3个月内计算错误率上升可能性大；解决问题策略切换次数>3次/题，数学焦虑发展风险显著提高。笔触时序的价值还在于跨文化比较研究。客观上，东西方学生时序存在差异，中国学生计算步骤间隔短(强化训练效应)，但解决问题策略多样性低于欧美学生；芬兰学生几何作图前停顿时长平均更多一些(注重空间规划)。

当然，教师要关注智能书写设备在采集笔触时序上的技术瓶颈，使用智能设备辅助教学时要客观分析加合理判断，不能盲目信从。首先，需要开发个性化书写模板校准系统。例如，学生书写风格干扰(如连笔字)导致时序特征提取失真。其次，需要引入异常点检测算法。例如，环境噪声影响或意外中断会干扰时序连续性。笔触时序分析为教师赋能，将数学学习从“静态结果评价”推向“动态过程认知”，使教师得以在时间维度上解构思维进化的微观轨迹。有关师训部门应培训教师解读时序热力图，提升教师的认知诊断能力。教师据此可以动态调整教学，根据班级时序特征库优化授课节奏，但必须强调的是其中的教育伦理，如数据隐私保护，思维监控争议，过度解读可能抑制创造性等。

人工智能书写设备记录学生在书写过程中的第二种核心数据是运笔力度，即学生在书写过程中的笔尖压力变化，可以反映学生的思维紧张度。例如，学生面对复杂应用题时压力值骤增，提示认知负荷超载。运笔力度作为智能笔迹分析的核心参数之一，通过捕捉学生书写时笔尖压力的动态变化，能够间接反映认知负荷、情绪波动及思维紧张度。这种生理—心理关联机制的本质在于，书写活动是运动神经与高级认知协同作用的结果。当学生面临复杂数学问题时，前额叶皮层的认知资源调动会引发自主神经系统反应，进而导致握笔力度、书写速度等微观行为的变化。研究表明，书写压力与工作记忆负荷呈正相关。当学生面对简单任务(如抄写数字)，压力值稳定在基础区间(如200~300mN)。学生面对复杂推理(如解决多步问题)，压力峰值可达基础值的2~3倍，且伴随剧烈波动。学生面对认知超载，即当题目难度超出学生能力时，压力曲线呈现“先激增后骤降”特征，从中反映出学生从努力尝试到放弃的心理过程。

学生在书写过程的笔尖压力变化当中蕴含的“情绪-运动”耦合效应，体现为学生个体的边缘系统激活引发的情绪变化，会通过交感神经传导至运动皮层。学生在焦虑状态时，压力值高频震荡（如解题初期频繁调整握笔姿势）；学生在专注状态时，压力曲线平稳且呈渐进上升趋势；学生在挫败感累积时，连续错误后出现压力“平台期”（持续高压无释放）。智能分析对压力数据的认知诊断，主要依据特征提取技术。其中，时域分析即计算单位时间内的压力积分（反映持续认知投入度）；频域分析即通过 FFT 转换检测压力波动的节律性（如 4～8Hz 频段能量与思维流畅性相关）；非线性动力学即采用近似熵量化压力序列的复杂度（高熵值提示思维跳跃性）。

学生在完成作业或答卷的过程中，经常会出现细微的“小动作”。学生这些行为背后对应隐藏的是怎样的思维状态呢？教师可以通过一些典型压力模式来尝试解读学生的微动作。例如，“探索型”压力曲线，压力值处于 350→480→320→550，其中峰值对应关键解题节点。学生的行为特征伴随频繁草稿修改，反映假设检验思维过程。再如，“固化型”压力曲线，压力值处于 400→400→400→400，显示学生在机械重复计算步骤中，行为特征表现为无策略调整迹象，这就提示该学生存在思维定式风险，等等。

智能书写设备记录学生在书写过程中的第三种核心数据是空间布局，即草稿区域划分与符号分布特征。其核心理论支撑来源于认知科学、教育心理学与神经教育学的交叉研究，具体可提炼为以下六大科学依据及对应的教学实践路径。一是认知负荷理论。认知负荷理论指出，工作记忆容量有限，须通过空间分区降低内在认知负荷。教学上，教师可以引导学生将草稿纸划分为“问题解析区（左 1/3）→运算执行区（中 1/3）→验证反思区（右 1/3）”，然后每区域承载单一认知任务（如解析区仅标注运算顺序，执行区专注竖式计算）。二是双重编码理论。视觉—言语双通道编码机制要求符号空间分布需符合视觉逻辑。教学中，教师可以引导学生进行符号梯度分布，核心区（红色）放置优先级符号（括号、指数），外围区（蓝色）放置基础运算符号，接着引导学生保持视觉动量维持，即通过箭头符号引导视线流向，确保运算步骤的视觉连续性。三是工作记忆空间模板假说。工作记忆模型中的视觉空间模板，要求空间布局与心理表征同构。教学中，教师可以引导学生使用数位对齐网格，个/十/百位列采用不同底色，强化位值概念（如黄色个位格、蓝色十位格），接着开始使用进位暂存窗，即在竖式右侧设置透明口袋存放进位数字。四是具身认知理论。该理论认为认知活动受物理环境约束，空间操作可内化为思维模式。教学上，教师可以引导学生使用可拆卸括号磁贴，通过物理移除括号动作强化运算顺序意识。使用滑动进位条，即水平滑动进位数字培养位值转换能力。五是注意资源分配模型。注意能量理论要求通过视觉热点管理优化注意力分配。教学上，教师可以引导学生使用热区标记法，即用荧光笔圈出易错区域（如小数对齐线、退位标记点）。使用动态折叠板，分阶段展开计算区域，避免信息过载。六是元认知发展理论。元认知理论强调思维过程外显化的重要性。教学上，教师可以引导学生使用思维留痕区，即预留空白区域书写计算思路（如“这里需要先乘后加”）。使用错误追溯双色笔，即用红色笔标注错误步骤，蓝色笔修正过程。

首先，教师可依据上述理论，通过结构化草稿模板、动态空间教具、认知过程可视化工具三大载体，将抽象思维过程转化为可操作的空间管理系统。建议优先实施“分步分区训练法”。初期强制使用分区模板（2~4 周），中期引入半结构化稿纸（5~8 周），后期过渡到自主空间规划（9~12 周），发展学生的数学空间认知能力。其次，教师可依据上述理论辅助学生进行个性化学习诊断。例如，基础薄弱型学生，可能隔离区集中于机械计算（如反复列竖式），概念区（如应用题建模）空白。高阶思维型学生，可能隔离区与图示区、文字解释区联动，体现多模态思维整合。再次，教师可依据上述理论为识别学生的学习风格提供参考。如视觉导向的学生可能显示为在隔离区辅以图形标记（如画圈标出关键数字），而习惯序列化思考的学生可能显示为在隔离区步骤编号清晰并以线性方式推进。最后，教师可依据上述理论为教学策略优化提供新的可能。教师可以对学生的空间布局特征开展有针对性的训练。对“机械隔离型”学生，可以设计需跨区协作的任务（如“先画线段图再计算”）；对“概念隔离型”学生，可以引导他们在计算区附带文字说明（如“为什么这里要进位”）。教师组织指导学生的草稿规范，引导学生使用分区模板（如图表型草稿纸），减少无效空间占用，推广符号系统的使用（如“?”标注疑点，“✓”确认正确步骤）。

智能书写设备捕捉的草稿空间布局数据，本质上是将学生的思维过程转化为可量化的空间拓扑结构。这种二维平面上的符号分布与区域划分，如同认知活动的“地质层积”，每一处空白与密集都暗含思维策略的深层逻辑。教师通过解码这种空间语法，得以透视小学生的数学思维的宏观架构与微观运作机制。

空间布局（草稿区域划分与符号分布特征）在认知语言学的诠释上包含三种内涵。第一种内涵是功能分区与思维模块化。学生在草稿纸的自主分区反映问题解决策略的系统性。学生空间布局中的“计算隔离区”（集中于特定角落的密集演算行为），体现学生程序性思维意识与封装性实践取向。程序性思维指的是学生按步骤解决问题的能力，涉及自动化技能和顺序操作，具体体现在小学数学计算中，学生需要掌握一系列步骤（如加减乘除的运算规则）以及解决问题中的分步列式解题。封装性实践取向指的是学生将复杂过程简化为独立模块来减少自身认知负荷，从而提高解决问题的效率。例如，学生在解决多步骤问题时，可能会将每一步骤集中在特定区域形成一个独立的“模块”，这样在需要时可以快速调用或复查。

“计算隔离区”作为学生学习数学的一种典型的学习现象，不仅揭示了学生的认知策略和思维模式，还为教师的教学优化、能力评估和个性化干预提供了实证依据。在认知分块机制上，依据组块理论，将多步骤运算（如含括号的四则运算）分解为“拆括号区→乘法优先区→进位计算区”等独立模块，每个区域对应 7±2 个信息组块的认知承载量，符合儿童工作记忆发展规律。在空间锚定效应上，通过固定区域划分建立“空间—算法”对应关系。例如，绿色区域专司括号展开，蓝色区域处理进退位操作。这样，形成物理空间与思维路径的双重映射，强化算法结构的心理表征。又如，教师引导学生在练习纸中采用三色分区的策略。例如，红色区为符号识别与优先级判定（识别括号、平方等指数），黄色区为基本运算执行（列竖式计算主体），蓝色区为特殊处理单元（进退位、小数点对齐）。这种空间分区教学法实质上是将计算机科学的模块化编程思想下沉至小学数学实践中，通过物理空间的约束引导学生形成规范的思维路径，为后续算法学习奠定认知基础。

认知负荷理论指出，优化信息呈现方式可以降低外在认知负荷，提升学习效率。教师通过密集演算区的布局（如集中式与分散式）可评估学生工作记忆分配效率。例如，高密度计算区可能暗示学生通过空间压缩减轻认知负荷。小学生的学习记忆有限，注意力容易分散，因此需要将复杂任务分解成小块，每个块的信息量不超过他们的处理能力，所以草稿纸的设计需要直观、结构化，避免信息过载。

教师引导学生将草稿纸划分为不同的功能区域，每个区域负责特定的任务。比如问题分解区、分步计算区和结果整合区等。在符号分布方面，教师可以引导学生考虑符号的排列顺序是否符合运算规则，是否容易混淆。例如，括号、加减乘除符号的位置是否清晰，数字对齐是否有助于减少计算错误，符号的大小、颜色是否有助于区分不同的运算步骤等。又如，使用箭头引导步骤顺序，颜色标记不同运算优先级，或者分栏布局避免信息混杂。不同年龄段的小学生存在认知差异，认知能力不同，教师需要开展对学生的相应布局设计的引导。例如，低年级学生可能需要更大的空间和更明显的分区，而高年级学生可能可以处理更复杂的布局。

空间布局（草稿区域划分与符号分布特征）在认知语言学的诠释上的第二种内涵是空间拓扑与概念关联网络。在小学数学教学中，草稿的空间拓扑与概念关联网络通过符号的布局与连接方式，直观呈现学生如何建立数学概念之间的逻辑关系。这一内涵的核心认知机制体现在三个方面。

空间拓扑与概念关联网络内涵的核心认知机制体现在第一个方面是邻近性原则，即空间距离约等于概念亲密度。例如，学生在解决“$24 \div 2 + 5 \times 2$”混合运算题时，可能将“$24 \div 2$”和“5×2”分列在草稿纸左右两侧，中间留白。这里的两侧隔离布局体现学生对运算层级的直觉感知（先乘除后加减），空间分离对应概念模块的独立性。若学生将“$24 \div 2$”与“$+ 5$”紧邻书写，可能在潜意识里认为两者可直接连续运算，计算得到“$12 + 5$”。这种称为“符号粘连”现象，体现认知错误的核心，反映学生对“运算优先级”的认知模糊。

对小学生而言，在书写数学表达式时养成合理使用间距的习惯至关重要，其重要性远超美观层面，直接关系到数学概念的理解、计算过程的准确性、解题习惯的培养以及学习自信心的建立，具体体现在以下五点。第一点是防止混淆数字与符号，避免低级错误。其一，数字间距。多位数书写时，数字之间离得太远(如把“21”写成“2　1”，看起来像两个数)或间距不匀(如“1　05”)易导致读数错误，尤其在列竖式时，数位对齐是计算正确的前提。合理间距(数字内紧靠，数字间留有清晰界限)能确保数字本身的正确识别。其二，运算符间距。“3+5”如果紧紧挤在一起，低年级孩子可能误认为是“35”。“3 + 5” 则清晰表明是加法。“8 - 3” 与“8-3”相比，前者更能明确是减法操作，减少视觉干扰。其三，等号间距。“5+3=8”如果等号两边无间距，可能显得拥挤。“5 + 3 = 8” 能更清晰地分隔算式两边，体现“等式”两边平衡的概念。第二点是清晰展现运算结构与顺序，辅助理解。一是分组与优先级。当表达式稍复杂时，如 “2 × 3 + 4” 和“2 × (3 + 4)”，前者“2 × 3 + 4” 能通过间距帮助学生在视觉上区分 “2 × 3” 和“ + 4”。后者“2 × (3 + 4)” 通过间距清晰地展示了括号的“包裹”作用，强调先算括号内。合理的间距是无声的“优先级提示”。二是解决问题的列式。在根据问题列算式时，如“小明有 5 个苹果，吃掉了 2 个，又买了 3 个，现在还有几个?”书写 “5 - 2 + 3” 比“5-2+3”更能清晰地反映事件发生的步骤顺序(“先减后加”)。第三点是促进良好书写习惯与数位对齐，提高运算准确率。其一，竖式计算。这是对间距要求最严格的领域！加减乘除的竖式计算中，数位对齐是“生命线”。个位、十位、百位必须严格上下对齐，数字与数字之间、数字与横线之间都需要保持清晰、一致的间距。任何错位或拥挤都可能导致进位/借位错误，使整个计算失败。学生从小养成留好竖式间距的习惯，是计算准确性的基石。其二，递等式(脱式计算)。书写多步计算时，如 “15 - 3 × 2 = 15 - 6 = 9”。 等号对齐、每步运算清晰分隔，能让孩子更容易追踪自己的计算过程，检查每一步是否正确。第四点是增强可读性与自信心，减轻认知负担。其一，视觉清晰。书写整齐、有适当间距的数学作业，孩子自己读起来更轻松，老师批改也更方便。清晰的视觉呈现能减少因“看不清”“看串行”导致的错误。其二，减少挫败感。因书写混乱(如数字挤在一起、符号粘连、竖式错位)导致的错误常常让孩子感到“冤枉”和挫败。良好的间距习惯能有效减少这类“非知识性错误”，提升解题成功的体验和自信心。其三，培养条理性。要求孩子注意书写间距，本质上是在培养孩子做事的条理性和细致度。这种习惯会迁移到其他学科和日常生活中。第五点是为未来学习打下基础。小学阶段养成的良好书写习惯(包括书写间距)是中学乃至更高阶段数学学习的基础。随着表达式越来越复杂(引入字母、分数、根号、函数等)，清晰的结构和间距变得更加不可或缺。从小打好基础，后续适应更复杂的数学表达会更顺利。符号间距类型与运算认知模型的多维映射关系如表 9-1 所示。

表 9-1　　符号间距类型与运算认知模型的多维映射关系

书写方式	认知模型	认知语言学解释	神经认知基础	教学诊断建议
24÷2+5×2 （无间距）	线性序列加工模型 24→÷2→+5→×2	符号粘连导致概念整合失败 违反“形符分离”原则	前额叶工作记忆区过度激活 眼跳次数增加	需强化运算符边界感知训练 引入触觉分隔教具
24 ÷ 2 + 5 × 2 （宽间距）	离散式认知负荷模型	过渡空间分割破坏概念邻近性 引发虚假的运算单元切割	枕叶视觉区异常激活 增加注意力资源耗散	减少冗余空白 训练视觉信息组块能力
24 ÷ 2 + 5 × 2 （标准间距）	自动分组处理模型	空间拓扑符合概念邻近性原则，空格作为认知边界标记	基底神经节程序性记忆自动触发 默认模式网络参与度降低	巩固现有书写习惯 提升运算速度训练

从认知心理学来说，无间距的密排式书写导致语法敏感度不足，学生未能将运算符号类型与优先级建立条件反射关联。这种书写方式不仅可能容易造成计算错误，更可能是体现学生对符号系统逻辑结构的理解缺陷。部分教师据此误认为需要宽间距，然而宽间距式书写笔迹在空白处出现不必要的提笔，注视点分散在多余空白区，造成冗余认知负荷，认知监控系统效率下降。为了更科学地确定数学表达式的书写间距，我们需要先了解下面关于间距计量的相关知识。

在数学表达式排版和认知科学领域，em 是一个至关重要的计量单位，其应用价值远超普通长度单位。em 具有相对单位特性，1em＝当前字体中大写字母“M”的设计宽度（如图 9-1 所示）。传统活字印刷中，“M”字模金属块的宽度即为 1em。现代印刷继承这一比例，1em＝当前字体尺寸的名义字符宽度，保持与铅字时代相同的视觉比例关系。例如，当字体大小为 12pt 时，1em＝12pt（约 4. 23mm）。标准（最优）间距＝1/4em≈大写字母“M”宽度的 1/4，这个等式揭示了数学表达式排版中标准间距的科学依据。该比例使运算符两侧形成最小可识别间隔。视觉科学证明，字母宽度的 25%是符号分离的临界值。数学表达式标准间距实际应用参照表如表 9-2 所示。

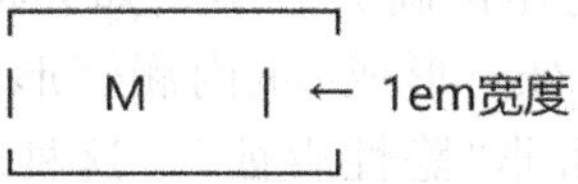

图 9-1　[M]字模示意图

表 9-2　**数学表达式标准间距实际应用参照表**

字体规格	1em 绝对值	1/4em 标准值	视觉对比参照	适用场景	教学建议
小四（12pt）	4.23mm	1.06mm	铅笔尖宽度	教材正文/作业本	使用 0.5mm 自动铅笔书写时，留约 2 倍笔迹宽度 配套 1mm 方格本辅助定位
三号（16pt）	5.64mm	1.41mm	粉笔侧面厚度	黑板板书	教师板书时食指作为天然间距尺（约 1.5cm 宽） 彩色粉笔标记高优先级运算符
初号（42pt）	14.82mm	3.71mm	儿童手指宽度	教室后排展示/海报	采用磁性贴片实现精准间距 后排学生可用手臂比画“M”形辅助测量
一号（26pt）	9.17mm	2.29mm	橡皮头宽度	投影课件/小组活动卡	PPT 中设置参考线 互动白板启用智能吸附功能
五号（10.5pt）	3.70mm	0.93mm	圆珠笔尖直径	练习册批注	红笔批改时添加间距修正标记（⌂符号） 提供透明间距 overlay 模板

认知科学原理表明，标准间距的设计深度契合人类的视觉感知机制。根据韦伯定律，人眼对“M”宽度 25%的变化量（即 1/4em）刚好达到可觉察的差异阈值，这种精妙的比例关系使运算符既能有效分离又保持视觉连贯性。同时，视觉拥挤效应研究证实，当间距小于 1/5em 时，符号识别错误率会急剧上升，而 1/4em 的间距恰好避开这一临界点，为符号识别提供最优的视觉环境。

神经科学研究进一步揭示了 1/4em 间距的脑机制基础。脑成像显示，这一特定间距能显著激活梭状回字符识别区，引发最高效的神经响应模式。在该间距条件下，大脑的符号处理速度可显著提升，表明 1/4em 不仅是视觉舒适的选择，更是神经系统演化形成的认知最优解。这种神经适应特性使得标准间距成为连接外部表征与内部认知的高效界面。em 作为连接古典印刷美学与现代认知科学的桥梁，其精妙之处在于：用文字自身的尺度来规范文字的呈现。小学数学教学中，可接受书写误差建议为：1～2 年级±0.5mm，5～6 年级±0.2mm。教师通过空间干预强化运算符的“社交距离”，能有效重建正确的数学认知架构。当前现实教学中，教师往往更关注教学内容而非符号表征，形成“重内涵轻形式”的传统，更关注易观测的“显性错误”（如计算步骤），而非“隐性表征”。这种现象本质是教育系统对“非内容性要素”的认知滞后。当前，小学数学教师培训方面，可借鉴音乐教育中“谱面规范”的培训模式，逐步提升小学数学教师对形式规范的重视程度。

空间拓扑与概念关联网络内涵的核心认知机制体现在第二个方面是路径标记，即箭头与连线等于逻辑推理可视化。例如，学生在解决“鸡兔同笼”问题时，用箭头将“总腿数→假设全为鸡→腿数差→兔的数量”串联。这里的箭头方向表征因果推理流程，符合“从已知到未知”的思维习惯(右向箭头隐含“问题解决导向”的认知隐喻)。若连线出现分叉(如同时尝试“假设全为兔”)，体现对多路径问题解决策略的探索。小学数学路径标记与逻辑推理的多维映射关系如表 9-3 所示。

表 9-3 **小学数学路径标记与逻辑推理的多维映射关系**

路径类型	典型应用案例	认知功能	脑区激活	教学干预策略	常见错误诊断
单向直线箭头(→)	解决问题分步计算 总价→单价→数量	建立线性因果链 强化程序性记忆	左额叶语言区 基底神经节	彩虹箭头模板临摹 “故事接龙”式推导游戏	箭头方向反写(←)反映时序认知颠倒
双向等价箭头(⇄)	等式变形： “3×4 ⇄ 4×3”	发展可逆思维 理解数学对称性	顶叶对称感知区 前扣带回	磁铁双面箭头教具 天平平衡类比演示	单向理解等价关系(如只认 3×4→12)
分叉决策路径(⤳)	鸡兔同笼问题： “假设全鸡⤳腿差→兔数” “假设全兔⤳腿差→鸡数”	培养多策略思维 工作记忆外部化	前额叶背外侧 海马体	思维导图分支训练 “探险家选择”情境模拟	路径交叉混乱反映逻辑层级模糊
循环修正箭头(↻)	竖式计算的错位修正： “个位↻十位进位”	发展元认知监控 建立迭代优化意识	前岛叶错误监测区 小脑	红笔圈改标记训练 “数学侦探”纠错游戏	过度循环反映检查策略低效
虚线假设路径(┈┈→)	图形辅助线： “连接对角线┈┈→新三角形”	发展假设思维 空间关系推理	枕叶视觉区 顶间沟	可擦写透明膜练习 “建筑师草图”角色扮演	实线虚线混淆反映具象—抽象转换障碍

教学中，发展性适配一般为低年级适配“单向箭头”，中年级适配“双向箭头+分叉路径”，高年级适配“循环箭头+虚线路径”。教师可借助激光笔追踪箭头路径，强化学生注意力；用箭头颜色编码(红色=关键步骤，蓝色=过渡步骤)帮助学生巩固记忆；让学生用不同箭头自评解题信心度(★→★★★)发展元认知能力。教师

通过观察学生的路径标记特征，分析学生思维过程，可以比较精准识别学生认知发展水平：单纯模仿箭头绘制处于机械复制水平，在教师提示下使用路径标记的处于条件应用水平，自主选择路径类型解决问题处于策略迁移水平。教师可配合《路径标记成长档案》使用，每学期收集3份典型草稿样本，形成思维发展性评价轨迹。

空间拓扑与概念关联网络内涵的核心认知机制体现在第三个方面是层级嵌套，即缩进/框线＝概念从属关系。层级嵌套机制通过物理布局直观呈现概念间的从属关系。当学生用大括号将分数加法1/2+1/4与通分步骤2/4+1/4上下框选时，这种空间容器化操作本质上构建了认知心理空间——框线作为思维边界标记，将抽象的计算过程具象化为"问题母体→解决子模块"的层级结构，既强化"分数加法需统一单位"的数学原理内化，又通过空间隔离降低工作记忆负荷，为思维搭建脚手架。缩进书写则通过视觉层级落差表征认知权重分配。空间退让实质是暗示其作为次级思维目标的地位(类似编程中的子函数)，既体现对主思维的从属性，又通过位置偏移形成视觉停顿点，引导大脑进行阶段性认知整合。这种空间嵌套能激活顶叶皮层对层级关系的专门处理模块，从而提升解决复杂问题的效率。

空间布局(草稿区域划分与符号分布特征)在认知语言学的诠释上的第三种内涵是布局流变与认知动态性。草稿布局的实时调整(涂改、位移、增删)是认知冲突与迭代过程的时空化石，是布局流变与认知动态性内涵的核心。其表现特征有三个方面。一是修正痕迹的认知留痕。符号擦写与修正：体现认知的试错机制和元认知监控。删除线、覆盖书写等，标记元认知监控(如"意识到错误→修正"的心智活动)。二是区域扩张的思维生长。区域扩张/收缩(如演算区蔓延至结论区)，揭示思维工作记忆负荷的变化与问题解决策略的调整(如从细节计算转向整体整合)。演算区向空白区域的蔓延，反映认知负荷增加或问题空间拓展。三是多模态符号的共生演化。文字、公式、图表的交替出现，揭示表征方式切换(如从语言编码转向视觉编码)以突破思维瓶颈。多模态符号共存(文字、公式、图表)反映多通道表征的认知优势，通过空间并置促进概念互补。

空间布局的动态性实质是分布式认知的外在体现，即思维通过外部媒介实现自我重组。从深层意义上说，草稿的"混乱度"本身可能是认知流畅性或认知冲突的指标。

教师根据学生的空间布局(草稿区域划分与符号分布特征)可以为学生的错误溯源与元认知监控提供参考。通过错误轨迹，教师可以追溯、分析错误发生环节。例如，学生在隔离区内的涂改、箭头标记等痕迹(如"→""×")，分析学生的进位遗漏、符号混淆等错误。这有利于揭示学生元认知监控的薄弱点。教师通过分析学生在隔离区的修正频率(如反复擦除同一计算步骤)，可评估学生的自我纠错意识和策略有效性，帮助学生建立自我修正模式。下面对比两名学生在运算"15×24"的隔离区，可以从一个侧面发现学生的素养发展水平差异。其中，学生A严格按竖式步骤分区(个位→十位→汇总)，体现了该学生的结构化思维。而学生 B 杂乱涂写，多次在相同区域覆盖计算，暴露该学生对数位规则理解得模糊不清。

现实中，在教师没有进行指导的情况下，可能出现有的学生已经会自发使用空间布局(草稿区域划分与符号分布特征)。这种现象的成因，可能包括这些学生对认知负荷的管理，即学生想通过隔离计算区域，将不同步骤分开，避免信息混杂，降低工作记忆负担。这种现象也可能是学生的习惯养成问题，教师在教学方法上可能鼓励学生在固定区域进行演算，形成规范化的解题习惯，包括便于针对错误的检查和修正，集中演算便于后续复查，及时发现和纠正错误，提高准确性。低年级学生可能在形成这种习惯的过程中需要教师的更多指导。当然，这还可能体现了学生的空间认知能力，即学生可能利用空间布局辅助自己的思维过程，通过物理位置来区分不同的思维阶段。教学中，教师需要考虑不同年龄段学生的差异来进行指导。例如，高年级学生可能已经发展出个性化的演算策略等。

小学生设定计算隔离区，集中于特定角落的密集演算，这能提高学生的解题效率、培养系统性思维、便于教师评估学生的思考过程等。但是，也存在一定的负面影响。例如，学生过度依赖固定模式，缺乏灵活性，或者在复杂问题中因模块化不足导致混乱等。因此，教师需要有相应的教学策略，引导学生合理使用布局方式。例如，轴对称布局，左右分栏记录条件与求解过程，体现逻辑严密性。例如，放射状结构，以核心公式为原点延伸解题路径，发展发散思维能力。而无序弥散态，随机散布的符号群，提示认知碎片化风险。教师要引导学生合理规划演算区域，将程序性思维与概念性理解结合，同时避免机械化操作。同样值得注意的是学生在空间布局(草稿区域划分与符号分布特征)的映射带关系。例如，学生用箭头连接分散的数字与文字，展现出学生对数量关系进行分析时的模型意识。在小学数学教学中，学生通过空间布局设计与符号关系映射，可将抽象的数量关系、模型意识转化为可视化的思维操作路径。

小学生在数学书写的空间布局为教师了解学生提供了有价值的参考。教师可以借助典型认知模式对学生的认知进行诊断。典型认知模式显示学生的几何问题解决空间特征。其中，优秀模式表现为保留原始图形区(左侧)与变形实验区(右侧)清晰分隔；辅助线用不同颜色标注，与计算区形成色彩对比。而障碍模式则表现为图形与计算混杂导致空间污染(如数字侵入图形内部)；重要公式(如长方体的表面积)书写位置偏离相关图形 3cm 以上。例如，某学生的碎片型布局如下：片段 1 显示为单价计算书写于空间的右下角，片段 2 显示为总价推算书写于空间的左上角，片段 3 显示为单位换算书写于空间的中部。这样的空间布局，关键步骤的间距>10cm，暴露该学生的认知跳跃性。

典型认知模式显示学生的计算过程的空间优化度。其中，标准竖式显示为严格纵向排列，数位对齐误差<0.3mm。创新简算显示为核心转换步骤用方框凸显，周

边留白>2cm²。而混乱计算显示为进位标记偏移本位>5mm，导致学生的视觉混淆。

教师如何帮助小学生完善数学书写的空间布局，进行相应的教育干预呢？首先，教师需要组织学生进行空间素养专项训练。教师可以采用网格纸引导法，用1cm²网格规范区域划分空间，如左侧计算/右侧验算。教师还可以引入色彩编码系统让学生优化空间布局。例如，红色区为必须检查步骤的区域、蓝色区为草稿实验区域、绿色区为最终结论区域。

首先，从国际视角看，小学生在数学书写的空间布局上会面临文化差异陷阱。例如，东亚学生因为汉字书写训练迁移效应而普遍呈现更高布局紧凑性，因此，技术需建立文化校准模型，避免将书写传统误判为认知特征。其次，技术需要关注空间布局对特殊群体的适配性。例如，阅读障碍儿童可能需要非对称布局引导(如右侧扩展区)。这在技术支撑上就需要开发自适应界面，支持左手书写者的镜像空间优化。最后，技术需要关注认知多样性的保护。技术开发要警惕算法对"非常规布局"的压制(如天才学生的跳跃式思维)，并在评估过程中建立创新布局保护机制。例如，设置"创造性空间使用"评估维度。技术赋能的评价体系需立足"学为中心"，即以学生为中心，以学生的学习为中心，以帮助学生学会学习及更好发展为中心。

以上思维显性化并非人工智能的炫技，其终极目标在于实现小学数学实践的三个回归。一是从"评判过去"到"引领未来"。通过动态追踪学生的思维发展轨迹(如从"具象操作"到"符号抽象"的过渡速度)，为后续学生的学习提供"导航图"而非仅给出历史成绩的"纪念碑"。二是从"选拔淘汰"到"因材施教"。技术赋能的评价要识别每个学生的思维比较优势，据此设计个性化成长路径，让评价成为"教育公平的推进器"。例如，有的学生擅长程序性计算，有的学生富于几何直觉。三是从"学科割裂"到"素养贯通"。发现数学思维与其他素养的关联性，助力学生核心素养的融合发展。例如，逻辑推理与编程能力、空间观念与艺术创造力的潜在联系。

在推进思维显性化的过程中，需警惕以下两大异化风险。一是数据至上主义陷阱，避免将复杂思维简化为数据指标。例如，用"草稿修改次数"单一维度定义思维严谨性，忽视了创造性思维可能存在的跳跃性特征。二是技术决定论误区，坚持教师的主体地位，AI分析结果需经教育者二次解读。例如，某学生解题时间延长，可能是思维深化，也可能是注意力分散，需结合课堂观察综合判断。因此，理念重构的完成不仅依赖技术创新，更需要教育哲学的重塑——技术应成为"思维的显微镜"而非"思维的标尺"。唯有在敬畏教育规律的前提下，让数据为学生的发展服务，才能真正实现小学数学评价从"计量知识"到"启迪智慧"的质的飞跃。

以上所述小学生在作业或者草稿纸上的空间布局问题，目前还是容易被包括教师在内的成人所忽视。然而，小学生在数学书写中的空间布局是数学思维的投影。智能书写设备提供的不仅是数字化的笔迹记录，更是一套辅助成人解读小学生思维地貌的测绘系统。当小学数学教师能够像分析城市交通网络般解析学生的草稿空间，小学数学实践便拥有了规划“认知基础设施”的能力。技术赋能评价，本质上是一场从“测量已知”到“发现未知”的认知革命。其核心在于借助人工智能技术穿透小学生数学学习过程的“黑箱”，让小学生原本隐性的数学思维显性化、结构化、可干预化。AI 技术的介入，使得评价得以突破“标准化答案”的桎梏，转向对小学生数学思维品质的深度刻画。这种转变，推动小学数学评价从“给小学生贴上标签”升级为“为小学生的思维绘出地图”，着力让每个小学生都能在自由与秩序之间建构属于自己的数学思维王国。好的小学数学教师，应该是懂得如何欣赏小学生的认知地理之秘境的人文主义者。

AI 技术的介入使得原本不可见的学习过程得以显性化。一是思维可视化，通过智能终端记录学生解题时的草稿演算轨迹、答题修改次数、不同解法的尝试路径，利用时间戳标记关键思考节点，还原数学问题解决的思维链条。二是错误价值化，AI 系统可对错题进行多维度归因分析，区分“计算粗心”“概念误解”“策略缺失”等错误类型。例如，将“12-5=8”识别为“进位概念模糊”而非单纯计算错误。三是情感关联性，结合语音情绪识别和面部微表情分析，捕捉学生在面对几何难题时的焦虑指数、突破复杂应用题时的兴奋阈值，建立情感态度与数学学习成效的关联模型。

二、人工智能技术的突破与运用

上文中所提及的实现数学思维的可视化，需构建“行为数据—认知特征—素养评价”的转化链条，关键在于三类技术突破与运用。

其一，微观行为解码技术。一是关于笔迹时序分析的运用。智能书写设备可记录每个数字的书写力度、修改痕迹与停顿间隔。例如，解“24×15”时，若学生先写“200+100=300”再画掉重算，AI 能识别其从“分配律误用”到“竖式算法回归”的思维转变。二是语音语义挖掘。课堂录音经自然语言处理(NLP)后，可提取提问的逻辑性(如“为什么圆面积公式有平方”比“怎么算圆面积”更具思维深度)，分析合作学习中的观点贡献度。三是操作序列建模。在虚拟数学实验室中，小学生拖动几何图形旋转组合的操作路径，可被转化为“空间变换思维”的量化指标。例如，通过小学生完成立方体展开图所需的尝试次数来反映他的空间推理效率。

其二，认知网络构建技术。一是知识图谱的动态生成。通过分析学生的错题本、笔记标注和搜索记录，AI 自动构建个性化知识网络。例如，某学生频繁查询“分数与除法的联系”，系统将标记其“数概念联结薄弱”并推荐相应微课。二是思维策略聚类。利用无监督学习算法，从海量解题行为中发现典型思维模式。例如，将学生分为“算法依赖型”(严格按教师示范步骤解题)、“直觉创新型”(常尝试非常规解法但错误率高)等类别，为教师的差异化指导提供依据。三是元认知能力评估。通过监测学生使用“错题反思模板”的完整度、自主制订复习计划的合理性等行为，量化其自我监控与调节能力的发展水平等。

其三，情感计算融合技术。一是多模态情绪识别，结合智能手环的心率变异性数据、摄像头捕捉小学生的面部微表情（如皱眉频率、嘴角上扬幅度），构建该学生的数学学习情感指数。例如，摄像头捕捉发现某学生在“鸡兔同笼”问题上持续呈现高度焦虑的状态特征，那么即使该学生的最终答案正确，智能系统仍会提示需要关注该学生的解题心理障碍问题。二是动机水平建模。分析学生选择挑战题目的比例、课外数学探究活动的参与时长等数据，计算其数学学习内驱力的强度与稳定性参考数据。三是挫折响应分析。智能统计小学生遇到数学难题时的放弃过程的时长、求助策略的选择取向（如直接查看答案或者重新阅读题目），评估该学生的抗挫折能力水平与问题解决策略的成熟度。

技术赋能评价的核心在于构建“数据采集—特征提取—模型构建—反馈干预”的完整闭环，需重点突破以下技术层面。

其一，全场景数据采集体系。一是小学数学课堂的交互数据。通过智能白板记录学生的图形绘制逻辑；通过语音助手采集并分析小学生的课堂提问质量。例如，“为什么长方形面积是长乘宽”比“面积公式是什么”更具思维深度。二是数学作业过程数据。通过智能笔记本捕捉小学生竖式计算步骤的规范性，通过错题本电子化系统自动标记该学生以及学生集体的概念薄弱点。例如，“分数比较错误集中出现于异分母情境”。三是拓展活动数据。通过小学数学游戏 App 记录学生的策略选择（如数独游戏中试错路径优化度）、虚拟实验室跟踪立体图形拆解操作流畅性等。

其二，跨模态特征工程。一是时空特征建模。将学生的解题时间分配（如选择题耗时 30 秒可能反映直觉思维，耗时 3 分钟可能体现深度推理）与草稿修改频率整合，构建该学生的“思维缜密度”等指标。二是语义网络构建。使用知识图谱技术将学生的提问语句（如“分数除法为什么要颠倒相乘”）与教材知识点自动关联，来识别概念网络的缺口。三是行为模式聚类。通过学生无监督的自然学习状态发现该学生的典型学习类型，如“直觉跳跃型”（快速作答但错误率高）与“审慎验证型”（反复检查但效率偏低）等。

其三，动态评价模型构建。一是认知诊断模型。基于贝叶斯网络推断小学生的数学潜在能力状态。例如，通过学生在 20 道异结构的四则运算题的表现，诊断是“运算顺序混淆”为主还是“分配律理解偏差”为主，以及二者的占比。二是成长预测算法。利用 LSTM 时序模型分析小学生的数学学习曲线，对几何思维发展关键期（如三年级空间观念飞跃期）进行敏感度预警。三是个性化反馈引擎。根据小学生的学习特征自动生成分层练习包。例如，为在小数乘法学习中“数感薄弱”的五年级学生推送关于小数乘法的数轴可视化题目。如图 9-2 所示，如果 $mn=t$，那么下面哪个图标注的位置是合理的，为什么？

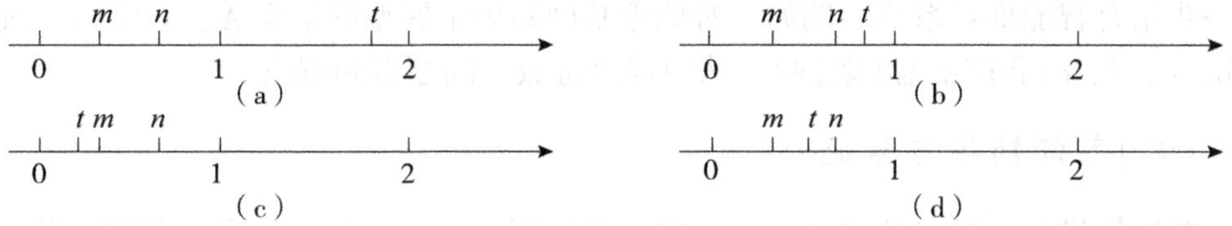

图 9-2 数轴位置图

学生如果还有疑问，教师可以引导学生用数学的眼光观察 m、n、t 在数轴上的位置，发现 m、n 位于 0 与 1 之间，由此进一步解读出数学语言。例如，m 是比 1 小的小数即纯小数，同样，n 也为纯小数，t 为两个纯小数的积。接着通过数学思考与推理来确定 t 的位置，即两个纯小数的积为纯小数且小于其中任何一个纯小数。因此 t 同时小于 m、n，是三个数中最小的，在数轴上要同时居于 m、n 的左侧，三者中 t 位于最左的位置。

三、助学的主要应用场景

（一）自适应化学习

个性化学习包括智能推荐系统与自适应学习平台等。智能推荐系统的 AI 可以根据学生的学习进度、知识掌握情况和学习风格，自动推荐适合的学习内容和练习题。自适应学习平台通过分析学生的答题情况，AI 能够动态调整学习路径，确保每个学生都能按照自己的节奏学习。例如，厦门市某个五年级学生甲在“数的奇偶性”理解上遇到困难，系统会自动提供学生感兴趣的情境题。例如，厦门方特夜场的无人机表演吸引了大批游客。在一场表演中，无人机入场时的队列如图 9-3(a)所示。这些无人机在表演时进行各种队列变换，下面哪一幅图 9-3(b、c、d、e)有可能是这些无人机的表演队列，为什么？

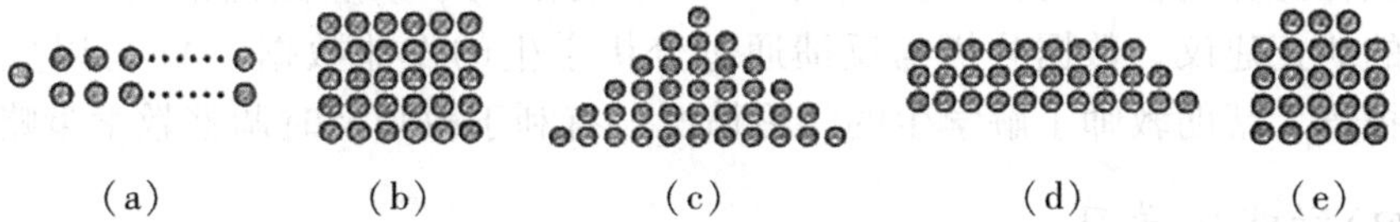

图 9-3 无人机队列图

系统设置让学生先独立思考 3 分钟，再推送讲解视频。视频中，AI 引导学生发展“三会”核心素养。例如，引导学生用数学的眼光观察图 9-3，发现图(a)左 1(架)为奇数，其余为两行，而两行的总(架)数 = 每行的(架)数×2，积必为偶数。奇数+偶数的和是奇数，由此可以知道无人机的总架数是奇数。接下来的讲解视频进一步结合智能推荐系统。例如，对侧重基础知识掌握型的学生 A，引导算出图 9-3(b、c、d、e)各图的总(架)数，从中选出奇数，问题得到解决。

(二)智能辅导与答疑

智能辅导与答疑包括语音交互与虚拟助教等。语音交互通过语音识别技术，学生可以直接与 AI 进行对话，提出问题并获得解答。这种方式尤其适合低年级的学生，帮助他们更好地理解数学概念。虚拟助教由 AI 驱动，可以实时解答学生的疑问，提供详细的解题步骤和解释。例如，学生在做作业时遇到不会做的题，可以通过拍照上传，AI 会通过联网搜索立即给出参考的解题思路。例如，上面的那道无人机题，学生乙思维活跃但懒得按部就班地机械计算，他用语音交互提出自己的需求“如果不计算怎么推理出合理的答案?”AI 引导学生通过观察图 9-3(b)，发现每行(架)数为 6，启发学生思考，能否依此发现来判定图 9-3(b)的总架数的奇偶性(可以/不可以)，学生选择“可以”，虚拟助教鼓励学生说出理由并建议学生继续判断剩下几图中总架数的奇偶性。如果学生都判断正确，AI 进一步引导学生总结，发现“因数中有偶数则积为偶数”的解题策略。相反，学生丙在 AI 引导下观察图 9-3(b)，也同样发现每行(架)数为 6，思考依此发现来判定图 9-3(b)的总架数的奇偶性(可以/不可以)时，学生丙选择“不可以”。虚拟助教则判定学生的抽象能力较弱，根据这一学情“走”向不同的助教路径。例如，鼓励学生思考“偶数乘任何非 0 整数(不管奇数还是偶数)都得奇数还是偶数，为什么?”学生丙在助教启发下，从局部观察数的性质提升到关注数与运算的结合，最后学会奇偶性的拓展与应用。这样的个性化学习辅助，激发了学生深入探究的兴趣。

(三)自动化作业批改

自动化作业批改包括智能批改系统以及数据分析与反馈等。智能批改系统 AI 可以自动批改学生的作业和考试卷，快速识别错误并给出反馈。例如，系统能够识别出学生在计算过程中的常见错误(如加减法混淆或小数点位置错误)，并提供有针对性的纠正建议。数据分析与反馈通过分析学生的作业数据，AI 可以生成详细的学习报告，帮助教师了解学生的学习情况，有利于教师及时调整教学策略。

(四)游戏化学习

游戏化学习包括数学游戏与互动以及虚拟现实(VR)与增强现实(AR)等。数学游戏与互动方面，AI 驱动的数学游戏能够让学生在轻松愉快的氛围中学习数学知识。例如，通过解谜游戏学习几何知识，或通过虚拟货币交易游戏理解加减乘除运算。虚拟现实(VR)与增强现实(AR)方面，学生借助 VR 和 AR 技术可以在虚拟环境中进行数学实践。例如，通过虚拟测量工具学习长度、面积和体积的概念。

(五)跨学科融合

跨学科融合包括数学与编程结合以及数学与科学结合等。数学与编程结合方面，通过 AI 编程工具，学生可以在学习数学的同时掌握基础的编程技能。例如，学生可以通过编写简单的程序来解决数学问题(如计算数列或绘制正比例、反比例图像)。数学与科学结合方面，AI 可以帮助学生在数学和科学之间建立联系。例如，通过数据分析学习统计学知识，或通过科学实验理解数学公式的应用情境。

四、助教的主要应用场景

(一)教师辅助工具

教师辅助工具包括教学资源推荐与课堂管理等。教学资源推荐方面，AI 可以根据《新课标》和学生的学习情况，为教师推荐合适的教学资源和教案，帮助教师更好地备课。课堂管理方面，AI 可以协助教师管理课堂。例如，自动记录学生的出勤情况、课堂表现等，减轻教师的负担。

(二)学习数据分析与预测

学习数据分析与预测包括学习行为分析以及成绩预测与干预等。学习行为分析方面，通过分析学生的学习行为数据，AI 可以预测学生的学习趋势，提前发现潜在的学习困难。例如，系统可以预测某个学生在未来几周内可能会在某个知识点上遇到困难，并提前提供帮助。成绩预测与干预方面，AI 可以根据学生的历史成绩和学习行为，预测其未来的考试成绩，并在必要时提供干预措施。例如，针对性地辅导或练习。

五、人工智能背景下的个性化学习

未来学生个性化学习的普及这一趋势，强调基于大数据的学习路径定制和差异化教学策略的智能化支持，旨在满足每个学生的学习需求，促进其核心素养的全面发展。

《新课标》明确提出，数学教育应关注学生的个体差异，提供多样化的学习路径和支持策略，帮助每个学生在适合自己的节奏中成长。具体体现在以下几个方面。一是差异化教学。在小学数学教学实践中，教师通过分层任务设计，满足不同学生的学习需求。例如，在“面积测量”活动中，初级任务要求学生用手掌测量黑板面积，中级任务用 A4 纸测量，高级任务引入平方分米作为标准单位。二是个性化反馈。在小学数学教学实践中，教师通过智能诊断系统，实时分析学生的学习表现，识别知识盲点和思维误区，生成针对性练习。例如，系统发现某学生在分数运算中常犯“通分错误”，自动推送相关练习题。三是学习路径定制。在小学数学教学实践中，教师基于大数据分析，为每个学生定制学习路径。例如，系统根据学生的数学能力、兴趣和学习风格，推荐适合的学习资源(如视频讲解、互动练习)。

技术赋能下的个性化学习体现在以下方面。一是大数据支持的学习分析。工具与应用中，学习分析平台实时追踪学生的学习轨迹，生成个性化学习报告。在小学数学教学实践中，在“校园影子计划”中，系统记录每个学生的测量数据、误差分析和改进策略，帮助教师识别学生的薄弱环节，提供有针对性的指导。二是智能诊断与反馈系统。在工具与应用上，智能诊断系统根据学生的错误类型，自动生成个性化练习。在数学教学实践中，在“分数运算”学习中，系统发现某学生常犯“通分错误”，推送相关练习题，并附上详细解析。三是自适应学习平台。工具与应用中，自适应学习平台根据学生的学习表现，动态调整任务难度和学习资源。数学教学实践中，在“几何图形”学习中，平台根据学生的掌握情况，从基础认知(如识别图形)逐步提升到高级应用(如设计对称图案)。

个性化学习的核心价值体现在以下方面。一是满足学生个体差异的需求。通过分层任务和个性化反馈，帮助每个学生以适合自己的节奏成长。例如，学习能力较强的学生可以挑战高级任务(如设计节水方案)，而基础较弱的学生可以从基础任务(如测量黑板面积)开始。二是提升学习兴趣与动力。通过技术赋能的个性化学习，学生可以体验到学习的成就感和乐趣。例如，在“数学游戏设计”活动中，学生通过 Scratch 编程设计个性化游戏，可激发自己的学习兴趣。三是优化教学效率与效果。通过大数据分析和智能诊断，教师可以更精准地识别学生的学习需求，优化教学策略。例如，系统发现班级中多数学生在“分数运算”中存在困难，教师可以调整教学重点，开展针对性辅导。

下面是一些实践案例。

案例一

分层任务设计

活动：在“面积测量”学习中，设计分层任务。

初级任务：用手掌测量黑板面积。

中级任务：用 A4 纸测量，分析拼接缝隙问题。

高级任务：引入平方分米作为标准单位，计算精确面积。

效果：每个学生都能在适合自己的任务中取得进步，体验成功。

案例二

智能诊断与反馈

活动：在“分数运算”学习中，系统实时分析学生的错误类型，生成个性化练习。

效果：学生通过针对性练习，快速纠正错误，提升学习效率。

案例三

自适应学习平台

活动：在“几何图形”学习中，平台根据学生的掌握情况，动态调整任务难度。

效果：学生在挑战中不断成长，保持学习动力。

个性化学习是基于大数据的学习路径定制和差异化教学策略的智能化支持，不仅回应了《新课标》“关注学生差异”的要求，还为每个学生提供了适合的学习体验。通过技术赋能的个性化学习，学生可以在适合自己的节奏中成长，提升学习兴趣与动力，优化教学效率与效果。这种转变不仅推动了数学教育的创新发展，还为培养具备核心素养的未来公民奠定了坚实基础。

六、人工智能背景下的跨学科实践

人工智能背景下的跨学科实践的拓展，强调数学与生活、社会问题的结合，以及项目式学习在数学教育中的应用，旨在培养学生的综合素养和解决实际问题的能力。

（一）数学与生活、社会问题的结合

《新课标》明确指出，数学教育应注重与生活、社会问题的结合，帮助学生理解数学在现实世界中的应用价值。在校园影子计划实践案例中，学生通过测量软件更精准地测量影子长度与方向变化，结合科学中的光学原理，理解光的直线传播现象。例如，学生发现正午影子最短，早晚影子最长，这不仅加深了对数学知识的理解，还培养了科学探究能力。而在家庭节水方案中，学生运用数学知识（如数据统计、几何测量）解决实际问题。例如，通过人工智能分析家庭用水数据，提出优化用水策略，体现了数学的应用意识。

(二)项目式学习在数学教学中的应用

项目式学习是跨学科实践的重要形式之一，强调通过真实项目任务，让学生主动参与探究，发展批判性思维和创新能力。在“祖冲之圆周率计算”实践案例中，学生运用软件，通过几何逼近法(正六边形→正十二边形→正二十四边形)逐步逼近圆的周长，理解数学模型的构建过程。例如，学生通过人工智能更快地计算出正二十四边形的周长，发现 $\pi\approx3.1326$，接近现代值3.141 592 6，体会数学研究的渐进性。在3D打印与数学建模实践中，学生设计并打印几何模型(如正多面体)，理解数学与工程的结合。例如，学生通过3D打印制作正十二面体，探索其对称性和空间结构，培养学生的空间观念和创造力。

(三)数学与科学、技术、工程、艺术的融合

小学数学实践与其他学科(如科学、技术、工程、艺术)深度融合，可以更好地发展学生的综合素养和创新意识。首先，数学与科学的融合。在“日晷原理探究”实践案例中，学生通过Excel和绘图软件，更好更快地绘制影子长度时间折线图，分析日晷计时原理。其次，数学与技术的融合。在“智慧课堂中的数学探究”实践案例中，学生使用平板电脑与互动白板开展“校园影子测量”项目。例如，通过数据可视化工具，学生可以直观地分析影子长度与时间的关系。再次，数学与工程的融合。在“桥梁设计”项目实践案例中，学生结合几何知识(如三角形稳定性)，运用软件设计桥梁模型，理解数学与工程的结合。学生通过数学实验验证不同结构的承重能力，提出优化设计方案。最后，数学与艺术的融合。在“数学图案设计”活动实践案例中，学生利用几何图形(如对称图形、分形图案)创作艺术作品。例如，学生通过软件可以快速设计具有旋转对称性的图案，在对图形的角度、长度的数据调用与调整活动中深化理解数学与美学的密切联系。

下面谈谈艺术化表达资源，如何让数学概念获得生命质感。如对称图形剪纸工坊中，数学认知要求学习轴对称图形定义(如等腰三角形、正方形)。经过艺术转化，学生用折纸探究“折叠次数与对称轴数量关系”(1次折痕→1条对称轴)，设计多层剪纸模板，感受旋转对称(如雪花图案)。教学进一步结合科学课《晶体结构》，观察自然界中的对称美，撰写剪纸说明书，用数学语言描述操作步骤，培养非连续性文本阅读能力。对比实验显示，参与剪纸项目的学生，在“图形对称轴数量判断”测试中反应速度明显提升。学生在描述对称图形时，视觉皮层与语言区协同激活强度明显增加。再如，教学中进行数学节奏舞蹈创作，可以将数列规律具身化实践。

表 9-4 数学概念的艺术表达与跨学科实践路径
——通过艺术化活动赋予数学"生命质感"的设计案例与认知效果

数学概念	艺术表达形式	跨学科整合	认知目标与效果
轴对称图形	剪纸工坊：折叠纸张探究"折叠次数与对称轴数量关系"，设计雪花、窗花等多层对称图案	科学（晶体结构）、语文（撰写剪纸说明书）	提升对称轴识别速度（实验显示反应速度+30%），增强空间想象力与文本表达能力
等差数列	节奏舞蹈：用"踏步次数 2，4，6，8……"编排行进队形，配合拍手节奏强化公差概念	音乐（节奏训练）、体育（协调性训练）	内化公差规律，同步激活运动皮层与数学逻辑脑区
斐波那契数列	身体剧场：通过手臂伸展角度（0°→90°→180°→270°）模拟数列增长，用舞蹈动作表现几何级数变化	舞蹈（肢体表达）、生物（植物生长模式观察）	具身感知数列指数增长特性，强化序列记忆与空间动态思维
周期规律	密码舞蹈：设计"红黄蓝"三色手环变换序列，用舞蹈动作破解颜色排列规则（如每 3 步循环一次）	舞蹈（编创）、信息科技（密码学基础）	理解循环模式本质，培养逻辑推理与跨学科迁移能力
分数与比例	月饼艺术：制作并分割月饼模型，用不同比例（1/2，1/4）创作拼贴画，结合烘焙计算配料比例	烹饪（实践）、美术（构图设计）	直观理解分数意义，解决真实比例问题（如"6 人分 3 块比萨，每人占比多少?"），应用意识提升显著
几何图形	立体折纸：构建多面体模型（如正十二面体），分析棱、面、顶点关系，并用光影艺术展示几何美学	工程（结构设计）、科学（光学实验）	深化几何属性理解（如欧拉公式），培养空间建模能力与美学感知

以上表格（如表 9-4 所示）价值说明如下。其一，艺术赋活数学，通过剪纸、舞蹈、剧场等艺术形式，将抽象概念（如斐波那契数列）转化为可触摸、可体验的具身活动，破解"数学枯燥"刻板印象。其二，跨学科协同增效，剪纸工坊结合科学课《晶体结构》，观察自然界对称性（如雪花、蜂巢），理解数学的普适性；密码舞蹈融入信息科技，用周期规律模拟简单加密算法，衔接数字化思维。其三，认知科学实证，实验数据佐证（如反应速度提升 30%、脑区协同激活增强 25%），体现艺术化教学的科学性；多感官联动（视觉—触觉—动觉）促进深度学习，如折纸中的几何属性内化效果优于纯公式记忆。其四，素养的进阶路径，低阶通过剪纸与分月

饼强化直观感知(如分数单位)；高阶通过密码舞蹈与立体折纸培养系统思维(如周期规律应用、空间建模)。

应用场景示例说明如下。其一，课堂活动，用“节奏舞蹈”学习等差数列后，学生设计“校园课间操数学动作序列”。其二，项目作业，分组创作“斐波那契数列花园”，用植物排列模拟数列，拍摄解说视频。其三，家校互动，家庭“月饼之夜”实践分数分配，提交摄影日记与比例计算报告。

例如，学生在编排“分数节奏舞”时(如 1/4 拍踏步+3/4 拍旋转)，主动提出“要像假分数化成带分数那样分解动作”。通过舞蹈队形变换的实时影像生成，学生在具身参与创造的“实”与“像”的元素中，更有学习兴趣，也可以深化对“行列矩阵”“坐标方位”的理解，为初中直角坐标系学习埋下认知锚点。

人工智能背景下，数学与多学科的融合教育具有三重效果。首先是知识壁垒得以消除。例如，在节水项目中，工程方案优化需同时运用数学计算与科学推理，破除“公式孤立记忆”困境；剪纸活动将“对称轴”抽象概念转化为触觉经验，解决低年级学生空间想象薄弱问题。其次是学习动机得以激发。STEM 项目的真实问题赋予数学计算使命感。例如，“我们的方案能为学校每月节省 200 元水费!”舞蹈创作使数学规律获得情感温度，学生自发记录“数列日记”，记录生活规律现象。最后是思维品质得以升级。跨学科矛盾催生深度思考，例如，艺术创作追求美感与数学追求精确性之间的平衡策略。资源重复开发训练元认知能力，例如，分析上届学生方案缺陷时，形成批判性思维框架。

教师在实施数学与多学科的融合教育过程中要注意三点。第一是注意梯度设计。低年级侧重具身化艺术表达，例如，用身体摆数字造型；高年级增加 STEM 项目复杂度，例如，加入利润计算模型。第二是注意评价创新。注意开发跨学科量规，例如，数学严谨性(30%)+艺术创意(30%)+工程可行性(40%)；采用“问题解决马拉松”形式，例如，小组需连续突破科学实验、数学建模、艺术呈现三重关卡。第三是注意资源管理。建立“数学+艺术”数字博物馆，分类存储学生创作的对称图形剪纸、数学动画等资源。有条件的学校，可以使用 AR 技术扫描剪纸作品，即刻显示隐藏的数学公式与设计原理。

人工智能背景下的跨学科融合，本质上是通过打破知识疆界重构数学认知网络。当学生在舞蹈中感受数列的呼吸，在运用软件进行管道设计中触摸几何的温度，数学便不再是纸面上的冰冷符号，而成为理解世界、表达自我的生命语言。

七、人工智能背景下的小学数学实践的新工具与新方法

动态可视化工具为数学实践提供了新的方法和手段，极大地丰富了教学形式，提升了学生的学习体验和素养养成效果。

(一)GeoGebra在几何与代数学习中的应用

GeoGebra是一款集几何、代数、统计等内容于一体的动态数学软件，能够将抽象的数学概念可视化，帮助小学生直观理解。《新课标》背景下，教师应创设合理的信息化学习环境，提升学生的探究热情，开阔学生的视野，激发学生的想象力。在小学阶段，像五年级的“图形的运动—旋转”等几何图形变换实践案例中，学生可以通过GeoGebra观察图形的平移、旋转和对称变换，理解几何性质。例如，学生拖动三角形的一个顶点，实时观察其内角和的变化，验证“三角形内角和为180°”。在学习正反比例时，学生通过GeoGebra绘制正比例、反比例的图像，理解相关联的两个量的变化规律。学生还可以调整正比例表达式中的系数，观察图像的变化，理解相关联的量等概念。

(二)Scratch在编程与数学学习中的应用

Scratch是一款面向儿童的图形化编程工具，能够将数学知识与编程结合，培养学生的计算思维和创新能力。《新课标》要求“合理利用现代信息技术，提供丰富的学习资源，设计生动的教学活动，促进数学教学方式方法的变革”。数学游戏设计实践案例中，学生通过Scratch设计数学游戏(如分数运算挑战、几何图形拼图)，在游戏中巩固数学知识。例如，学生设计一个“分数加减法”游戏，玩家需要选择正确的答案才能通关。

(三)虚拟现实(VR)与增强现实(AR)技术的情境化教学

VR和AR技术能够为学生提供沉浸式的学习体验，将抽象的数学概念转化为直观的情境。VR几何实验室实践案例中，学生通过VR设备进入虚拟几何实验室，观察三维几何体(如长方体、正方体、圆柱、圆锥)的结构。例如，学生可以“走进”一个立方体，观察其面、棱、顶点的数量，理解几何体的特征。在AR数学游戏实践案例中，学生通过AR设备在真实环境中进行数学游戏(如测量物体的长度、角度)。例如，学生用平板电脑扫描教室中的物体，系统自动显示其尺寸和几何信息，帮助学生理解测量概念。

动态可视化工具技术赋能的核心价值主要体现在四个方面。第一，抽象概念可视化。动态可视化工具将抽象的数学概念(如几何变换、正反比例图像)转化为直观的图形和动画，降低理解难度。第二，激发学生学习兴趣。通过游戏化、情境化的学习体验，学生感受到数学的趣味性和实用性，激发自身学习兴趣。第三，提升探究能力。学生通过操作动态工具，主动参与探究，发展科学思维和创新能力。第四，支持个性化学习。技术工具能够根据学生的学习表现，提供个性化反馈和支持，帮助每个学生以适合自己的节奏成长。

总之，动态可视化工具（如 GeoGebra、Scratch）和沉浸式技术（如 VR、AR）为小学数学教育提供了新的工具与方法，极大地丰富了教学形式和学习体验。这些工具不仅回应了《新课标》“利用信息技术支持数学学习”的要求，还为学生核心素养的养成提供了有力支持。通过技术赋能，学生能够在直观、趣味和探究中学习数学，为未来公民的科学素养发展奠定坚实基础。

八、人工智能与大数据

智能诊断系统实时分析学生错误类型，提供个性化反馈；学习分析技术追踪学生素养发展轨迹，优化教学策略。

（一）智能诊断系统

智能诊断系统基于人工智能技术，能够实时分析学生的学习表现，识别知识盲点和思维误区，并提供有针对性的反馈和练习。例如，系统提示：“请检查分母是否一致，再进行加减运算。”在个性化练习生成方面（如“几何图形”学习），系统根据学生的掌握情况，生成不同难度的练习题。例如，对于基础较弱的学生，系统推送“识别基本图形”的练习；对于能力较强的学生，系统推送“设计对称图案”的挑战任务。

（二）学习分析技术

学习分析技术基于大数据，能够追踪学生的学习轨迹，生成素养发展报告，帮助教师优化教学策略。在学习轨迹追踪实践案例中（如“校园影子计划”），系统记录每个学生的测量数据、误差分析和改进策略。例如，系统发现某学生在测量中常忽略环境因素（如风速），提示教师加强相关指导。在素养发展报告方面，系统生成班级整体的素养发展报告，标注学生的优势与待提升项。例如，报告显示：“班级在‘数感与量感’方面表现较好，但在‘推理意识’方面需加强”。

人工智能与大数据技术赋能的核心价值主要体现在四个方面。第一，实时诊断与反馈。智能诊断系统能够实时识别学生的错误类型，提供个性化反馈，帮助学生快速纠正错误，提升学习效率。第二，数据驱动的教学优化。学习分析技术通过追踪学生的学习轨迹，生成素养发展报告，帮助教师识别班级和个体的学习需求，优化教学策略。第三，个性化学习支持。技术工具能够根据学生的学习表现，动态调整任务难度和学习资源，确保每个学生都能在适合自己的节奏中成长。第四，科学素养培养。通过技术赋能的数学实践，学生不仅掌握知识与技能，还发展了科学思维、创新能力和数据意识。

下面是以《分数初步认识》单元为例的学生个人数学画像的动态生成（如表 9-5 所示）。

表 9-5　《分数初步认识》学生数学能力动态生长画像表
——“根系—枝干—果实”三维能力树解析与个性化学习路径生成(示例)

结构	数学内涵	案例数据
根系	基础技能扎实度	分数意义理解度 85%，分数比大小正确率 92%
枝干	策略多样性(画图法、实物操作、语言表述)	解决“1/3 个蛋糕分给 2 人”问题时，尝试 3 种方法(圆形折纸、线段图、语言推理)
果实	创新应用(生活迁移与跨学科整合)	设计“月饼分配方案”并解释分数关系，获得“创意之星”勋章

以上表格价值解析如下。

其一，能力生长可视化。根系，量化学科基础(如分数理解度 85%)，暴露知识断点(如 15%未达标学生需干预)；枝干，评估策略灵活性(如 3 种方法解决分蛋糕问题)，诊断思维定式；果实，追踪创新迁移(如月饼分配方案)，验证素养落地效果。

其二，教学决策支持。针对性干预，若学生“根系”分数比大小正确率低于 70%，推送“分数条对比”微课；高阶挑战设计，对“果实”创新能力强的学生，延伸任务(如“设计家庭零食分配 App”)。

其三，家校协同工具。家庭报告，将“能力树”转化为家长版图表(如用颜色标注能力等级)，指导家庭数学活动(如烘焙中的分数实践)；学生自评，用贴纸标记“枝干”策略尝试次数(如每多一种方法+1 片树叶)，激发元认知。

通过数学成长树这样可视化的解析，教师发现某学生“分数计算”枝干细弱，但“几何表示”果实饱满。教师有针对性设计“分数与图形”专题任务。家长通过“错误年轮”模块(如显示“通分错误集中出现在第 3 周”)了解孩子薄弱点，配合家庭游戏巩固。学生成就果实积累激发了学习动机(如解锁“分数侦探”“等量关系大师”等成就角色)。此表突破传统分数评价的“对错逻辑”，通过能力树模型，将学习过程转化为“扎根—生长—结果”的生命叙事，使教师、学生、家长共同见证数学素养从“知识积累”到“创新绽放”的完整旅程。

像以上这样的技术赋能对教学具有深远意义。首先，从经验驱动到数据驱动。传统教学中教师依赖主观判断，现可通过“思维热点图”精准定位认知堵点(如揭示“乘法竖式对齐”的隐性误解)。其次，从统一教学到动态适配。“数学成长树”因材施教具象化：对“根系薄弱”学生推送口算游戏，对“枝干单一”学生开放策略博物馆资源库。最后，从结果评价到过程增值。可视化轨迹记录思维发展路径(如某学生从“机械背诵乘法表”到“用面积模型推导算式”的策略进化)，让学习增值可见。

教师在这一过程中要注意三个问题。一是技术伦理，需建立数据脱敏机制。例如，将语音记录转换为文本后自动删除原声。二是人文平衡，避免过度依赖数据标签，保留教师对学生情感态度观察的不可替代性。三是迭代升级，根据学生反馈优化算法(如增加“我不认同这个分析”按钮，避免 AI 误判思维类型)。这种数据再生模式，本质上是将课堂互动转化为可持续开发的教学资源矿藏，让每一句童言稚语、每一次试错纠偏都成为推动数学素养生长的养分。

(三)实践案例

以下“校园节水计划”实践，学生从历史与现实中感受数据采集与迭代，最终构成学校的本项数学实践的大数据开发案例。

表 9-6　“校园节水计划”多学科整合实践与数学知识应用对照表
——基于数据采集、工程设计与成本运算的跨学科素养生长路径(示例)

学科	具体实践内容	数学知识映射点
科学	测量不同水龙头流速(毫升/秒→升/小时)	单位换算(1 升=1000 毫升，1 小时=3600 秒)
技术	用 Excel 录入数据生成折线图，预测月度用水量	数据分析(趋势线拟合)
工程	设计“最短管道排布方案”减少漏水风险	几何图形周长优化(两点间直线最短)、概率估算(漏水风险)
社会	计算节水方案性价比(如“更换节水龙头成本需 8 个月回收”)	四则运算、比例关系(节省量/成本=回收周期)

表格(如表 9-6 所示)价值解析如下。

其一，学科整合可视化。一是科学与数学，流速测量中单位换算(毫升→升，秒→小时)，深化量感与计算思维；二是技术与数学，Excel 趋势预测(如线性回归方程 $y=0.8x+10$)，连接数学建模与信息技术工具；三是工程与数学，最短管道设计(几何优化)与漏水概率估算(统计)，培养空间推理与风险决策能力；四是数学与社会，成本回收周期计算(如 8 个月回本)，将抽象比例关系转化为经济决策依据。

其二，核心素养锚点。一是量感进阶，从千克到吨的单位换算(1 吨=1000 千克)，建立大数感知；二是应用意识，数学工具(比例、几何)解决真实工程问题(管道优化)；三是创新思维，用技术工具(Excel)实现数据可视化与预测，超越传统纸笔计算。

其三，教育场景适配性。低年级简化版，测量家庭水龙头流速，记录周用水量

(单位:桶),计算节水总量;高年级进阶版,加入智能监测系统设计(IoT 传感器+编程)。

总之,此表格推进从“学科拼盘”到“素养融通”,通过清晰的学科分工与数学知识映射,将“校园节水计划”从单一环保活动升维为跨学科素养培育项目,使学生在测量、建模、设计、决策中,理解数学不仅是“公式与计算”,更是“理解与改造世界”的通用语言。

这种由学生真实采集的数据资源的循环再生机制有三个好处。首先是数据得以沉淀。可以将学生测量的原始水流数据、设计的管道图纸存入“校园资源库”。其次是问题得以迭代。下届学生需基于前届数据提出新问题(如“比较 2023 与 2024 年用水量异常波动”)。最后是方案得以优化。可以让五年级学生用分数知识重新计算节水率(如“新方案比旧方案节水 3/8”)。

人工智能与大数据技术为小学数学实践提供了新的工具与方法,学生不仅能够实时获得评价反馈,并获得个性化辅助,教师同样可以通过分析技术追踪学生的素养发展轨迹,优化教学策略。这些技术为每个学生提供了适合的学习体验。通过技术赋能,学生可以在实时诊断与反馈中得以更好成长,教师可以在数据驱动的教学中优化策略,为培养具备核心素养的未来公民奠定基础。

九、人工智能背景下的低代码编程与创客教育

低代码编程与创客教育的技术赋能的主要价值有四个方面。第一,计算思维培养。低代码编程工具(如 Scratch Jr)通过图形化界面,帮助小学生理解编程逻辑,培养计算思维和问题解决能力。第二,创新能力激发。创客教育(如 3D 打印)通过动手实践,将抽象的数学概念转化为实物,激发学生的创造力和想象力。第三,跨学科整合。低代码编程与创客教育将数学与科学、技术、工程、艺术(STEAM)深度融合,拓宽学生的知识视野。第四,学习兴趣提升。通过游戏化、情境化的学习体验,学生感受到数学的趣味性和实用性,激发学习兴趣。

下面这些工具与方法为数学实践提供了新的可能性,帮助学生在动手实践中培养计算思维和创新能力。

(一)低代码编程

低代码编程是一种通过图形化界面和简化操作,让用户无须编写复杂代码即可创建应用程序或程序的开发平台。这类工具通过拖拽组件、可视化设计和预设模板,大幅降低了编程的门槛,使小学生也能快速构建功能丰富的应用程序。例如,学生通过 Scratch Jr 设计数学游戏,培养计算思维,发展模型意识。低代码编程工具有四个主要特点。一是图形化界面。小学生可以通过拖拽组件(如按钮、文本框、图形)来设计程序,无须手动编写代码。例如,Scratch Jr 使用积木块式的编程

界面，学生只需将积木块拼接起来即可完成程序。二是预设模板与组件。低代码编程工具提供大量预设模板和功能组件（如动画、游戏逻辑、数据连接），让学生可以直接调用，减少重复劳动。例如，App Inventor 提供简单应用的模板，小学生可以通过简单配置快速创建应用程序。三是实时预览与调试。小学生可以在设计过程中实时预览程序效果，快速调试和修改。例如，Scratch 允许学生在编程过程中随时运行程序，观察效果并调整逻辑。四是跨平台支持。低代码编程工具支持多种设备和平台（PC、手机、平板），让小学生可以在不同设备上使用和分享程序。学生在数学学习中使用低代码编程工具的优势主要有三点。一是无须掌握复杂的编程语言就能快速上手。这样就不会占用学生的其余时间来特别进行学习。二是支持创新与实验。小学生可以快速尝试新想法，验证概念，降低试错成本。三是促进跨学科学习。小学生可以适当使用低代码编程工具将编程与数学、科学、艺术等学科相结合，发展综合素养。

下面是低代码编程工具在小学生数学实践中的典型案例。

案例一

Scratch Jr

面向一、二年级的小学生，是一款图形化编程工具，通过拖拽积木块设计互动故事和游戏。例如，小学生可以设计一个“数学挑战”游戏，玩家需要通过选择正确的答案才能通关。

案例二

App Inventor

面向初学者的移动应用开发工具，小学生可以通过拖拽组件创建 Android 应用程序。例如，学生可以设计一个“家庭作业提醒”应用，帮助自己管理学习任务。

案例三

Thunkable

适合初学者，学生可以设计一个“校园导航”应用，帮助新生快速找到教室。

低代码编程工具通过图形化界面和简化操作，在小学数学实践中，教师可以适当组织学生通过游戏化、情境化的学习体验，激发小学生的兴趣和创造力，为培养未来公民的计算思维和创新能力奠定基础。

(二)创客教育

创客教育强调动手实践和创新创造，3D 打印技术为学生提供了将数学建模转化为实物的工具，实现“从想象到实物”的创造过程，帮助学生理解抽象概念。

在几何模型制作中，学生通过 3D 打印制作几何模型(如长方体、正方体、圆柱、圆锥、正多面体、对称图形)，理解几何体的结构和性质。例如，学生设计并打印一个正六面体，探索其对称性和空间结构。

在数学与工程结合方面，学生运用数学知识(如比例、测量)设计实用物品(如桥梁模型、建筑结构)。例如，学生通过 3D 打印制作桥梁模型，测试其承重能力，理解数学与工程的结合。

低代码编程与创客教育为小学数学教育提供了新的工具与方法，帮助学生在动手实践中培养计算思维和创新能力。这些技术赋能的小学数学实践不仅回应了《新课标》“利用信息技术支持数学学习”的要求，还为培养具备核心素养的未来公民奠定基础。

第二节　小学数学实践案例与挑战展望

技术的愿景再宏大，若未经真实课堂的烈火淬炼，终将是实验室中的幻影。当AI、元宇宙、脑机接口等概念涌入教育话语时，我们既需要仰望星空的勇气，更需脚踩泥土的清醒——那些被技术光环遮蔽的真实挑战、未被言说的失败教训、潜伏于数据洪流中的伦理暗礁，才是决定这场教育革命成败的“沉默变量”。本节不做空泛的未来预言，而是通过现实棱镜折射可能图景：一名小学生同时使用 AI 解题助手与祖辈传授的珠算技巧，在工具理性与传统智慧间寻找平衡；某教育公益组织开发“低技术—高思维”数学实践包，用瓦楞纸与麻绳挑战智慧城市的 VR 教室；全球数学教师联盟发起“反算法霸权运动”，要求将本土文化参数植入智能教育系统。这些探索或许笨拙，却勾勒出教育进化的另一种可能：技术不是目的，而是唤醒人类原始探究欲的火种；未来不在云端，而在每个教师坚守教育初心的此刻。接下来的内容，既是对全书的未来延伸，也是对每位读者的行动召唤——在狂飙突进的技术浪潮中，让我们以理性为舟，以良知为舵，驶向数学教育本该抵达的彼岸。

一、实践案例

下面是技术赋能助力小学生数学素养养成的数学实践案例。

案例一

智慧课堂中的数学探究

智慧课堂中的数学探究中，学生使用平板电脑与互动白板，开展“校园影子测量”项目，通过数据可视化工具分析影子长度与时间的关系。

(一)项目背景

1. 核心素养目标

通过测量影子长度，感知数据的变化规律，发展数感与量感；分析影子长度与时间的关系，提出科学猜想，发展推理意识；理解数学在生活中的应用价值，发展应用意识。

2. 技术工具

AR工具、平板、互动白板、数据可视化软件(如Excel、GeoGebra)。

(二)项目实施步骤

1. 问题引入

情境创设，教师播放日晷计时视频，提问：“古代没有钟表，怎么知道时间?”

引导学生猜想：“影子长度是否与时间有关?”

任务发布：连续一周测量校园旗杆影子长度，记录时间、天气数据；绘制影子长度—时间折线图，分析规律。

2. 数据收集

(1)工具包：影子测量套装(卷尺、测距仪、比例计算器)；数字学习平台(扫码观看测量示范视频，提交电子报告)。

(2)分工安排：测量员记录影子长度，记录员填写时间、天气，观察员拍摄照片或绘制示意图。

数据记录表如表9-7所示。

表9-7 小学数学实践项目设计：校园影子测量师——探索光与影的数学奥秘数据记录表(示例)

对象	日期	时间	影子长度(cm)	天气
走廊立柱	3月1日	9：00	120	晴天
	3月1日	12：00	80	晴天
	3月1日	15：00	150	多云

分组测量安排表如表9-8所示。

表 9-8 **小学数学实践项目设计：校园影子测量师——探索光与影的数学奥秘分组测量安排表**

组别	测量对象	工具包	核心挑战
A 组	旗杆	卷尺、测距仪、记录表	旗杆底部有围栏，无法直接测影长起点
B 组	教学楼走廊立柱	影子标记粉笔、量角器	立柱部分影子被建筑物遮挡
C 组	校园雕塑	比例计算器(预装公式的平板)	雕塑造型不规则，需多点测量

3. 数据分析

(1)绘制折线图：使用 Excel 或 GeoGebra 绘制影子长度—时间折线图，其中横轴体现时间，纵轴体现影子长度；用不同颜色标注天气(如晴天=蓝色，阴天=灰色)。

(2)发现规律：影子长度随时间变化呈“U 形”，正午影子最短，早晚最长；阴天影子模糊，数据波动较大。

4. 结论与反思

科学解释：“为什么正午影子最短?”(太阳高度角最大)；“古代日晷如何利用影子计时?”(结合视频讲解)。

反思日志：学生撰写《我的测量发现》，总结误差来源与改进方法。

误差归因表如表 9-9 所示。

表 9-9 **小学数学实践项目设计：校园影子测量师——探索光与影的数学奥秘误差归因表**

对象	实测高度(米)	官方数据(米)	误差率	误差归因
旗杆	10.2	10.0	2%	围栏影响影长起点测量
走廊立柱	3.5	3.6	2.8%	部分影子被墙面遮挡
雕塑	2.8(均值)	3.0	6.7%	造型不规则导致多点偏差

5. 成果形式

(1)数学海报：展示测量原理、数据图表与误差分析。

(2)校园导览图：标注主要建筑高度，附二维码链接测量过程视频。

(3)反思报告：总结“如何减少误差”“影子测量的生活应用”。

(三)项目评价工具与素养指向

素养评价量表如表 9-10 所示。

表 9-10 小学数学实践项目设计：校园影子测量师
——探索光与影的数学奥秘素养评价量表

评价维度	评价工具	评分标准(1~5★)
量感与推理	《影子测量记录表》	数据记录完整性(如多次测量取均值)、误差分析合理性(如识别遮挡影响)
应用意识	《校园建筑高度导览图》	数学原理标注清晰度(如公式与图表结合)、生活应用建议(如“用影子估算树木年龄”)
合作创新	小组互评表+教师观察笔记	分工合理性(测量员/记录员/计算员轮换)、创新性解决方案(如用粉笔补全遮挡部分影子)
严谨态度	《误差归因报告》	反思深度(如“地面不平导致影长测量偏差”)、改进策略可行性(如“使用激光笔辅助对齐起点”)

项目总结与反思。其一，认知升级。学生从“被动接受公式”转向“主动建构模型”，理解数学与现实的映射关系；误差分析中渗透科学实证精神，如“数据偏差不是失败，而是探究的起点”。其二，技术赋能。AR 工具模拟不同季节太阳轨迹，动态验证影长变化规律；使用平板电脑拍照自动计算影长比例，提升低年级学生参与度。其三，社会意义。成果导览图成为校园开放日特色展品，家长扫码可参与家庭影子挑战任务；引发学生对古建筑测量、环境保护(树木监测)的跨学科关注。“当学生用影子丈量校园，数学不再是纸上的符号，而是照亮世界的另一束光。”

(四)技术赋能的具体体现

1. 平板电脑与互动白板

学生用平板电脑实时记录测量数据，互动白板展示全班数据，方便对比分析。例如，学生将测量数据上传至互动白板，生成全班影子长度的动态变化图。

2. 数据可视化工具

使用 Excel 或 GeoGebra 绘制折线图，直观展示影子长度与时间的关系。例如，学生用 GeoGebra 绘制折线图，标注正午影子最短的点，理解太阳高度角的影响。

3. 实时反馈与协作

教师通过互动白板实时点评学生数据，组织全班讨论。例如，教师指出某组数据异常(如阴天影子模糊)，引导学生分析原因。

（五）学生素养养成路径

（1）通过测量影子长度，感知数据的变化规律，理解数学与生活的联系。例如，学生发现正午影子最短，早晚影子最长，加深了对数感和量感的理解。

（2）通过分析影子长度与时间的关系，提出科学猜想，培养逻辑推理能力。例如，学生提出“影子长度与太阳高度角有关”的猜想，并通过数据验证。

（3）通过讨论日晷计时原理，理解数学在生活中的应用价值。例如，学生设计简易日晷模型，体验古代计时方法。

（六）项目成果与评价

1. 成果展示

学生展示影子长度—时间折线图，解释规律；分享测量中的趣事（如“风太大，影子晃来晃去”）。

2. 评价工具

数据记录表用于评估学生测量与记录的规范性；折线图评分表用于评估图表的准确性与美观性；反思日志评分表用于评估学生对误差来源的分析深度。

“校园影子测量”项目通过智慧课堂的技术赋能，将数学探究与真实情境结合，帮助学生发展数感、量感、推理意识和应用意识等核心素养。学生在测量、记录、分析数据的过程中，不仅掌握了数学知识与技能，还体验了科学探究的全流程，培养了严谨求实的科学态度。

案例二

虚拟实验室中的数学实验

本案例中的虚拟实验室中的数学实验“祖冲之圆周率计算”主要利用 VR 技术模拟古代数学家（如祖冲之）的圆周率计算过程，通过沉浸式体验理解几何逼近法的科学意义。

（一）项目背景

1. 核心素养目标

通过几何逼近法理解圆周率的计算过程，发展推理意识；建立正多边形逼近圆的数学模型，发展模型意识；体验数学研究的渐进性，培养严谨求实的科学态度。

2. 技术工具

虚拟现实（VR）设备、数学建模软件（如 GeoGebra）。

（二）项目实施步骤

1. 情境导入

历史背景介绍，教师讲述祖冲之的故事，提问："古代没有计算机，怎么计算圆周率？"引导学生猜想："如何用正多边形逼近圆？"

任务发布，利用VR技术模拟祖冲之计算圆周率的过程；通过几何逼近法(正六边形→正十二边形→正二十四边形)逐步逼近圆周长。

2. 虚拟实验操作

工具准备：VR设备(如Oculus Quest)、数学建模软件(如GeoGebra)。

实验步骤：

(1)正六边形逼近：学生通过VR设备观察正六边形与圆的关系，计算周长与直径的比值($\pi \approx 3$)。

(2)正十二边形逼近：学生观察正十二边形与圆的关系，计算周长与直径的比值($\pi \approx 3.1058$)。

(3)正二十四边形逼近：学生观察正二十四边形与圆的关系，计算周长与直径的比值($\pi \approx 3.1326$)。

3. 数据分析与结论

数据记录如表9-11所示。

表9-11　　**不同边数正多边形的周长与直径比值记录表**

正多边形边数	周长与直径的比值(π)
6	3.000 0
12	3.105 8
24	3.132 6

科学解释："为什么边数越多，π值越精确？"(边数越多的正多边形越接近圆)；"祖冲之如何算出$\pi \approx 3.1415926$？"(通过更复杂的几何逼近法)。

4. 反思与延伸

反思日志：学生撰写《我的圆周率探索》，总结几何逼近法的科学意义；讨论"古代数学家的智慧与现代技术的结合"。

延伸活动：设计"我的π值计算器"，可以用Scratch编程模拟几何逼近法。

(三)技术赋能的具体体现

1. 虚拟现实(VR)技术

学生通过VR设备进入虚拟几何实验室，观察正多边形逼近圆的过程。例如，学生"走进"正二十四边形，观察其与圆的接近程度，理解几何逼近法的原理。

2. 数学建模软件

使用 GeoGebra 动态演示正多边形逼近圆的过程，帮助学生直观理解。例如，学生调整正多边形的边数，实时观察 π 值的变化。

3. 沉浸式学习体验

通过 VR 技术，学生仿佛置身于古代数学家的研究场景，体验数学探索的乐趣。例如，学生"参与"祖冲之的研究过程，感受数学发现的成就感。

(四) 学生素养养成路径

1. 推理意识

通过几何逼近法，学生理解数学结论的推导过程，培养逻辑推理能力。例如，学生提出"边数越多，π 值越精确"的猜想，并通过数据验证。

2. 模型意识

通过建立正多边形逼近圆的数学模型，学生理解数学模型的构建与应用。例如，学生用 GeoGebra 动态演示正多边形的逼近过程，理解模型的普适性。

3. 科学态度

通过体验祖冲之的研究过程，学生理解数学研究的渐进性，培养严谨求实的精神。例如，学生反思"古代数学家如何克服计算困难"，体会科学探索的艰辛与乐趣。

(五) 项目成果与评价

1. 成果展示

学生展示 VR 实验中的观察结果，解释几何逼近法的原理；分享编程设计的"π 值计算器"，展示数学与技术的结合。

2. 评价工具

实验记录表用于评估学生实验操作的规范性与数据记录的准确性；反思日志评分表用于评估学生对几何逼近法的理解深度；编程作品评分表用于评估"π 值计算器"的功能与创意。

"祖冲之圆周率计算"项目通过虚拟实验室的技术赋能，将数学实验与历史情境结合，帮助学生形成推理意识、模型意识和科学态度等核心素养。学生在沉浸式体验中，不仅理解了圆周率的计算原理，还感受到数学研究的渐进性与科学探索的乐趣。这种技术赋能的数学实验活动，为未来公民的科学素养发展提供了新的路径。

案例三

跨学科项目中的数学应用

本案例是跨学科项目中的数学应用，主要结合数学与科学，设计“家庭节水方案”，使用传感器与数据分析工具优化用水效率。

（一）项目背景

1. 核心素养目标

运用数学知识解决实际问题，理解数学在生活中的应用价值，发展应用意识；通过数据分析优化决策，培养数据驱动的思维习惯，发展数据意识；理解节水对环境保护的意义，培养社会责任感。

2. 技术工具

传感器（如水流传感器）、数据分析软件（如 Excel、Python）、可视化工具（如 Tableau）。

（二）项目实施步骤

1. 问题引入

（1）情境创设：教师展示全球水资源短缺的数据，提问：“我们如何为节水贡献力量？”引导学生思考：“家庭用水有哪些浪费现象？如何优化？”

（2）任务发布：设计“家庭节水方案”，通过传感器收集用水数据，分析并优化策略。

2. 数据收集

（1）工具准备：水流传感器（安装在家庭水龙头上）、数据记录设备（如 Arduino）、数据分析软件。

（2）数据收集：记录一周的家庭用水数据（如洗手、洗碗、洗衣的用水量），标注用水时间、用途和用水量。

数据收集样表如表 9-12 所示：

表 9-12 家庭用水数据收集样表

日期	时间	用水用途	用水量（升）
3月1日	7:30	洗手	2
3月1日	12:00	洗碗	10
3月1日	18:00	洗衣	50

3. 数据分析

（1）数据可视化：使用 Excel 或 Tableau 绘制用水量分布图，分析用水高峰时段和主要用途。例如，学生发现“洗碗用水量占总用水量的30%”，提出优化建议。

(2)数学建模：建立用水量预测模型(如线性回归)，预测未来用水趋势。例如，学生用Python编写程序，预测“如果减少洗碗时间，每月可节省多少水”。

4. 方案设计与优化

(1)节水策略：根据数据分析结果，提出具体节水措施(如缩短洗手时间、使用节水龙头)。例如，学生设计“智能水龙头”，通过传感器控制水流，减少浪费。

(2)方案测试：实施节水措施一周，记录用水数据，评估效果。例如，学生发现“使用节水龙头后，洗手用水量减少了20%”。

5. 反思与延伸

(1)反思日志：学生撰写“我的节水行动”，总结数据分析与优化策略，讨论“节水对环境保护的意义”。

(2)延伸活动：设计“社区节水宣传海报”，用数据可视化展示节水成果。

(三)技术赋能的具体体现

1. 传感器与数据采集

水流传感器实时记录家庭用水数据，帮助学生理解数据收集的重要性。例如，学生通过传感器发现“洗手时水流过大”，提出优化建议。

2. 数据分析与可视化

使用Excel或Tableau分析用水数据，生成可视化图表(如柱状图、饼图)。例如，学生绘制“家庭用水分布图”，直观展示各用途的用水比例。

3. 数学建模与预测

使用Python编写程序，建立用水量预测模型，优化节水策略。例如，学生预测“如果减少洗碗时间，每月可节省50升水”。

(四)学生素养生成路径

1. 应用意识

通过设计节水方案，学生理解数学在解决实际问题中的应用价值。例如，学生用数据分析优化家庭用水，体验数学的实用性。

2. 数据意识

通过收集、分析和可视化用水数据，学生培养数据驱动的思维习惯。例如，学生通过数据分析发现“洗碗是用水量最大的环节”，提出针对性优化策略。

3. 社会责任

通过讨论节水对环境保护的意义，学生理解数学在社会发展中的作用。例如，学生设计“社区节水宣传海报”，呼吁更多人参与节水行动。

（五）项目成果与评价

1. 成果展示

学生展示家庭用水数据分析报告，提出节水优化策略；分享“智能水龙头”设计方案，展示数学与技术的结合。

2. 评价工具

数据记录表用于评估学生数据收集的规范性与完整性；分析报告评分表用于评估数据分析的深度与逻辑性；方案设计评分表用于评估节水方案的可行性与创新性。

以上，“家庭节水方案”项目通过技术赋能，将数学与科学、工程、社会责任深度融合，帮助学生形成应用意识、数据意识和社会责任等核心素养。小学生在数据收集、分析与优化的过程中，不仅掌握了数学知识与技能，还理解了数学在解决实际问题中的应用价值。

二、挑战与展望

在小学数学实践日益依赖数字化工具的今天，数据安全已成为不可回避的技术伦理议题。学生的个人信息、学习轨迹、思维特征等数据，既是优化教学的重要资源，也可能成为技术滥用与商业剥削的对象。教育者需在技术赋能与隐私保护间构建动态平衡，让数据安全成为数学素养教育的隐性课程。

（一）风险场景与防护策略

在数学实践教学数字化转型过程中，学习数据泄露存在双重风险：一方面，学生姓名、成绩、行为轨迹等个人信息可能被用于精准营销或身份盗用；另一方面，AI系统采集的错误类型、反应时长等认知特征数据，可能被构建成思维画像，进而影响教育公平（如升学机会预测性歧视）。对此，需采取双重防护策略：技术上，通过联邦学习技术实现数据本地化分析，确保原始数据不外泄；制度上，与技术服务商签订数据主权协议，明确禁止教育数据用于商业建模或第三方共享，从源头捍卫教育数据的教育属性和伦理边界。

在虚拟数学实践场景中，安全隐患呈现双重维度：一方面，VR/AR课堂通过捕捉学生的空间移动轨迹、眼球焦点停留时长等生物行为数据，可能暴露其注意力分配特征与认知偏好；另一方面，数学游戏化App通过分析操作频次、任务选择倾向等行为数据，可间接推断学生家庭经济状况（如设备使用时长反映网络条件）、性格特质（如风险规避型或探索型）。针对此类风险，需构建技术与管理双重防线：技术层面，在虚拟学习环境中强制启用匿名化模式，通过数据脱敏技术剥离学籍信息与行为数据的关联性；管理层面，建立数字足迹智能清理机制，设定数据留存周期(如30天)，对过程性原始数据(如未标注的眼动热力图)进行自动化粉碎处理，仅保留必要的聚合分析结果。

在家校协同场景下，数据安全风险潜藏于日常细节：家长通过教育平台查看学生数学作品时，弱密码设置或公共Wi-Fi接入可能导致学籍信息、作品详情等敏感数据泄露；家庭智能设备(如智能音箱、学习平板)记录的数学对话录音、解题过程视频等数据，存在被同步至商业数据库用于用户画像分析的风险。为此需构建双向防护体系：针对家校平台，为家长端设计分层访问权限，仅开放作品成果可视化界面，对学习过程数据(如草稿修改痕迹、错误尝试记录)进行脱敏处理；针对家庭数字生态，在学校《技术使用指南》中增设家庭安全模块，提供"设备录音权限管理""家庭网络加密指南"等实操策略，将数据安全意识延伸至教育场景之外。

在引入数字化教学工具时，需建立严格的技术准入机制：优先验证教育产品是否符合《儿童个人信息网络保护规定》，确保数据收集范围与教育目标直接相关；同时，倡导选用开源可审计工具(如基于Linux的数学建模软件)，避免黑箱算法对学生数据的隐性操控，从源头保障技术透明性与教育主权。

在小学数学实践课程设计时将数据安全意识融入其中。例如，四年级统计教学中，通过"校园环境数据调查"任务引导学生辨析敏感信息边界(如身高、住址等不应被公开采集的数据)；六年级概率探究项目中，设计"数据泄露多米诺骨牌效应"模拟实验，用数学建模展示隐私泄露如何引发社交、经济等多维风险，使数据伦理教育具象化。

应急响应与公民意识培育。构建"预防—应对"一体化机制：定期开展数据泄露模拟演习(如模拟黑客攻击数字学习平台)，师生协作制定加密加固、溯源追踪等应急方案；在数学社团活动中增设"学生数据监察员"角色，通过审计课堂App权限设置、分析家庭智能设备数据流，培养兼具数学思维与数字权利意识的未来公民。

数据安全不仅是技术问题，更是数学教育转型的试金石：当学生用加密算法保护自己的数学日记时，当教师带领学生用统计工具揭露数据滥用案例时，数学教育便完成了从"解题训练"到"数字生存能力培养"的进化。数学教育者应秉持这样的信念：我们为数据安全筑起的每一道防火墙，都是在守护学生理性思考的自由；我们拒绝的每一次数据滥用，都是在为未来社会培育有伦理底线的数字公民。

(二)技术依赖风险

小学数学教学实践中技术赋能带来的技术依赖风险主要体现在三个方面。第一，过度依赖技术。学生可能过度依赖技术工具(如计算器、编程软件)，忽视基础知识和技能的掌握。例如，学生可能依赖计算器完成简单运算，导致运算能力下降。学生视力与注意力可能会下降，小学数学实践可能沦为“为技术而技术”的形式化实践。第二，削弱深度思考能力，情感淡漠。技术工具可能替代学生的思考过程，削弱他们的深度思考能力。例如，学生可能依赖智能诊断系统提供答案(如跳过逻辑推导直接获取答案)而不愿独立思考。师生互动、小组讨论等情感交流不足。第三，技术故障的影响。技术工具可能出现故障或不可用，影响教学和学习的正常进行。例如，网络中断可能导致在线学习平台无法使用，影响学习进度。

针对技术依赖风险，教师可以采取应对策略，主要有三个方面。一是平衡技术与传统教学。需平衡屏幕时间，保护学生视力与注意力，避免“为技术而技术”的形式化教学。在小学数学教学实践中合理使用技术工具，同时保留传统的教学方式。例如，板书、纸笔练习等。教师可以在使用 GeoGebra 演示几何图形的同时，要求学生手绘图形，巩固基础知识。二是培养学生独立思考能力，保持良好互动。教师要求并鼓励小学生在合理使用技术工具的同时，保持独立思考的习惯。例如，教师可以设计开放式问题，要求学生先独立思考，再使用工具验证答案，保留师生互动、小组讨论等情感交流。三是制定应急预案与备用方案。学校要制定技术故障的应急预案，确保教学和学习的连续性。例如，教师要准备离线资源，如纸质学习材料及练习题等，以备网络中断时使用。

(三)人工智能背景下教师专业发展的新需求

在技术赋能的背景下，小学数学教师的专业发展面临新的需求和挑战。教师不仅需要提升技术素养，掌握新兴工具和方法，还需要创新教学设计，将技术与教学实践深度融合，以更好地支持学生的核心素养发展。教师专业发展的需求主要包含技术素养提升和教学设计创新两个方面。

1. 技术素养提升

1)技术工具的学习与应用

技术工具的学习与应用主要包括三个方面。一是掌握基础技术工具。小学数学教师需要熟悉常用的教育技术工具(如 GeoGebra、Scratch、Python)，并能够灵活应用于教学中。例如，教师可以使用 GeoGebra 动态演示几何图形的变换，帮助学生理解几何性质。二是学习数据分析技术。小学数学教师需要掌握基本的数据分析技能(如使用 Excel、Python 进行数据处理和可视化)，以支持个性化教学。例如，教师可以通过分析学生的学习数据，识别知识盲点，提供针对性反馈。三是了解新兴技术趋势。小学数学教师需要关注教育技术的最新发展(如虚拟现实、人工智能)，并尝试将其引入课堂。例如，教师可以探索使用 VR 技术模拟数学实验，增强学生的学习体验。

2)技术伦理与安全意识的培养

技术伦理与安全意识的培养主要包括两个方面。一是数据隐私保护。小学数学教师需要了解数据隐私保护的基本原则，确保学生的学习数据安全。例如，教师应选择符合隐私保护标准的技术工具，并向学生和家长说明数据使用政策。二是技术依赖风险防范。小学数学教师需要认识到技术依赖的风险，合理使用技术工具，避免过度依赖。例如，教师要新旧结合，在使用技术工具的同时，保留传统的教学方式。

2. 教学设计创新

教学设计创新主要包括三个方面。一是跨学科整合。小学数学教师需要将数学与其他学科(如科学、技术、工程、艺术)结合，设计跨学科项目，设计综合性的实践任务。例如，教师可以设计"校园影子测量"项目，结合数学与科学知识，帮助学生理解日晷原理。教师需要将数学知识与生活、社会问题结合，设计具有现实意义的学习任务。例如，教师可以设计"家庭节水方案"项目，让学生运用数学知识解决实际问题。二是个性化学习支持。在任务设计时，教师需要根据学生的能力水平，设计分层任务，满足不同学生的学习需求。例如，在"面积测量"活动中，教师可以为初级水平的学生设计"用手掌测量黑板面积"的任务，为高级水平的学生设计"用平方分米计算精确面积"的任务。在个性化反馈与指导方面，教师需要利用技术工具(如智能诊断系统、学习分析平台)，为学生提供个性化反馈和指导。例如，教师可以通过分析学生的学习数据，识别知识盲点，推送针对性练习。三是探究式学习与项目式学习。在设计探究式学习活动时，教师需要设计开放性的探究任务，鼓励学生通过实验、观察、分析，发现数学规律。例如，教师可以设计"祖冲之圆周率计算"活动，让学生通过几何逼近法理解圆周率的计算过程。在实施项目式学习时，教师需要设计跨学科、综合性的项目任务，让学生在真实情境中应用数学知识。例如，教师可以设计"家庭节水方案"项目，让学生通过数据分析优化用水策略。

以技术支持下的小学数学探究式学习(IBL)深化为例。信息技术为小学数学探究式学习(IBL)提供了多维赋能。其一，动态数据捕捉。借助平板拍摄、AI行为分析等技术记录小组操作过程(如测量方法迭代)，通过回放与标注功能，显性化学生的思维轨迹，帮助教师精准诊断认知卡点。其二，虚拟实验拓展。利用数学模拟软件(如 Tinkercad)突破实物限制，让学生在数字环境中探索"无限拼图"的几何规律(如正多边形密铺的临界角度)，实现从有限操作到无限可能的认知跃迁。其三，思维可视化支持。通过流程图工具(如 XMind)结构化记录探究步骤，用概念图软件(如 CmapTools)动态关联猜想与证据链，使抽象的逻辑推理具象可触。三者协同构建"记录—拓展—凝练"的技术生态，既保留探究的开放性，又通过数字化工具提升思维的系统性与严谨性，让数学探究从"经验直觉"走向"科学实证"。

技术赋能为小学数学实践带来了新的机遇，也对教师的专业发展提出了更高的要求。教师需要通过提升技术素养、创新教学设计，将技术与教学深度融合，以更好地支持学生核心素养的发展。未来，通过系统的教师培训、教学资源共享和教师合作交流，教师将能够更好地应对技术赋能的挑战，为培养具备科学精神、创新能力和社会责任感的未来公民奠定坚实基础。

(四)未来人工智能助学的研究方向

在技术赋能小学数学实践的背景下，未来的研究方向需要关注技术赋能的长期效果评估等。通过长期跟踪研究，评估技术工具对小学生核心素养(如数感、推理意识、应用意识)的持续影响，验证技术赋能的实际效果。通过分析长期使用中的问题与不足，优化技术工具的功能和用户体验，提升其教育价值。研究的内容主要有三个方面。一是学生核心素养的发展。评估技术工具对学生数感、量感、推理意识、模型意识等核心素养的长期影响。例如，跟踪使用 GeoGebra 的学生，分析其几何直观和空间观念的发展情况。二是教师教学能力的提升。评估技术工具对小学数学教师教学设计、课堂管理和个性化教学能力的长期影响。例如，分析教师在使用智能诊断系统后，对学生学习需求的识别和反馈能力是否有所提升。三是技术工具的适用性与局限性。评估技术工具在不同教学场景中的适用性，识别其局限性。例如，分析智能诊断系统在低年级学生和高年级学生中的使用效果差异。

研究方法主要有三种。一是纵向跟踪研究。对使用技术工具的学生和教师进行长期跟踪(如 3~5 年)，收集定量和定性数据。例如，通过问卷调查、课堂观察、学生作品分析，评估技术赋能的长期效果。二是对比实验研究。对比使用技术工具和未使用技术工具的学生群体，分析其核心素养发展的差异。例如，对比使用 Scratch 编程和未使用编程的学生，评估其计算思维和问题解决能力的差异。三是案例研究。选择典型学校或班级，深入分析技术赋能的实施过程和效果。例如，分析某校“智慧课堂”项目的实施经验，总结成功因素和挑战。

技术赋能为小学数学教学带来了多方面的变革，具体体现在以下几个方面。其一，提升教学效率与个性化学习。通过智能化教学工具(如 AI 驱动的学习平台、自适应学习系统)，教师可以更高效地分析学生的学习数据，了解每个学生的学习进度、知识掌握情况以及薄弱环节。例如，平台可以根据学生的答题情况自动推荐适合的练习题，帮助学生查漏补缺，实现个性化学习。其二，增强课堂互动与趣味性。技术工具(如交互式白板、数学游戏 App、虚拟现实/增强现实技术)能够将抽象的数学概念可视化，帮助学生更直观地理解。例如，在学习几何图形时，学生可以通过 VR 技术“走进”三维空间，观察图形的构造和变换，从而加深理解。此外，数学游戏化的设计(如闯关式练习、积分奖励)也能激发学生的学习兴趣。其三，拓展学习资源与学习方式。互联网技术为学生提供了丰富的学习资源。例如，在线课程、教学视频、互动题库等。学生可以通过网络平台随时随地学习，打破了传统课堂的时间和空间限制。例如，学生可以通过观看教学视频预习或复习，也可以通过在线平台与同学协作完成数学项目。

技术赋能提升学生的数学知识水平的同时还有助于发展学生的核心素养。一是发展科学精神与探究能力。技术工具可以帮助学生通过实验、模拟和数据验证数学规律。例如，在学习统计与概率时，学生可以利用数据分析软件收集和处理真实数据，从中发现规律，培养科学探究能力。二是发展问题解决能力与创新意识。技术支持的开放性学习环境（如编程工具、数学建模软件）可以激发学生的创造意识。例如，小学生可以通过编程设计数学游戏，或者利用建模工具解决生活中的某些实际问题（如设计最优路径、规划资源分配）。三是发展合作能力与社会责任感。在线协作平台（如共享文档、虚拟课堂）可以帮助小学生与同伴共同完成某些数学任务，培养团队合作能力。同时，技术工具也可以帮助小学生将数学知识应用于社会问题的解决，例如通过数据分析研究环境保护、资源分配等议题，发展应用意识，增强社会责任感。

尽管技术赋能为小学数学教学带来了诸多便利，但也需要注意以下问题。一是避免过度依赖技术工具。技术工具应作为教学的辅助手段，而非替代教师的作用。教师需要根据学生的实际情况，合理选择和使用技术工具，避免过度依赖技术而忽视学生的情感需求和思维发展。二是关注学生的身心健康。长时间使用电子设备可能对学生的视力和心理健康产生负面影响。因此，教师和家长需要合理控制学生使用技术工具的时间，并引导学生养成良好的学习习惯。三是注重教育的公平性。技术工具的普及可能加剧教育资源的不平等。学校和政府需要采取措施，确保所有学生都能平等地享受技术带来的教育红利。例如，为经济困难学生提供设备支持或网络补贴。

未来，小学数学实践应以学生为中心，技术为支撑，构建一个开放、包容、创新的数学实践生态。其一，以学生为中心的教学设计。教师应根据学生的兴趣、能力和学习风格，设计多样化的教学活动。例如，通过项目式学习（PBL）让学生在实际问题中运用数学知识，或者通过分层教学满足不同学生的学习需求。其二，以技术为支撑的智慧课堂。利用大数据、人工智能等技术，构建智慧课堂，实现教学过程的智能化管理。例如，通过数据分析实时调整教学策略，或者利用虚拟助手为学生提供个性化辅导。其三，培养未来公民的核心素养。数学教育不仅要传授知识，还要培养学生的核心素养，包括逻辑思维、创新能力、合作能力和社会责任感。例如，通过跨学科整合（如数学与科学、艺术的结合），帮助学生从多角度理解数学的价值。

随着技术的不断发展，小学数学实践将迎来更多可能性。例如，人工智能技术可能会进一步优化个性化学习路径，区块链技术可能会用于记录学生的学习成果，元宇宙技术可能会创造全新的教学场景。然而，无论技术如何发展，教育的本质始终是培养人。因此，我们需要在技术赋能的同时，始终坚持以学生为中心，关注学生的全面发展，为学生的未来奠定坚实的基础。

后记

小学数学，或许从来不是“如何教会学生解题”，而是“如何让儿童会用数学的眼光观察现实世界，会用数学的思维思考现实世界，会用数学的语言表达现实世界”。当本书的最后一页合上时，我们深知，这并非终点，而是一场漫长教育革命的起点。

回望全书，我们试图在理论与实践的交织中，为小学数学教育勾勒出“素养导向”的行动地图。从过去到未来，我们剖析了小学数学实践在数字文明时代的困局与希望——技术既可能成为儿童认知的翅膀，也可能沦为阻碍儿童思维的枷锁，希望小学数学教师在工具理性与人文温度间找到平衡。从课堂到社会，我们拆解了实践教学的种种悖论：虚假的情境、具身经验的断裂、评价的异化……这些困境背后，是工业化教育范式与当下素养时代需求的激烈碰撞。从儿童到文化，我们见证了小学数学从符号的操练升格为探索文明的对话……

本书的核心追求，是让小学数学教育回归其最本真的形态。小学数学是一门在真实世界中理解规律、解决问题的生存艺术。这要求我们重新定义小学数学教师的角色——不为知识的搬运匠，而为思维的助产人。这就要求我们重新设计小学数学课堂的样态——不再是封闭的纸上谈兵教室，而是向生活世界敞开的探究工坊。还要求我们重新理解技术的价值——不为制造“数字公民”与“技术弃民”的鸿沟，而为搭建多元认知的桥梁。

然而，前行之路注定不容易。当我们倡导“做数学”时，可能遭遇家长的质疑：“不刷题如何应对考试?”当我们引入技术工具时，也许不小心就陷入“为创新而创新”的形式主义陷阱。当我们传承中华优秀传统文化时，需要警惕将感悟传统智慧异化为堆砌展演的猎奇。这些挑战提醒我们，小学数学实践与素养养成绝非简单的模式移植或套用，而是需要热情、勇气、信心与智慧兼具的不懈追求。

我希望，当您合上它走向课堂时，可以带上三个问题：今日的小学数学实践，正在学生心中埋下怎样的思维基因？当这些孩子今后面对我们无法想象的世界时，当下的小学数学学习能否赋予他们一点儿破局的智慧？在效率至上的时代，我们愿意为“慢生长”的素养留出时间与空间吗？

路漫漫其修远兮，愿与诸君共求索。

本书的写作虽竭尽心力，然囿于笔者才疏学浅，对理论的理解或有偏狭，对实践的洞察尚存疏漏。文中粗拙之处，诚盼读者朋友不吝斧正。教育之路道阻且长，唯愿以拙作抛砖引玉，与同仁共探小学数学育人之真谛。

林秀丽

2024 年 8 月